国家社会科学基金项目

GUOJIA SHEHUI KEXUE JIJIN XIANGMU

经济生活世界的意义追问

——经济正义与和谐社会的构建

毛勒堂 著

人民出版社

目 录

序

很高兴看到毛勒堂同志的《经济生活世界的意义追问——经济正义与和谐社会的构建》即将出版。这本专著凝聚的研究成果，既具有现实的针对性，又具有理论的深刻性。

经济生活作为人类基础性的存在方式，是人类生存发展和成就社会文明的重要前提，是人类社会结构最深厚的基础。经济生活在社会生活中所具有的重要而基础的地位，使得不同时代的社会经济方式和经济制度安排，深刻地关联到生活于其中的人们之经济利益、政治地位、社会权力、社会意识，并进而规定他们的生存基础、社会行为、活动空间和自由程度。伴随着"社会经济化"和"经济资本化"的社会发展情势，以资本定义经济、以经济定格人生的经济世界观，日益成为现代人的一种人生信条。然而，资本至上的经济方式和生存价值观却深刻地危及现代人自我生存的根基，如人与人之间的贫富悬殊以及由此带来的对社会稳定和社会和谐的威胁，人与自然之间的紧张对峙以及由此带来的自然生态恶化，人与自身生命的日益疏离使得当代人处于"无家可归的状态"，等等。这一切对人类的自然生态家园和内在的灵魂居所都给予了无情的侵蚀。因此，深刻反思现代人的经济价值观和经济方式已成为刻不容缓的时代课题。

本著作正是基于这一时代背景，立足经济哲学的视阈，以唯物史观为原则，遵循理论与实践相结合的原则，对当代人类经济方式及其合理性，集中进行哲学正义价值层面的反思和审视，并结合哲学、经济学、伦理学和政治学等相关学科，对经济正义进行了跨学科的综合性专题研究，深入思考经济的价值合法性根据，深度追问经济生活世界的意义。同时，对经济正义问题进行了比较深入而全面的理论研究和价值阐释,阐述了经济正义对于构建社会主义和谐社会的思想守护和伦理支撑之重大意义。

作者认为,作为社会正义之重要组成部分和实现社会正义的重要基础和前提,经济正义是对人类经济生活世界的正义追问和意义思考。由于经济活动是人的基础存在方式和人类社会的深刻基础,因此,经济正义本质上蕴涵对人类自身生存方式和存在意义的哲学反思和价值追问,体现了对人类经济行为的正义价值诉求,旨在诉求把人的价值、人的尊严和人的自由发展作为经济活动之根本目的和首要价值。追求经济的合规律性和合目的性之内在统一是经济正义的价值旨趣,所以,对经济正义问题既不能从抽象的"自然法"立场出发而主张人人"经济平等",倡导平均主义的经济正义观,因为这会危及经济的动力机制问题;也不能简单地从"市场万能论"出发,主张自由主义的经济正义主张,因为这忽略了进入市场的经济主体在实质上的不平等性质;当然也不能简单地从"经济效率即经济正义"的观点出发,以经济效率吞并社会正义价值,无视经济正义问题。除了关心经济的效率性一面外,还必须慎重地考虑财富的分配和消费问题,这里涉及财富分配的标准问题、财富消费的伦理问题,等等。因此,必须建构关于经济正义的全新理念,设计和建构富有正义价值的经济制度和经济规则,从而能够展开健康的经济生活和社会生活。为此,需要深入探究经济制度正义、经济活动正义、全球经济正义、代际经济正义等问题,寻求人与人、人与社会、人与自我、人与自然之间的动态和谐支点,为构建社会主义和谐社会提供必要的经济正义价值理念和思想支持。

这本专著内容充实、结构合理,由九个部分构成:

"导言",主要是研究问题的提出:基于当代生活世界"社会经济化"、"经济资本化"以及由此导致的"意义世界"之脱落和丧失的存在境遇,要求当代人对于自身的生命存在方式展开深刻的检讨和深入的反思,并自觉担当起对人类未来生活前景之谋划的历史重任。这需要对当代资本经济方式展开基于正义价值层面的哲学审视和价值检审,深入追问经济生活世界的意义,为当代人重建"意义世界"提供思想关照。为此,需要我们从经济哲学的基础视阈深度思考经济正义的时代课题,为现实地改变当代人类不合理的经济方式和生存方式提供思想图景和价值资源。作者在本部分交代了课题研究的缘起、研究的视阈和方法、研究的立场和旨趣,并对国内关于本课题研究现状做了概要的描述和评估。

第一章,立足对"经济"、"正义"范畴展开批判性考察的基础上,确立了作者基于经济哲学视域的"经济正义"范畴之内涵规定和解释框架,从而为课题的研究搭起了基本理论平台和价值立场。作者选择并确立了正义的哲学解释定向,即把人的价值和尊严、人的自由和解放以及人的全面发展视为正义的根本,并以此作为最高原则对现实的社会关系和生活世界进行合理性和合目的性的价值审视和理性检审。在此基础上,从经济哲学的学科视域确立了"经济正义"范畴的解释框架和内涵规定,即经济正义是对人类经济方式和经济活动以及与之相关的经济制度所进行的正义与否的价值评价,是对经济生活世界的正义追问,它是社会正义的重要内容和主要形式。经济正义把经济的正义性本质规定为经济对人的价值、人的尊严、人的发展、人的自由的确证和提升,确立人的自由价值对于经济的优先性和根本性。作者还从人之形而上的存在属性、人之社会经济利益关系中的存在以及经济资本化存在境遇中"意义危机"等方面,对"经济正义如何可能"做了比较深入的学理探讨和理论阐释。

第二章,主要从思想观念及其历史发展的层面展开了对经济正义的历史梳理。作者对西方经济正义思想从古希腊至当代的发展做了历史的追寻,考察了古希腊思想家梭伦、柏拉图和亚里士多德的经济正义观;概述了中世纪的经济正义观;梳理了近代契约论的经济正义观、功利主义的经济正义观和空想社会主义财产公有的经济正义观。同时,对当代的罗尔斯、诺齐克和哈耶克的经济正义思想做了阐述。作者尤其重视对马克思的经济正义思想进行阐释,认为现实的物质经济利益关系是马克思经济正义思想的切入点,对资本主义的现实经济关系及其抽象正义理论的批判是马克思经济正义思想形成的重要环节,扬弃资本主义的经济关系和经济方式是马克思经济正义思想的核心,诉求人的自由全面发展是马克思经济正义思想的旨趣。作者还对中国传统经济正义思想做了初步的探讨,认为中国传统的经济正义思想集中表现在:"富民"、"教民"的生产正义观,"义以制利"、"诚实无欺"的交换正义观,"礼以定分"和"贫富均平"的分配正义观,以及"黜奢节用"的消费正义观。在对古今中外经济正义思想考察基础上,结合当代经济生活的实情,论著对经济正义价值理念的当代建构进行了探索性的思考,提出以自由价值看待经济发展,以平等价值观切人们的基本经济需求,以理性秩序规约社会经济交往,以共生价值牵引经济生活。

第三章,集中探讨了经济制度正义及其价值原则,将经济制度正义规定为从哲学价值层面上对社会的经济制度是否具有正义性的价值评判和哲学反思,是对社会成员有关经济利益的权利与义务关系方面在制度安排和制度运行等方面是否合乎正义价值的哲学审视和伦理考量,并集中阐释了经济制度正义的三层意涵,即经济制度本身的正义性、经济制度正义的"现实化"以及经济制度运行的"程序正义",并探讨了经济制度正义的基本原则。同时在此部分对制度及其核心价值、经济制度与人的存在方式等方面展开了哲学层面的思考,认为经济制度正义价值是经济制度变迁和创新的价值牵引力。

第四章,从经济活动层面考察和探讨了经济正义问题,集中探讨了经济生活中的生产正义、交换正义、分配正义和消费正义问题。作者认为当代社会无批判地持有"生产主义"的价值观和生产方式,造成了一系列殖民化的灾难性后果,为此需要生产正义价值观的出场和守护,并从哲学层面阐释了生产正义的价值内涵,揭示了其作为超越"生产主义"之思的当代意义。经济交换活动是人类经济生活的重要手段和方式,它事关人类的基本生存和发展,所以交换需要一定的理性秩序作担保,需要社会正义价值的守护,为此作者阐述了交换正义的意义,考察了交换正义的基本内涵及其原则,阐释了交换正义的当代意义。分配正义在某种程度的缺失是当代社会贫富悬殊日渐扩大的重要原因之一,因此社会需要呼唤分配正义,为此作者从学理和现实的层面阐释了诉求分配正义的根据,对分配正义内涵做了经济哲学的解读,探讨了分配正义的基本原则及其现实价值。"消费主义"在现代社会的大肆弥漫,导致了人与自然、人与人、人与自身的紧张对峙,为此需要批判消费主义,作者呼唤全新的消费正义理念,彰显了消费正义的现实价值。

第五章,从全球经济的宏观视野探索了经济正义问题。阐述了经济全球化及其问题是全球经济正义价值凸显的存在论境域;探讨了全球经济正义的思想主题和价值关切,在作者看来,全球经济正义就是立足哲学正义观的原则高度,以人类的生命尊严为价值审视航标,以广阔的全球经济及其秩序为现实背景,以地球的"冷暖"为生态视野,对全球范围内的"万民"之生命尊严、全球经济秩序和全球性生态问题所进行的价值拷问和哲学正义追思,从而要求提升全球"万民"之生命尊严,捍卫全球经济秩序的公正性,守护地球生态的存在价值,现实地促进全人类的自由和幸福。作者还论证了全球经济正义可能的根据,阐释了全球经济正义价值对于构建和谐世界的重要价值。

第六章,从人类代际之间的经济关系层面展开了对代际经济正义问题的思考和探索,作者认为当代生态恶化和环境危机的加剧是代际经济正义话语凸显的时代根据;揭示了代际经济正义的基本内涵及其价值旨趣,将代际经济正义规定为:是对代与代之间的经济关系安排和制度设计所进行的正义追问和价值考量,是关于代与代之间如何合理分配社会的经济利益和承担经济责任和义务问题的哲学思考和伦理规导,是经济正义的基本内容和原则要求在垂直性的历史过程中的具体化和延伸。代际经济正义意味着一种对人类整体生命的所有阶段的不偏不倚的关心,其旨趣在于公平地对待未来人的经济权益。同时,进一步对"代际经济正义如何可能"做了哲学层面的思考和阐释。

第七章,集中探讨了经济正义价值在现实实践中面临的诸种难题,分析了经济正义与经济自由、经济正义与"差别原则"、经济正义与"效率和公平"、经济正义与福利主义等当代经济生活世界中面临的突出问题,揭示出它们之间对立统一的客观辩证张力关系,对如何正确处理提出了积极的思考。

第八章,在对经济正义问题做了全面的思考和探索之后,集中阐述了经济正义价值对于构建社会主义和谐社会的思想关照和价值守护之重大意义。作者对"和谐社会"范畴做了批判性的考察,分析了提出构建社会主义和谐社会的现实背景、理论谱系和哲学基础,在此基础上较深入地阐释了经济正义与和谐社会构建之间的辩证张力关系,揭示了经济正义价值对于构建社会主义和谐社会不可或缺的思想支援和价值守护之维度。

本书的特色是:立足马克思经济哲学的理论视野,借助哲学、经济学、伦理学、政治学和社会学等学科的基本原理,对经济正义课题做了跨学科的综合性专题研究;在对"经济"范畴、"正义"范畴进行哲学层面的解读和内涵规定的基础上,初步构建起了对于"经济正义"的经济哲学解释框架和阐释定向,为反思和超越狭隘的经济学经济正义观或先验浪漫的伦理学经济正义观提供一种新的理论参照和价值视野,从而对经济正义的理解置放到捍卫人类生命尊严和提升人类自由存在本质的终极价值层面加以求解和把握;通过确立经济哲学的经济正义理论主张和价值视野,为生活在资本逻辑占主导地位的现代人们反思自身的经济方式和检审自身的存在方式提供一种思想的参照,为当代中国实践科学发展观、构建社会主义和谐社会提供了必要的思想支援和价值牵引。

经济哲学研究自 20 世纪 80 年代中期在我国兴起以来,经过国内学界的共同努力,取得了不少研究成果,研究在不断深化,如在经济哲学的专题研究方面对货币哲学、资本哲学、财富哲学等方面的深入研究。多年来我一直关心并参与了经济哲学的研究。在当前经济哲学发展的情况下,我感到有一个重要的领域需要开拓,这就是对经济哲学基本范畴和基本原理进行的深度研究。本著作对经济正义范畴所进行的综合研究,无疑对于促进国内经济哲学研究具有积极意义。

当然,经济正义是一个十分复杂的问题,国内外的许多观点往往是不同和相互矛盾的,有的学者甚至主张价值中立,认为经济不存在所谓正义问题。至于现实生活中存在的各种问题则更加复杂,对其解决是一个系统工程。鉴于此,这本著作有的观点需要深化,有的观点可以讨论,有的内容有待丰富。尽管如此,我认为这是一本理论底蕴深厚、基本观点鲜明、现实针对强烈的专著,值得向读者推荐。

这本书是作者在博士论文的基础上完成的研究成果,其博士论文《经济正义:经济生活世界的意义追问》在评审和答辩过程中得到评审专家和答辩专家的较高评价,被评为优秀博士论文,后来论文被评为"复旦大学2004届优秀博士学位论文",并由学校推荐参加全国优秀博士论文的评选。2005年,作者以"经济正义与和谐社会的构建"为题申报国家社科基金一般项目并获得立项,现结项。因此,本著作也是作者国家社科基金项目的研究成果。作为毛勒堂同志的博士生导师,我对他的研究成果感到由衷的高兴,并祝愿他今后获得更多的成就。

余 源 培

2011 年 2 月 28 日

导　言

经济正义：经济生活世界的意义追问

一、选题之缘起：为何要求索经济正义

任何切近生命的思考和严肃的写作行为之所以发生，并非由于风花雪月般的浪漫情愫使然，更不是因某种外在的世俗功利所发动，而是往往基于如此的存在境遇：或由于学理上的困惑而产生的在学理范围内对理论本身的学术探索和理论研究本身的需要，或由于现实社会难题的触动而致力于对问题的理性解决之冲动。经济正义问题之所以映入笔者的视野并成为课题研究对象，二者兼而有之。

一方面，国内经济哲学研究的逐渐展开及其迫切需要进一步推进和深化的学术要求，是笔者选择经济正义课题研究的重要缘由。

经济哲学研究自20世纪80年代中期在中国逐渐兴起以来，经过近30年国内哲学界、经济学界等各方面的通力合作和艰苦努力，至今已经取得了不小的成绩。这突出地表现在：不少国外有关经济哲学著作被译介；大量关于经济哲学论文的发表；有关经济哲学的专著陆续出版；人们对经济哲学研究态度上的更加自觉。总之，国内经济哲学研究所具有的规模，为进一步深化经济哲学研究提供了较丰富的学术积累和思想资源。而且，经济哲学作为哲学对经济生活世界的理性追问和哲学思考，内在地要求对现实经济生活本质的理性穿透，关注经济生活世界中人类遭遇的关乎自身命运和发展前途的重大现实问题，从而承载起对人类命运的深切关怀，提升人的生命尊严，成就人的自由存在之本质。经济哲学内涵的这种"人学"特质和哲学情怀，现实地要求经济哲

学随着时代经济生活的流变和演进而不断发展。因此,进一步推进和拓展经济哲学研究的深度和广度,既是理论发展的要求,也是现实生活实践的要求。而对经济哲学的基本范畴、基本原理进行深入研究,无疑是深化和推进经济哲学研究的重要路径之一。事实上,基本范畴是一门学科得以建构的坚实基础。因此,有学者也颇有见地的呼吁,要大力开展对经济哲学的多维度的、深入的专题研究,重视对经济哲学基本范畴的研究,包括对"经济人"、"道德人"、"自由人"、"经济自由"、"经济正义"等范畴展开研究。① 然而,究竟在何种意义上确立经济正义的理论视阈和价值视野? 在何种原则上展开对经济正义的言说?如何赋予经济正义范畴恰当的规定? 如何确立经济正义的解释框架? 如何展开经济正义的哲学话语? 如何确立经济正义的现实原则? 如何达至经济正义的现实化? 等等。这些问题都需要从学理的角度予以认真澄清和深入划界。而这些疑问以及对这些疑问的思考、应答构成了本课题探究的思想轴心。

另一方面,现代经济的狭隘资本化扩展情势以及其对感性生命的大肆侵蚀所导致的"意义世界"之脱落,是笔者致力于经济正义课题研究的根本动因。

经济是什么? 这对置身于现代市场经济和资本社会的当代人来说,似乎是一个及其简单乃至愚蠢的发问。然而,诚如黑格尔所言,熟知非真知! 今天,人们把"什么是经济"这个关乎人之核心的问题看做是不成问题的问题,当做未经批判审查就可以接受的自明的问题,结果对经济的理解和研究置于狭隘的眼界之基础上。在今天的不少经济学著作和经济学家的言谈以及在一般人的理解中,经济无非就是"金钱"、"资本"、"利润"、"财富"的代名词。现代人对经济的这种狭隘视界正体现了现代人的狭隘经济观和"敌视人的"的经济学立场,从而导致和表现为当代人生存的单面性和非人化。质言之,现代经济的片面资本化展开方式,资本逻辑对社会生活的全面统治和霸权,以及由此带来的当代人的"存在之焦虑"和"意义危机",需要我们对当代人自身的经济生产方式和经济价值观作出深刻的理性检审和价值追问。而这在根本上是对当代人类自身的存在方式和存在根基所进行的哲学批判和价值审视,也是对人类未来命运的自觉担当。

① 参见余源培、荆忠:《寻找新的学苑》,上海社会科学院出版社 2001 年版,第 247 页;张雄:《经济哲学》,云南人民出版社 2002 年版,第 227 页。

　　诚然,追求利润、实现增值、实现社会财富的增加无疑是经济活动的重要方面和内容,但是经济的本质并不能因此简单地归约为财富至上、唯利是图。这里其实暗含着对经济活动中关于经济手段和经济目的的道德询问和价值思考:一方面,人类在追求经济利益和物质财富的时候,在经济手段上要遵循社会的道德要求和伦理规范,此所谓"君子爱财,取之有道";另一方面,就经济活动的意义而言,经济活动自身并没有自足的终极价值,其根本意义乃在于它对人类的自由和幸福的提升。这是我们必须确立的关于经济合法性的终极价值立场和基础视阈。

　　然而,今天我们面临的问题和挑战是,由于经济的资本化导致的单向度的资本经济,由于资本经济的唯利润至上及其无节制的扩展逻辑,给人类带来了难以承受的沉重和包袱。这突出地表现在其不仅严重地影响到自然生态的恶化从而阻碍经济的进一步发展,而且还深刻地影响到人们的精神生活之萎缩和意义世界之失落,甚至威胁到社会的基本稳定,从而在根本上危及人类生存的根基。易言之,随着当代经济的资本化趋势,深刻地凸显了社会生活中人与自然、人与人、人与自身的紧张对峙和日渐疏离,出现了自然生态的日益恶化和全球范围内的生态危机,也出现了人与人之间的深重矛盾,诸如贫富悬殊、贫困饥饿问题和利益冲突等社会问题,与此相连的则是人之存在的价值危机和意义失落导致的人与自身生命的疏远。这一切从物质和精神的层面全方位地侵蚀着当代人的存在根基和意义世界。这意味着经济的有效性或效率并不能确保生活的真理或存在的意义,社会经济的增长如果没有恰当的利益分配制度设计,就会造成财富在少数人一方的积聚和贫困在多数人一方的积累,从而必然影响到绝大多数人做人的权利及其尊严。而这对社会多数人来说意味着,社会经济财富的增长并不是福音,而毋宁说是灾难。面对扑面而来的经济生活危机乃至整个人类的生存危机,我们的根本出路在于通过我们的理性反思,透视问题的根源来超越危机,并通过我们的思想努力和实践自觉开辟未来之路。而对现代经济进行正义维度的意义追问和价值诉求,就是要超越"经济就是正义"、"经济效率就是经济正义"的狭隘的经济价值观和片面的经济发展观,揭穿关于资本经济能够自发地带给人类以幸福和自由的谎言,倡导经济的效率原则和社会公平原则相统一、经济发展和社会进步相统一、经济增长和生态保护相统一,把经济的手段性和人的发展的目的性结合起来,把促进人的自由增长和提升人的尊严作为经济发展的根本宗旨,把经济的合规律性和人的发展的合目的性自觉统一起来,注重经济社会的全面进步和人的自由全面发展,并因此思考和构建当代全新的经济价值观和经济发展战略,营建人类诗意的存在家园。

总而言之,经济正义问题作为一个重大的理论课题和无法回避的现实问题,已经严肃地呈现在我们的面前,它从理论和现实的双重层面向我们提出了其重要性和紧迫性,需要我们作出理性的反思并要求给予深刻的哲学解答,担当起我们时代的经济发展和人类的未来命运。

二、方法与视阈:在何种原则上谈经济正义

近年来,国内学术界对经济正义问题的研讨不断升温,使得在某种程度上经济正义问题成为"显学"。但是,由于学科专业化导致的壁垒森严和学者的"专家"化导致的狭隘视野,对经济正义问题的论说陷于深度的学科专业化而自言自语,却难以收获其本质的真理,甚至对经济正义的理解中存在意见相左的现象,从而在貌似热闹的经济正义问题讨论中,其所应对的问题依旧岿然不动,甚至误入歧途。之所以出现这种景象,更重要的原因还在于哲学在经济正义问题探讨中的缺位,在于经济正义问题的研究缺少生存论哲学的视野,从而对经济正义问题的前提和基础缺少批判性的哲学划界和澄清工作,缺少对经济正义研究中应有的思想广度和哲学深度,导致将无批判的经济主义或无批判的伦理浪漫主义作为经济正义的方法论基础和理论视阈,使得经济正义的存在论基础避而不明,从而无力触动问题的核心。这可以从国内学界对经济正义的研究路径中可以看出来。目前,人们对经济正义问题的论说典型的主要有两种话语:

其一,是基于现代主流经济学(增加国民财富之科学)视阈的经济正义话语。这种话语认为,所谓经济,就是以少量的投入获取最大产出的人类活动,其本义乃是占有更多的利润,因而与正义价值无涉,从而声称经济正义是个"伪问题",如果真存在经济正义,那么经济正义的合法性根据在于经济而不是正义,经济正义的尺度乃是经济效率,经济效率即经济正义。这实质上是将正义价值吞没在经济效率中。与此相联系的则是将经济正义的尺度诉诸"完全的自由市场竞争",将市场的"优胜劣汰"作为经济正义的至高原则,主张以市场比拼来决定人们的财富和收入的占有,并以财富和收入来衡量和标示人生的价值。这实际上是一种"自由主义的经济正义观"。而"市场原教旨主

义"的立场乃是上述主张的典型表现。

其二,是立足伦理学学科视阈和价值立场而展开的经济正义叙述方式。这种话语往往以形而上的、先验的"应当"作为其逻辑基点,通过诉诸抽象的逻辑演绎诉说经济正义在于经济起点公平、经济规则公平,做到"经济人"和"伦理人"的统一,从而到达"至善"。虽然这一研究路径较前一种立场更具可爱性,也貌似更具合理。但是,由于缺少对其理论前提的存在论澄明,以及其逻辑演绎所分享的思辨形而上学性质,不可避免地落入了无批判的伦理浪漫主义窠臼,从而无力触动其对面矗立的坚硬的现实问题,甚至由于经济正义存在论基础的晦暗不明,由于排山倒海般的资本霸权,由于经济学帝国主义的为虎作伥,经济正义的伦理学话语淹没于经济学话语的大潮中。现实生活中铺天盖地地以"资本"领衔的诸如"道德资本"、"艺术资本"、"爱情资本"等似是而非的现代话语不过是对现代经济学的一个个注释罢了,然而,这的确又是对我们当下生存境遇的真实反映。但如此一来,道德不再是道德,而资本也不仅是资本,反而扮演起道德的上帝。道德自身存在的合法性得乞讨于资本的施舍和认可,结果便是道德或经济正义无力撼动资本的魔杖,反而成为资本的木偶,导致人们对经济正义的研究自觉或不自觉地倒退到经济学的思维原则和价值立场。可见,关于经济正义的经济学话语和伦理浪漫主义话语,貌似处于对立的两极,然而二者却是相互补充,皆是以对资本经济的承认为前提,从而成为现代资本经济的意识形态。这就要求我们需超越关于经济正义的经济学和抽象伦理学的话语方式。

如此可见,问题的重要性在于我们在何种原则上以及在何种视阈下展开对经济正义的言说方式和致思理路。在这里我们可以提出这样比较尖锐的问题,即经济正义是描述性的概念还是反思性的范畴? 是基于效率维度的经济学实证揭示,还是立足意义向度的哲学之思? 显然,我们是在后者意义上,即在反思的、批判性的哲学意义上确立对经济正义的视阈。而在此所谓的"哲学",主要指的是马克思的生存论哲学。因此我们是在马克思所开辟的生存论哲学视阈中确立对经济正义的阐释定向和方法论原则,即在经济正义的阐释中坚持唯物史观的基本原则和立场,注重历史性、整体性、现实性、根本性和"人学"的立场。在这样的理解中,经济正义是一个反思性、批判性的哲学范畴,因而是一个极具现实感和历史维度的概念。它既包含着对无批判的实证经济学经济正义立场的批判,也包含着对思辨形而上学经济正义观的批判,从而也拒斥对经济正义的伦理浪漫主义之理解。因此,立足马克思所开辟的生存论哲学视野,遵循历史唯物主义的基本原则和价值立场,采取历史与现实相统一、理论与实践相结合的原则,对经济正义课题进行跨学科的综合研究,深刻揭示经济正义的内涵及其价值原则,从而以批判的眼光对现代资本经济方式进行正义层面的价值审视和哲学的理性反思,并通过理念渗透和制度设计,构建全新的经济理念和经济方式,确立对资本原则的认识自觉和实践自觉,从而为当代人开拓未来之路奠定思想基础和价值支援,这是我们对经济正义所确立的基本的方法论原则和价值视阈。

三、立场与旨趣:对经济生活世界的意义追问

长期以来,"经济"被视为人类增加财富的活动,与之相应,"经济学"则被定义为如何增加财富的学问。又由于经济在社会生活中具有基础性的地位,于是"我们常常听到'效率'是经济的最高标准以及必须采取某些步骤来促成这一目标的说法"①,经济效率也因此被视为是经济正义的尺度和标准。在持这种观点的人看来,经济就是我们时代的至上目的,一切合乎资本增殖的行为就是有价值的,反之则被视为无用的。由此,生活的信条被简约为"经济就是正义"、"效率就是真理";或从经济效率的标准来定义经济正义,认为经济效率就是经济正义,把二者等同起来,结果陷入了"经济主义"的狭隘立场,导致了狭隘的 GDP 经济价值观,而不顾经济活动中经济手段的正当性和经济价值的合理性,更没有进一步追问经济的属人目的,把人作为经济的手段,而经济本身却成为目的,从而给社会生活带来了难以承受的灾难性后果;或者从"市场万能论"的立场出发,把经济正义的评判标准完全交给市场自由裁决,从而主张自由主义的经济正义观,而无视市场本身并不是抽象的独立自存,更没有看到市场作用的有限性和负面性。总之,对经济正义的理解歧义丛生、莫衷一是。之所以如此,一方面与人们对正义概念的理解分歧相关,但从一个侧面反映出我们对经济的价值理解和判断存在诸多片面乃至危险的倾向,更多地注重经济的手段性和功利性一面,而经济的合目的性一面则遭到严重遮蔽,这说

---

① [美]查尔斯·K.威尔伯、肯尼思·P.詹姆森:《经济学的贫困》,北京经济学院出版社1993 年版,第4页。

明我们的经济方式和经济观出现了根本上的问题。易言之，现代经济的资本逻辑之无节制扩展本性导致了人的生存的边缘化和异化，即人成为资本的手段，经济成为人的目的。于是，"经济学帝国主义"建立的极致之处便是"经济学的贫困"，与经济帝国日益扩展相对应的是"人的世界"的萎缩，从而深刻地影响到当代人的存在根基和意义维度。事实上，只有当经济效率能满足人们合理健康的需要时，才能把效率视为是经济的目的，否则效率可能会成为使人误入歧途的咒语；只有当经济合乎规律性和人的发展之目的性，人类的经济活动才能确保经济原则和正义价值原则的统一，确保经济效率和人的发展的统一。因此，需要对作为社会生活之重要基础的经济生活进行正义的哲学思考和意义的价值追问，从而重建当代的经济价值观和经济正义的价值理念，并因此开拓更加合理的经济发展道路和构建更加适宜的生存方式。

经济哲学作为哲学对经济生活世界的理性追问和哲学批判，表达的是对经济生活世界中人类遭遇的关乎自身前途命运的重大经济问题及其意识形态进行深度的理性追问和实践改造的哲学要求，因而是对人类基础性存在方式的经济活动之哲学检审，旨在超越现实的社会经济生活，提升社会经济生活中人的存在之价值及其尊严，承载起对人类命运的深切关怀和人之自由提升的哲学使命，从而为人类提供一个更具牵引力的经济生活世界图景，营建诗意的人类居所。因此，基于经济哲学的阐释定向，我们所诉求的经济正义是超越了现代经济学描述性质和伦理学浪漫主义性质的具有反思性的哲学范畴，其性质是批判的和哲学的。因此，所谓经济正义，表达的是立足马克思"实践—感性"活动的存在论哲学的原则高度和共产主义的价值视野，对人类始原性存在方式的经济活动以及作为人类社会之深刻基础的经济关系所进行的经济合理性追问和存在合目的性之检审，并以此反思和观照不合理的现实经济状况，从生存论的根基处捍卫经济生活世界中的人类尊严和基本价值，从而成就人之自由自觉活动的存在本质和全面丰富的人性。正是在这样的意义上，有学者指出，经济正义的尺度在于：是否最大限度地增进人类的幸福，是否按照个人的努力程度和社会贡献大小进行分配，是否保证并促进个人的自由和尊严。① 然而，由于人类的经济活动及其经济关系现实地牵连人与他人、人与社

————————————

① 参见 Stephen Nathanson, *Economic Justice*, (Prentice Hall, Upper Saddle River, New Jersey 1998), p.6。

会、人与自然等基本的存在关系,因此,经济正义内涵着自觉担当对个人生存和发展、他人的存在合法性和尊严、社会的理性秩序和价值基础以及自然生态价值的守护和承诺,从而不再是对资本经济及其霸权的无批判之依附,而是自觉发动自己的批判和反思意识,确立起人类的尊严和价值、社会的道德和伦理以及生态价值对于抽象资本的优先权。如此可见,经济正义内涵着对人类基本经济需求的担保,对社会经济秩序公正性的承诺,对自然生态存在合法性的肯定,从而融合了经济生活世界中人类生命尊严的价值视野、社会理性秩序的道德视野以及自然生态的哲学视野之有机统一。因此,就某种程度上而言,经济正义是一种新的世界观,是对经济(资本)世界观的超越之思。

经济正义作为经济哲学的重要范畴,它分享了经济哲学的内在品质,也承载着经济哲学的人学使命。经济正义立足坚实的现实经济生活世界,却以超越现实的眼光,从一种整体的、综合的角度去认识现实的经济生活世界,关切生活于其中的人类。它自觉地包含了经济合理性和价值合目的性的统一,从而诉求经济生活世界中人与人、人与社会、人与自我、人与自然的平衡、和谐,最终指向生命的自由存在维度和意义世界。因此,所谓的经济正义,其立场、其轴心是人学的,其核心、其志趣乃是对经济生活世界的意义追问和价值审视,本质上是对人类自我存在的现实困境和遭遇的意义关照和价值关切,从而求索人类光明的前行通道。

四、成绩与不足:国内经济正义研究现状及简要评析

对于经济正义课题的研究,国内的学者已经作出了可贵的探索,并取得了相应的成绩。据笔者多年的追踪,国内对经济正义问题的研究,具有代表性的研究取向和观点如下:

有学者认为,在日常的经济活动中,如果一种状态既是平等的,而又具有帕累托效率,那它就被描述为"经济正义"。[①] 应该说,这种描述具有一定的合理性,基本符合经济正义的价值取向,但是对于平等状态和帕累托效率是否可能、如何可能,以及何种状态是平等的? 对这些问题并没有作出深入的论证和学理阐释,需要我们展开较为深入的探讨。事实上,正如丹尼尔·W.布罗姆

---

① 参见张雄:《经济正义,被定义了的话语》,《河北学刊》2002 年第 5 期。

利教授所说的那样,帕累托效率的比较优势是建立在一系列严格而脆弱的假设而获得的,原因在于"资源配置存在许多种帕累托最优,每一种均与社会成员对不同的分配状况的满意程度相联系,而且收入在大众之间每一种可能的分配而言,都存在一种帕累托最优配置"①。况且,"帕累托最佳值只能定义经济学的最佳值,但却不能定义社会的或伦理的最佳值"②。

有学者指出,经济正义是一个侧重于从制度、权力、整体而非从个人德性、义务的角度把握人的经济行为的合理性和正当性的经济伦理范畴,认为经济正义是社会正义的基本要求;经济正义突出反映了正义的实践理性精神或现实性规定,即人的经济行为需要选择理想的体制性目标和规范,社会经济关系及其矛盾冲突需要平衡和解决,并认为大体上可以从四个角度把握经济正义:一是从自主权利角度,即经济正义首先是指经济人享有并自主行使自己的财产权利,和由此形成的经济自由和履行契约的一系列权利和义务,及相应的制度安排;二是合理分配的角度,即经济正义最终实现于分配正义,分配正义既包含由机会公平、程序正义和公平竞争带来的收入分配的合理差距,又包含使最大多数人福利增长的人道主义关怀;三是主体心态角度,即经济正义的实现程度在很大程度上取决于人们心理预期的满足程度,有赖于人们在经济活动中萌生的正义感和认同感;四是人的本质角度,即经济正义最根本的是指人在一定经济关系中获得自由和解放,实现自己的本质,求得全面发展。③ 应该说,这种对经济正义的理解是具有启发意义的,尤其是提出从人的自由和解放的角度来把握经济正义的实质的主张,揭示了经济正义所内涵的哲学关切。但是,这种思考也是初步的,并没有给予具体的说明和充分的论证。

有学者则在考察经济正义范畴历史的基础上,把经济正义定义为有关人们经济上应得的观念和按照每个人应得来分配经济权利、义务和具体财货的制度和活动。④ 而这种概念阐释定向,是基于瑞士的一位当代神学家埃米尔·布伦纳对正义的如下理解:无论他还是它只要给每个人以其应得的东西,那么该人或该物就是正义的;一种态度、一种法律、一种关系,只要能使每一个

---

① [美]丹尼尔·W.布罗姆利:《经济利益与经济制度》,上海三联书店、上海人民出版社2006年版,第3页。
② [德]科斯洛夫斯基:《资本主义的伦理学》,中国社会科学出版社1996年版,第35页。
③ 参见刘可风:《略论经济正义》,《马克思主义与现实》2002年第4期。
④ 参见汪行福:《经济正义概念及其演变》,《江苏社会科学》2000年第6期。

人获得其应得的东西,那么它就是正义的。实际上是把对正义的定义方法套用到对经济正义的定义。这在逻辑上是合理的。但这里的关键问题是"应得",因何所得,如何所得?对此论者并没有进一步追问。只是概要地认为经济正义从起源、价值取向和作用来说是为了限制、规范和调节市场经济运行及其结果,因此可以把经济正义看做与商品化相对立的反商品化努力,它是从道德和政治规范出发规范和约束市场经济活动的观念。应该说,从反商品化角度理解经济正义具有一定的合理性,也是一个很好的视角。但这意味着把经济限定为商品经济,把经济正义问题也仅限于商品经济社会,显得有些狭隘。

有学者认为,经济正义是指建立在理性基础上的经济活动起点公平、竞争规则合理、收入分配适当,要求经济活动在追求利润最大化的同时必须兼顾经济活动的社会效益、环境效益与维护人的权益的统一。[①]

有的学者是从经济活动的层面探讨经济正义,认为经济活动是人类生活的根本维度,其中存在着正义与非正义问题,经济活动的正义就是人类对经济活动所相关的各种道(必然或规律)的理性把握和选择。[②]

也有学者对经济正义问题做了较为广泛的研究,认为公平与发展、体制及规则公正、经济人与伦理人的结合是经济正义的内涵,并认为:生产正义是经济行为的关键,分配正义是经济正义的基本形式,交换正义是道德经济的保障,消费正义是提高人的生存与发展质量的重要环节。[③] 其中的论述给人不少启发。

的确,国内学者对经济正义问题的研究在不断深入。然而,与经济正义问题的时代凸显和强烈理论要求相对照的是,我们的研究远不够。对经济正义的研究还是比较薄弱,尤其对该问题的研究还缺少深度的哲学介入。至于何谓经济正义,则没有一个较为一致的认识,更谈不上对它的精确界定。之所以如此,一方面源于正义概念的不确定性,另一方面更源于经济活动本身的复杂性。但是从根本来说,作为经济哲学范畴的经济正义,是通过对经济活动和经济利益关系的正义追问之形式,从整体和终极的层面上对经济生活世界所进

---

① 参见孟宪忠、包霄林:《市场经济是正义经济》,《新长征》1994 年第 7 期。

② 参见刘敬鲁:《经济哲学导论》第八章"经济活动的正义"部分,中国人民大学出版社 2003 年版。

③ 参见郑永奎:《经济正义论》,吉林教育出版社 2000 年版。

行的意义关注和价值追问。而意义与价值是人所特有的存在维度。因此,在笔者看来,对经济正义的理解和把握需要对"正义"、"经济"、"人的存在"进行哲学层面的审视,把经济生活置于人的存在意义和价值层面加以哲学的反思,由此展开对经济活动和经济方式进行经济合理性和价值合目的性追问,从而对人类基础性存在方式的经济活动和社会生活之深刻基础的经济生活予以理性牵引和价值规导。因此,要避免把经济正义做狭隘化、片面化的理解和解读:或者把经济利益作为经济正义的唯一标准,从而在"唯利是图"的扭曲价值观牵引下把人塑造为恐怖的经济动物,削弱人之为人的伦理规定;或者把经济效率作为经济价值的终极尺度,从而在效率的名义下践踏人类社会基本的公平价值和自然生态的存在合法性;或者把某一经济制度无批判地作为衡量和规范经济行为是否具有正义性的根本尺度,从而在坚持经济正义的名义下大行非正义之事。

在经济哲学的视野中,经济正义的本质内涵是把实现人的自由全面发展,充分展露人的自由存在本质视为经济的根本目的和终极价值,从而在具体的经济生活中,自觉贯穿"人是目的"的价值理念和实践要求,注重经济制度的正义性,确保经济活动的合理性和合目的性的有机统一,保持经济效率与社会公平的动态平衡,实现经济发展与生态保护有机结合,实现人与人、人与社会、人与自然的协调发展,促进经济、社会和人的全面发展。可见,通过对经济生活世界的正义价值追问和哲学反思,实质上是对人的自由存在本质和对人类生活的哲学思考和意义关怀,这是经济正义研究的根本旨趣。

在笔者看来,社会的经济领域并非纯粹的事实世界,它充满着多重的价值维度和丰富的意义因素,因为在生存论的境域中,经济不可以脱离人而独立存在,人也不可以离开经济而抽象存在。经济就是人的经济,人是经济着的人,经济与人是本质地勾连在一起的。经济是人的基础存在方式,经济生活是社会生活的坚实基础,所以不能离开人抽象地谈经济,经济的发生、经济的运行和经济的目的都与人息息相关,经济的真理系于人的存在。而人不简单的是一种自然生命的存在,毋宁说是超自然生命的意义存在,意义和价值是做人所固有的真理,此乃是存在的秘密。人类追求真理、诉求正义乃是人的"天命",人类追求正义实际上是追求人类自身的自由和解放,从而获得人的自由存在本质。经济正义通过对经济生活的正义价值追问,旨在达到人与人、人与社会、人与自然之间的和谐相依,力求事实世界和价值世界的融洽统一,全面促进经济社会和人的全面发展,充分实现人的自由存在本质。因此,经济正义对经济生活的哲学反思和正义价值关怀,也是对人的存在方式和存在意义的哲学追思和价值观照。

在具体的经济生活中,经济正义往往被描述为:或指对一定的社会制度之内的具体的经济行为的道德正当性评价,而道德正当性评价的根据来源于社会的经济、法律和政治制度的基本原则和相应规范;或指从经济伦理的角度对一定社会制度本身的道德正当性评价,评价的根据来源于对人和人类生活的基本价值理解。① 这意味着,经济行为的正义性依存于社会经济制度的正义性,而社会基本制度的正义性又依赖于制度对于人的价值和本质的意义。因此,我们可以发现经济正义的根本问题及其实质在于对正义的本质理解,在于对人的存在本质和人类生活的价值判断,其依据要导回到对人的价值、人的尊严和人的自由存在属性的历史的理解和哲学的思考中。所以,经济正义本质的揭示需要从经济哲学的层面才能得到合理并具有深度的展开。这也意味着,经济的有效性并不能确保经济的真理性和正义性,经济的真理性和意义价值在于其对于人之自由和人性丰富的历史之确证,譬如经济对人的生计满足、给人以价值和尊严、促进人的自由,等等。这是经济正义所要揭示的核心主题,也是我们诉求经济正义的根本旨趣。

五、预览与扫描:本书的基本观点和内容框架

正如在前面的课题选题背景中所谈及的那样,本书的根本指向是试图对现代经济的合理性及其限度进行哲学的反思,从而对经济生活世界进行意义和价值的追问,实质上是对当代人类生存处境和存在方式进行哲学反思的一种努力。现代经济的资本化发展趋势,使得人类的经济方式严重地危及人类存在的自然家园和意义世界,这深刻地表现在人与自然之间的紧张对峙导致的严重生态危机,人与人之间、人与社会之间的利益矛盾所导致的社会贫困,以及随之而来的一系列社会问题,还有在资本逻辑主导下的经济异化现象使得人与自身的生命呈现出日渐疏离状态。这一切需要我们作出哲学的反思和价值的追问。

---

① 参见朱贻庭主编:《伦理学大辞典》,上海辞书出版社 2002 年版,第 133 页。

　　为此,本书立足马克思的共产主义价值原则,以经济哲学的视阈,持哲学的批判精神,展开对经济生活世界的正义思考。在这种思考中,首要的困难来自于对正义范畴的理解及其视角选择,之所以说是困难的,是因为人们对正义概念具有不同的理解,以致难以达成共识。事实上,正义概念也经历了诸多的演变,并因此造成了对正义问题上的歧义丛生、歧见迭出,显得莫衷一是。正因为如此,美国法律哲学家博登海默不无感慨地指出:"正义有一张普洛透斯似的脸,变幻无常、随时可呈不同形状并具有极不相同的面貌。当我们仔细查看这张脸并试图解开隐藏其表面背后的秘密时,我们往往会深感迷惑。"①因此,在本书的第一章里,首先通过对正义的词源考辨、思想史考察的基础上,确立了笔者对正义的哲学阐释定向。笔者以为,相对于具体领域中的正义子概念(如政治正义、经济正义、法正义)来说,首先要对正义概念有一个视角定位,而从哲学的高度理解和把握正义的精神及其实质具有更为基础和根本的意义,也唯有从哲学的高度才能深刻领悟和洞穿正义的奥秘。在哲学的视阈中,正义的秘密在于人,在于人的存在本性中。这个问题我们可以换一个角度思考,即人为什么要追求正义。这就深入到对人的存在、"人是谁"的哲学思考中。人是一种特殊的存在,他是自然生命存在和超自然生命存在的统一,是在事实世界和意义世界的贯穿中成就了自身存在的真理,所以人是一种既"顶天"又"立地"的存在物。正是人的这种存在本性使得人是一种不断自我创生和开放性的存在,因而也是否定性的和批判性的存在,并在这种理想与现实、生命与意义、肯定与否定、继承与批判的内在张力中展开了自己的历史,成就人的自由自觉的存在本质和丰富的潜能。正义作为人类对自身生命的最高价值之追问和原则之表达,实质上就是把人的价值、人的尊严、人的自由和全面发展作为自己的根本主题,追求正义就是追求人类的尊严和崇高、追求人的价值和自由的存在本质。所谓正义的,就是把人的尊严和价值、人的自由和发展作为人的根本,这是正义的精神和实质。所以,正义是一个批判性哲学范畴,内涵着对宇宙人生的价值思考和意义追问。当然,同样必须指出的是,正义不是一个空疏的哲学范畴,不是一个浪漫的价值悬设而无关现实的痛痒,它的内容会随着时代的流变和社会的变迁而在生存论的地平线上历史地展开。

――――――――――

　　①　[美]博登海默:《法理学——法律哲学与法律方法》,中国政法大学出版社 1999 年版,第 252 页。

即便如此,必须坚定的立场是,正义的哲学本质、正义的意义关怀是正义的内核,它是人之为人的必然表达,也是人之存在不可或缺的存在之维。①

在对正义概念的哲学阐释基础上,论文展开了对"经济"和"经济正义"的批判和澄清工作,在此基础上阐释了经济正义凸显的存在论境遇,并对经济正义范畴展开了哲学维度的内涵规定:经济正义是经济领域中的正义问题,是对经济生活世界的正义追问和意义思考,是社会正义的重要组成部分。由于经济活动是人的基础存在方式和人类社会的深刻基础,因此经济正义本质上具有对人类自身生存方式和存在意义的哲学思考和价值考量,是人类对自身经济行为的价值担保和责任承诺,从而要求把人的价值、人的尊严、人的自由发展作为经济的根本目的和首要价值,这是经济正义的根本精神和价值内核。由于经济活动涉及人与人之间的利益交往和人与自然之间的物质能量交换活动,因此经济正义关联到对人与人之间的利益平衡、人与自然之间的生态平衡等内容。简言之,经济正义乃是通过对人类经济方式和经济行为的合理性和合目的性的考查,对经济生活世界的意义维度予以历史的观照,从而在经济生活中注重人与人、人与社会、人与自然的良序互动,促进经济社会和人的全面发展,实现人的自由自觉的存在本质。同时,对经济正义关涉的内容和层次、经济正义何以可能等问题做了阐述。这是第一章的主要内容。

第二章主要从观念层面探讨了经济正义的思想。主要包括:从古希腊、中世纪、近代和当代的历史发展方面对西方经济正义思想做了较为系统的历史追寻;从经济活动的生产、交换、分配和消费四个方面对中国传统经济正义思想做了初步的探讨;对马克思的经济正义思想的切入点、形成环节、思想核心以及价值旨趣等方面进行了较为深入的分析和透视。在此基础上,根据对现实经济生活状况的理解和把握,尝试性地提出了建构当代经济正义的四重理念,即以自由看待经济发展、以平等价值关切人们的基本经济需求、以正义的理性秩序规约经济活动、以"共生"价值牵引经济生活,重建当代经济生活世界的精神高度和价值坐标。

第三章主要阐述了经济制度正义。首先对"制度"范畴进行了批判的界定,认为制度是人类为了抑制人际交往中可能出现的任意行为和机会主义行为而制定的一系列规范,它通过约束和调整人们在政治、经济和社会生活中的

---

① 对于正义的哲学阐释,参见胡海波:《正义的追寻》,东北师范大学出版社 1997 年版。

行为来满足人们最大化的目标需求,并进一步对制度的缘起和变迁以及制度的核心价值和合法性根据进行深入分析和阐释。在此基础上,确立本书对经济制度概念的解释方案:经济制度是人们在经济生活中有关经济活动和经济行为的制度和规范,它旨在通过设定人们之间的相互经济关系来满足主体的最大化目标需求,它是制度体系集合中的一个子集合,既包括狭义的经济制度即基本的经济制度,也包括作为基本经济制度运行的具体形式即经济体制和经济规则。同时,从经济制度与人的存在层面对经济制度的作用和功能做了进一步分析,认为经济规则或经济制度是经济生活得以展开的必要前提,经济制度在经济系统中具有基础性的地位,它关系到人们的生活前景和未来命运,所以经济制度需要正义价值的匡扶。由此逻辑地展开对经济制度正义内涵的具体阐述,包括:制度本身是否具有正义的价值内涵;在经济制度运行过程中是否坚持一视同仁的正义原则;探究如何通过制度的安排来贯穿经济正义的价值理念。最后,展开了对经济制度正义原则以及经济制度正义的当代中国意义等方面的探讨。

第四章主要探讨经济活动正义,即经济活动中的正义问题。经济活动正义是经济正义的精神理念和价值原则在经济活动的体现和关照。它强调经济活动之合规律性和合目的性的统一,既要关注经济生产中的效率问题,也要注重经济手段的合理性、合法性、合道德性,更要注重经济尺度和人的发展尺度的统一,关注人与人、人与社会、人与自然之间的和谐发展,始终不忘经济生产和经济发展要以人为本的价值主张,从而促进人与自然的协调发展,促进经济社会和人的全面进步。这是经济活动正义的主旨。而这一主旨是通过对生产正义、交换正义、分配正义和消费正义的阐述而展开的。首先,通过对"生产主义"的描述和批判,深刻揭示了生产主义的"三重天真"及其灾难性后果,从而凸显生产正义的存在论境遇,在此基础上从哲学层面上规定了生产正义的内涵、论证了生产正义如何可能,并阐述了生产正义的当代价值,提出在当代生产活动要立足生态文明视野进行"可持续生产",立足社会理性秩序进行"和谐生产",立足人的解放旨趣,进行"自由生产"。其次,通过对交换及其在经济生活中的作用之阐述,展开对交换正义的探讨,认为交换正义是指交换行为主体在进行交换活动时应遵循合理性标准和正义的价值原则,是对主体的交换行为、交换过程、交换的内容等所进行的正义与否的价值评判和追问。它是社会正义的重要组成部分,是经济正义的重要内容。交换正义首先是一个评判交换行为的价值尺度,它是关于人们在进行交换活动时所应遵守的行为准则,并以此规范和约束交换行为。同时,交换正义是一种对人们的交换行为和交换活动的绝对价值命令,是对交换行为主体在具体的交换活动中必须无条件地遵守正义价值原则的诉求。因此,它包含平等、自由、诚信和矫正的基本原则。在此基础上,对交换正义的当代价值及其实现路径做了进一步的思考。再次,从学理根据和现实情势方面提出了诉求分配正义的必要性,并从经济哲学的视阈阐释了分配正义的内涵及其可能性根据,在此基础上提出了分配正义的基本原则,论述了分配正义的当代价值及其实现方案。最后,在对"消费主义"的哲学批判基础上,阐述了何谓消费正义、为何要诉求消费正义、消费正义如何可能,以及消费正义的当代中国意义和实现路径,等等。

第五章探讨了全球经济正义。经济全球化及其不满是全球经济正义凸显的时代境遇。全球经济正义在某种程度上可以被视为是经济正义的精神和要求在全球范围内对国与国、国与地区以及地区和地区之间经济交往中的体现和扩展,它主要关注的是在全球范围内国家与国家、地区与地区以及国家与地区之间在经济交往过程中的正义问题,其中包括对国际经济秩序和经济规则是否具有正义性的价值思考,以及发达国家和发展中国家之间在经济利益、贫富悬殊等方面如何平衡等问题。因此,所谓全球经济正义,乃是立足哲学正义观的原则高度,以人类的生命尊严为价值审视航标,以广阔的全球经济及其秩序为现实背景,以地球的"冷暖"为生态视野,对全球范围内的"万民"之生命尊严、全球经济秩序和全球性生态问题所进行的价值拷问和哲学正义追思,从而要求提升全球"万民"之生命尊严,捍卫全球经济秩序的公正性,守护地球生态的存在价值,现实地促进全人类的自由和幸福。因此,全球经济正义的价值诉求在于:世界范围内的"万民"之基本生活需求得以满足,现行的世界经济秩序得以实现公正,现实的人类经济活动得以遵循生态正义的价值立场,以及现实的全球经济成果能最大限度地提升人的现实自由能力。同时,本书对全球经济正义如何可能的问题,展开了具体的论述,在此基础上对全球经济正义与和谐世界的建构做了进一步的探讨。

第六章探讨代际经济正义。代际经济正义考察的是关于代与代之间在经济利益和资源分配中的权利和义务、利益与责任的分配问题,是经济正义的精神和原则要求在垂直性的代与代之间的体现和延伸。在本章中,探讨了代际经济正义凸显的存在论根据及其话语基础,并对代际经济正义内涵做了明确的界定以及对其实质做了较为深入的阐释。所谓代际经济正义,是对代与代之间的经济关系安排和制度设计所进行的正义追问和价值考量,是关于代与代之间如何合理分配社会的经济利益和经济责任问题的哲学思考和伦理规导,是经济正义的基本内容和价值原则要求在垂直性的历史过程中的具体化和延伸,其核心实质在于对生存在不同时代的人所具有的平等的经济权利和义务的指认,其旨趣乃是公平地对待未来人类。同时,对代际经济正义如何可能做了较为深入而具体的阐述。

第七章主要探讨了经济正义在实践层面上遭遇的难题。在进行社会主义市场经济的伟大实践中,面临着如何辩证对待经济正义与经济自由、经济正义与差别原则、经济正义与"效率和公平"以及经济正义与福利主义等关系问题,为此要把握好其中的内在张力:发展经济需要自由的市场竞争,但是经济自由主义却不能确保经济正义的真理;经济正义的实现需要差别原则来加以补充,但如何保持适度的原则,以免落入平均主义而缺乏经济效率的动力保证;经济正义要求经济效率与社会公平的统一,但是如何在二者之间保持内在的张力,则需要对"效率与公平"问题作出理论上的科学理解和实践中的动态平衡;经济正义的实现需要必要的福利保障制度和政策,但又不陷于福利主义的危机,等等。本章对上述艰深的实践难题做了探索性的分析和思考。

第八章集中地探讨了经济正义与社会主义和谐社会的构建。首先在对"和谐"、"社会"以及"和谐社会"范畴的考察基础上,分析了构建社会主义和谐的现实情势、社会主义和谐社会的马克思主义理论谱系及其哲学基础。在此基础上,阐述了经济正义与社会主义和谐社会构建之间的辩证关联,论述了经济正义对于构建社会主义和谐社会的价值支撑和伦理守护之意义,并结合贯彻落实科学发展观,阐述了经济正义作为对经济生活世界的意义追问,作为对当代人之基本存在境遇和存在方式的理性透视以及对未来人类命运的自觉谋划和担当,现实地为构建社会主义和谐社会提供思想资源、伦理支撑和价值匡扶。

本著作的主要特点在于对正义范畴做了哲学的阐释定向之基础上,从经济哲学的视阈对经济正义问题做了跨学科的专题研究;本书对经济正义范畴给予了基本的解释原则和概念规定,并做了学理上的论证;从思想层面、经济制度层面、经济活动层面对经济正义做了较为系统的研究和阐述,并展开了对全球经济正义和代际经济正义的探索;同时结合现实中国的深刻实践,分析了经济正义实践中所面临的诸多难题及其应对思考,揭示了经济正义与构建社会主义和谐社会的辩证关系,彰显了经济正义的当代中国意义和现实价值。

　　然而,同样必须指出的是,由于本课题涉及诸多学科领域的知识,而笔者的学力又有限,虽然借助了前人诸多思想成果,其中难免会存在错漏。所以,对于笔者而言:课题的研究是探索性的,需要的只是进一步地思考和深化。

第一章

经济正义：澄清前提和内涵规定

    正义是一个古老的字眼,却又是一个常新的话题。说它是古老的,是因为它几乎伴随着人类文明艰辛的步履;说它是常新的,不仅由于其贯穿于历代社会生活的各个层面,而且无可辩驳的事实是,正义乃当今之"显学"——无论在政治领域,还是于经济生活,抑或在社会生活中,正义问题无疑是当今人们普遍关注的理论热点和现实焦点。而由此展开的关于正义问题的研究更是蔚然成风。无论是国外的理论界,还是国内的学术界,对正义问题皆展开了广泛的研究,并且还表现出研究领域的专门化态势,诸如社会正义研究、经济正义研究、政治正义研究,甚至深入到专题性研究,如关于全球正义、代际正义、环境正义、气候正义等问题的探讨。但同样必须指出的是,由于人们往往从不同的利益视阈、阶级立场以及各自的方法论原则出发,造成了对正义的不同理解,自觉或不自觉地导致对正义的相对性阐释和解读,致使人们对正义问题存有太多的歧解,并因此导致对正义概念、正义观念、正义问题难得达成较为一致的共识,似乎"公说公有理,婆说婆有理",结果便如麦金太尔所言:一旦我们涉及对正义的理解时,则没有哪里有比在正义那里的分歧更为明显,也没有哪里的后果有比在正义那里更具有危险性,日常生活为各种正义概念所充斥,由此导致了人们的基本争论不能合理地解决①。之所以出现如此这般的局面,缘于正义问题本身的客观复杂性和广泛性,但同样不能否认的是缘于人们对正义概念或内涵的主观理解与运用之差别。经济正义问题的讨论和研究,

---

① 参见[美]麦金太尔:《德性之后》,中国社会科学出版社 1995 年版,第 308 页。

必须建立在对正义的认识基础上,否则会引起更大的混乱。因此,首先要对正义进行多方面的考辨和多维度的描述,通过辨析其内涵,减少由于概念不清而导致的混乱,在此基础上确立对正义问题上的哲学理解,从而进一步确立对经济正义范畴的内涵规定,展开对经济正义问题的讨论。

一、正义:哲学的阐释

1. 正义:词义考辨

按照通常的思路,我们首先会问什么是正义?然后根据对正义的定义来判定具体的行为或事物是否正义。但问题在于正义不是一个静止的事物或抽象的实体可以让人顺手拈来,所以按照这样的方法寻找正义,必然与正义的真理擦肩而过,乃至相去甚远。在现实生活中,我们常常或把正义归结为功利,或将某一社会规范视为正义本身,甚至用强权标签正义,从而严重遮蔽了正义的真理性和价值内涵。因此,为避免对正义认识和把握上的简单化、片面性,首先需要我们对正义范畴做一个较为细致的词源考辨。

"正义"一词在英文中为"justice"(有时候被译作"公正"),在对"正义"(justice)进行字义方面的考察时,麦金太尔是从拉丁文的词根开始探究的①,他认为"正义"(justice)是从荷马史诗中的名词"dikē"翻译得来的,而"dikē"则源于词根"deiknumi"。"deiknumi"意谓"我表明"、"我指出",所以"dikē"是指划分(划定)出来的[东西]。麦金太尔进一步分析指出,在《伊利亚特》中,"dikē"的全部用法或者指一种由判官对一场争论作出的判断;或者是指由一参与者在争论中提出的主张。那么,如何判断"dikē"是否具有正义性(dikaios)呢?原来,无论是荷马本人,还是他在史诗中所描绘的那些人,对"dikē"的使用都心知其意,即认为宇宙有一种单一的基本秩序,这一秩序不仅使自然有了一定的秩序,而且也使社会有了一定结构。因此,要成为正义的(dikaios),就必须按照这一秩序或结构来规导自己的行动和事务。

为何这一秩序或结构具有如此的神圣性和至上性,以至人们乃至宇宙万物都必须遵循它呢?是因为统辖这一秩序的乃是诸神之父和人类之父的宙

---

① 参见[美]麦金太尔:《谁之正义?何种合理性?》,当代中国出版社1996年版,第19—20页。

斯,他是大全,至高无上,至上至美,是他制订和创造了宇宙秩序和社会结构。而在宙斯所规定的宇宙秩序内,存在着各种特殊的共同体,这些共同体则是分别由国王(既善又美的人)来统辖,他们分配着宙斯已分配给他们的正义。由宙斯规定的宇宙秩序是最为完满无缺、极为平衡和谐的,正义女神 Themis(忒弥斯)就表征着这一已经由宙斯制订和颁布的关于自然万物、社会万民之秩序。因此,若一种特殊的"dikē"合乎正义女神的要求,则它是正直可靠的;相反,当"dikē"与正义女神的要求是相违背的,那么它就是不当的。同样,当一位国王的裁判符合正义女神的神旨(themistes),即符合宙斯所颁定的法令时,那么他的判决是公正可靠的,相反则是歪曲不当的。而且,宙斯和那些服从正义神旨的国王们通过惩罚那些违反正义神旨的人来强化正义(dikē)。这就意味着,正义(dikē)乃在于人们的行为和事务与正义女神忒弥斯(Themis)相一致,即符合正义神旨(themistes),亦就是遵循宙斯所颁定的秩序。由于宙斯是至善而全能的,因此如果一国的臣民被人错伤,就应该求助于宙斯,宙斯尤其保护那些地位受到威胁的人。从正义的词源学考察中,我们可以发现正义作为人类及其社会所具有的基本美德之一,标志着一种统一的基本秩序。但是我们必须领会的是,"正义"充满着更多的人学意蕴,故而不能简单地把"正义"作为一个空疏的范畴加以打发。"正义"作为宇宙万物之父宙斯制订的宇宙秩序的表达,实际上是人类对自身生活及其行为方式的反思和价值诉求,所以对"正义"的理解决不能仅仅停留在对现成的外部秩序或规则的简单认同和无条件遵守,更重要的是要深入到正义所蕴涵的对人之生命尊严的价值关切。事实上,正义的要求乃是人的要求,正义的原则和秩序乃是人的原则和秩序。宙斯是真善美的化身,宇宙的正义秩序乃是真善美的体现和对真善美的守护,所以人类对正义的追求乃是表达了人类对真善美的诉求和践履的主张。

"正义"这个词在古代汉语中有两种用法:一是指注疏经典著作的专门学术工作,如唐代张守节注疏司马迁《史记》所做的《史记正义》;二是指作为道德概念使用的正义。在现代汉语中,与英文的 justice 相对应的"正义"、"公正"等词,是从古汉语中的"公"、"正"、"直"、"义"等词中演化并发展起来的。古人所谓不公、不正、不直、不义,往往表达的就是今天我们所说的不公(正)和非(正)义之意。下面简略辨析中文"正义"一词的含义。

先看"正"字。"正"在古代汉语中,与"直"、"端"同意,如《新书·道述》:"方直不曲谓之正,反正为邪";又《广雅·释诂一》:"端,正也";《说文》:"端,直也"。具体来说，"正"字主要具有以下字义：(1)端正，跟"偏"、"斜"相对，如《孟子·滕文公上》："经界不正。"(2)正当、合适，如《孟子·离娄上》："义，人之正路也。"(3)正派、正直、公正之意，跟"邪"相对，《论语·宪问》有言："晋文公谲而不正。"(4)纠正、使端正的意思，如《孟子·公孙丑上》所谓："射者正己而后发。"由此我们可以认为，若"正"用于客观自然事物之时，具有不偏、不斜、不弯的初意，而用于社会人际关系的时候，包含有公道、正当、正确等意思。

"义"字在中国古代的甲骨文中就已存在，其繁体形态为"義"，由"羊"和"我"二字会意而成。在我国古代，羊被人认为是一种聪明正直、公正无私、富有智慧的动物，因此古人往往把羊视为吉祥、善良和智慧的象征。据考古指证，"我"字在古代的原初本意乃是指一种戈形武器(后来被引申为今天所用的第一人称代词)。由此，繁体字"義"所蕴涵的本意有：依凭"我"的力量和智慧，去捍卫具有真善美属性的世间一切事物以及真善美所代表的崇高社会价值原则。而"義"字所呈示的这一内在含义和价值原则正是后来社会正义范畴的本质内核所在。[①] 另外，"义"后来成为"仪"的初文，而"仪"含有法度和标准的意思。同时，"义"还具有"合宜"之意，如韩愈《原道》："博爱之谓仁，行而宜之谓义。"在古人使用"义"的很多语境中，"义"几乎可以用现代汉语中的"正义"一词来替代，如"舍生取义"、"大义灭亲"等很多地方。大体说来，"义"字在古代汉语里主要具有以下意思：(1)合宜的思想、道德、行为，如《左传·隐公元年》："多行不义，必自毙。"(2)道理，如《孟子·梁惠王上》："申之以孝悌之义。"(3)意义、意思，如陶渊明《移居》所谓："奇文共欣赏，疑义相与析。"(4)行为合理、公正，如《左传·隐公元年》："不义不昵，厚将崩。"可见，古代汉语中的"义"的确蕴涵有现代正义概念的若干重要基因。

据考证，把"正"、"义"连用，首先以"正义"一词使用的人是荀子，始见于《荀子·儒效》："不学问，无正义，以福利为隆，是俗人也。"虽然，"正义"一词在汉语中的出现并不是十分久远，但这并不意味着荀子以前的中国古代就没有正义意识和正义要求；相反，在很早以前，中国人就具有了较发达的正义观念和正义思想。不过，在古代中国人的思想理念和道德文化中，正义首先往往以个人美德的形式而出现，如孔子曰："子率以正，孰敢不正"(《论语·颜

---

① 参见吕世伦、文正邦主编：《法哲学论》，中国人民大学出版社 1999 年版，第 465 页。

渊》)。而孟子则云："君义,莫不义;君正,莫不正"(《孟子·离娄上》)。这里的"正"、"义"显然指的是个人的品格正直和对个人的道德要求。所以,我们在这里必须强调指出的一点是,在古代中国的语境中,正义或公正首先是作为一个个人的美德概念而出现的,它并不包含有关于社会制度或社会基本结构的价值内涵。在此,指出这一点至关重要,因为正义概念在西方语境中,一直内涵着个人的正直美德和社会制度(社会结构)的正义秩序之双重意义。同时,在现代汉语中,正义概念往往既包含有个人的正直美德,又内涵着社会秩序的正义价值。因此,在这里特别地标示了东西方正义概念的分野,亦指证了古代正义概念和现代正义概念的不同价值趋向。

通过以上对"正义"在古代中西方语境中的辞源考察和词义辨析,我们可以发现正义作为人类及其社会所具有的基本价值之一,标示着一种统一、和谐、合理的社会基本秩序和据之进行实践的道德主张和行为要求。但是,正如我们在前面所提示的,对正义的把握,必须领会其丰富的人学内涵。正义作为宇宙万物之父宙斯制订的宇宙秩序的价值表达,实际上表达了人类对自身生命的现存样态和生活世界秩序的不断反思以及要求超越的价值诉求,所以对"正义"的理解绝不能仅仅停留在对外部的一种秩序和规则的简单认同和据之践行,更重要的是要深入考察制度和秩序背后是否蕴涵对人的存在本质及其自由生活和生命尊严的价值承诺。事实上,正义的要求乃是人的要求,正义的原则和秩序乃是人所期冀的原则和秩序。正义表达了人们对和谐的社会生活秩序之要求,意味着依据合乎理性的标准作出裁决和行为,表达了人类对真善美的价值追求和对自身生命存在的价值捍卫。所以,人类苦苦追寻正义,实乃通过借助人自身的智慧来追求真善美的生活,旨在营建人类温馨的存在家园,达致"诗意的栖居"。

然而,由于人是历史的存在,因而正义的内容也是历史的。在历史中,正义的精神和价值需要借助具体的社会原则和价值尺度而展开,从而在思想史上留下了各种不同而丰富的正义观。

2. 正义：思想史的考察

无论在东方文化,还是于西方文明,正义都是一个极为古老的范畴。对于正义观念的起源,拉法格在其著作《思想起源论》中做了较为详细的考察和阐述。他认为,文明社会的正义观念之产生有两个来源:其一是人类的本性即报复的渴望和平等的感情;其二是建立于私有财产基础上的社会环境。正是人类本性中存在的报复和平等的情欲、观念,以及在财产基础上产生的利益观念相互作用、彼此影响,使得正义和非正义的思想在文明人的脑子里产生、发展和成熟起来。由于同等报复在人类头脑中洒下了正义思想的种子,而奠定私有的不动产基础的土地划分又加以培育并结出了自己的果实。因此,"正义的观念就它的起源来说只不过是平等精神的表现而已,以后由于受了它所促使形成的私有财产的影响,致使财产在人们之间所产生的不平等神圣化。"[1]

据考证,关于正义的观念在公元前三千多年的古埃及就已经出现,而且已经成为人们社会生活或道德生活的中心,那时的古埃及正处于从原始社会跨入农业社会的时期。埃及人把 coudee(长度单位,自肘至中指尖的长度,约合半米)看做是正义和真理的象征,凡是用 coudee 测量过的都是真实的和正义的。等长的直线内包含的相等的地块,满足了人们的平等精神,从而不给纷争留下余地。在后来的希伯来人的《旧约》中,正义被视为原始社会土地均分以后人们遵守"界石"的重要标志。下面,我们对正义观念的历史进行一番具体的追寻。

首先,是古希腊正义思想和正义观念。

在古希腊,关于正义的观念,在公元前八世纪左右的赫西俄德的长诗《工作与时日》中就明显提出了与现代正义概念相切近的正义问题,并将正义作为人们普遍应该遵守的德行。诗中写到,如果人们"丝毫不背离正义,他们的城市就繁荣,人民就富庶,他们的城邦就会呈现出一派爱护儿童、安居乐业的和平景象";相反,就会给人类带来灾难。[2] 古希腊的正义观念乃源于原始公有制社会时期人们的共同生产和对产品的平均分配。原始公有制生活孕育了原始正义观念的一致性,而随着私有制的确立和阶级的划分则导致了正义观念的对立。私有制社会以后,正义作为一个道德准则与财产联系在一起,起着调节社会集团之间、人与人之间财产关系的作用,往后,人们关于正义问题的论争与经济利益和财产的维护及分配问题纠缠在一起,从而在历史上提出了不同的正义观念和正义理论。

在西方思想史上,对正义问题进行先行探索的思想家是被称为"希腊七

---

① [法]拉法格:《思想起源论》,生活·读书·新知三联书店 1963 年版,第 96 页。
② 参见[古希腊]赫西俄德:《工作与时日神谱》,商务印书馆 1991 年版,第 8 页。

贤"之一的雅典首席执行官梭伦。梭伦执政之时,雅典的穷人和富人之间的利益矛盾十分尖锐,斗争甚是激烈。为了平息贵族和平民之间的矛盾和争斗,以拯救处于危机中的城邦,梭伦进行了历史上著名的"梭伦改革",并提出了自己的正义主张。梭伦认为,贪婪是城邦社会纷争的根源,因此要求富人抑制他们的贪欲,而平民也不应奢望财产。为此,他提出了正义就是"不偏不倚"的观点。从梭伦开始,正义作为一个关系范畴起着规范人们之间利益关系的社会作用。

对正义问题首先作出较为系统论述的当推柏拉图。柏拉图的正义思想是在维护苏格拉底关于正义以道德为根基,反对智者派以利益作为正义之根据的基础上产生的。他在《理想国》中首先对"正义就是有话实说、有债照还;正义就在于以善报友、以恶报敌;正义就是强者的利益"三种观点进行逐一批驳的基础上,提出了正义就是"每个人各司其职、各行其是、各安其分"的观点,并在此基础上提出了城邦正义和个人正义的概念,认为城邦正义就在于统治者、卫国者和生产者三个阶层各司其职、互不干涉,以此确保城邦生活的绝对秩序和彼此和睦;个人正义则在于一个人的理智、激情和欲望要保持平衡,即情感和欲望要服从理智的统领和约束,以保持心灵的和谐和内心的安宁,拥有崇高的美德,并认为正义的人比非义的人获得更多的快乐,拥有更多的幸福,因此他谆谆告诫世人:为人当正义!

作为古希腊思想集大成者的亚里士多德对正义作出了更为系统深入的阐释,在其著作《尼各马科伦理学》一书中,专辟一章来探讨正义问题。在亚氏看来,正义乃是一切德性之总汇,是一种完满的德性,"正义不是德性的一部分,而是整个德性;同样,非义也不是邪恶的一部分,而是整个邪恶"①。因此,亚里士多德认为,所谓正义就是一种所有人由之而作出正义的事情来的品质,从而使他们成为做正义事情的人。如此可见,在亚里士多德看来,正义不仅是一种内在的道德意识,同时也必须体现在外在的行为中,并关心他人的善。亚里士多德还进一步把正义区分为广义的正义和狭义的正义,广义的正义又称为普遍的正义或政治正义,它以公共利益为依归,要求城邦事务和人们的行为既要符合城邦的法律,又要符合社会公认的一切道德标准;狭义的正义又称为特殊的正义,它又分为分配正义、矫正正义和交换正义,主要用于对荣誉、财富

① [古希腊]亚里士多德:《尼各马科伦理学》,中国社会科学出版社1999年版,第97页。

或可以在政治共同体内成员中进行分割事物的分配、交换和矫正,以保证城邦生活以及人们之间交往的有序性和道德性。

在考察古希腊时期的正义观念时,有必要谈及伊壁鸠鲁的正义观点。在伊壁鸠鲁看来,正义"乃是引导人们避免彼此伤害和受害的互利的约定",它"没有独立的存在,而是由相互约定而来,在任何地点,任何时候,只要有一个防范彼此伤害的相互约定,正义就成立了"①。这里我们可以看到"契约正义"的开端。正义旨在保证人们之间的社会关系和谐。同时,由于把正义和人们的利益联系在一起,从而看到了正义的相对性。一件曾被认为是正义的事情,"因为发生了新的情形,不再表现为与利益相符合,那么,这件曾经是正义的事(因为它曾有利于社会关系和人类交往)只要不再有用,就不再是正义的事。"②在这里,我们可以看到,与柏拉图把正义看做永恒原则、亚里士多德把正义归结为合法不同,伊壁鸠鲁把正义与人的利益(主要是经济利益)联系起来考量,这是一个重大的突破,揭示了正义的利益本体论根源。与此相反,古罗马著名的政治家西塞罗则认为,正义源于自然,因而人类的一切准则要以自然法为根据。由于上帝乃自然法的制定者、起草人、解释者和监护人,因而在自然法面前人人具有同等的尊严和价值,所以正义就是给予每个人所应得。实际上,西塞罗所谓的自然法就是人类的理性,这里已经提示了后来康德关于"人是目的"的道德律令,这在思想史上是一次质的飞跃。

其次,是近代西方正义思想和正义观念。

至近代,随着资本主生产方式的逐渐确立并得到了巩固,社会分化在生产领域和交换领域亦得到了较为充分的发展,由此导致的社会贫富差别、两极分化进一步加剧,使得正义问题成为一个凸显的社会问题和理论聚焦点,引起人们的广泛关注和论争,人们从不同的阶级立场和理论视角阐述了不同的正义观。总的来说,近代的思想家们普遍以自然法理论作为阐述正义问题的理论基础,并以个人与社会关系以及功利和效用作为正义问题展开的轴心。

霍布斯正是从"利己是人的本性"出发,认为为了摆脱人与人之间像"狼与狼"一样的自然状态,寻求社会的和平与安宁,人类便依照自然法订立契约关系,正义正是缘于这种契约关系,所以他指出,正义的性质"乃由履行有效

---

① 周辅成:《西方伦理学名著选辑》(上),商务印书馆1964年版,第96页。
② 周辅成:《西方伦理学名著选辑》(上),商务印书馆1964年版,第97页。

的契约而构成",正义就在于履行契约,毁约为最大的不义。①

休谟则认为,"正义的规则完全依赖于人们所处的特定状态和状况,它们的起源和实存归因于对它们的严格规范的遵守给公共所带来的那种效用",因此,"正义这一德性完全从其对人类的交往和社会状态的必须用途而派生出其实存,乃是一个真理"。②

亚当·斯密也是从正义对人类社会生活之价值来阐述的,他认为人们彼此在社会中相互依存,人们的生活需要相互帮助,同时其间也面临着彼此的伤害,但是问题的根本在于社会不可能存在于那些老是相互损伤和伤害的人中间,因此社会需要正义。正义"犹如支撑整个大厦的主要支柱",如果社会一旦丧失它,人类社会就必然会在顷刻间崩塌,到那时候,人与人之间就会野兽一样随时会互相攻击,"一个人参加人们的集会犹如进入狮子的洞穴"。③

德国古典哲学创始人康德则是从先验道德哲学出发来表达自己的正义观,他认为正义是具有普遍客观性的自由法则,并把正义法则表述为这样一个命令:"外在地要这样去行动,你的意志自由行使,根据一条普遍法则,能够和所有其他人的自由并存。"④康德从道德的最高原理即绝对命令中引申出正义来,旨在构筑一个用以调节人们的外在关系以确立人们的共同有序生活成为可能的存在根基。

而19世纪功利主义伦理学家葛德文、边沁、穆勒等则直接提出以功利作为正义的尺度和评判根据。如葛德文指出,正义就在于对"每一个人的幸福有关的事情上,公平地对待他,衡量这种对待的唯一标准是考虑受者的特性和施者的能力",因此正义的原则就是"一视同仁"、"爱人如己"。⑤ 边沁认为,"当我们对任何一种行为予以赞成或不赞成的时候,我们是看该行为是增多还是减少当事者的幸福"⑥。穆勒则直接指出:"行为之正当,以其增进幸福的倾向为比例,行为之不正当,以其产生不幸福的倾向为比例,"⑦并从"个人利益和社会利益相一致"的理论前提出发,得出正义在于最大多数人的最大幸福的主张。

---

① 参见周辅成:《西方伦理学名著选辑》(上),商务印书馆1964年版,第666页。
② [英]休谟:《道德原则研究》,商务印书馆2001年版,第39、37页。
③ [英]亚当·斯密:《道德情操论》,商务印书馆1997年版,第98页。
④ [德]康德:《法的形而上学原理》,商务印书馆1991年版,第41页。
⑤ [英]葛德文:《政治正义论》第1卷,商务印书馆1980年版,第84页。
⑥ 周辅成:《西方伦理学名著选辑》(下),商务印书馆1987年版,第211页。
⑦ 周辅成:《西方伦理学名著选辑》(下),商务印书馆1987年版,第242页。

最后,是当代西方正义思想和正义观念。

在当代,最有影响的正义论者当推美国思想家罗尔斯,他认为每个人都具有一种基于正义之上的神圣不可侵犯性,由正义加以保护的个人权利不能从属于社会的全体利益。他在1971年发表的著作《正义论》一书中,开宗明义地强调了正义的价值,指出:"正义是社会制度的首要价值,……某些法律和制度,不管它们如何有效率和有条件,只要他不正义,就必须加以改造和废除。"①之所以如此,乃是因为社会是一种具有相互利益关系的人们进行合作的冒险形式,它既有利益的一致性方面,也具有利益的冲突性一面,这"就需要一系列原则来指导在各种不同的决定利益分配的社会安排之间进行选择,达到一种有关恰当的分配份额的契约。这些所需要的原则就是社会正义原则,它们提供了一种在社会的基本制度中分配权利和义务的办法,确定了社会合作的利益和负担的恰当分配"②。通过一系列的逻辑抽象和理论论证,罗尔斯提出了自认为社会成员能够共同认可的两个正义原则,并称之为"作为公平的正义"。

第一个正义原则:每个人对与所有人所拥有的最广泛平等的基本自由体系相容的类似自由体系都应有一种平等的权利(自由权利原则);

第二个正义原则:社会的和经济的不平等应这样安排,使它们:(1)在与正义的诸原则一致的情况下,适于最少受惠者的最大利益(差别原则);(2)依赖于机会公平平等的条件下职务和地位向所有人开放(机会平等原则)。

在罗尔斯看来,只要遵循了这两个正义原则,那么我们既能在形式上保持正义,又能在事实上接近正义,这样社会就将不会导致贫富悬殊的状态。

然而,就在罗尔斯发表《正义论》三年后,当代美国著名道德哲学家诺齐克发表了其重要著作《无政府、国家与乌托邦》一书,该书以罗尔斯的正义论,尤其是他的"分配正义论"为论战对象,批判了罗尔斯的正义论基础,并阐述了其"权利至上"的正义观。与罗尔斯具有公平倾向的正义论不同,诺齐克持极端个体主义和彻底自由主义的立场,把自己的整个正义理论建立在一种权利理论基础上,声称个人权利是至上的、绝对的、神圣的,因而任何对个人权利的干预和侵犯都是不正义的,并以此为理论坐标激烈地批判罗尔斯的温和的平等主义和福利国家理论。同时,诺齐克提出了"获得的正义"、"转让的正义"和"矫正的正义"

---

① [美]罗尔斯:《正义论》,中国社会科学出版社1988年版,第3页。

② [美]罗尔斯:《正义论》,中国社会科学出版社1988年版,第4—5页。

三个原则来批评罗尔斯的"分配正义论"。他认为由于个人权利的至上性,国家不可用它的强制手段迫使一些公民帮助另一些公民,也不能用强制手段来禁止人们从事推进他们自己利益或自我保护的活动;国家干预就意味着它对个人权利的侵犯,因而它的行为就是非正义的,必须予以制止,作为国家,它只能扮演"守夜人"的角色。哈耶克也是强烈反对社会或国家干预经济生活,反对通过调整人们之间的贫富差距与物质收入来实现某种结果的分配公正。在哈耶克看来,自由是至上的,正义必须以自由为前提和根本,正义的首要原则是保护自由,所以一切限制个人自由的行为和措施都是非正义的。实际上,哈耶克所谓的自由就是与私有制紧密联系在一起的资本自由和自由市场竞争。

除了自由主义的正义理论以外,在当代西方正义理论丛林中,社群主义的正义论及其立场是值得关注的。"社群主义"(Communitarianism)亦称"共同体主义",是与个人主义相对的一种价值立场和社会思潮,它以批判自由主义理论的形式出现,其代表人物包括 A.麦金太尔、M.桑德尔、R.泰勒等。尽管社群主义内部有不尽一致的观点,但他们在这一点上的看法是一致的,即认为自由主义没有充分考虑到社群化社会对于个人在社会中的地位的重要性,也没有考虑到它对道德与政治理念和关于当今世界的价值判断的重要性。由此,他们批判自由主义立足于其上的"自我"的虚假性,批判自由主义者对于社群和社会大背景的重要性视而不见,批判自由主义学说对社会的危害性。如桑德尔认为我们自己是这个家庭或社群或国家或民族的一个成员,因而我们对某些社会关系的依附性往往是在我们成长的过程中形成的,而不是像自由主义所说的那样是理性选择的结果。麦金太尔则指出,现代自由派个人主义要求我们从习以为常的那些具体的社会关系中脱离出来,而这些社会关系是我们赖以理解自己的责任和利益的依据。沃尔泽则说到,我们不应从客观的、具有普适性的原则出发,而是应该从传统出发,向自己的同胞解释我们共有世界的意义。泰勒则诘问道:在一个充满生命的虚掷和普遍的社会病症的时代里,我们应当转向国家,以纠正偏离正义原则的现象,而置社群精神、友谊或传统的角色于不顾吗?① 因此,社群主义以"社群"的立场和理论为出发点,以历史主义的方法论为原则,强调在个人与社会之间社会的优先性,强调道德

---

① 参见[美]丹尼尔·贝尔:《社群主义及其批评者》,生活·读书·新知三联书店2002年版,第5—10页。

共同体的价值高于道德个体的价值,强调社会、历史、整体等因素对于人类正义观念和社会正义原则的基础性意义。由此出发,社群主义指证了自由主义正义论的局限,批判了自由主义正义论在正义问题上所采取的个人主义、非历史的、抽象的理论视阈,从而对自由主义正义论关于"权利至上性"、"自我中心主义"等核心内容造成了强有力的解构作用,并扩大了以"社群"、"共同的善"、"德性"等为核心范畴的社群主义正义论的影响力。

　　以上我们大致而简略地考察了西方正义观念的演进过程及其呈现出来的形态,从中可以较为清楚地看到,正义观念在不同的历史时期、不同的社会阶段显现出不同的形态。无论是古希腊梭伦的正义就是"不偏不倚",还是近代霍布斯的"正义就是履行契约",抑或是斯密的"正义源于其对公众的效用",以及功利主义提出的"正义就在于最大多数人的最大幸福",再到当代罗尔斯提出的让最少受惠者获得最大利益的正义原则等,无不体现着正义观念随着社会历史的变迁而变化,折射出人们的社会地位和利益关系的变动和发展轨迹。因此,正义问题引发了人们旷日持久的论争。谁之正义? 何种合理性? 问题接踵而至,应不暇接。以致凯尔逊不无感慨地指出,古往今来,"为了正义的问题,不知有多少人流了宝贵的鲜血和痛苦的眼泪,不知有多少杰出的思想家,从柏拉图到康德,绞尽了脑汁;可是现在和过去一样,问题依然未获解决"①。之所以如此,就是因为人是正义的秘密,人的存在和发展、人的尊严和价值是正义的真正主题和正义的内在诉求,人类的正义追求就是追求人性的完善和丰富,人正是在追求正义中不断超越自我,求得不断的发展和丰富,这是人的存在方式,所以正义价值是人类社会不可或缺的存在维度。由此可见,正义问题只有上升到对人的存在、人的世界、人的关系、人的尊严、人的价值、人的行为的合理性和合目的性的哲学思考中才能获得深刻的理解和解答,否则对正义的理解就会陷入"碎片化"的危险,或者把某一尺度理解为正义的本质,或者把正义手段化、功利化,从而远离正义的真理。因此,揭示正义的内在本质和核心属性,需要我们确立正义的哲学视野。

3. 正义:哲学的阐释

　　从正义观念自古至今的历史流变以及当今人们对正义问题的旷日持久的

---

① [美]凯尔逊:《什么是正义》,《现代外国哲学社会科学文摘》1961 年第 8 期。

论争中,我们可以深切地感受到,正义问题犹如人的身影一样紧随着我们的时代和脚步,挥之不去、欲罢还休。谁之正义? 何种合理性? 问题接踵而至,应不暇接。毫不夸张地说,为了正义问题,已绞尽了无数杰出思想家的脑汁,也付出了无数人的痛苦眼泪乃至宝贵的鲜血,可是现在和过去一样,问题依然未获解决。原因固然很多,但是对正义问题的哲学解读之丧失和脱落,可谓是关键。对此,柏拉图在《理想国》一书中借苏格拉底之口说出的一番话是耐人寻味的,他说人们之所以总是找不到正义,是因为我们就像一个人去搜索始终在他手上的东西一样,我们不看眼前的这个东西,反而要去追求远处的东西。这喻示了正义的秘密全在于人自身及其存在中,而不是依存于人之外的某个事物和某个规范。可惜的是,我们现在看待正义问题时却往往犯了苏格拉底所说的致命错误,或者把正义换算为功利,或者把某一社会规范视为正义本身,甚至用强权标签正义,从而严重遮蔽了正义的真理和价值内涵,在寻求正义的道路上与之渐行渐远。因此,需要我们从人之存在的哲学存在论高度,展开对正义理论的哲学解读,揭示正义的真理和价值本质,确立正义问题的哲学视野。

在哲学的视阈中,正义的秘密和根本存在于人自身,故而对正义的把握要深入到对人的存在之洞见和领悟,深入到"人是谁"和人的存在特性以及与之相关的人的价值、人的意义世界和做人的真理之追问。在哲学的层面上,正义的核心关联到人的核心,正义的本质乃是人的本质的体现。人是理解正义本质和求解正义问题的阿基米德点。因此正义的首要问题是必须要追问:人是谁?

人是一种特殊的生命存在,这种特殊性存在首先表现为人是一种具有自我意识的超自然生命的存在。人的存在无疑是有自然生命的存在,但自然生命不过是人的存在的前提和基础,而不是人的存在的全部和本质。人从不满足于自然生命的存在,而总是要去追求更加永恒的意义世界,从而表现出对现存生活世界的不满和超越诉求。人的正义价值追问和现实正义追求正是人的这种存在本性之"命运"及其展开,因为人的存在是无法脱离意义世界的,它要么获得意义,要么叛离意义,对意义的关注乃是人的存在的必然性。因此,人之为人的存在本性在于这种对超自然生命的意义讯问和价值追求。我们绝不可以用测量物理事物的本性之方法来发现和把握人的本性,而应当把人视为是不停的探究自身的存在物,也就是"一个在他生存的每时每刻都必须查问和审视他的生存状况的存在物。人类生活的真正价值,恰恰就存在于这种审视中,存在于这种对人类生活的批判态度中"①。人的正义追求正是源于人的这种形而上追求的特殊存在本性。正义的追问无非是人的形而上存在本性的深刻体现,因为正义在根本上不过是人对自身存在本质追求的一个目标概念。正义的追求目标就是人的尊严、人的自由、人的价值、人的意义和人的解放,同时人的这种正义追求照亮了人的存在和人的世界。如此可见,正义问题本质上是有关人生意义和人类价值的哲学问题,它所面对的绝不是僵硬的物的世界,也不是刚性的规律问题和思辨的逻辑问题,而是人的社会和人的意义世界。对人而言,根本问题在于人的生存、人的发展、人的自由和解放,以及与之相关的人应当如何更加美好而幸福地生活,如何更好地构筑一个真善美的存在家园。总之,人的意义和价值问题构成了正义的核心问题。

人不仅是具有自我意识的追求超自然生命意义的存在,更重要的在于人是一种具有自由自觉活动特性的对象性的存在物。正是人的这种自由自觉的活动存在特性,使得人在开放性存在中不断超越自身,不断成就自我,不断开拓新的生活疆域。马克思主义哲学认为,人是一种现实的存在物,因而是"现实的人",这种"现实的人"是从事实际活动的、进行物质生产的人,他们处于一定的社会关系之中,属于一定的社会形态和社会结构,因而是具体的历史的人,而且更重要的是人的本质在于其所具有的自由自觉的存在本性即劳动。对此,马克思在《1844 年经济学哲学手稿》中论述道:"一个种的整体特性、种的类特性就在于生命活动的性质,而自由的有意识的活动恰恰就是人的类特性",而正是这种"有意识的生命活动把人同动物的生命活动直接区别开来",也由于这一点人才成为自由自觉的类存在物。② 由于人的这种自由自觉的劳动存在本质,使得人成为这样的存在者,即通过自己的劳动不断地创造出他自己的世界,并在这种创造过程中不断地实现自我创生。人正是在这样一个无限的、非预定的自由自觉的活动过程中不断地再造他的世界和他自己,使得人不再是自然手中没有偶然性的永动机和"直线坠落的原子",而是成为自己行为和意图的主导者,从而使自身不断丰富,使自己的世界更加完美。可见,由于人的自由自觉的存在本性和超自然生命意义追求的存在特性,使得人在自

---

① 〔德〕卡西尔:《人论》,上海译文出版社 1985 年版,第 8 页。
② 参见《马克思恩格斯文集》第 1 卷,人民出版社 2009 年版,第 162 页。

己的生命历程以及现实具体的社会生活中永不停留于现成，永不满足于现状，而是不断地追求和丰富自身生命的自由存在本质，并展开意义的反思和现实的解放。正是在自身自由本质的追求和生存意义的追思中，人类提出了正义问题和正义的哲学思考。

因此，在哲学的视野中，正义是一个批判性的哲学范畴，内涵丰富的对人类生命价值和意义的关怀以及对人之自由本质的深刻诉求。正义表达了人类对现实生活世界的批判和反思的要求，体现了人类生命不满足现状的存在本性，体现了对人类生存状态和意义的终极关照。质言之，哲学正义观的核心在于：把人的价值和尊严、人的自由和解放以及人的全面发展视为正义的根本，并以此作为最高原则对现实的社会关系和生活世界进行合理性和合目的性的价值审视和理性评判，而且给予深刻的理论批判和现实的革命改造。正是在这样的原则高度上，我们认为一切有关正义问题的终极价值标准都必须导回到对人的自由和存在意义的深度思考，所有具体的正义问题诸如政治正义、法正义、经济正义的探究都必须具有这样的价值指针。

正义，是人类不可或缺的存在之维。正义本身所蕴涵的哲学本质和人学的价值维度，深刻地揭示了正义对于存在的意义。然而，对这种意义的询问及其应答，其依据要导回到对人的存在之历史的真实境遇的理解中。诚如我们在前文所提示的那样，人首先是一种"生命的存在"，这构成了全部人类历史的第一个前提。人为了维持自我生命的存在和"种"的繁衍，就必须进行生活的生产和再生产即物质资料的生产以及人自身的再生产，于是生命的存在就立即表现为双重关系：一方面是自然关系，另一方面是社会关系。所以，人在本体论层面上已然是一种关系中的存在。人的这种存在性质与动物的存在具有根本的不同，对此马克思曾指出，"动物不对什么东西发生'关系'，而且根本没有'关系'；对于动物来说，它对他物的关系不是作为关系存在的"①。而人的本质是人的真正的社会联系，人的本质，在其现实性上是一切社会关系的总和。这意味着，人与他人共在，他人对我而言是一种无法回避的存在，并由此建立彼此的社会联系，这成为人的一种基本的存在境遇。那么，如何赋予本体论意义上的社会关系以合理的形式和合目的性的价值牵引，从而给社会关系中的人之活动以恰当的定位，以便广义上的社会生活能够有序而富有意义

---

① 《马克思恩格斯文集》第 1 卷，人民出版社 2009 年版，第 533 页。

的展开,便历史地呈现在生活的界面。正是在这里,正义作为人的社会价值关系的最高概念表达,通过肯定普遍的社会价值以及对权利义务关系的指认,一方面对社会的"非社会性"行为作出某种匡正,另一方面为培育社会的集体良知而注入价值资源和提供动力支持,为社会生活的安宁和幸福提供伦理的担保。荀子曾言:"人生而有欲,欲而不得,则不能无求,求而无度量分届,则不能无争,争则乱,乱则穷"(《荀子·礼论》)。历史的经验告诉人们,在制止社会不断的纷争中,正义体现了其不可替代的历史作用,理性社会秩序的建立需要正义价值的匡扶。所以,在人之社会性的关系存在中,正义作为关于社会成员之间恰当社会利益关系的价值理念和行为原则的哲学表达,现实地获得了其存在的依据和合法性。

同时,正义对人而言之所以成为不可或缺,与现实社会中的物资匮乏和仁爱不足有关。对此,休谟指出,人的生存有赖于生活资料,而某些生活资料的不足自然引起人们对分配问题的争议,正义问题随之而生。假若大自然赐予人类丰足的物资,以致每一个人无论多么贪婪的嗜欲都能够得到充分满足,在这样的社会中,正义这一警戒性和防备性的德性是不会被设想到的。另外,正义还与现实生活中的利他精神的不足或缺失有关。若人类的心灵充满着友谊和慷慨,以致人人都能温情地对待每一个人,像关心自己的利益一样关心同胞的利益,正像家庭中的情形一样,那么正义的用途就会被这样一种广博的仁爱所终止。① 事实上,由于人类社会充满着利益冲突,人们存在于充满利益冲突的社会中。问题在于,社会又不可能长久地存在于那些经常彼此伤害和相互损伤的人中间,不义行为的盛行终究危及社会存在的根基。因此,只有较好地遵守正义的法则,社会才能和谐运行和展开。相反,一个没有正义价值守护的社会,除了谎言、欺骗乃至杀戮,你还能指望什么呢? 要言之,正义作为一种道德价值和伦理规范,是制止自己对他人生命与利益的干扰和侵犯,也是阻止他人对自己进行这种干扰和侵犯的一致倾向和现实行为。在根本上,正义源于个人对他人的尊重,从而体现为对生命尊严的尊重和捍卫。因此正义是人们能够在自己建立的社会中得以有序和安定生活的屏障,是人类得以提升自我生命意义和存在价值的重要通道。总之,从人的超自然生命存在属性、社会的"非社会性"以及生活物资的匮乏、社会仁爱之心的不足等方面,凸显了正义

---

① 参见[英]休谟:《道德原则研究》,商务印书馆 2001 年版,第 35—36 页。

的存在论根据,从而正义构成人类不可或缺的存在之维,正义也因此成为人类
社会孜孜以求的普遍价值。

4. 正义的基本价值维度

千百年来,人类从未停下追求正义的艰辛步履,之所以执著于对正义的不
竭追寻,乃是正义根本地关涉着人类的自由和社会的进步,从而在追求正义的
征程中求得自身的不断解放,不断地获得自身的丰富人性和确证人之为人的
存在真理。正因如此,古往今来的伟大思想家和哲人志士赋予正义崇高的位
置,把正义的旗帜高扬在人类文明的星空。虽然不同时代有不同的正义观,不
同的人有不同的正义表达,但是一旦深入到历史的深处和人类心灵的世界,我
们可以发现正义内蕴着人类对自由、平等、和谐和共生等人类基本价值的现实
追求。

其一,正义蕴涵着人类对自由价值的诉求。在谈到正义与自由的关联之
前,有必要对自由做一个简单的说明。自由(liberty or freedom)是一个充满神
圣和崇高的字眼,但同时充满着太多的歧解,据说仅就自由的概念就达200余
种。虽然如此,但正如美国哲学家阿德勒所指出的那样,自由的主要含义是
指:(1)我们说一个人是自由的,乃是指外在环境容许他为自己的利益做他所
愿意做的事;(2)我们说一个人是自由的,乃是当他已获有充分的德行与智
慧,能很自主地做他应做的事,并依从道德与规律,过着与理想的正常人性相
一致的生活;(3)一切人都是自由的,因为他们生来就被赋予自由抉择的权
利,即为他们自己决定做什么或成为什么的权利。① 正义总是与自由相关,对
正义的追求实质上表达了人类对自由的价值诉求,正义蕴涵着自由的价值,自
由构成了正义的本质维度。古往今来的思想家们在对正义的追思中,无不关
注正义的自由内涵。古希腊哲学家苏格拉底在谈到正义时,认为正义乃是一
个人知道自己在特定环境中"如何行动"的美德,拥有了正义美德,就拥有了
自由。但是,要拥有正义的美德,必须以拥有全部美德(善)的知识为前提,若
没有善的知识之牵引,就必然给人带来不幸和灾难,从而使人不自由。正是在
这个意义上,苏格拉底认为,未经思考的生活,是没有价值的生活,因而是不值

---

① 参见[美]莫蒂默·阿德勒:《西方名著中的伟大智慧》,海南出版社2002年版,第280—
281页。

得过的。

至近代,对正义的追求实际上已变成对自由的呼唤。资产阶级的思想家们从"自然法"理论出发,大力倡导个人的自由发展和实现自我的独立,以此反对封建地主的剥削和压迫,要求摆脱封建教会的束缚,从而开启了近代欧洲自由主义的运动。近代资产阶级思想家们关于正义的思想几乎是围绕着自由而展开的,如霍布斯认为,正义就在于守约,目的是结束"人对人是狼"的状态,从而获得人的自由;在康德那里,正义和自由更是紧密相连,他认为正义就在于"以每个人自己的自由与别人的自由之协调一致为条件而限制每个人的自由"①,所以正义的法则要求人们必须"外在地要这样去行动:你的意志的自由行使,根据一条普遍法则,能够和所有其他人的自由并存"②。

在当代,颇负盛名的正义论思想家罗尔斯和诺齐克之间关于正义问题的论争,实际上是围绕自由而展开的。虽然他们对正义持有不同的立场,但对正义应守卫自由的主张却是一致的。罗尔斯在《正义论》开篇就指出,"正义是社会制度的首要价值",所以,"正义否认了一些人分享更大利益而剥夺另一些人的自由是正当的,不承认许多人享受的较大利益能绰绰有余地补偿强加于少数人的牺牲。所以,在一个正义的社会里,平等的公民自由是确定不移的"③。基于对自由的珍重,罗尔斯在自己"作为公平的正义"理论中,提出了两个正义原则:"第一个原则:每个人对与其他人所拥有的最广泛的基本自由体系相容的类似自由体系都应有一种平等的权利。(平等原则)第二个原则:社会的和经济的不平等应这样安排,使它们(1)被合理的期望适合于每一个人的利益;并且(2)以系于地位和职务向所有人开放(差别原则)。"④这两个原则在罗尔斯优先性的安排上不是平列的,由于第一个原则适用于公民的基本平等自由如政治自由、言论自由、思想自由、人身自由和财产权等,所以第一原则具有基本和优先的地位。因此在罗尔斯的正义论中,自由具有重要的地位。诺齐克的正义理论以"权力原则"为核心,目的在于强调个人权利的神圣性和绝对性,特别是强调个人对经济利益"持有的权力",维护私有财产神圣

---

① [德]康德:《历史理性批判文集》,商务印书馆1990年版,第181页。
② [德]康德:《法的形而上学原理》,商务印书馆1991年版,第41页。
③ [美]罗尔斯:《正义论》,中国社会科学出版社1988年版,第3—4页。
④ [美]罗尔斯:《正义论》,中国社会科学出版社1988年版,第60—61页。

不可侵犯，提倡"最弱意义的国家"，声称"个人是目的而不仅仅是手段；他们若非自愿，不能够被牺牲或被用来达到其他的目的。个人是神圣不可侵犯的"①，实际上也在捍卫个人自由权利的至上性。在唯物史观看来，自由是社会发展的目标追求，也是社会正义的最高价值，但是自由乃是一种历史的存在，受社会生产方式的制约，因为"人们不能自由选择自己的生产力——这是他们的全部历史的基础，因为任何生产力都是一种既得的力量，是以往的活动的产物"②。所以，人们每次都不是在他们关于人的理想所决定和所容许的范围之内，而是在现有的生产力所决定和所容许的范围之内取得自由的。这就是说，正义的自由王国必须建立在物质生产的领域及其基础上，它是一个历史的过程："人的依赖关系（起初完全是自然发生的），是最初的社会形式，在这种形式下，人的生产能力只是在狭小的范围内和孤立的地点上发展着。以物的依赖性为基础的人的独立性，是第二大形式，在这种形式下，才形成普遍的社会物质变换、全面的关系、多方面的需要以及全面的能力的体系。建立在个人全面发展和他们共同的、社会的生产能力成为从属于他们的社会财富这一基础上的自由个性，是第三个阶段。"③因此，唯物史观反对资产阶级所鼓吹的抽象自由观及其虚伪性。马克思主义自由的原则高度在于，消灭资本主义的私有制，实现"自由人的自由联合体"。

其二，正义表达着平等的价值主张。尽管人们对正义有太多的争议，但正如阿德勒所言，有两句箴言可以指出正义的精髓：（1）给予每个人所应得的；（2）对待同状况者平等，不同状况者不等，与其不等度成比例。④因而，正义总是与平等有内在的关联。这里必须明确的是，平等不是平均、均等之意，不是算数的平等，而是指几何的等比例平等，所以，"当一个事物在某一认同的方面不比另一个事物多，也不比另一个事物少时，我们说这两个事物是平等的"⑤。从古希腊到当代的正义观念中，都内涵着平等的价值主张。如在古希腊梭伦提出，正义就在于"不偏不倚，保护双方"，不让任何一方占据优势；普罗泰戈拉指出，人是万物的尺度，是一切事物存在的根据，也是不存在事物不

①　[美]诺齐克：《无政府、国家与乌托邦》，中国社会科学出版社1991年版，第157页。
②　《马克思恩格斯选集》第4卷，人民出版社1995年版，第532页。
③　《马克思恩格斯文集》第8卷，人民出版社2009年版，第52页。
④　参见[美]阿德勒：《西方名著中的伟大智慧》，海南出版社2002年版，第41—42页
⑤　[美]艾德勒：《六大观念》，生活·读书·新知三联书店1998年版，第188页。

存在的根据,因此每个人都平等地拥有正义;而亚里士多德则认为,"政治学上的善就是'正义',正义以公共利益为依归。按照一般的认识,正义是某些事物的平等观念"①。同时,他还提出了分配的正义准则,即人们在分配公共事物如财富、荣誉等时各取所值,也就是让相等的人得到相等的东西,给不等的人不同的东西,这也就是亚里士多德所谓"正义就是比例"的含义。在中世纪的神学正义观,也包含着平等的思想,基督承认人人平等,在通过赎罪自我拯救以通往天国的道路上,谁也没有特权,每个人都是平等的。正义的真理握在上帝手中,而上帝对我们是一视同仁的。近代资产阶级正义理论,则以"自然法"为理论基础,论证天赋人权、人人生而平等,从而倡导正义就在于保障每个人的生命和财产,保证社会成员之间的平等,并以此反对封建等级制度的"非正义性"。如卢梭认为,人类对平等的追求乃是缘于人类本性所具有的自爱,"权利平等及其所产生的正义概念乃是出自每个人对自己的偏私,因而也就是出于人的天性"②,并以此启发和号召人们去追求平等的权利。葛德文也指出,正义是一个最具有普遍性质的原则,它要求人们站在公正的旁观者的立场来看待人间的关系,而不对自己的偏爱有所留恋,所以在他看来,"正义的原则,引用一句名言来说,就是:'一视同仁'"③。而19世纪法国著名的哲学家皮埃尔·勒鲁在其名著《论平等》中认为,平等是正义概念本身的应有之义,"正义,它的实质就是平等"④。到了当代,正义概念中所蕴涵的平等思想得到了进一步的凸显,罗尔斯在其著名的政治哲学著作《正义论》中,把正义当做是社会制度的首要价值,并认为正义意味着平等。他写道:"所有社会价值——自由和机会、收入和财富、自尊的基础——都要平等地分配,除非对其中的一种价值或所有价值的一种不平均分配合乎每一个人的利益。"⑤当代美国政治哲学家德沃金也认为平等是自由的原动力,所以正义就在于政府先要平等地关怀人民和尊重人民,因为"平等的关切是政治社会至上的美德——没有这种美德的政府,只能是专制的政府"⑥。马克思主义积极主张真正的正

① [古希腊]亚里士多德:《政治学》,商务印书馆1965年版,第148页。
② [法]卢梭:《社会契约论》,商务印书馆1982年版,第42页。
③ 参见[英]葛德文:《政治正义论》第1卷,商务印书馆1980年版,第12、84页。
④ [法]皮埃尔·勒鲁:《论平等》,商务印书馆1988年版,第43页。
⑤ [美]罗尔斯:《正义论》,中国社会科学出版社1988年版,第62页。
⑥ [美]德沃金:《至上的美德》,江苏人民出版社2003年版,第1页。

义和平等，但反对封建的、资产阶级的抽象平等观，恩格斯在谈到资本主义社会所谓的"自由、平等、博爱"的口号中所掩盖的虚伪性时指出，资本主义没有实现永久和平，反而招致了无休止的掠夺，以前在封建社会存在的各种罪恶更加猖獗了，"贿赂代替了暴力压迫，金钱代替刀剑成了社会权力的第一杠杆。初夜权从封建领主手中转到了资产阶级工厂主的手中。卖淫增加到了前所未闻的程度"①。

其三，正义表征着和谐的秩序要求。正义作为社会恰当关系的概念表达，总是关涉着秩序，秩序乃是正义题中之意。正义之所以关联着秩序，是因为人乃是关系中的存在物，没有合理的秩序，正常的社会生活是无法展开的，那么自由、平等的人类价值只能是一种抽象的言说。"秩序"一词，在古代汉语中意指"次序"，表明事物之间按照一定次序组合的有序性。在现代汉语中，"秩序"通常指某种行为规范和规则，或指某种比较稳定的状态，与混乱无序相对。在英语中，与"秩序"一词相对应的是"order"。哈耶克认为，所谓的秩序，指的是这样一种事态，在其间，无数且各种各样的要素之间的相互关系是极为密切的，所以我们可以从我们对整体中的某个空间部分或某个时间部分所做的了解中学会对其余部分作出预期，或者至少是学会作出颇有希望被证明为正确的预期。所以，秩序作为人的存在规则，意味着社会的可控性、稳定性、有序性、安全感，以及人们行为的良序互动和对社会生活的理性预测，它对于人类社会生活而言是不可或缺的一种价值。因此他指出，"就讨论任何一种复杂现象来说，秩序都是一个不可或缺的概念"②。正义就在于社会有一个恰当合理的秩序，而且要求社会成员给予遵守。其实，在对正义的词源考察中，我们已经发现，正义的原始含义乃是指由宇宙万物根据其各自的规定地位所构成的适当的比例和秩序。在希腊神话所描绘的世界秩序图景中，正义构成了其核心的价值范畴，即宇宙之父宙斯制定颁布了统辖万事万物的和谐的宇宙秩序，正义女神忒弥斯表征着这一秩序，正义就在于遵守宙斯的秩序。毕达哥拉斯所谓正义就是和谐的观点，则直接说明正义在于万物之间的和谐秩序，他认为"数"是万物的始基，而整个宇宙、一切事物都是按照"数"的和谐关系有

① 《马克思恩格斯文集》第9卷，人民出版社2009年版，第273页。
② ［英］哈耶克：《法律、立法与自由》第1卷，中国大百科全书出版社2000年版，第53—54页。

秩序地建立起来的,正义就是一种数的平方,因而它表达了一种和谐的秩序。在柏拉图的《理想国》中,正义与秩序也紧密相关。在他那里,正义分个人正义和城邦正义,个人正义在于人的理性、意志和情欲各就其位,意志和情欲要服从理性的统御,才能达到灵魂的秩序井然的和谐状态。城邦正义就在于每一个人必须在城邦中各司其职,不得干涉他人事务,从而保证城邦的有序生活。霍布斯从自然法出发,认为为了结束"人对人是狼"一样的无序状态,人类就订立契约相互遵守,提出了正义在于遵守契约的思想,其中也表达了正义的秩序内涵。亚当·斯密在其名著《道德情操论》中论述正义时指出,正义是维护社会存在的基础,它像支撑社会大厦的主要支柱一样,为社会生活的有序交往提供了较好的法则。他意识到,每个人自身的利益与社会的繁荣休戚相关,人们的幸福或者生命的维持,取决于这个社会的秩序和繁荣能否保持,而正义就在于维护社会的秩序和繁荣。① 罗尔斯在其"作为公平的正义"理论中认为,"正义的主要问题是社会的基本结构,或准确地说,是社会主要制度分配基本权利和义务,决定由社会合作产生的利益之划分的方式"②。罗尔斯之所以把社会基本结构当做正义的主题,这里有极大的内涵。首先,人是社会的动物,存在于社会关系之中,离开了人与人之间的社会关系,个人是无法生存下去的,因为我们的绝大多数需求的满足都有赖于同他人的多种形式的合作才得以实现。其次,如何分配人们在合作中产生的利益? 这是一个很大的问题,因为利益乃是人的需求及其满足,面对利益,人们的猜忌和敌意往往腐蚀着礼仪的纽带,社会由此而引发混乱和无序,社会正义就是为了避免人们之间发生冲突而建立起来的屏障和边界。正义是人所特有的存在属性,动物无所谓正义与不正义,所以哈耶克指出,"只有那些能够由正当行为规则加以决定的人之行动秩序的方面,才会产生有关正义的问题。所谓正义,始终意味着某个人或某些人应当或不应当采取某种行动"③。如此可见,社会正义意味着追求和谐稳定的社会秩序,良好的社会秩序乃是社会正义的内在维度。

其四,正义承载着"共生"的价值理想。"共生"一词最初是应用于生物学,意指不同种的生物共同生活,是与"寄生"相对而言的。据说,1879 年德国

---

① 参见[英]亚当·斯密:《道德情操论》,商务印书馆 1997 年版,第 106、108 页。

② [美]罗尔斯:《正义论》,中国社会科学出版社 1988 年版,第 7 页。

③ [英]哈耶克:《法律、立法与自由》第 2 卷,中国大百科全书出版社 2000 年版,第 52 页。

的植物病理学家安东·豆·陪里最初使用了"共生"这一用语,用来指称不同生物在一起生活的现象,因而"共生"这一概念意味着一切异种生物间的关系和结合。① 后来,"共生"被应用于人类社会。"共生"是人类社会不可或缺的理念,原因在于人在本质上是社会性的存在物,对此马克思曾指出,"人是最名副其实的政治动物,不仅是一种合群的动物,而且是只有在社会中才能独立的动物"②。人的这种社会共同体存在方式内在地要求人类群体与群体、群体与个体以及个体与个体之间必须建立"共生共荣"的价值理念。当然,共生并不是要求存在物之间无差别的整齐划一,相反它是以承认异质者的存在合法性为前提。质言之,"共生"表达的是人类之间、自然生态系统之间以及人与自然之间彼此支撑、相互依赖、和平共处以及和谐相居的价值理念和原则主张。在历史上的伟大思想家的正义主张中,内涵着丰富的共生价值理想和秩序要求。譬如,在古希腊,宙斯的宇宙正义以神话的形式表达了古希腊奴隶制条件下人们渴望安定生活的愿望;梭伦倡导的所谓的"不偏不倚"的正义观,旨在通过化解平息贵族和平民之间的矛盾和纷争,求得城邦的有序和居民的和谐相处;毕达哥拉斯提出正义是一种数的平方,其中所要表达和蕴涵的思想也是和谐共生的社会理想和生存智慧;柏拉图在《理想国》提出的城邦正义和个人正义的治国策略和生存主张,更是直接而深刻的表达了和谐共生的价值理念对于构建理想国的意义。在近代,奠基于自然法理论的契约论正义思想和功利主义的正义论主张,其中都直接或间接的包含着共生的价值关怀。在当代,罗尔斯的具有温和平等主义性质的作为公平的正义论思想,内涵着浓厚的共生价值观。在罗尔斯看来,在由社会合作所产生的利益的分配过程中难免会产生不平衡乃至冲突,因此需要建立一种共有的正义观作为人们友谊的纽带,从而"对正义的普遍欲望限制着对其他目标的追逐",③正义不允许为了使某些人享受较大的利益就损害另一些人的生活前景。因此,在安排社会正义原则时,要求平等地分配基本的权利和义务,在此基础上,社会和经济的不平等安排使每一个人,尤其是给那些最少受惠的社会成员带来补偿利益,使所有人都有一种较为满意的生活,包括那些处境较差的人们。罗尔斯的作为公

---

① 参见[日]尾关周二:《共生的理想》,中央编译出版社1996年版,第134页。

② 《马克思恩格斯文集》第8卷,人民出版社2009年版,第6页。

③ [美]罗尔斯:《正义论》,中国社会科学出版社1988年版,第5页。

平的正义理论声张社会公民的基本权利,反对一些人对另一些人的权利侵犯,强调社会成员每个人的幸福都依赖于一种合作体系,指证和谐共生的社会关系对于幸福生活的意义。历史唯物主义承认并尊重人类社会共生的客观现实,主张在现实的社会共生关系中通过现实的革命行动实现社会正义,追求和谐的社会共生关系,从而实现人与人、人与社会、人与自然之间的和谐统一。

总而言之,正义范畴表达了人类对自身生命存在方式的批判反思和要求超越的存在诉求,包含着对人类存在的意义追思和价值审视,深刻地表达了人之为人的存在维度。因此,正义的旨趣在于把人的尊严和价值、人的自由和解放作为自己的根本,并以此作为根据和尺度来反思和观照现实生活世界,不断成就人的自由发展和社会的全面进步。这是正义问题提出的核心,也是正义追求的根本。正是在对正义范畴的哲学理解基础上,下面我们逐渐展开对经济正义问题的思考和阐释。

二、经济正义批判:澄清前提和划定界限

经济有正义吗? 经济有没有正义? 这是笔者在研究本课题时经常被疑问的。正如有的人认为经济领域不关乎道德价值一样,在很多人看来,经济也无所谓正义或不正义,其中的言辞内涵着经济正义是一个伪问题的判断。在生活于被资本原则所主导的现代人来说,存有上面的疑问和看法是情有可原的。但正如我们对正义本质所阐述和揭示的那样,正义是通过对人的行为的某种限定、对人与人之间的社会关系以恰当定位来担当生命的尊严和实现人的自由存在本质。而经济活动、经济关系不是独立自存于社会之外的抽象存在,它本身是社会行为和社会关系的有机组成部分,因此经济领域无疑也存在着正义的问题,它不能逃遁于正义价值的检审。也有人认为正义是法律用语,不牵扯到经济生活和经济活动。然而,即使正义是法律用语,对正义的认识和理解仍不能脱离经济世界,相反经济世界乃是法正义的生发地。社会不是以法律为基础的,那是法学家们的幻想。相反地,法律应该以社会为基础。法律应该是社会共同的、由一定物质生产方式所产生的利益和需要的表现,而不是单个的个人恣意横行。所以,法的关系根源于物质的生活关系,法权关系的内容是由社会的经济关系本身决定的。恩格斯在谈到法律的产生时也曾指出:在社会发展某个很早的阶段,产生了这样一种需要,即把每天重复着的产品生产、

国学者和来华的传教士曾用"富国策"、"计学"、"理财学"等翻译 economy 及 economies。1896 年梁启超开始在理财、节俭、合算的意义上使用"经济"一词,但心存犹豫。直到 1912 年 8 月孙中山在北京作《社会主义之派别与方法》的讲演论及 economy 的译名时,认为用"经济"二字对译 economy 唯恰当。此后,经济、经济学成为 economy 和 economies 的通用译名,包含了社会生产、交换、分配和消费等内涵,与古典的"经济"含义分道扬镳。①

我们不厌其烦地考察"经济"一词,旨在弄清"经济"这一术语的原始内涵,从上面的考释中,我们可以发现,无论在古代的西方,还是在古代中国,经济活动都服从于城邦政治或者经邦济国之目的,经济活动尚未构成整个社会生活之重心;经济作为一种人的活动,乃是以服从政治生活的手段形式出现的。而"把经济看成是社会的一个独立系统,这只是现代的事情,只是从曼德维尔之后才让人们认识到的。在传统的、前现代社会中,经济活动与宗教的、家庭的和政治的活动密不可分。只是随着资本主义的到来,经济才成为社会的一个独立的、有规律的领域"②。在古代,经济活动带着浓厚的"价值理性"和"合目的性"的诗意光辉,它仅仅是为了满足个人自身生存的需要而进行的人类始源性的生产活动和存在方式,经济的使命就是通过合理组织劳动来满足人们的基本需要,经济自身并不具有独立的真理性。所以马克思曾指出:"古代的观点和现代世界相比,就显得崇高得多,根据古代的观点,人,不管是处在怎样狭隘的民族的、宗教的、政治的规定上,总是表现为生产的目的,在现代世界,生产表现为人的目的,而财富则表现为生产的目的。"③到了近代,由于资本来到世间,大规模的专业化大生产和普遍的物质交往,使得经济活动在社会生活中的地位愈益凸显出来,并越来越拥有独立的王国,以后经济在社会生活中处于突出的地位,成为决定其他一切社会关系的基础,以至于不自觉地把经济本身作为目的,为了经济而经济。这正如贾里尼所说,人们对"经济"做了狭隘化的理解,本来"经济"这个词是一个包括有助于生产财富和福利,包括人类和自然的一切种类的活动在内的名词,但是近代的工业革命以来,经

---

① 参见冯天瑜:《经济·社会·自由:近代汉字术语考释》,《江海学刊》2003 年第 1 期。
② [德]科斯洛夫斯基:《资本主义的伦理学》,中国社会科学出版社 1996 年版,第 3 页。
③ 《马克思恩格斯文集》第 8 卷,人民出版社 2009 年版,第 137 页。

济活动的意义在正常情况下却仅限于生产财富的有限部分,即经济就在于货币化运动。① 这样的结果就是把经济资本化和货币化,追逐资本利润和积累货币成为经济活动的旨归,相应地,生活的意义和价值便系身于资本的数量,货币成为衡量人生价值的核心尺度,如此以来的命运就是——人的异化。这就是现代经济的本质属性及其后果。以追逐资本利润为唯一旨趣的现代经济,已经严重遮蔽了存在的至关重要的意义和本质,使得存在的真理晦暗不明,并严重导致了当代人的"虚无"状态,令其陷于如临深渊、如履薄冰的生存处境,人类失去了灵魂得以栖息的家园居所。这是当今人类存在的现象实情。这也是我们探究经济正义课题的时代背景。

对于经济是什么? 现在人们的通常理解是,经济是私有财产的运动;经济是增加国民财富的活动;或者曰经济是通过对稀缺资源的有效配置并使它们得到最大的满足,以最小的耗费取得最大的效果。虽然这样的说法道出了经济的部分属性,但没能从根本上揭示出经济的实质。唯有站在唯物史观的原则高度,对经济进行哲学的考察,才能从根本上揭示经济的核心。当古典经济学把经济简单地视为物与物之间的关系的地方,马克思却深刻地揭示了这种物与物交换背后的人与人之间的本质关系,因此唯物史观认为,经济的本质乃是一种人与人之间的生产关系和社会关系。马克思指出:"人们的生活自古以来就建立在生产上面,这种社会生产的关系,我们恰恰就称之为经济关系。"②恩格斯在谈到经济关系时也曾指出:"我们视之为社会历史的决定性基础的经济关系,是指一定社会的人们生产生活资料和彼此交换产品(在有分工的条件下)的方式","此外,包括在经济关系中的还有这些关系赖以发展的地理基础和事实上由过去沿袭下来的先前各经济发展阶段的残余(这些残余往往只是由于传统或惰性才继续保存着),当然还有围绕着这一社会形式的外部环境"。③ 这就是说,经济作为人类特有的社会活动和存在方式,既包含着人与自然之间的物质能量的交换活动,也包含着人与人之间的社会生产关系。所以如果把社会比作一个大系统的话,那么社会经济就是人类社会十分基础的子系统,其表现出相当的复杂结构:从人与自然的联系来看,经济表现

---

① 参见徐崇温:《全球问题和"人类困境"》,辽宁人民出版社1986年版,第254页。
② 《马克思恩格斯文集》第8卷,人民出版社2009年版,第139页。
③ 《马克思恩格斯选集》第4卷,人民出版社1995年版,第731页。

为社会生产力要素的总和;从人与人之间的关系来看,经济表现为社会生产关系各要素的有机结合;从社会生产和再生产的总过程来看,经济表现为生产、分配、交换、消费等环节的有机统一;从一国范围内的劳动分工的角度来看,经济又体现为国民经济体系;从全球范围来看,经济又表现为国际贸易往来。所以,经济是一个非常复杂的有机系统,需要我们以辩证的眼光来加以理解和把握。

　　唯物史观认为,经济关系是社会关系的基础,而社会的经济关系首先表现为利益,而且经济利益关系构成了一切社会关系的基础。"以往的全部历史,除原始状态外,都是阶级斗争的历史;这些互相斗争的社会阶级在任何时候都是生产关系和交换关系的产物,一句话,都是自己时代的经济关系的产物"①,所以,"人们为之奋斗的一切,都同他们的利益有关"②。因此,经济最关本质地与利益相关。利益是通过一定社会关系表现出来的需要,是对人的需要的满足;利益只有通过对社会劳动产品的占有和享用才能实现,因而它在本质上是社会关系的范畴。人的需要是多样的,因而利益也是多种多样的,在利益系统中,经济利益是其他一切利益的基础,相应地,经济关系(生产关系)成为其他一切社会关系的基础。在此基础上,马克思和恩格斯提出了经济基础决定上层建筑的科学原理:"人们在自己生活的社会生产中发生一定的、必然的、不以他们的意志为转移的关系,即同他们的物质生产力的一定发展阶段相适合的生产关系。这些生产关系的总和构成社会的经济结构,即有法律的和政治的上层建筑竖立其上并有一定的社会意识形式与之相适应的现实基础。"③所以,历史唯物主义认为,一定社会的基础是该社会的经济关系的体系,即生产关系的总和,主要包括生产资料所有制、在生产过程中人与人之间的关系和分配关系三个方面。其中生产资料所有制是首要的、决定的部分。约言之,经济的本质乃是一种建立在社会生产基础之上的人与人之间的社会关系,它本质地关涉着人的存在方式和人的本质。正是在这个意义上我们说,经济学所研究的不是物,而是人与人之间的关系。而且,经济活动、经济生活还是整个社会生活最深厚的基础,"每一历史时代主要的经济生产方式和交换方式以

----

① 《马克思恩格斯文集》第9卷,人民出版社2009年版,第387—388页。
② 《马克思恩格斯全集》第1卷,人民出版社1995年版,第187页。
③ 《马克思恩格斯文集》第2卷,人民出版社2009年版,第591页。

及必然由此产生的社会结构,是该时代政治的和精神的历史所赖以确立的基础,并且只有从这一基础出发,这一历史才能得到说明"①。所以,要探索社会的奥秘,必须回到顽强的经济事实之中,"一切社会变迁和政治变革的终极原因,不应当到人们的头脑中,到人们对永恒的真理和正义的日益增进的认识中去寻找,而应当到生产方式和交换方式的变更中去寻找;不应当到有关时代的哲学中去寻找,而应当到有关时代的经济中去寻找"②。在这里,经济与人的存在本质、存在方式具有本质的关联,是人之为人的基础存在方式,在这种存在方式中,人逐渐确证自己属人的本质并在其中不断完善自己的生命本质和存在意义。

以上是唯物史观深入到社会生活的根基处,深刻地揭示了经济的内在本质,从而超越了国民经济学和当代主流经济学对经济的狭隘理解,为我们全面深刻地把握经济的实质提供了科学的视阈。在唯物史观的经济理解中,经济不仅意味着对增加财富的简单追求,更重要的在于通过对经济活动和经济关系的合理把握,使之成为确证人的本质和丰富人的自由本性的环节,成为人的内在本质的自觉体现,从而使经济不仅仅停留于以获得财富为己任、为旨归,而是将经济纳入到成就人的自由本质力量和存在意义的哲学高度来加以把握。这说明经济具有丰富的人性内涵,我们在理解经济时,不能仅停留在国民经济学的视界,将经济等同于增加财富,从而剥夺经济所具有的本质属性。以上我们对"经济"做了诸多的论述,旨在人们能对"经济"有所领悟并心知其意,我们不想也不能够对生生不息的经济活动下一个所谓的精确定义,因为只有非历史的存在才可以被概念化。但为了便于问题的讨论,对于"经济"我们将采用如下的解释方案:(1)与一定社会生产力发展状况相适应的生产关系或生产关系的总和,即社会经济制度。(2)物质资料的生产、分配、交换和消费的活动,即经济活动。③ 也就是说,我们将在经济制度和经济活动的意义上使用经济概念,但是在这样的使用过程中,我们仍然包含着对经济的生存论意义上的理解,即经济方式是人的基础存在方式,经济生活乃是生命的展开过程。因此对经济生活的正义追问,对经济正义的求索,本质上是对当代人类自

① 《马克思恩格斯文集》第2卷,人民出版社2009年版,第14页。
② 《马克思恩格斯文集》第3卷,人民出版社2009年版,第547页。
③ 参见冯契:《哲学大辞典》,上海辞书出版社2001年版,第665页。

我存在方式的哲学思考和对未来生存方式的谋划和思想。我们将在这样的思想基础上,展开对经济正义的讨论。

2. "经济时代":经济正义凸显的存在境遇

今天,经济正义问题逐渐凸显为我们时代的焦点,人们对经济正义的关注热情与日俱增。然而究竟在何种意义上、在何种程度上以及在何种界限范围内谈论经济正义,这并不是一个自明的问题。事实上,人们对经济正义的立场是存在差别的,甚至是对立的。最典型的莫过于,有的从经济学的立场即从资本的立场展开经济正义的话语方式,将经济正义视为维护资本的意识形态话语,有的则是从无批判的伦理浪漫主义的立场确立经济正义的叙事框架,虽有批判的外表,却无实质性的批判内容,从而作为经济的抽象对立物而出现,最终陷入抽象的思辨形而上学窠臼。在诸如此类的经济正义叙事中,经济正义或刻意成为资本的注脚,或者无意遁入伦理浪漫主义的"孤芳自赏"。那么,我们是在何种意义上确立经济正义话语的呢? 为使问题更加明朗,我们还须进一步追问——在何种生存境遇中展开经济正义之话语? 对于这样一种存在境遇,我们可以简要的标示为:"经济时代"、"市场社会"或"资本的年代"。

虽然经济正义的话语历史几乎与人类文明的历史一样久远,但是其作为一个时代性的话语凸显出来,成为社会问题的核心,乃是与人类历史上"经济时代"的缘起、"市场社会"的生成、"资本逻辑"的霸权紧密相连的。那么,我们首先要澄清的是"经济时代"是如何起源的? 它的特质是什么? 其历史后果是怎样的? 事实上,这构成了对经济正义存在论基础的探询。

不误解过去,是我们正确审视当下生存基础以及更好的预见未来的前提,而了解我们自己和我们创造的这个世界,则成为人类今天所面临的最重要的一个问题。因此,对人类的经济生活方式之历史进行正确的理解,是我们超越现时代经济方式的必要环节。根据经济史学家和人类学研究的材料显示和表明,原则上,在古代人类的经济是浸没(submerged)在他的社会关系之中的。他的行为动机并不在于维护占有物质财富的个人利益;而在于维护他的社会地位,他的社会权利,他的社会资产。只有当物质财富能服务于这些目的时,他才会珍视它。不管是生产的过程还是分配的过程,都不曾与维系于财富占有的特定经济利益相联系;相反,这种过程的每一步都链合于一类特定的社会利益,是这些社会利益最终保证了必要的行动步骤被采取。一个小型的狩猎或捕鱼的共同体中的这些社会利益,与一个巨大的专制社会中的相比,是非常不同的,但在以上每一种情况中,经济体系都是依靠非经济动机得以运转的。① 也就是说,在"经济时代"以前,经济生活并没有成为社会生活的重心,经济很难有自己独立的存在空间,它不过是社会生活的手段性的组成部分,经济制度也仅仅是社会组织的一个职能而已。因此,经济活动是从属于政治生活的,经济并没有成为目的本身。与此相一致的是,在前"经济时代",人们的经济生产是为自己的用途而生产,生产的动机和储存的原则也不是为了利润,而是为了满足团体成员的需要。经济体系作为社会的有机组成部分,是服从于社会组织的惯例而运行,互惠性、再分配和为自己的用途而生产构成了基本的经济原则。因此,卡尔·波兰尼认为,到西欧封建制度结束时为止的所有经济体系的组织原则,要么是互惠,要么是再分配,要么是家计,或者是依照这三个原则的某种组合而组织的。这些原则在特定社会组织结构的帮助下得到制度化,这些组织结构的模式包括对称、辐辏和自给自足(autarchy)。在这个框架中,财物的有序生产和分配是由通过普遍的行为准则规训过的各种个人动机来保证的,在这些动机中,逐利动机并不突出。习俗和法规、巫术与宗教相互协作,共同引导个体遵从一般的行为准则,正是这种行为准则最终保证他在经济体系中发挥自己的作用。② 也就是说,这时的经济或市场还是处于较为孤立的、属于被调节的状态。然而,一旦把孤立的市场变为市场经济、把被调节的市场变成自我调节的市场,那么市场社会或者经济社会就如期到来了。这意味着:社会的运行乃成为市场的附属物,经济不再嵌生于社会关系之中,相反社会关系被嵌入经济体制之内。经济因素对社会生存具有决定性的意义,排除了其他任何结果。③ 这种市场经济,把人类经济行为的动机完全托付于实现最大金钱收益为导向的利润经济或者称之为资本经济。而当一个以追求利润作为经济的唯一旨归,以市场自我调节为经济运行的根本方式,整个社会围绕经济轴心和根据市场原则展开自身的时代开始时,"经济时代"或者是"资本时代"就生成了。

---

① 参见[英]卡尔·波兰尼:《大转型:我们时代的政治与经济起源》,浙江人民出版社2007年版,第40页。

② 参见[英]卡尔·波兰尼:《大转型:我们时代的政治与经济起源》,浙江人民出版社2007年版,第47页。

③ 参见许宝强、渠敬东:《反市场的资本主义》,中央编译出版社2001年版,第2页。

对"经济时代"的起源,加拿大著名文化学者 D. 保罗·谢弗给予了较好的阐述,他把经济时代起源的具体时间定于 1776 年,因为那一年发生了具有世界历史意义的三件大事:第一是美国《独立宣言》的签署,第二是英国的詹姆斯·瓦特的蒸汽机被应用于约翰·维尔金森和马修·鲍尔顿的鼓风炉和制造厂,第三是亚当·斯密《国富论》一书的问世。在谢弗看来,这三件事情对于人类生存状况产生了巨大的影响。因为美国《独立宣言》的签署,改变了人民、国家和世界对政府、统治行为、自由、民主、政治和政治程序的观点;蒸汽机的应用引发了技术革命的浪潮;而《国富论》一书的问世,则开启了人们思考和认识财富的新思路。① 经济时代的产生有其自身的基础,对此谢弗认为,《国富论》为经济时代奠定了理论和实践基础,该书所确立的经济自由主义思想并一直左右着后来的经济思想,直到 20 世纪凯恩斯的出现;工业革命则为经济时代提供了物理和物资的基础,具体表现在它使得产品的输出得到了显著的提高;"新教伦理"推动下的资本主义精神的兴起是经济时代形成的重要因素。所以,"尽管有许多其他因素促进了经济时代的起源,但通过回顾我们清楚地看到了,《国富论》、工业革命以及宗教和资本主义的兴起发挥了最大的作用,为经济时代启动了马达,为当前的世界体系奠定了基础"②。

那么,接下来我们需要讨论的是,我们居于其中的这个经济时代或世界体系所持有的世界观是什么? 其运行机制是怎样的? 它所表现出来的特征和属性是什么? 对此,我们可以大致地通过诸如"物质主义"、"经济主义"或者"资本主义"等术语加以标示。如果从世界观的高度来揭示经济时代的本质和核心,那么这就是"经济乃是世界的核心和本质"。这就是经济世界观,即以利润、资本的眼光和尺度看待、评价世界上的万物,以是否合乎资本原则和经济利润作为衡量事物存在合法性的根据和基础。具体来说,我们可以从经济时代的特征、经济世界观及其后果等方面揭示和把握其实质。

"经济时代"的特征在于:经济成为时代的核心和本质,利润成为一切事物运行的枢轴,成为存在事物存在的根据,也是不存在事物不存在的根据。在经济时代的社会中,资本或经济采取了一种特殊的方式,即为了实现增值而生

---

① 参见[加]D. 保罗·谢弗:《经济革命还是文化复兴》,社会科学出版社2006 年版,第3—4 页。

② [加]D. 保罗·谢弗:《经济革命还是文化复兴》,社会科学出版社2006 年版,第39 页。

产、交换、分配和消费。资本总是力图在经济生活的所有领域抢占自己的地盘,似一道"普照的光",将生活世界纳入自己的"铁胃",带着无情和冷酷将世上的一切事物化为自己的增值元素。对此马克思曾深刻地指出:"它使人和人之间除了赤裸裸的利害关系,除了冷酷无情的'现金交易',就再也没有任何别的联系了。它把宗教虔诚、骑士热忱、小市民伤感这些情感的神圣发作,淹没在利己主义打算的冰水之中。它把人的尊严变成了交换价值,用一种没有良心的贸易自由代替了无数特许的和自力挣得的自由。"①与此相连的是,经济时代将"万物商品化"作为自己发展的动力机制,也由此实现了社会的商品化。在此过程中,一切事物都被赋予精确的货币价值、价格和正当的经济理由,也因此对经济学和经济的看法和处理变得越来越"整体化",尽管事实上他们不过是整体的一部分。同时对其他一切事物的看法和处理皆采取了经济的眼光和商品的法则。如此一来,"社会的、美学的、精神的和人类的目标和目的也正变得越来越与经济目标和目的相同步,并且在同步的过程中体现出附庸化的特点,这些目的和目标便是生产、分配、消费、投资、收入、经济增长、利润、技术、消费者至上主义和市场"②。质言之,在经济时代的市场社会,资本逻辑成为社会运行的核心尺度,社会日益为经济所强制,从而"社会商品化"、"社会资本化"。

经济时代之所以呈现上述的特征和外在表现,与经济时代持有的经济世界观紧密相关。经济世界观的基本主张是:人们在所有生活领域的需求和愿望的满足可以得到最大效率的实现,做法便是把经济学和经济作为社会的中心,作为主导思想来推动个人、机构、城市、地区、国家和国际发展。只要坚守这一观念,那么财富就会得到最大限度的增加,商品和服务将会得到最大限度的满足,生活的标准和质量就能够得到最大限度的改善,人口增长就会得到最为明智的控制,贫困问题就会最大限度的减少,自然环境就会得到最大限度的保护并朝着人类整体有利的方向发展。③ 正是因为经济世界观所内涵的进步、自由、幸福和美好生活的虚假承诺,使得经济世界观被普遍地传播推广,具

① 《马克思恩格斯文集》第 2 卷,人民出版社 2009 年版,第 34 页。
② [加]D. 保罗·谢弗:《经济革命还是文化复兴》,社会科学出版社 2006 年版,第 147 页。
③ 参见[加]D. 保罗·谢弗:《经济革命还是文化复兴》,社会科学出版社 2006 年版,第141 页。

有广泛的影响力。然而,经济世界观由于其所持有的经济自由主义本身所具有的形而上学性质,从而在实践中表现为与自己愿望相背离的严重后果。而这种严重的后果,随着经济世界观统治的不断加深而表现得更为深重。

"经济时代"的缺陷:经济时代遵循自己的资本原则和市场机制,显示出自身的巨大力量,同时也带来了丰厚的物质基础。但是,由于经济时代是以理智形而上学为自己的哲学基础,以资本原则作为自己运行的唯一准则,借助现代科技的力量,对生活世界采取了抽象的资本格式化,给现代世界带来了自身无法消弭的灾难性后果,从而在自己的展开过程中愈益表现出自身的缺陷和灾难性后果。对于经济时代本身的缺陷及其后果,我们可以从如下多方面予以指证:

一是对自然环境的灾难性破坏和毁灭。经济时代以追逐利润为自己的唯一目的,从而不会顾及其他的社会目标和生态自身的存在价值,把自然环境理所当然地视为"自然的赐予"和"免费的午餐",对生态环境采取抽象的资本立场,对自然界采取无限制的宰制和掠夺,结果出现全球性的气候变暖、臭氧层空洞、旱涝灾害、生物资源锐减、有毒物质和污染的大面积扩散等全球性的生态难题,导致了世界性的经济利益与生态环境之间的尖锐冲突。

二是高度物质化的生活方式。在经济时代,高消费的物质生活成为人们的生存追求和生活方式,人们拼命追逐财富和利润,生命的聚焦点、生活的重心全都集中在对财富的占有和消费,人成为名副其实的经济动物和消费机器,如此的结果便是对超经济的生命意义和人生价值的思考成为不可能,从而更进一步置自己于物质主义的泥沼中不能自拔,既给自然以沉重的资源压力,又给生命以沉重的虚无。

三是财富分配的不平等和沉重的贫困。经济时代踏着资本的旋律,像一只装在笼子里的白鼠不停的向前奔跑,它的确创造了巨大的物质财富和空前的物质产品。但是我们要问的是,谁是这些财富的享有者? 在巨大的物质财富后面是否真的带来了自由平等和幸福的社会生活? 事实上,少数人从中获得了财富、获得奢侈的生活,但是更多的人陷入了低质量的生活和贫困的处境,同时创造了空前的两极分化。这种贫困不仅是一国的,也是世界性的;这种两极分化不仅是一国之内的,也是国家之间的。由此产生了世界范围内的普遍贫困、饥饿、失业和不平等,暴力和恐怖主义不断滋生。

四是生命尊严和价值的边缘化。经济时代以经济世界观作为自己认识世界和改造世界的指导原则,把社会的优先权配置给利润最大化、资本主义、资本积累和市场,而人的价值、人的尊严和生命的意义被轻描淡写地放逐到遥远的角落,人被高度地抽象为"经济人"。人为经济生产、为经济消费,在高度的经济体系运转中,人也因此患上了"摩登时代"的精神焦虑症。

五是摧毁了社会共同体的纽带。经济时代专业化生产方式和原子式的"经济人"生存方式,使得一切事务具有高度的独立性和个性化,也因此切断了人与人之间、人与社会之间的连接,摧毁了社会的关系结构和团队精神,丧失了因对灾难和困境时彼此合作、相互信任的能力,人类共同的精神基础和价值连接受到了极大的削弱。

由此可见,如果经济时代一意孤行地如此运转下去,那么环境危机就没有解决之日,生态灾难将无以避免;如果经济时代不反思自己的世界观而执意采取资本原则的疯狂践行,那么贫困、饥饿、不平等将是不可避免的,也因此将给世界和我们的生活带来更多的暴力、冲突和恐怖主义;如果经济时代还是抱着经济主义的信条而阔步前行,那么我们当下世界体系的更加混乱、更具动荡的结果将会是如期而至的,与此伴随的是非人化的生存场所的扩大,以及一个丧失了意义维度的生活世界必然与我们历史地遭遇。之所以如此,缘于经济时代自身持有的经济世界观,它把经济置于社会的体系之上,并以资本原则统治社会事务。在这样的时代,一切事务被染上了经济的色彩,一切成为资本的木偶。显而易见,"只要这种状况存在,环境危机就得不到解决,收入、财富、资源和权利方面悬殊的不平等就得不到有效解决,富国和穷国以及富人和穷人之间的差距就不会被成功缩小,世界可再生资源和不可再生资源正经受的速度惊人的消耗就不会减少,世界向不平等两极分化就无法克服,畸变危机将会扩大、深化和加强,实现人性化发展就会成为一句空话"①。因此,在某种程度上我们不得不说,我们正处于关键的转折点:要么毁灭,要么新生!

人类不仅是具有自我意识和具有反思能力的存在物,而且也是具有自由自觉活动能力的存在物,生存的危机和历史的不幸遭遇需要我们作出思想的应答和理性的努力。正是在这样一种存在论的境遇中,经济正义的话语显得更为珍贵和厚重,也正是在如此的历史境遇中,我们展开了经济正义的寻觅和求索。

---

① [加]D. 保罗·谢弗:《经济革命还是文化复兴》,社会科学出版社 2006 年版,第 218 页。

3. 经济正义：经济哲学维度的解释框架及其内涵规定

毋庸置疑,现代的资本经济方式具有其历史的演变过程,其产生也有历史的深刻基础。但是,为了澄清诸如今天的经济方式及其目的是否合理,是否具有正义的价值维度等问题,我们必须从经济对于人类的意义和发展的角度,而不是以现代资本的逻辑方式,或者以"存在即真理"的思维模式来规定现代经济的真理性和正义性。如果说经济的真理性及其正义属性在于通过合理的经济方式和经济活动来满足人们的基本需要,在于谋求公众的福利,在于促进人的自由本质,那么现代的资本经济并没有满足这些价值要求。由于现代经济推崇的是资本逻辑,其不可避免地出现诸如人剥削人的现象,贫困和财富一同增长,少数人的富有带来的是多数人的贫困。对于现代经济的霸道逻辑,德国科学家阿尔诺·彼特颇具情感地论述道:在人类历史的几十万年间,人类的经济仅仅是为了满足个人自身生存的需要,但是现代经济却根本上改变了人及其与经济的关系,经济的人学目的已经被牟取收益的自私欲望所代替,经济已不再服务于人类社会,而仅仅是为了资本的增值。① 由于资本的无节制扩展逻辑和当代科技的工具理性本质同出一辙,二者彼此勾连在一起,严重危及了人类存在的根基。而这一切,都与现代的经济方式、当代人的经济价值观紧密有关。因此,反思当代经济的价值取向和我们今天的道德观无疑具有深刻而迫切的重要性。之所以说是重要的,是因为当代人的经济价值观和道德观问题正处于历史的交叉路口:人类不仅仅由于生态破坏而确实面临灭绝的危险,而是因为生态问题本身就是生命的问题;不是一般意义上的问题,而是人类的生命问题,因为它是一个行将消踪匿迹的生命。土地可以无生命地存在;零下无数度的温度对月球毫无影响,只是因为在月亮上没有生命。遭遇风险的不是土地,土地并不受到震荡,受到震荡的是生命,人类的生命。在这种时刻,人类的生命得不到任何保障。我们似乎正走在集体自杀的道路上。现代经济作为维系人类生命和社会生活的方式正变得越来越不平衡,而这是一个道德观的问题。② 正是基于这种情势,笔者认为经济生活不可能没有正义价值的意

---

① 参见迪德里齐等:《全球资本主义的终结:新的历史蓝图》,人民文学出版社 2001 年版,第 19 页。

② 参见迪德里齐等:《全球资本主义的终结:新的历史蓝图》,人民文学出版社 2001 年版,第 129 页。

义关照。正义作为人类所特有的对自身存在的意义和价值之哲学反思,深切地关注人类的生存和发展,指向人的自由全面发展的价值维度。正义不仅仅在于对合理社会现实的维护和遵守,更在于对现实一切存在的前提给予哲学的批判和人学的审视。如此看来,经济的正义性不在于经济自身的自我规定,而在于经济对于人类的意义,包括满足人的生存需求、发展需要、实现人的自由。我们今天探讨经济正义,旨在对现代经济的资本方式给予深度的反思和理性的节制,从而使现代经济不要偏离促进人类自由和丰富人的潜能的社会进步轨道。

基于正义的价值尺度和对经济生活的正义审视,我们展开对经济正义的当代思考。所谓经济正义,是经济领域中的正义问题,是对人类经济活动的正义与否的哲学追问和价值评判,并因此要求人类经济行为的价值自觉。它是对人类经济方式和经济活动以及与之相关的经济制度所进行的正义与否的价值评价,是对经济生活世界的正义追问,它是社会正义的重要内容和主要形式。由于正义是人特有的对自身存在方式、存在意义所进行的哲学反思,本质地关涉着合目的性的价值维度,因此折射了对人的终极人文关怀和人之自由的追求。因而,经济正义不仅包含着"效率"的原则,更注重经济生活中的正义价值维度,即经济正义把经济的正义性规定为经济对人的价值、人的尊严、人的发展、人的自由的确证和提升,确立正义对于经济的优先性和根本性。经济正义通过对经济生活领域的正义查审,以及对经济活动中经济行为的正义审视,旨在对经济生活世界提供正义的价值原则和意义担保。由于经济是一个复杂的系统,既存在着人与自然的物质交换活动,又涉及人与人之间的社会生产、分配、交换和消费关系,因此经济正义必然地牵涉经济的目的和手段的统一、效率和公正的统一、自然和人类的统一、当代人和后来人的利益统一,由此追问我们在经济生活中经济什么、如何经济、为谁经济等至关本质的问题。这是经济正义所蕴涵的内在精神和所要探讨的核心主题。当然,由于人类社会是一个历史的生成过程,它的存在和展开都受制于特定社会的生产方式,因而经济正义的观念和价值形态是历史地存在,经济正义的原则也是历史和具体的。但是,经济正义作为对经济生活世界的哲学反思和意义追问,乃是一个批判性的范畴,它表达了人类对当下经济生活世界的忧虑和不满,以及要求超越现实经济状况的价值主张和要求。人类正是在对经济正义的价值追求和自觉反思中,不断完善和超越现有的经济方式和经济理念,在不断提高经济效率的同时,自觉把握经济的意义维度,关心经济发展和社会进步的平衡,最终促进人的自由本质和人性的丰富。

在笔者看来,经济正义涉及三个层次的内涵,即观念或理念层面的经济正义、制度层面的经济正义即经济制度或经济体制正义以及行动层面的经济正义即经济活动正义。观念层次的经济正义就是经济正义的思想、经济正义的观念以及对经济生活所持的正义理念,经济正义的思想和理念牵引着人的经济行为的目的和方向,同时经济正义的思想和理念只有通过人的行为和社会制度等载体才能实现,从而转化成现实的力量。经济制度正义或经济体制正义,则是从哲学价值的层面对经济制度和体制所进行的正义与否的追问,它是基于对人和人类生活意义的基本理解而作出的价值评判。而经济活动的正义指的是经济行为主体在从事经济活动时其行为是否正义的价值拷问,它以正义的价值观和正义的社会制度、体制作为自身的依据和原则。如果我们从生产、交换、分配和消费四个方面规定经济活动,那么在经济活动中,经济正义可以被划分为生产正义、交换正义、分配正义和消费正义。若经济正义的视界超越一国范围而延伸到世界层面,那么就会衍生出全球经济正义问题,而一旦把经济正义的价值考量深入到当代人和未来人之间的经济关系,那么就会呈现代际经济正义的问题。概而言之,经济正义是正义的价值理念在经济世界中的关照,并通过现实的富有正义价值理念的经济制度或体制来牵引和约束经济行为及经济活动,使之趋于人类自由的正义之善。它规导着经济活动中利益和意义、经济和道德、手段和目的的内在统一,以确保人之为人的存在之真理。正如真理是思想体系的首要价值一样,经济正义是经济生活的首要价值,它旨在超越狭隘的利己主义和经济利益的眼界,关心人类绝大多数人的生存状况,注重人的全面发展和人性的完善,指向一个充满社会凝聚力和价值关怀的经济生活世界。经济正义的根本价值追求不停留于为了效率而经济,而在于完善丰富的人性内涵,充分展露人的自由自觉的类本质,使人拥有人的世界、人的社会关系和人自己。为了实现人的自由本质,经济正义要求在经济生活中遵循人与人、人与社会、人与自然之间的平等、秩序和自由的原则,使经济发展成为人的全面发展的现实基础。质言之,经济正义的实质精神,就是在于把经济的价值和目的置放到对人类生命的关切和人类自由的提升之原则高度,确立人是经济最高目的的哲学主张,从而在具体的经济生活中做到经济发展与人的丰富的自觉统一。那么,经济正义是否可能,如何可能? 这是我们进一步所要探讨的问题。

4. 经济正义何以可能

经济正义何以可能,这是牵涉更为学理和更为现实的深度问题。其实,正如我们在前面的内容中所谈及的那样,对经济正义的考察必然要置换到对人的存在特性及其存在方式的理解和追问中。经济正义的根据在于人,一切有关经济正义的问题都应该到人的存在方式中寻求答案。那么,经济正义如何可能?

其一,经济正义源于人对生命意义追求的存在本性。

人是一种生命的存在,但它与动物的生命活动不一样,"动物和自己的生命活动是直接同一的。动物不把自己同自己的生命活动区别开来。它就是自己的生命活动。人则使自己的生命活动本身变成自己意志的和自己意识的对象。他具有有意识的生命活动"①。换言之,人不像其他的存在物,他并不简单地存在着,而是好奇地不断询问和解释自己;人不仅生活着,而且不停地反思自己的生活,人的这种自由的有意识的活动便构成了人的类特性,所以人是一种特殊的存在。人的有意识的生命存在,使得人虽然是一种生命的存在却不满足于生命本身,总是在不断地追求超生命的意义世界;他始终起居于现有的生存状态,却力求超越现状而指向理想的生存样态。"人对自己而言是伟大的谜,因为他所见证的是最高世界的存在。超人性的原则是人的存在的本质特征。人是一种对自己不满,并且有能力超越自己的存在物"②。人正是在对超自然生命意义的追求中,不断地超拔出自己的现有规定,在生命存在和超生命存在、现实世界和理想世界的内在张力间,成就生命的真理和塑造自己的本质,此乃是人的存在之秘密。有意识的生命存在,使得人成为不断探究他自身的存在物,所以卡西尔指出,人是"一个在他生存的每时每刻都必须查问和审视它的生存状况的存在物。人类生活的价值,恰恰就存在于这种审视中,存在于这种对人类生活的批判态度中"③。也正是在这个意义上,哲人苏格拉底才颇具深意地认为,一种未经审视的生活是没有意义的,因而是不值得过的。

---

① 《马克思恩格斯文集》第 1 卷,人民出版社 2009 年版,第 162 页。
② [俄]别尔加耶夫:《论人的使命》,学林出版社 2000 年版,第 63 页。
③ [德]卡西尔:《人论》,上海译文出版社 1985 年版,第 8 页。

人对正义的追求,实质上就是人对自然生命和现存状况的超越之要求,它以超生命的意义世界和理想的存在境界为旨归,并以此作为社会行为的准则和价值理念,规导着人们的言行和社会秩序。正义作为一种人之存在的理想指向和意义维度,总是以一种全新的生活反观既定的存在样式,它构成了不可或缺的存在之维。如此可见,正义的追求,究其本质而言,乃是人对自身人性的不断完满和无限丰富的追求,从而要求将人的潜能现实化,把人的世界和人的关系还给人自己,实现人的自由自觉的存在本质。忽视正义,不仅会产生令人深恶痛绝的直接罪恶,而且更严重的是它会歪曲我们的理解力,破坏我们对未来的估量,从根本上打击人们的道德辨识力和人格的真正力量及其形成。所以,葛德文深刻地指出:"有一种东西,对人类的福利要比任何其他东西都更重要,那就是正义。"[1]美籍哲学家赫舍尔也颇具深意地认为,对有意义的存在的关切是人所固有的,做人的真理表明,人是与意义密切相关的一种存在,做人的秘密在于关心意义。[2]

经济活动或经济生活是社会生活的重要组成部分,也是人的主要的存在方式和生活内容,故而经济活动不可能是"纯粹的",它必然地关涉意义的维度,必须考虑到社会的价值评判和正义关怀。况且经济不可能是独立地活动,它必须在更大的社会范围内、与其他的社会活动密切关联中方能展开,这一切意味着经济不可以抛开正义理想和价值关怀而独立展开。正如我们在前面对经济的本质所阐述的那样,经济就其本质而言,乃是一种人与人之间的关系。也就是说,在现实的经济活动背后,充满着诸多错综复杂的社会关系和社会因素,包括制度的、文化的、地缘的以及社会心理,等等。

历史和事实表明,经济过程历来是经济因素同其他各种社会因素综合作用的结果。离开了其他社会因素的作用,经济活动将无法展开。同时,社会不是一个客观的物理世界,而是充满价值标准、意义维度和人文关怀的生活世界,经济活动正是在这样的生活世界中展开的。正因如此,德国的社会道德哲学家科斯洛夫斯基才指出:"事实上经济不是'脱离道德的',经济不仅仅受经济规律的控制,而且也是由人来决定的,在人的意愿和选择里总有一个由期望、标准、观点以及道德想象所组成的合唱在起作用",所以,"在对经济的这

---

① [英]葛德文:《政治正义论》第2卷,商务印书馆1980年版,第375页。
② 参见[美]赫舍尔:《人是谁》,贵州人民出版社1994年版,第58—60页。

些要求中,总是已经包含一种'应该',一种反对实际的、标准的因素"。① 这说明,经济生活或经济活动如果缺乏社会价值观的引导,缺乏正义理念的牵引和提升,缺乏正义原则的设计和整合,那么经济活动的失序和经济生活的价值虚无便不可避免。在这里,经济正义获得了自己在经济活动或经济生活中存在的合法性和不可或缺的根据。易言之,经济正义在人的存在本性中获得了自己存在的人性根据,它旨在强调经济生活中人性根基和人文向度,指证经济生活过程与人类生活意义的内在关联,确保经济的伦理内蕴和正义维度。这也意味着,经济活动或经济生活一旦缺少正义维度的牵引,那么经济将远离人的本质而成为"非人"的异化经济,在异化的经济生活中,人之为人的价值维度必将脱落和消失,人必将沦落为经济的奴隶。这一切正如马克思所指出的那样,在经济活动中人"不是肯定自己,而是否定自己,不是感到幸福,而是感到不幸,不是自由地发挥自己的体力和智力,而是使自己的肉体受折磨、精神遭摧残",所以在异化经济的统治中,"活动是受动;力量是无力;生殖是去势"②。正如对正义的追求表达的是人对当下生活世界的不满,经济正义探求的是对经济活动和经济生活如何更好的趋于人性完善和人的自由发展,使得人们在追求社会财富的经济过程中,既获得较高的经济效率,又在追求经济效益中成就人自身的自由存在本质。同样,正如对正义的追求是人类永恒的课题一样,经济正义是经济生活的不息追求。

其二,人之社会经济利益关系中的共在构成了经济正义的存在论基础。

人是有生命的存在物,因而具有自然的属性,但是人天生就是社会的动物,只有在社会中才能发展自己的真正天性。因为所有人类活动都取决于这一事实,即人是生活在一起的,"人生活在一起"意味着这是一种离开人类社会就无法想象的行动;生活是人类独有的特权,它依赖于他人的在场。③ 人要生活,必须以生活资料的生产为前提,而人们如果不以一定的方式结合起来共同活动和互相交换其活动,便不能进行生产,唯有在人们一定的联系和关系中才能进行生产。正是在这个意义上,马克思认为,人是最名副其实的政治动物,是一种合群动物,而且是离开了社会就不可以独立的动物,"人的本质是

---

① [德]科斯洛夫斯基:《资本主义的伦理学》,中国社会科学出版社1996年版,第3页。
② 《马克思恩格斯文集》第1卷,人民出版社2009年版,第160页。
③ 参见[美]阿伦特:《人的条件》,上海人民出版社1999年版,第18页。

人的真正的社会联系,所以人在积极实现自己本质的过程中创造、生产人的社会联系、社会本质,而社会本质不是一种同单个人相对立的抽象的一般的力量,而是每一个单个人的本质,是他自己的活动,他自己的生活,他自己的享受,他自己的财富"①。因而人的本质在其现实性上,是一切社会关系的总和。这也就是说,人是来自社会共同体的存在,他受到社会共同体的照料,并面向共同体存在。

对人而言,存在就意味着与他者共存,他的实存就是共处;倘若忽视了人的相互依赖性及其互相关联,那么就抓不住做人的核心。社会关系是十分丰富又及其复杂的,其中经济关系是社会关系的重要基础,而"每一既定社会的经济关系首先表现为利益"②。所以,经济利益关系乃是一切社会关系的基础。正因为如此,恩格斯指出:"以往的全部历史,除原始状态外,都是阶级斗争的历史;这些互相斗争的社会阶级在任何时候都是生产关系和交换关系的产物,一句话,都是自己时代的经济关系的产物。"③因而,无论是政治的立法或市民的立法,都只是表明和记载经济关系的要求而已。一句话,人们为之奋斗的一切都和他们的利益密切相关。这一切深刻表明,人必须依存于社会经济利益关系而存在。这里包含着双重的内容,即每个人都必须依赖经济利益而生活,同时这种经济利益的获得又必须与他人共存,在这里体现了人之经济利益关系中存在的深刻矛盾和内在统一,因为"每一个人的利益、福利和幸福同其他人的福利有不可分割的联系,这一事实却是一个显而易见的不言而喻的真理"④。易言之,经济活动或经济关系是人所特有的存在方式,其中存在着人与人之间尖锐的经济利益的对立,又有经济利益上的必然合作;不仅要关心经济活动中的效率问题,而且必然地关联到人的生活意义和存在价值等向度。那么,人们如何在既有深刻紧张又有密切关联的经济关系之间,找到恰当的利益平衡点,以使经济效率和经济公平的有机统一,便现实地成为不可回避的存在难题。正是在人的这种经济关系境遇中,经济正义获得了其存在的理由和依据。

---

① 《马克思恩格斯全集》第 42 卷,人民出版社 1979 年版,第 24 页。
② 《马克思恩格斯文集》第 3 卷,人民出版社 2009 年版,第 320 页。
③ 《马克思恩格斯文集》第 9 卷,人民出版社 2009 年版,第 387—388 页。
④ 《马克思恩格斯全集》第 2 卷,人民出版社 1957 年版,第 605 页。

　　经济正义旨在通过对经济生活的价值关怀,指认经济生活中经济行为主体的权利和义务,赋予经济关系以合理的形式,给个体和社会的经济行为以恰当的定位,从而对非正义的经济行为予以限定,培育经济正义的价值理念和行为原则,关注经济利益的生产、分配、交换、消费等环节,把经济的发展、社会的进步和人的自由发展紧密统一起来,以便合乎人类目的性的经济生活得以顺利展开。对此,美国的政治哲学家罗尔斯在其名著《正义论》中做了诸多深刻的论述,他指出,"由于社会合作,存在着一种利益的一致,它是所有人有可能过一种比他们仅靠自己的努力独自生存所过的生活更好的生活;另一方面,由于这些人对由他们协力产生的较大利益怎样分配并不是无动于衷的(因为为了追求他们的目的,他们每个人都更喜欢较大的份额而非较小的份额),这样就产生了一种利益的冲突"①。这就是说,社会是人的一种互利合作的利益系统,它不仅具有利益的一致性特征,同时也包含了利益的冲突。社会经济正义就是为了经济生活中的利益安排和平衡而必需的价值主张和原则要求。总之,人在经济利益关系中与他者共在,他者对于每一个个体而言都形成了一种无法回避的存在,这一事实无疑构成了经济正义的存在论基础。所以把经济正义定义为"关于社会利益和社会负担的合理分配问题。由于可分配的利益的不足而发生利益争夺,经济正义的作用在于力图平衡相互冲突的利益"无疑具有一定的合理性。②

　　其三,现代经济的狭隘资本化原则导致的深刻的"存在危机"凸显了经济正义的现实诉求。

　　经济活动作为人类活动的主要方式,是人特有的一种存在方式,从中体现并实现人自己的本质力量,因此在社会发展过程中历来具有重要的基础地位。对此,唯物史观作出了科学的论述,认为经济是整个社会结构的最深厚的基础,"历史之谜"的谜底蕴藏在经济事实中,所以关于社会变迁和政治变革的终极原因,不应当到有关时代的哲学中去寻找,而应当到有关时代的经济学中去寻找。但是需要指出的是,经济在社会生活中的基础地位并不能得出经济是社会生活之目的的结论,正如空气对人的不可或缺性并不等于说空气是人活着的目的。事实上,在古代的社会生活中,经济虽然是社会生活的重要组成

---

① ［美］罗尔斯:《正义论》,中国社会科学出版社 1988 年版,第 4 页。
② 参见冯契主编:《哲学大辞典》,上海辞书出版社 2001 年版,第 667 页。

部分，但它并没有自己独立的帝国，而是服从于政治和伦理的目的，是人类至善的一个重要环节和手段。正因如此，亚里士多德认为，财富自身不是目的，不过是达到目的（至善）的手段，至于那些敛财者，往往为财富所强制和奴役，他们没有自由的生活，"因为很显然财富不是我们所追求的善，它只是有用的东西，以他物为目的"①。也就是说，在古代社会，经济并不以自身为目的，它往往具有合目的性和价值理性的属性，并以至善为旨趣。至近代，伴随着规模化、专业化的社会生产而出现的资本主义生产方式，使得经济在社会生活中的地位日益突出，并迅速成为凌驾于其他社会生活之上的"经济帝国"，统霸着社会生活，与之相随，经济所具有的古代志趣逐渐脱落，经济不再是他物的手段，而是以自身为目的。从此，在以私有制为前提的资本主义社会中，经济就是资本，经济就是货币，经济就是利润。经济丧失了往日诗意的人性光辉，完全沉没在冰冷的利己之窟和对利润的贪婪之中。所以，马克思深刻地指出："资本来到世间，从头到脚，每个毛孔都滴着血和肮脏的东西"②。资本主义生产的目的不再是为了需要和消费，一切经济行为都以资本的增值和货币的增加为目的；货币不仅是经济行为的追求对象，而且是唯一的对象。在这里，"货币本身就是共同体，它不能容忍任何其他共同体凌驾于它之上"③。

现代经济的资本化及其横扫一切的力量，使得现代的生活世界为片面的资本原则所主导、所控制。从而，资本成为现代生活的上帝，生命的价值、生活的意义往往被换算为资本的数量。在资本逻辑的驱使下，感性的生活被排挤到遥远的阴暗角落，"占有式"的生存才能确证人的存在。于是，人与人、人与社会、人与自然之间剩下的仅仅是占有、剥夺、奴役的关系，于是人与人之间充满着的敌意和暴力以及人与自然之间的紧张对立，导致了社会政治动荡、经济危机，全球范围内的民族冲突、军备竞赛以及生态危机等问题，并且有愈演愈烈之势，这是人所共知的。由此必然导致的结果便是，现代人陷入了生存危机和价值虚无的绝境，感性生命的存在根基岌岌可危，人类安身立命的灵魂居所分崩离析，人类的崇高理想和伟大信念尽失地盘，生命的空灵感和存在的意义隐而无痕。从中我们可以看出，"作为目的本身的经济上的进步导致了世界

① ［古希腊］亚里士多德：《尼各马科伦理学》，中国社会科学出版社1999年版，第8页。
② 《马克思恩格斯文集》第5卷，人民出版社2009年版，第871页。
③ 《马克思恩格斯全集》第30卷，人民出版社1995年版，第175页。

范围内的非人道的后果",而这些非人道的后果却"带来人类自然环境的毁坏以及随之而来的大规模的社会的不稳定性"①。经济的资本化和至上性,导致现代人在获得"物"的世界的同时,却丧失了存在的根基:"那成就人的世界达几千年之久的事物看来正面临着尽在眼前的崩溃。而已经出现的新世界则是提供生活必需品的机器,它迫使一切事物、一切人都为它服务。它消灭任何它不能容纳的东西。但是,在这架机器中,人不可能达到满足。它并不为人提供使人具有价值和尊严的东西。"②对如此这般的人类存在境遇,马克思曾给予了十分深刻的描述,他指出:"在我们这个时代,机器具有减少人类劳动和使劳动更有成效的神奇力量,然而却引起了饥饿和过度的疲劳。财富的新源泉,由于某种奇怪的、不可思议的魔力而变成贫困的源泉。技术的胜利,似乎是以道德的败坏为代价换来的。随着人类愈益控制自然,个人却似乎愈益成为别人的奴隶或自身的卑劣行为的奴隶。甚至科学的纯洁光辉仿佛也只能在愚昧无知的黑暗背景上闪耀。我们的一切发现和进步,似乎结果是使物质力量成为有智慧的生命,而人的生命则化为愚钝的物质力量。现代工业和科学为一方与现代贫困和衰颓为另一方的这种对抗,我们时代的生产力与社会关系之间的这种对抗,是显而易见的、不可避免的和毋庸争辩的事实。"③

无须赘言,现代经济的资本逻辑,并不能为我们提供做人的真理。问题的唯一出路只能是,超越现代经济学的狭隘视野,纠正现代经济的狭隘化发展方向,以全新的经济正义理念和原则牵引经济生活,从而以人的全面进步和自由看待经济发展。对此,诺贝尔经济学奖获得者阿马蒂亚·森在其著作《以自由看待发展》中做了深刻而简明的阐述,他颇有见地的指出,财富的价值在于它对我们实现实质自由的帮助;同样,经济的增长本身不能理所当然地被看做就是目标,经济发展必须更加关注使我们生活得更充实和拥有更多的自由,所以对经济发展的恰当定义,必须远远超越财富的积累和国民生产总值以及其他与收入有关的变量的增长。这并非忽视经济增长的重要性,而是我们必须超越它。④ 以自由看待经济发展,以自由为经济之旨归,这正是吁求经济正义

---

① [瑞士]汉斯·昆:《世界伦理构想》,生活·读书·新知三联书店 2002 年版,第 16 页。
② [德]雅斯贝斯:《时代精神的状况》,上海译文出版社 1997 年版,第 71 页。
③ 《马克思恩格斯文集》第 2 卷,人民出版社 2009 年版,第 580 页。
④ 参见[印]阿马蒂亚·森:《以自由看待发展》,中国人民大学出版社 2002 年版,第 10 页。

之鹄的。面对岌岌可危的现代经济生活,经济正义将愈益获得自己不可替代的存在价值。

　　总而言之,人的超越存在本性、人的经济存在方式以及现代经济的资本化主导原则导致的"存在危机"为经济正义的可能搭起了一座现实的平台。事实上,无论是世界范围内的"全球危机",还是我国经济活动中层出不穷的经济灾难,都与缺乏经济正义的理念、缺少合乎经济正义的原则有关。为此,必须把经济发展和人的发展统一起来。在这里,经济生活和正义理念获得了一个恰当的契机,使经济正义成为可能并转化为现实的原则,成为未来经济发展的主导方向。值得高兴的现象是,人们已经逐渐意识到现代经济的发展方式构成了对生存的危机,由此人们展开了对现代经济的不断反思并力求自觉,如人们倡导"绿色经济"、"生态经济"的主张,从伦理、文化等角度展开了对经济现象的广泛研究,使得当前的经济哲学、经济伦理学研究方兴未艾,愈益受到人们的关注。同时,我们党也提出了加快转变经济发展方式的深刻理论主张和实践要求,从而为塑造合规律性和合目的性的经济方式提供了强有力的政策支持。人是与危机共存的存在物,他不仅是使自己陷入危机的原因,也是让自己超越危机、走向成功的力量。当人意识到危机之际,正是走出危机的开始。

第二章

经济正义：思想观念层面的梳理

在前面的内容中，我们对经济正义已作了多方位的描述和阐释，指出经济正义既包含着对经济增长之追求，更强调经济发展对提升人之自由和促进人的全面发展的意义和价值。经济正义作为理想的价值追求和现实的经济行为原则，既体现在人们经济生活中的正义价值观念和由之规导的经济行为的正义性之中，同时又体现在作为规范经济活动和经济行为的制度或体制层面。也就是说，经济正义价值观念、经济体制或经济制度正义、经济活动正义乃是经济正义的基本内容。经济正义通过对经济生活的正义诉求，追求经济发展以实现人类在经济关系中的解放，从而实现人的自由存在本质和人性的全面发展。虽然经济正义的指向是经济的增长和自由的扩展，但是它毕竟牵涉特定历史阶段、特定社会的具体的个人利益，因而正如恩格斯指出的那样，"人们自觉地或不自觉地，归根到底总是从他们阶级地位所依据的实际关系中——从他们进行生产和交换的经济关系中，获得自己的伦理观念"[1]。所以，人们往往从自己的经济利益视角出发阐述经济正义的思想和观念，以维护自己的经济利益。当然，经济正义作为价值观念，就其形式而言具有某种程度的相对性，但是经济正义所根由的经济关系和社会生产方式却是客观的，因而经济正义就其内容来说具有客观性和历史性。之所以要强调这一点，是因为一旦我们谈到价值或者观念形态的经济正义时，以避免陷入相对主义的泥淖之中，当然也不能落入绝对主义的抽象正义观中。经济正义思想的历史发展

---

[1] 《马克思恩格斯文集》第9卷，人民出版社2009年版，第99页。

过程,并不是人们可以随心加以描绘的文字游戏,其本质乃是对现实经济关系的或调和、或平衡、或反动、或完善等在理论上的反映,从而使得现有的经济关系趋向于促进经济效率和人的发展的统一。事实上,经济正义思想的历史沿革正是反映了人类不断追求经济增长和扩展人类自由的历史发展过程。

作为观念形态的经济正义思想不是从来就有的,它是社会发展到一定阶段,特别是伴随着私有制和阶级分化而凸显的。经济正义就其实质而言,表达的是对人与人之间的经济利益关系合理化、人的经济权利和义务的对等化以及对公平与效率统一的自觉要求,同时并以此来评判现实的经济关系,进一步确证或反对现存的经济关系,从而指证经济的效率追求和扩展人的自由维度的内在要求。历史上所有经济正义观念的产生、经济正义思想的出现,无不与经济利益的变化、经济关系的变更和经济生活方式的变迁密切相连,它是现实经济利益关系在思想领域中的反射和回声,是在思想中所表达的对理想经济关系的呼唤和要求。同时,通过新的经济正义思想和价值观念对现存的经济关系加以审视和评判,培植人们新的经济正义观念,并渗透到经济制度的层面,从主体的内在价值观念层面和外部的制度层面,对经济行为和经济活动加以重新规范和调整,使得新的经济利益关系取代旧有的、过时的经济关系,使新的经济关系更适合于现有的社会生产方式,进一步推动社会生产力,促进经济的发展,扩展人的自由空间。所以,经济正义是一个历史的范畴,因而是具体的,是与一定的生产方式相联系的观念形态,它通过内化到人的价值层面和社会制度层面而发挥作用。

一、西方经济正义思想的历史追寻

据资料显示,西方经济正义思想的萌芽可以追溯到古希伯来文明时期。在希伯来人民的《旧约》中,就已经有了经济正义的思想萌芽,当时人们把原始公社的土地均分以后,用"界石"来表明各自的土地范围和界限,从而正义意味着人们在生产活动中各自耕种自己的土地而不越界抢占他人的土地,正义就成了人们遵守"界石"的重要标志。① 在这里我们可以看到,从正义观念产生的第一天起,它就和人们的经济利益、经济关系交织在一起,正义的经济意义具有基础的地位,也就是说正义的起源与原始公社瓦解以后形成的私有

---

① 　参见章海山:《西方伦理思想史》,辽宁人民出版社1984年版,"序言"。

制紧密相关。所以应该说正义的经济性质比正义的法律性质、政治性质更为根本。事实上,在以后的思想发展过程中,经济正义思想都与财产所有制、社会经济的利益分配不均、贫富分化悬殊等密切关联。在古希腊,无论是梭伦改革,还是柏拉图的理想国之设计,以及亚里士多德对经济正义的论述,都是围绕着所有制、社会经济财富的分配,以及由于经济利益的矛盾引发的社会动荡和政治危机而展开的。

1. 古希腊的经济正义思想

古代希腊社会是奴隶制社会,城邦是这一时期社会的基本组织形式,一个个城邦构成了独立自足的经济单位和自治的政治单位。城邦是希腊人生活的轴心,一切以城邦利益为依归;城邦也是古希腊人看待一切事物的出发点和归宿,因此就某种角度来说,希腊思想是城邦的女儿。在当时的各城邦之间,由于争夺盟主地位,战事不断,而城邦内部也广泛存在着奴隶主与自由民、氏族贵族与工商业奴隶主之间的斗争。因此,希腊进入奴隶制阶级社会以来,整个社会处于经济生活不安、政治生活动荡的局面。那么,如何缓和阶级之间的矛盾冲突,以便有序的经济生活和政治生活得以展开,成为人们不得不关注的现实问题。古希腊思想家提出有关经济正义的思想正是为解决这些社会经济问题作出的自觉努力,并进行了有力的实践和对现实社会经济关系的改革。梭伦在进行政治改革过程中,就提出了自己的经济正义观。他认为,经济正义就是城邦的社会成员要抑制自己的欲望,每个人都拥有一定的财富而不至生活贫乏,而不能过分追求财富,从而保证人们之间的利益平衡。为了实现经济正义,梭伦提出氏族贵族集团要抑制自己追求财富的贪婪欲望,做到节制有度,为此他在一首劝告富有者不要贪婪的诗里写道:"你们这些财物山积,丰衣足食而且有多余的人,应当抑制你们贪婪的心情,压制它,使它平静;应当节制你们傲慢的心怀,使它谦逊。"[①]同时,要求平民集团也要限制自己对土地分配和钱财的过度追求,要适可而止,他指出:"我所给予人民的适可而止,他们的荣誉不减损,也不加多",对于人民,"自由不可太多,强迫也不应过分;富厚如属于没有教养的人们,食足就要滋生不逊。"[②]所以,梭伦的经济正义思想就是主

---

① [古希腊]亚里士多德:《雅典政制》,商务印书馆 1959 年版,第 8 页。
② [古希腊]亚里士多德:《雅典政制》,商务印书馆 1959 年版,第 14 页。

张社会成员之间财富的平衡,不让任何一方不公正地占据优势,以确保城邦的秩序和稳定。如此可见,梭伦的经济正义思想是与人们的土地、财富以及人们之间的和谐、中道联系在一起的,他旨在通过对城邦的土地和财富的调整和平衡,达到拯救岌岌可危的城邦之目的。

柏拉图和梭伦一样,城邦是其思想的出发点,在他所处的时代,城邦内部贫富之间的差距日益扩大,人们之间的财产不平等更加悬殊,贫民和富人之间的矛盾十分尖锐,导致了城邦的急剧动荡和危机。因此,如何缓和贫富矛盾,缓解奴隶和奴隶主之间的阶级对立,以挽救风雨飘摇中的城邦奴隶制,便成为柏拉图关注的时代重任。对此,他提出"理想国"的设计方案,旨在解救危机中的城邦国家。柏拉图在他的《理想国》这本著作中,主要阐述了城邦正义的思想。他提出了城邦至上的正义理念,要求城邦中的三个等级的人们各就其位、各司其职,作为个人要以理智节制贪欲之心,从而确保城邦的秩序及和谐。为了达到城邦正义,他阐述了自己的经济正义思想。他的经济正义思想正是在对城邦正义的考察中体现出来的。在他看来,城邦之所以出现混乱和不安,乃是人们的财富分配不均造成的,而私有财产正是城邦贫富分化、党争频繁、社会动荡的根源所在。私有财产的存在,使得人们的私心和贪欲无所节制,从而为了一己私利不惜损害城邦和他人的利益,严重地削弱了城邦正义。所以他提出了实行财产公有制的经济正义思想,要求一切财产归集体和城邦所有。具体说来,就是城邦的第一、第二等级之中废除家庭,实行财产公有,除了绝对必需品以外,任何人不得有任何私产,不得有私人房屋或仓库,至于粮食则由其他公民供应,并按照需要每年定量分给。他们还必须同吃同住,同心同德,并远离金银,不与金银发生任何关系,以确保心灵的纯洁无瑕。[①] 总之,柏拉图试图通过实行财产公有制,平息城邦的纷争,以保证城邦的高度统一与和谐,其中阐述了自己的经济正义主张。

亚里士多德是历史上第一位对经济正义作出较为系统论述的思想家。亚里士多德生活的城市雅典,是当时西方古代世界的经济贸易中心,商品经济日益发展,使得金钱在社会生活中扮演着越来越大的作用,拜金主义日渐泛滥。对此,有一位诗人生动地描述道:"哲学家们说神是太阳和光明。但我只见金银两神才真有权威。如你家中引进这两位神祇,便一切如愿以偿,庄园、器用、

---

① 参见[古希腊]柏拉图:《理想国》,商务印书馆1986年版,第130页。

朋友、健仆、见证人、告密者,应有尽有了。"①同时,亚里士多德所生活的年代正是希腊城邦奴隶制处于危机的时期,城邦内部奴隶和奴隶主之间基本矛盾日益尖锐和广泛激化,平民起义不时发生,严重影响了城邦的稳定。所以,如何缓和平民与富人之间的对抗性矛盾便成了攸关城邦生死的大事。正是面对城邦所存在的种种问题,亚里士多德提出了自己的政治学说和伦理主张,对城邦的政治、经济、道德等作出了详尽的论述,其中就包括丰富的经济正义思想。对于城邦的经济,亚里士多德与其老师柏拉图的主张有所不同,他反对公有制,维护私有财产的合法性。对于正义这一德性,在他那里是通过与法律、经济的联系中来加以阐述的,认为正义就是合法和平等。由于中庸观念构成了亚里士多德整个学说的核心思想,其经济正义思想中也包含着中庸的观念。亚氏认为,经济正义就是经济生活中关于利益分配和经济交往所应遵守的规范和道德价值观念,其本质在于确保和谐的经济秩序,维护正常的经济生活,以最终实现人们的经济利益的平等和互利。在其著作《尼各马科伦理学》中,详细地阐述了他的经济正义思想。他认为,经济正义存在于人们的经济分配和经济交往中,并把经济正义具体地划分为分配正义、交换正义和矫正正义。所谓分配正义,就是指在社会机构中,根据每个人的作用分享社会福利的权利,它关注的是社会成员或群体如何分配社会权力和责任、权利和义务的问题,在分配正义中,强调等比例的平等原则,要求平等的人分享平等的份额,不等的人获得不等的份额。而交换正义是为了私人的经济交易而提供的人们必须遵守的交换原则,它关涉的是交换主体在经济交往中的平等和互利关系,并以此调节和规范主体在经济交换中的行为,交换正义的根本原则在于等值交换。至于矫正正义,往往是通过法律的仲裁,对在经济交往中违背正义原则的一方进行剥夺或惩罚,以补偿受损一方的利益,从而实现经济的公正。矫正正义实质上是对经济交往中不当得利一方与受损一方之间的中道,这种中道的原则是算数的均等,它强调的是不法者与受害者之间利益的均等。总之,亚里士多德首次对经济正义做了较为系统的阐述,其经济正义思想对后世产生了深远的影响。

2. 中世纪的经济正义思想

虽然古希腊时期就有了经济正义的思想,但由于经济生活是服从于城邦

---

① [古希腊]亚里士多德:《政治学》,商务印书馆 1965 年版,第 56 页。

的政治,还没有自己独立的地位,所以有关经济正义的思想是在关于城邦政治生活的论述中体现出来的。而在后来漫长的封建社会时期,以超自然的意志和力量来解释历史发展和社会生活的神学历史观居于支配地位,对此恩格斯曾指出:"中世纪完全是从野蛮状态发展而来的。它把古代文明、古代哲学、政治和法学一扫而光,以便一切都从头做起。它从没落的古代世界接受的唯一事物就是基督教和一些残破不全而且丧失文明的城市。其结果正如一切原始发展阶段的情形一样,僧侣获得了知识教育的垄断地位,因而教育本身也渗透了神学的性质。在僧侣手中,政治和法学同其他一切科学一样,不过是神学的分支,一切都按照神学中适用的原则来处理"①。所以在中世纪,经济正义的思想是与封建宗教神学纠缠在一起并融于其中的。总的说来,封建教会的经济理论源自《圣经》、基督教早期作家的教导以及亚里士多德、罗马法和教规。② 基督教理论认为,只有放弃个人财产,实行社会财富的公有,才能实现经济正义。之所以如此,是因为每个人都是上帝的子民,人人生而平等。对此,安布罗斯这样说道:上帝不偏不倚地分给了我们衣食之资,却弄得来只有你能霸占着大量的财富,而别人却缺衣少食,难道说上帝没有公平分配这些衣食之资吗? ……你享受的是饥饿者的面包,你锁藏着的是裸胸露背人的衣着,你窖藏着的是不幸的人们的赎身钱。所以,追求个人致富不仅使一个人自己的灵魂有堕落的危险,而且这种行为本身就是非正义的。③ 借助于"自然法"理论,基督教作家们得出了私有财产是违背经济正义的结论。所以他们提出了财产共享、经济节俭、广施慈善的经济正义观,认为财富是上帝赠与人们的物品并叫人们同等共享,任何将财富据为己有的行为都是非正义的罪恶,所以富人只有将自己的财富分给众人才能免于罪过。封建宗教的经济正义思想的提出,目的在于实现衣食共享,减少人间的不平和罪恶。故而,美国经济学家斯皮格尔指出:"在中世纪,慈善事业与那个时代的资源相比,确是相当慷慨的;教会把它的财富的相当大的比例用于这个目的,信徒也把它用作慈善的手段。在某种意义上,慈善事业在中世纪是解决稀缺这个经济问题的主要办法,

---

　　① 《马克思恩格斯文集》第 2 卷,人民出版社 2009 年版,第 235 页。

　　② 参见［美］斯皮格尔:《经济思想的成长》(上),中国社会科学出版社 1999 年版,第 47 页。

　　③ 参见巫宝山主编:《欧洲中世纪经济思想资料选辑》,商务印书馆 1998 年版,第 181—182 页。

虽然不是完美的解决,但也是近似的解决。"①

在谈到中世纪的经济正义思想时,我们不得不谈及托马斯·阿奎那。阿奎那是经院哲学的集大成者,他广泛地汲取了前人的思想,将《圣经》、教父的教义和亚里士多德的著述综合起来,建立了"包罗万象"的经院哲学体系。他的经济正义思想主要体现在对私有制、公平价格和货币利息的论述中。首先,对于私有财产,阿奎那继承了亚里士多德传统,认为私人财产并不违背自然法则,而是人类理智的发明,因此维护了私有财产的合法性。他认为,私人财产之所以合理,乃是因为人们对自己拥有的东西,要比对许多人或所有人拥有的东西,照看得好得多;是因为人们为自己干活要比为别人干活卖劲得多;是因为如果财产划分清楚,就不会为如何使用公共财物而争吵,就会维持良好的社会秩序。② 其次,阿奎那提出了"公平价格"的主张。阿奎那对公平价格的讨论可见于《神学大全》的第二部分中题为"论买卖中的欺诈行为"。阿奎那认为,在商品的买卖中,比一件物品的价值卖得昂贵或是买得低廉,出售有缺点的物品而不让对方知道,在贸易中贱买贵卖等,这些行为本身都是不公道、不合法的,因而都是非正义的。③ 阿奎那认为,商品交换分为两种,一种是为了满足生活需要而以物换钱,而另一种物品交换的目的不是为了满足生活需要,而是为了赢利。对于前者阿奎那予以称道,对于后者则认为理应受到谴责,因为利欲是永无满足的。最后,阿奎那讨论了高利贷是否有罪的问题。他认为借出资金以收取高利贷的经济行为,是违背自然法的,因而是不正义的。他在《神学大全》中认为,"贷放金钱来收取高利这件事本身就是不公平的,因为这是出卖并不存在的东西的行为。很明显,由此必然产生不均等的后果,而不均等是违背公正精神的。"所以他进一步指出,无论从哪个人手中收取高利都是确实有罪的,因为"我们应该把所有的人都作为邻人或兄弟看待,特别是在一切人等都被召唤前往的真理的国度里,更是如此"。④

① [美]斯皮格尔:《经济思想的成长》(上),中国社会科学出版社 1999 年版,第 48 页。
② 参见[美]熊彼特:《经济分析史》第 1 卷,商务印书馆 1991 年版,第 145 页。
③ 参见巫宝山主编:《欧洲中世纪经济思想资料选辑》,商务印书馆 1998 年版,第 4—12 页。
④ 参见巫宝山主编:《欧洲中世纪经济思想资料选辑》,商务印书馆 1998 年版,第 16—17 页。

3. 近代西方经济正义思想

到了近代,由于资本主义生产方式的确立,并伴随着科技的发展,社会步入了"经济化"的历史。随之而来的结果是经济生活的强化和独立化,经济生活日益显示出其重要地位,并逐渐居于社会生活的重要位置。与此同时,有关经济生活中的正义问题成为人们普遍关注的焦点,人们从不同立场、不同层面阐述了不同的经济正义观,从而使经济正义问题也随之成为社会的"显学"。于是,从近代开始,经济正义问题便成为经久不衰的话题,不同思想家从不同的立场阐发了丰富的经济正义思想,为我们如何建设良好的经济生活秩序提供了诸多富有智慧的启示。大体说来,在近代具有代表性的经济正义观有三种:

其一,契约论的经济正义观,代表人物有霍布斯、洛克、休谟和斯密等。以契约论为基础的经济正义思想,出现于西欧各国早期资产阶级革命时期,是资本主义早期经济关系在理论上的表现,其理论基础是"自然法"。"自然法"是人类理性所发现的一种箴言,用来禁止人去做伤害他自己生命的事情,或禁止人放弃保全生命的手段。人类为了保全生命和求得和平安宁,便建立了彼此之间的契约,正义便缘于这种契约关系。守约便是正义的,而违约就是非正义的。这种契约论的正义观念在经济生活中的渗透和体现,便形成了契约论的经济正义观。经济正义于是就成为对经济行为主体在经济交往过程中的规范与约束,它要求经济行为主体承认和尊重彼此在经济上所拥有的权利,如财产所有权、经济交往中地位的平等诸内容。所以,持契约论经济正义观的思想家大多主张财产私有制,认为私有财产是人的自然权利的延伸,主张私有财产是神圣不可侵犯的,从而极力维护资本主义的私有制。相应地,人们在经济交换和经济分配中,必须遵循彼此的约定,有权按照契约处理自己的财产,只要按照彼此订立的契约从事经济活动,无论最后的结果怎样,都是正义的。约言之,经济正义依存于契约和契约所界定的经济权利。所以在他们看来,契约既说明了财产的起源,又构成了经济正义的标准;经济正义产生于人们对财产和经济权利的确定之需要,是对以契约为基础的稳定的经济关系的要求和体现。从这个意义上说,经济正义的可能有赖于社会经济财富处于极端贫乏和无限丰富之间。因为过度贫乏的财富已不能维持人们基本的生存需要,那么契约就会为弱肉强食所代替;而财富的无限丰富也会丧失人们订立契约的意义,契约也会被"按需分配"所替代。只有人们都普遍具有自己的一定财产并能保证基本的生活需要,以契约为基础的经济正义才成为可能。事实上,契约论的经济正义观是以自然法理论为其出发点,要求私有财产神圣不可侵犯,主张市场竞争和自由贸易,从而为资本主义的自由发展作理论辩护和价值合理性论证。

其二,是功利主义的经济正义观,代表人物有边沁、穆勒和葛德文等。功利主义的经济正义观,实际上就是把功利原则导入到经济生活中,以是否提高人的功用利益作为正义与否的标准。因此,当一种经济制度或者经济政策最大限度地给人们带来经济利益时,它就是正义的。这样一来,正义就成为促进功利的手段而不是独立的标准,唯一的标准乃是功利。所以边沁指出,"功利原则指的就是:当我们对任何一种行为予以赞成或不赞成的时候,我们是看该行为是增多还是减少当事者的幸福"①。葛德文也指出,"除去根据个人的功德以外,不能认为一个人比另一个人优越,这项原则,在一切正义的原则当中,对于人类道德上的公正是最带实质性的"②。但是,功利主义认为,由于个人利益是社会利益的基础,社会利益不过是个人利益的总和,因而认为个人利益和社会利益是一致的。功利主义者"以幸福为标准定行为之正当,并非指行为者自己的幸福,而是指一切相关的人们的幸福。功利主义要求人在他自己的幸福与他人幸福之间做到严格的公平,像一个仁慈的旁观者那样"③。由此功利主义提出了"最大多数人的最大幸福"的功利主张,从而为资本主义追求个人利益的自由经济提供理论上的支持,也为资本主义的私有制作辩护。以功利原则为基础的经济正义观,把个人的经济利益作为评价正义的第一要义,旨在强调个人权利的实现和保障的优先性,不再谈论抽象的经济正义,并把契约降到衡量经济正义与否的次要地位。功利主义的经济正义观反映了资本主义大工业发展时期资本家之间追逐私利和激烈竞争的经济关系,并为这种现实作辩护。

其三,是反对财产私有、主张财产公有的经济正义观,代表人物有莫尔、欧文等。持这一经济正义观点的思想家们,更多的是从私有制给人们带来不幸和痛苦的现实出发,认为是私有制造成了社会的贫富不均、剥削盛行,导致了

---

① 参见周辅成:《西方伦理学名著选辑》(下),商务印书馆1987年版,第211页。
② 参见周辅成:《西方伦理学名著选辑》(下),商务印书馆1987年版,第534页。
③ 周辅成:《西方伦理学名著选辑》(下),商务印书馆1987年版,第253页。

社会上大部分的人处于贫困和饥饿状态,给人们带来无尽的灾难和邪恶,使社会处于极其不公的失衡之中,所以认为私有制经济是非正义的经济。由此出发,他们高扬批判私有制的大旗,认为只有废除私有制,才能实现经济正义和社会公正,从而达到人人平等、共享财富的理想社会。莫尔在其著作《乌托邦》中指出,假使私有制度存在,假使金钱是衡量一切的标准,那么国家的所有事务都不可能公正地解决和处理,除非把最好的东西落到最坏的人手中还可以认为是正义的,所以"只有完全废除私有制度,财富才可以得到平均正义的分配,人类才能有福利。如果私有制度仍然保留下来,那么,大多数人类,并且是最优秀的人类,会永远被压在痛苦难逃的悲惨重负下"①。欧文也同样认为,私有制是导致经济不正义的根源,私有制引起私有者的骄横,喜欢不正义行为和压迫别人,轻视他人不可缺少的自然权利,从而妨碍人类康乐的远大问题,所以"私有财产是贫困以及由此而在全世界造成的无数罪行和灾难的唯一原因。它在理论上是那样不合乎正义,而在实践上又同样不合乎理性"②。正因为如此,持这一观点的思想家们认为,要实现经济正义就首先必须废除私有财产,以公有制取而代之,在科学和正确组织起来的财产公有制度下,建立和谐的社会经济秩序,以实现经济正义。

4. 当代西方经济正义思想

到了当代,经济正义的中心问题是围绕经济利益的分配以及国家在其中的功能问题而展开的。因此,具有代表性的思想包括:

其一,是罗尔斯的经济正义思想。罗尔斯的经济正义思想内涵在其作为"公平的正义理论"中,他认为收入和财富的分配要大致符合两个基本的正义原则中的差别原则,即"社会的和经济的不平等应这样安排,使它们(1)被合理地期望适合于每一个人的利益;并且(2)依系于地位和职务向所有人开放",这也就是说,"虽然财富和收入的分配无法做到平等,但它必须合乎每个人的利益"。③"差别原则"承认并允许社会经济不平等和贫富差别的存在,但是强调社会经济的不平等必须以能够促进社会中处境最不利者的利益为原

---

① 周辅成:《西方伦理学名著选辑》(上),商务印书馆1964年版,第504—506页。
② 周辅成:《西方伦理学名著选辑》(下),商务印书馆1987年版,第559页。
③ 〔美〕罗尔斯:《正义论》,中国社会科学出版社1988年版,第61页。

则,为此政府要适当限制社会经济的不平等,试图对社会经济利益进行再分配,以达到一种趋于更为"实质性"的经济平等。正是从正义原则中的差别原则出发,罗尔斯进一步阐述了他的分配正义观。罗尔斯指出,分配正义的主要问题是社会体系的选择,一种经济体系不仅是一种满足目前的需要和欲求的制度手段,同时影响着人们将来的愿望和前景。可见,不同的社会体系,不同的经济制度不仅影响到人们的当下的利益分配,也深刻地关联到他们的未来前景,所以"社会制度应当这样设计,以便事情无论如何变得怎样,作为结果的分配都是正义的"①。这意味着,作为经济利益分配机制的社会经济体系必须具有正义的价值关怀维度,使它的社会成员产生相应的正义感,从而形成自我支持的力量。这同样指示着社会的经济体系不仅要注重经济的效率基础,而且要考虑经济的道德和正义根据。之所以强调经济体系的正义性,是因为"分配份额的正义显然依赖于背景制度,以及这些制度分配总收入、工资和别的收入加转让部分的方式",所以罗尔斯进一步指出:"我们有理由强烈反对由竞争来决定总收入的分配,因为这样做忽视了需求的权利和一种适当的生活标准。"②所以,国家有必要通过税收和对财产权进行必要的调整以实现分配正义,从而接近事实上的经济平等和经济正义。

其二,是诺齐克的经济正义思想。就在罗尔斯的《正义论》问世三年以后,当代另一著名哲学家、伦理学家诺齐克于1974年发表了其著名的政治伦理学著作《无政府、国家与乌托邦》一书,此书主要针对罗尔斯的"作为公平的正义"理论展开了批判,并阐述了自己的正义理论。也正是在这部著作中,诺齐克提出了其"持有的正义理论",集中表达了自己的经济正义思想。诺齐克的经济正义理论及其展开不同于罗尔斯。诺齐克的整个正义理论是以"权力原则"为核心和基础的,将个人权利的神圣性和绝对性提高到至上的地位,并将这一原则也彻底的贯彻到经济领域中。这也就是说在经济领域中首要的价值原则还是"个人权利"的绝对性,而经济领域中的"个人权利"就是个人对社会经济利益的"持有权利"或"持有资格",经济正义就在于这种"持有权利"或"持有资格"的正义性。这就是诺齐克的"持有正义"原则,它构成了诺齐克经济正义思想的基本理论出发点。由此基本理论前提和原则出发,诺齐克指

---

① [美]罗尔斯:《正义论》,中国社会科学出版社1988年版,第275页。
② [美]罗尔斯:《正义论》,中国社会科学出版社1988年版,第277页。

出，"持有正义"的主题由三个主要论点组成：第一点是持有的最初获得，或对无主物的获取。这一点涉及获取的正义原则，也就是说个人在初始阶段获取财富和经济利益时遵循"合法"的原则，那么这个获取是符合正义原则的，这就是"获取的正义原则"。第二个论点涉及财富或利益从一个人的持有转让到另一个人持有的正义性问题。也就是说，如果个人之间是通过自愿交换和馈赠等方式完成物品、财富和利益的转让，那么这种转让是符合正义的，这就是"转让的正义原则"。但是，并非所有的实际持有状态都符合两个持有的正义原则，即符合获取的正义原则和转让的正义原则，有的人可能通过盗窃、欺骗、暴力等手段占有他人的物品和财富。针对这种状态，诺齐克提出了持有正义的第三个主要论点，即对持有中的不正义之矫正，通过对非正义持有的状态进行矫正，从而实现整体的持有的正义性。这就是诺齐克的持有正义观点的概要内容。对此，诺齐克本人归纳说："（1）一个符合获取的正义原则获得一个持有的人，对那个持有是有权利的。（2）一个符合转让的正义原则，从别的对持有拥有权利的人那里获得一个持有的人，对这个持有是有权利的。（3）除非是通过上述（1）与（2）的（重复）应用，无人对一个持有拥有权利。"[①]诺齐克在这里指出了他的分配正义的整个原则，即如果所有人对分配在其份下的持有都是有权利的，那么这个分配就是公正的，从而实现了经济正义。因此，诺齐克进一步总结说，"持有正义的理论的一般纲要是：如果一个人按获取和转让的正义原则，或者按矫正不正义的原则（这种不正义是由前两个原则确认的）对其持有是有权利的，那么，他的持有就是正义的。如果每个人的持有都是正义的，那么持有的总体（分配）就是正义的"[②]。诺齐克认为，分配正义的权利理论是历史的，分配是否正义依赖于它是如何演变过来的，因此只要符合持有的正义原则，那么任何再分配都是非正义的。诺齐克坚决反对任何一种非历史的模式化的分配形式，在他看来，任何固定的和统一的模式化分配原则都必将导致对个人权利的侵犯。由此出发，诺齐克提出了国家在社会财富和经济利益分配中应扮演"最弱意义的国家"之主张。所谓"最弱意义国

---

① ［美］罗伯特·诺齐克：《无政府、国家与乌托邦》，中国社会科学出版社1991年版，第157页。

② ［美］罗伯特·诺齐克：《无政府、国家与乌托邦》，中国社会科学出版社1991年版，第159页。

家",简单说来就是对个人的事务较少干预的国家,除了对个人权利的保护性功能外再无其他功能的国家,也就是古典自由主义所谓的"守夜人"式的国家。诺齐克认为,国家的存在是以个人的权利为前提根据的,国家的功能在于维护个人神圣不可侵犯的权利,所以,只要个人的财富和利益是通过正义原则所持有的,那么国家是无权对社会财富和经济利益进行再分配的,因为"从一种权利理论的观点来看,再分配的确是一件涉及侵犯人们权利的严重事情。(那种属于矫正不正义原则的再分配是一例外)从别的观点来看,它也是严重的。"①因此,诺齐克反对罗尔斯带有平等倾向的分配正义理论,认为这将损害到个人的权利,因而是违反持有正义的原则。总而言之,诺齐克坚持了彻底的自由主义立场,并将这一立场贯彻到经济领域,主张经济利益分配上的"持有正义"观和"最弱意义的国家"观,坚持了经济领域中个人自由权利的优先性和至上性。

其三,是哈耶克的经济正义思想。与诺齐克一样,哈耶克作为当代新自由主义的代表人物之一,坚持在经济领域中的绝对自由主义立场,高扬"个人自由"的旗帜,主张市场的自由竞争和财富的市场分配,强烈反对国家干预经济。在哈耶克思想体系中,"自由"和"法治"构成了核心观念和基本价值。对于"社会正义"、"经济正义"、"分配正义"的观念,哈耶克持极端反感的否定态度,认为这是一种"幻象",因而是没有意义的。在其晚年的著作《法律、立法与自由》的第二卷中,以"社会正义的幻象"为题专门探讨了社会正义问题,虽然他反对和否定人们对"社会正义"、"经济正义"、"分配正义"的观念,但事实上他还是以自己的立场阐述了其经济正义观。哈耶克的经济正义观可以说是以自由经济理论为基础的,他主张在经济生活中的自由竞争,反对任何形式的干预,一切依照市场的自由竞争,让人们能够自由地按照市场价格进行买卖,任何人在市场中都能够自由生产、出售和购买。哈耶克特别强调指出,财产私有制是保证个人经济自由地最重要的条件。正是基于这种经济自由主义的立场出发,哈耶克认为,在自由的市场经济社会中,只要人们的财富是通过遵守市场秩序而获得的,那么任何个人、团体和国家都不能对经由市场获得的财富提出再分配的要求。所以他所谓的经济正义就是在自发的社会经济秩序

---

① [美]罗伯特·诺齐克:《无政府、国家与乌托邦》,中国社会科学出版社1991年版,第173页。

中,让人们自由地从事经济活动和经济交往,反对任何外界的强力对私人经济生活的干预,强调私有财产的神圣性和个人经济自由的至上性。

以上我们大致简略地考察了西方经济正义观念的演进过程及其呈现出来的形态,从中可以较为清楚地看到,经济正义观念在不同的历史时期、不同的社会阶段显现出不同的形态。但是透过异彩纷呈的思想样式背后,我们仍然可以发现经济正义理论中贯穿的核心价值和思想线索,即经济正义思想是围绕财产的占有方式、财富的分配方式以及与之相关的经济交往方式而展开的,而在这一切的经济正义思想表达之背后,实质上是对合理经济关系的要求和希望,而这在根本上是对人之自由的关照。易言之,人们对经济正义的求索或者说是对经济生活的正义追思,无非是人类对自己生命存在样态和现实经济生活的反思,是人类对自身存在的自由本质的追求在经济生活中的体现,也是为了实现人的自由存在本质,必须在经济生活中贯彻正义的价值原则。显然,经济生活的展开,依赖于人类的生产实践和经济交往,由此必然地关联到生产资料的占有和使用方式、劳动者的劳动、经济交换、财富的分配等一系列问题,其中生产资料的所有制形式深刻地影响到人们的生产、分配、交换和消费,并直接关系到人们的生活状态,也直接关乎人们自由的实现程度。所以,历史上经济正义思想是围绕着财产所有制、经济财富的分配方式,以及与所有制和财富分配必然联系在一起的生产正义、交换正义、分配正义和消费正义等问题而展开的,而这在根本上是对现有经济关系的批判和反思,同时表达了对更好经济关系的诉求。事实上,在中国传统社会中,人们对经济正义思想的诉求,亦是为了获得好的经济生活,求得和谐的经济关系。

二、中国传统经济正义思想探讨①

在中国漫长的传统社会及其文明发展进程中,经济发展始终是其不可或缺的重要方面,而且伴随着经济生产活动的展开,产生了丰富的经济伦理思想。在中国传统社会里,人们对社会经济生活的思考是多角度和多方面的,而从诸如正义等价值层面对经济生活及其交往关系进行理性反思和伦理评价便是其中之一。概括地说,关于中国传统社会的经济活动和经济关系的正义伦

---

① 这部分由我提出写作思路和提纲,在我的同事唐迅老师撰写的书稿基础上修改而成。

理思想集中地体现在"义利观"上,而其中儒家的"重义轻利"之思想最为突出。这种"义利观"强调了经济生活中"义"对于"利"在价值上的优先性和目的性,从而将"利"的正当性和合法性依据奠定在"义"的基础上,从而突出和强调了义对于利的制约性和规范性。尽管在中国传统社会中还有其他一些不同的经济正义思想和经济正当性评价,但它们的影响力相对要小得多。在此,我们不对这些不同的经济正义主张和伦理思想展开分析和比较,而是仅从传统社会对经济活动的正义性评价方面来展开对中国传统经济正义思想的探讨。通常说来,经济活动乃是生产、分配、交换和消费诸环节的有机过程及其统一,在此我们也仅从生产正义、交换正义、分配正义和消费正义等方面来揭示和讨论中国传统经济正义思想。

1. "富民"、"教民"的生产正义思想

所谓生产,一般指在一定的社会生产关系中,人们借助一定的中介征服自然、改造自然来满足自身需要的活动及其过程,它是人类及其社会基础性的存在方式,是人类历史的生发地和发展基础。正因如此,马克思指出:"一切人类生存的第一个前提,也就是一切历史的第一个前提,这个前提是:人们为了能够'创造历史',必须能够生活。但是为了生活,首先就需要吃喝住穿以及其他一些东西。因此第一个历史活动就是生产满足这些需要的资料,即生产物质生活本身。"[①]而生产正义作为对生产活动及其过程的正义性价值评价和伦理审视,实际上包含着对生产的目的、动机、过程和手段等方面的正义性价值追问,由此关涉生产什么、如何生产、为谁生产等至关人的本质的哲学伦理问题。

在中国传统社会,人们对于生产的重要性具有深切的认识。如《左传·文公七年》曾记载晋国郤缺对赵宣子说:"六府三事,谓之九功。水、火、金、木、土、谷,谓之六府,正德、利用、厚生,谓之三事。"这说明人们对生产重要性的充分认识。儒家学派的创始人孔子也不例外。孔子曾经有反对他的弟子从事具体的劳动生产的言论:"樊迟请学稼,子曰:'吾不如老农。'请学为圃。曰:'吾不如老圃。'樊迟出。子曰:'小人哉,樊须也!上好礼,则民莫敢不敬;上好义,则民莫敢不服;上好信,则民莫敢不用情。夫如是,则四方之民襁负其

---

① 《马克思恩格斯文集》第1卷,人民出版社2009年版,第531页。

子而至矣，焉用稼？'"（《论语·子路》）虽然孔子不同意儒者或士学习具体的生产技能或从事具体的体力劳动，甚至骂樊迟为小人，但并不是孔子认为发展生产是不重要的和不正义的。而是他从社会等级观念出发，认为樊迟学稼不符合儒者的身份，从而反对儒者或士从事具体的生产劳作，而不是一般地反对生产劳动及其重要性和正当性。

事实上，儒家思想中具有明显的"先富后教"的思想。《论语》记载："子适卫，冉有仆。子曰：'庶矣哉！'冉有曰：'既庶矣。又何加焉？'曰：'富之。'曰：'既富矣，又何加焉？'曰：'教之。'"（《论语·子路》）。孔子看到卫国人口众多，就希望能让他们先富，之后再教他们。孔子在这里肯定了老百姓发展生产有正当的一面。在孔子看来，老百姓本来就是喜欢"利"的，那么就该因势利导，让他们富有。富了之后，再教他们礼乐。这样不光让老百姓在物质上满足，在精神上也要他们富足。所以，孔子认同发展生产具有正义性的价值。儒家的"亚圣"孟子对这种思想有着更明确的阐述："无恒产而有恒心者，惟士为能。若民，则无恒产，因无恒心。苟无恒心，放辟，邪侈，无不为已。及陷于罪，然后从而刑之，是罔民也。焉有仁人在位，罔民而可为也？是故明君制民之产，必使仰足以事父母，俯足以畜妻子，乐岁终身饱，凶年免于死亡。然后驱而之善，故民之从之也轻。今也制民之产，仰不足以事父母，俯不足以畜妻子，乐岁终身苦，凶年不免于死亡。此惟救死而恐不赡，奚暇治礼义哉？"（《孟子·梁惠王上》）在此，孟子看到对那些不是"士"的"民"来说，"恒产"是"恒心"必不可少的前提。后世儒家对于发展生产的正当性和合理性的认识，主要出于这种考虑。

如此可见，中国传统社会主流认为发展生产是重要和必需的，但发展生产本身并不具有正义的终极价值，因为道德伦理的价值高于发展生产的价值。因此，生产的正义性根据并不在于发展生产，它并不具有自明性和自足性，生产的正义性在于其满足人们的物质生活需要和精神生活之提升，从而为文明、道德的社会生活之展开提供坚实的物质基础和精神支撑。事实上，孔子和孟子等思想家看到了在一个物质极端匮乏的时代和社会，要求普通老百姓像君子一样"安贫乐道"似乎不太可能，因为实际情况是：人们往往会为了生存而不顾一切地将道德和伦理追求抛到一边，从而基本的社会秩序受到严峻地挑战。孟子甚至对那些因生存需要而不得不违法的人抱有一丝同情，并认为这是统治者"罔民"。同样，管子言："仓廪实而知礼节，衣食足而知荣辱。"（《管子·牧民》）孔子虽然不认为人们有了物质基础之后道德水平也会自然而然地提高,但他看到了一定的物质基础乃是老百姓"好礼"的前提。如此可见,教化百姓和文明生活的成就有赖于生产的发展,从而将生产的正当性和价值目的奠定为由"富民"而"教民"。

2. "义以制利"、"诚实无欺"的交换正义思想

商品交换是物与物的交换,而在物与物的交换活动及其过程背后,则体现出人与人的伦理关系形态。而所谓交换正义,正是对商品交换活动中人们的交换行为所进行的正义性评价和伦理规约。其中涉及交换过程中主体的自主意愿性、主体之间的人格平等性以及在交往过程中承担相应的权利和义务,从而倡导通过合理的秩序和道德的交换行为获取彼此的物质财富和利益,提高人们的福利。

从表面上来看,由于中国传统社会的交换关系不发达,从而有人似乎认为中国传统社会中交换正义的思想并不太丰富。如中国长时期存在着"重农抑商"思想,而且中国传统社会的经济生产方式以分散的小农经济为主体,其特点就是分工和交换的不发达,加上盐、铁等必须通过交换得到的商品又受到官府的控制,有限的经济交换还容易被政治权力干涉。但是透过思想家们对有关传统社会经济交往活动和交往关系的诸多论述中,我们仍然可以较为明显地感受到有关中国传统社会中人们对经济交换正当性的正义价值主张和评价标准。这突出地表现在"义以制利"、"诚实无欺"的交换伦理思想中。

在传统的社会中,儒家"重义轻利"、"义以制利"的义利观在交换的经济伦理中起着基础性和指导性作用。"义以制利"的经济伦理观要求人们见利思义,取予有度,生财有道,从而在交换活动中通过合"义"的方式和行为获取财富。孔子的学生子贡就是大商人,据《史记·货殖列传》记载:子贡"废著鬻财于曹鲁之间。七十子之徒,赐最为饶益。……结驷联骑,束帛之币,以聘享诸侯。所至国君无不分庭与之抗礼。"然而,孔子并没有因此而否定子贡,在称赞颜渊的时候也说"赐,不受命而货殖焉,亿则屡中。"(《论语·先进》)而在《孟子·滕文公上》则记载了许由的学生陈相对交换正义的言说:"从许子之道,则市贾不贰,国中无伪。虽使五尺之童适市,莫之或欺。布帛长短同,则贾相若;麻缕丝絮轻重同,则贾相若;五谷多寡同,则贾相若;屦大小同,则贾相若。"对于陈相提到的市场交易中"无伪"的看法,孟子并没有反对,但他对一定要大屦小屦同价才算"不伪"的看法进行了反驳:"夫物之不齐,物之情也;

或相倍蓰，或相什伯，或相千万。子比而同之，是乱天下也。巨屦小屦同贾，人岂为之哉？从许子之道，相率而为伪者也，恶能治国家?"从孟子的言论中可以看出，孟子认为商品的数量、品质确实存在差异，好的商品价格高，利润多，会促使从业者提高品质。可见，孟子对交换得到的利润并不排斥。传统经济伦理认为凡遵循经济规律，善于预测市场供求关系，审时度势而发财致富的，都是符合交换正义的。于是，后世商人有的把"端木生涯，陶朱事业"作为值得自己追求的目标，反映了中国传统经济伦理的道德评价和价值取向。中国古代的商人包括明清以来的徽商、晋商等商帮，都把诚实信义作为自己的经营指导思想，如徽商中不少人以儒商自诩，在经营中按照儒家的伦理道德行事，并认为"职虽为利，非义不可取也"，并把那些唯利是图、见利忘义的人斥之为"徽狗"，看做是徽商中的败类。

交换正义的另一面是在商品交换过程中反对唯利是图，见利忘义，欺诈奸狡，损人利己。"义以制利"的经商原则受到了人们的推崇，并为历代商人身体力行，从而形成优良的商业文化传统。《史记·孔子世家》记载孔子"与闻国政三月，粥羔豚者弗饰价"，就是讲鲁国的市场经过孔子的整顿，价格公平了，讲究商业道德了。《荀子》中说过"非诚贾不得食于贾"（《荀子·乘马》）。中国传统的道德，特别是长期形成的商业道德，对规范市场有着重要作用，如"言不二价，童叟无欺"，"称平斗满尺码足"已成为深入人心的商业道德，其中最重要的就是对交换中的"诚"、"信"的推崇。晋商把诚信当做重要的规范，认为"生意无诀窍，信誉第一条"、"宁叫陪折腰，不让客吃亏"。宋代理学家周敦颐认为"诚"是"五常之本，百行之源也"（《通书·诚下》）。然而，要达到"诚"的境界，关键是"无欲"。这就使周敦颐所说的"诚"变成了一种单纯的道德品质，是个人内在的修养和境界的提升。这与现代市场经济中的交换正义之诚信有区别，因为现代市场经济中的交换正义不仅是要求个人有诚信这种品质，而且也是与市场经济的契约观念相联系，而这是我们传统社会中的商人和道德家所没有认识到的。

然而，我们也要看到，这些商人讲诚信，主要还是认为遵守信誉可以赚取更多更长远的利益，如徽商鲍直润说得很直白："利者人所同欲，必使彼无所图，虽招之将不来矣，缓急无所恃，所失滋多，非善贾之道也。"①我们甚至可以

① 参见张海鹏、王廷元主编：《徽商研究》，安徽人民出版社1995年版，第424页。

认为,在传统交换正义中流行的诸如"买卖公平"、"货真价实"、"童叟无欺"等口号远远没有达到理性的自觉。

3. "礼以定分"、"贫富均平"的分配正义思想

通常来说,分配并不仅仅局限于在一定社会的成员与群体间进行物质财富和物资的分配,还包括权利和义务的分配、权力和责任的分配等,但财富和物资等经济生活领域中的分配是社会分配的主要方面。在一定社会中,人们通过社会分工和交换创造出各种各样的社会财富,那么,这些社会财富该怎样分配,就是社会中的重要问题。因为人们关注自己得到财富的绝对数量,同时也关注自己在整个社会财富分配中的位置、是否公平。而这种关注直接影响其对这个社会的评价和认同。所以,分配正义不仅关涉每个人能得到多少财富和物资,也涉及整个社会的繁荣与稳定。

我国传统社会有着看起来截然不同的两种分配正义观点:等级分配与平均主义,也就是"礼以定分"和"贫富均平"的分配正义观。"礼以定分"是社会纵向结构的正义分配方式,而"贫富均平"是社会横向结构的正义分配方式。这两种不同分配方式,体现了中国传统社会经济结构的特点。

传统社会经济伦理中的分配观在统治阶级那里实际上是一种以等级制度为基础的均衡分配观。首先产品分配必须与等级、礼制、名义相符合,不可逾越等级制度所规定的原则和范围。中国传统社会等级观念非常强烈,尽管等级划分的标准会有变化,但等级之间的差距却一直存在。为了区分社会各等级,往往采用"礼"、"名"的规定。孔子一再强调政治上的等级统治和经济上的等级占有。孔子的这种等级分配观是与西周以来的等级分配方式相联系的。《国语·晋语》有言:"公食贡,大夫食邑,士食田。庶人食力,工商食官,皂隶食职,官宰有加。"荀子说过,"制礼义以分之,使有贫富贵贱之等"(《荀子·王制》)。既然有了"贫富贵贱",正义的分配就按照等级来进行。

传统社会采取了阶梯式的财富分配方式,其中高等级(官僚、贵族)拥有特权,而"君子谋道不谋食,耕地馁在其中矣,学也禄在其中矣,君子忧道不忧食","万般皆下品,唯有读书高",读书出仕做官成为古代士人牟取利益的基本价值取向。土地和俸禄按职级分配的政策实施又强化以官谋利的优越感。这就事实上肯定了以地位和身份分配财富的正当性和合理性。在孔子所谓的"君子喻于义,小人喻于利"中已包含有社会分工决定分配的思想;孟子则说

得更明确:"故曰,或劳心,或劳力,劳心者治人,劳力者治于人;治于人者食人,治人者食于人;此天下之通义也"(《孟子·滕文公上》)。而他所谓的"无君子莫治野人,无野人莫养君子",则揭示了农民被奴役、被剥削的社会地位。

另一方面,传统经济伦理从"民本"思想出发,从经济生活的终极目标出发,主张在维持等级差别的前提下,保证全社会人口各得其所,安居乐业。因而,形成了平均主义的财富分配观,然而必须指出的是,这种"均等"的分配观对整个社会而言,主要指在下层等级中的平均。

中国传统社会平均主义的分配方式,其思想渊源通常归之于儒家的所谓"大同"理想。"大同"理想见于《礼记·礼运篇》:"大道之行也,天下为公,选贤与能,讲信修睦。古人不独亲其亲、不独子其子。使老有所终,壮有所用,幼有所长。矜、寡、孤、独、废、疾者,皆有所养,男有分,女有归,货恶其弃于地也,不必藏于己。力恶其不于出身也,不必为己。是故谋闭而不兴,盗窃乱贼而不作,故外户而不闭,是谓大同。"传统社会农民起义也往往以此为口号,如北宋王小波起义时提出"吾疾贫富不均,今为汝均之"的口号;明代李自成起义,以"均田免粮"号召民众;近代太平天国起义,倡导"有田同耕,有饭同食,有衣同穿,有钱同使,无处不均匀,无处不饱暖",无不把平均主义作为组织和发动农民起义的有效手段以及改造社会的基本目标。孔子看到了相对贫困对社会稳定的危害是很大的,因而指出:"闻有国有家者,不患寡而患不均,不患贫而患不安。盖均无贫,和无寡,安无倾。"(《论语·季氏》)但他的"均"并不是要在各阶层中进行财富平均分配,不是要削富济贫,而是为了统治的长治久安,让老百姓不造反(安无倾)而进行平均。为此,孔子要求君王行"仁","仁者爱人",在涉及财富分配时,要考虑到下层百姓的利益和要求,以求得政权的稳固和国家的长治久安。

4. "黜奢节用"的消费正义思想

需要乃人之属性,人通过消费各种商品与劳务,实现自己的生存、享受和发展。虽然消费具有自主性的特点,但是这种自主性的发挥,有赖于社会的各种基础和关系,受到社会的价值取向、发展模式的影响,也受人的自我内在规定性的制约,因此消费也存在是否正义的价值问题。健康、合理、文明的消费,有利于个人的生活质量提高及个性的发展,这是正义消费;反之,庸俗的、不合理的、不文明的消费,有害于人的健康生存,有碍于自我塑造与发展,因而是不正义消费。

人类消费伦理思想的形成和发展有其漫长的历史,其形成和发展与一定社会的经济基础和文化传统具有密切关联。由于中国传统社会很多时候都处在生活资源稀缺的处境,任何浪费物质财富的行为都可能造成恶劣的后果,因此将节俭视为合理的消费方式,并在中国传统社会中一直占据着主流地位。《左传》有言:"俭,德之共也;侈,恶之大也。"孔子也提倡"黜奢崇俭"的消费伦理主张。在儒家看来,人君能否守礼制、节嗜欲和尚节俭,乃直接关系到国家之盛衰存亡。对于一般庶民及士大夫阶层,儒家也同样强调应该用财有制,克俭持家。《说苑·杂言》记有孔子说过的话:"中人之情,有余则侈,不足节俭,无禁则淫,无度则失,纵欲则败。饮食有量、衣服有节、宫室有度、蓄聚有数、车器有限,以防乱之源也",从而告诫人们要节俭从事。在消费观上,荀子继承了孔子关于节俭的一系列主张,他认为:"强本而节用,则天不能贫;……本荒而用侈,则天不能使之富"(《荀子·天论》)。并提出"务本节用财无极"(《荀子·成相》)、"节用裕民"(《荀子·富国》)等主张,"故为之雕琢刻镂,黼黻文章,使足以辩贵贱而已,不求其观;为之钟鼓管磬,琴瑟竽笙,使足以辩吉凶、合欢定和而已,不求其余;为之宫室台榭,使足以避燥湿,养德,辩轻重而已,不求其外"(《荀子·天论》)。老子、庄子是道家的代表人物,在他们看来,不节制人们的消费欲望,是人的贪欲和社会动乱的根源,而为了消除社会的纷争,必须把消费欲望降到最低限度,为此老子主张"去奢",把"俭"定为"三宝"之一,并告诫人们要安于自然赐予的生活:"甘其食,美其服,安其居、乐其俗。"(《老子》第八十章)。

在中国传统社会,视节俭为正义消费方式的思想家中,墨子的"自苦为极"的节俭思想有自己的特色,在《墨子》中用大量的篇幅来讨论"节用"。墨子曰:"圣人为政一国,一国可倍也;大之为政天下,天下可倍也。其倍之,非外取地也,因其国家去其无用之费,足以倍之。圣王为政,其发令、兴事,使民、用财也,无不加用而为者,是故用财不费,民德不劳,其兴利多矣"(《墨子·节用上》)。墨子认为,节用能"兴利","国家去其无用之费"就能使各种有用产品成倍地增长,至于节用的重点则是区分生活必需品和奢侈品。"其为衣裳何以为? 冬以圉寒,夏以圉暑。凡为衣裳之道,冬加温,夏加清者,芊,不加者去之。其为宫室何? 以为冬以圉风寒,夏以圉暑雨,有盗贼加固者,芊,不加者去之。……有去大人之好聚珠玉、鸟兽、犬马,以益衣裳、宫室、甲盾、五兵、舟车之数,於数倍乎!"(《墨子·节用上》)。去掉奢侈品和不必要的劳作,改变"民力尽于无用"(《墨子·七患》)的局面,这就增加了人民生活必需品的生产。墨子否认奢侈品的生产和消费的正当性。墨家的这种消费正义观还被墨者身体力行。《墨子·备梯》中记载:"禽滑厘事子墨子三年,手足胼胝,面目黧黑,役身给事,不敢问欲。"禽滑厘"不敢问欲",是因为要"节用",就应该压抑人们的欲望。孔子说"贤哉,回也! 一箪食,一瓢饮,在陋巷。人不堪其忧,回也不改其乐。贤哉,回也"(《论语·雍也》)。颜回对外在物质享受的无意,让孔子赞叹。

墨家和儒家都强调"节用",但两者在消费正义问题上还是存在一定分歧。儒家虽然讲"节用",但正义的节俭有个大致的前提,那就是"礼"。《论语·先进》记载:"颜渊死,颜路请子之车以为之椁。子曰:'才不才,亦各言其子也。鲤也死,有棺而无椁。吾不徒行以为之椁。以吾从大夫之后,不可徒行也。'"孔子之所以拒绝颜渊父亲的要求,没有卖掉自己的车子给颜渊置椁,主要有两个理由:一是因为自己"从大夫之后",没有车徒行不合于"礼",二是颜渊即使不用椁也符合"礼"。颜家家境并不好,还要置椁,孔子认为不合宜。可见,儒家认可的正义消费首先要符合"礼",在这个前提下可以适度节俭,"礼,与其奢也,宁俭。"(《论语·八佾》)。当然,这种节俭一定要适度,"麻冕,礼也;今也纯,俭。吾从众。拜下,礼也;今拜乎上,泰也。虽违众,吾从下"(《论语·子罕》)。但是孔子觉得晏婴一件狐裘穿30年,祭祖用的猪腿连盘子都放不满,就过度节俭了。儒家重视"礼乐"、"三年之葬",而墨家则针锋相对地提出"非乐"、"节葬"的消费观。墨子在讨论葬礼时说:"故古圣王制为葬埋之法,曰:'棺三寸,足以朽体;衣衾三领,足以覆恶。以及其葬也,下毋及泉,上毋通臭,垄若参耕之亩,则止矣。死则既以葬矣,生者必无久哭,而疾而从事,人为其所能,以交相利也。'此圣王之法也"(《墨子·节葬下》)。墨家认为节俭的正当性在于节俭可以发展生产,而儒家认可节俭的正当性在于首先要符合"礼",在于社会等级的稳定。在中国传统社会中有重大影响的还是儒家的消费伦理观。

另外,中国传统社会中还有人看到了消费可以发展生产、增加就业,并在此基础上建立在传统社会中独特的消费正义观。如《管子·轻重篇》就曾指出,在水旱灾荒之年,百姓不能种田了,官府就修建宫室台榭,招收那些养不起猪狗的贫苦百姓来做工,并认为修建宫室台榭并非为了观赏玩乐,而是一种政策。《管子·侈靡篇》甚至说:为了百姓有工作,"富者靡之,穷者为之",可以"雕卵然后瀹之,雕撩然后爨之"。就是说煮蛋,先在蛋上画上花,再煮了吃;烧木材,先在木材上雕花,然后再烧。富人奢侈,是为了贫苦者有工作。这种主张,北宋范仲淹在救灾中运用过,取得了很好的效果。范仲淹在"吴中大饥"时,并没有按照传统办法节俭度日,而是刺激消费,增加有效需求,让老百姓都有活干,有收入。沈括评论说:这种办法"既已恤饥,因之以成就民利"(沈括:《梦溪笔谈》第十一卷)。这种消费观具有以消费促生产的思想,为消费的正义性问题提供了一种新的评价尺度。

总的来说,中国传统社会是一个以伦理为中心的社会。存在着不同的经济正义思想,但还是以儒家的"重义轻利"为主流。在传统社会,人们心目中的理想社会还是生产适度发展,老百姓安居乐业,而社会风气良好、道德水平较高的生活图景,这构成了传统社会经济正义思想的价值指向。

三、马克思的经济正义思想透视

19世纪中叶,资本主义这个高度物质主义的、竞争的和工业化的世界,除了其"文明的一面",同时导致了诸多重大的社会、经济和政治问题,制造出极大的社会不均和混乱,这成为马克思现身历史舞台的存在背景。马克思的经济正义思想正是对其生活于其中的资本主义社会的经济状况的批判和思考中形成和确立的。

1. 马克思经济正义思想的切入点
现实的物质经济利益关系是马克思经济正义思想的切入点。正如大地是孕育人类的母亲,每个人都从她那里汲取自己生存和成长的营养,马克思主义的创始人在形成和发展自己的经济正义思想过程中,历史地受到他所生存于其中的时代的经济现实的影响。虽然马克思的经济正义思想的形成有其思想的继承和理论的渊源,如马克思的经济正义思想就曾深受欧洲近代启蒙思想家的社会经济正义观和黑格尔的普遍理性的正义观的影响,使得青年马克思对经济正义问题的看法具有明显的抽象人道主义和黑格尔理性主义的印记,但是当马克思面对现实的物质经济利益与所谓的普遍理性正义概念发生极大的冲突和背离之时,他的思想的触须深入到顽强的经济生活中,并在对现实物质经济关系做了深刻的解剖和科学分析基础上,科学地揭示了经济生活中的正义问题,并逐渐形成了自己的经济正义思想。

马克思的经济正义思想起源于对现实物质经济利益的关注,利益在马克思的经济正义思想中具有基础性的位置。利益是唯物史观的一个重要范畴,我们通常所说的利益主要是指物质利益,但利益并不是单纯的实体性存在,而是反映一定的社会关系,特别是经济关系,因为"每一既定社会的经济关系首先表现为利益"①。在阶级社会中,物质利益往往集中表现为阶级的经济利益,阶级斗争首先是为了经济利益而进行的斗争;意识形态的斗争和道德领域的冲突,就其根本而言也是物质经济利益冲突的表现和反映。故而,利益是人的生存活动的一个重要内容,也是理解人的属性的一个奥秘。马克思认为,人们的利益往往与人的需要有关,"把他们连接起来的唯一纽带是自然的必然性,是需要和私人利益,是对他们的财产和他们的利己的人身的保护"②。所以我们可以将利益描述为通过社会关系体现出来的满足人的需要的各种对象条件。如此可见,利益无非是人的需要之现实的具体的体现。人之所以要追求利益,乃是因为人有需要,因为他们的需要即他们的本性。需要是人为了维持自身的延续和发展而产生的对外界事物的各种要求,人一旦被剥夺了需要,意味着生存和发展的丧失和不可能,因此历史上许多关于人权的思想和理论将生命权、自由权、财产权规定为人与生俱来的不可剥夺的神圣权利而加以坚决捍卫。马克思正是在对人的利益及其需要本性的历史唯物主义考察之基础上,将思想的力量渗透到现实的社会经济关系中,形成了高扬人的尊严和崇高价值,并在现实历史的基地上诉求人的自由之实现的经济正义思想。

严格说来,马克思的经济正义思想的形成初始可以追溯到《莱茵报》时期。在1842—1843年间,马克思作为《莱茵报》的主编,第一次遇到要对所谓物质利益发表意见的难事,这些"难事"大致说来指的是莱茵省议会关于林木盗窃法和地产分析的讨论、官方同《莱茵报》就摩塞尔农民状况展开的论战以及关于自由贸易和保护关税的辩论。马克思在《关于林木盗窃法的辩论》中,公开站在受苦群众的立场,旗帜鲜明地捍卫贫民的经济利益,猛烈抨击普鲁士国家和法律的非正义性,认为国家有悖于国家的本质,不符合国家的概念。他

① 《马克思恩格斯文集》第3卷,人民出版社2009年版,第320页。
② 《马克思恩格斯文集》第1卷,人民出版社2009年版,第42页。

尖锐地指出,国家权威变成林木占有者的奴仆,整个国家制度和各种行政机构都脱离常规,沦落为林木占有者的工具。而在《摩塞尔记者的辩护》中,马克思力图维护摩塞尔河沿岸地区葡萄农的经济利益,他针对普鲁士当局极力掩盖造成贫困的社会原因、掩盖官僚制度的罪恶行为,给予严厉的驳斥,明确指出:"不能认为摩泽尔河沿岸地区的贫困状况和国家管理机构无关,正如不能认为摩泽尔河沿岸地区位于国境之外一样。"①因为农民的贫困状况反映了政府治理的贫困性,农民贫困的根本原因在于现存关系的制度性质。在这里马克思看到了人的活动、国家制度背后的客观的不以人的意志为转移的经济利益关系,看到了经济利益对国家和法的制约性。马克思在其政论中,确实涉及了物质经济利益问题,并力图捍卫贫苦群众的利益,并主要借助于习惯法、理性的原则来指证普鲁士国家在经济生活中的非正义性,因此对于这些"难题"还不能以恰当的方式加以说明和解决,也就是说他当时还不能从经济的、社会的角度去解决经济和社会问题。所以这个时候马克思的经济正义思想还是一种基于抽象的理性原则而对经济生活的正义与否的评判和批判。但是,物质经济利益问题本质重要地出现在马克思的面前,并推动着他进一步的思考。正如马克思在 1859 年的《〈政治经济学批判〉序言》一书中所言:莱茵省议会关于林木盗窃和地产分析的讨论,就摩泽尔农民状况同官方展开的论战,有关自由贸易和保护关税的辩论,这些是促使我去研究经济问题的最初动因。②在后来的日子里,马克思和恩格斯一同通过对市民社会的科学即政治经济学的批判,深入到市民社会的物质经济利益关系,深刻分析了资本主义的社会经济关系和生产方式,揭露了隐藏在资本主义社会经济关系背后资本家对工阶级的剥削性、残酷性和非义性,以及在资本主义经济关系中人的全面异化状态和非人的现实生活,并从唯物史观的视野揭示了人类社会历史发展的客观趋势,探索了克服资本主义社会非人的经济方式,在此基础上形成了自己在经济正义问题上的立场和观点。

2. 马克思经济正义思想形成的重要环节

对资本主义的现实经济关系及其抽象正义理论的批判是马克思经济正义

---

① 《马克思恩格斯全集》第 1 卷,人民出版社 1995 年版,第 364 页。
② 参见《马克思恩格斯选集》第 2 卷,人民出版社 1995 年版,第 31 页。

思想形成的重要环节。正如马克思主义理论是通过对资产阶级意识形态的理论批判和对资本主义社会经济关系的现实批判而建立一样,马克思的经济正义思想也是建立在对资产阶级经济学家的抽象经济正义观的批判和对资本主义现实的经济关系所进行的深入分析之基础上,其根源深藏在19世纪中叶资本主义的经济事实和阶级对立的社会事实之中。资产阶级经济学家是资本主义社会中占统治地位的资本家阶级在经济利益方面的代言人,因为他们都是"附着在资产阶级的皮上"①。应该说,在资产阶级革命初期,这些经济学家及其经济理论是代表社会发展的先进方向,具有历史的进步意义和批判的向度。他们站在资产阶级的立场,批判封建等级制度的不合理性,揭示封建社会的历史暂时性以及灭亡的命运,并论证了资本主义经济较封建经济的先进性、合理性,从而为资产阶级推翻封建君主专制,为资本主义生产方式的最终确立作出了历史性的贡献,所以马克思曾经称古典政治经济学是"批判的政治经济学",称古典经济学家是批判的经济学家。但是,一旦资产阶级确立自己的统治地位以后,逐渐由进步的、革命的阶级变为保守的、反动的阶级,"这时资产阶级从自己的立场出发,力求'在经济学上'证明它从前批判过的东西是合理的"②。于是,资产阶级经济学家及其理论就站在保守和反动的立场,成为资本主义社会的辩护士,他们以非历史的观点把资本主义生产方式看做符合人性的、自然的生产方式,以形而上学的方式美化资本主义社会具有"永恒正义"和"天然合理"的性质,从而声称资本主义的经济关系是合乎理性的,具有天然的正义性质,为资本主义的剥削制度和资产阶级的利益进行赤裸裸的辩护。

马克思针对上述资产阶级经济学家的理论谬误,以唯物史观的科学视野和无产阶级的革命立场,采取从抽象上升到具体、逻辑和历史相统一的方法,将资本主义社会置于整个人类社会的发展历史中加以考察,深入分析了资本主义社会所特有的生产方式、经济关系,并通过对资本主义社会的经济细胞商品的具体分析,建立了自己的劳动价值论,进一步创建了剩余价值学说,从而深刻揭示商品生产和商品交换的背后存在的人与人之间的现实经济关系。所以恩格斯指出:"经济学研究的不是物,而是人和人之间的关系,归根到底是

---

① 《马克思恩格斯文集》第5卷,人民出版社2009年版,第622页。
② 《马克思恩格斯文集》第8卷,人民出版社2009年版,第241页。

阶级和阶级之间的关系;可是这些关系总是同物结合着,并且作为物出现;诚然,这个或那个经济学家在个别场合也曾觉察到这种联系,而马克思第一次揭示出这种联系对于整个经济学的意义。"①马克思正是通过唯物辩证的方法,对资本主义生产方式和经济关系给予了科学的揭示,当资产阶级经济学家把资本主义生产方式理解为唯一可能的社会生产方式的地方,马克思却对资本主义生产方式做了存在的必然性的理解中包含了对之否定的理解,即对资本主义制度必然灭亡的理解;当资产阶级经济学家以形而上学的方式将资本主义经济关系视为合乎理性的、因而是永恒正义的地方,马克思却对之给予了历史的、辩证的理解,即认为伴随着资本主义经济关系形成的巨大生产力的同时造成了绝大多数人的极端贫困,而"把人类的最大部分归结为抽象劳动,这在人类发展中具有什么意义?"②但是资产阶级经济学家或由于缺少科学的研究方法而无能把握资本主义的现实经济关系,或由于狭隘的阶级立场故意粉饰资本家残酷剥削工人的现实。所以马克思指出:"只要政治经济学是资产阶级的政治经济学,就是说,只要它把资本主义制度不是看做历史上过渡的发展阶段,而是看做社会生产的绝对的最后的形式,那就只是在阶级斗争处于潜伏状态或只是在个别的现象上表现出来的时候,它还能够是科学。"③

马克思不仅对资本主义的生产方式采取历时性的分析,指出其历史的暂时性和灭亡的客观趋势,而且深入到其现实的活动层面对之加以横向结构的解剖,将资本主义经济活动的各种要素和各个环节联系起来加以考察,深刻地揭露了资本家对工人阶级的残酷剥削之现实,驳斥了资产阶级经济学家所谓的资本主义经济的"天然合理"和"永恒正义"的谬论。例如,当资产阶级经济学家仅限于商品交换的视阈考察劳动力的买卖,认为工人和资本家之间是自由平等的买卖劳动力,因而他们之间的交换是公平的,并得出资本家榨取工人剩余价值是正义的时候,马克思则把生产关系和生产活动的各个环节联系起来加以审视,认为工人的自由仅仅在于把自己的劳动力当做商品来出卖的自由。为什么非要出卖自己的劳动力呢? 那是因为工人自由得一无所有,没有任何别的商品可以出卖来获得劳动力所必需的东西。事实上,工人没有任何

---

① 《马克思恩格斯文集》第 2 卷,人民出版社 2009 年版,第 604 页。
② 《马克思恩格斯文集》第 1 卷,人民出版社 2009 年版,第 124 页。
③ 《马克思恩格斯文集》第 5 卷,人民出版社 2009 年版,第 16 页。

生产资料,无法正常从事生产劳动以满足自己的生活需要,不得不受资本家的剥夺。① 对于所谓的劳动力买卖自由平等的问题,马克思客观地指出:"劳动力的买和卖是在流通领域或商品交换领域的界限以内进行的,这个领域确实是天赋人权的真正伊甸园。那里占统治地位的只是自由、平等、所有权和边沁。"②但是一离开这个简单流通领域或商品交换领域,资本家和工人的地位就发生了巨大的变化,资本家笑容满面地昂首前行,工人则战战兢兢的尾随于后。而在以后具体的劳动过程中,工人在资本家的监督下劳动,他的劳动属于资本家,工人生产出来的劳动产品也是资本家的所有物,而不属于工人所有,其结果就是工人生产的财富越多,他的产品的力量和数量就越大,而他则越贫穷,他所创造的商品越多,他就越变成廉价的商品。所以对工人来说,自己的劳动乃是对自己生命的否定,他在劳动中不是确证自己的生命之本质力量,"而是使自己的肉体受折磨、精神遭摧残","在这里,活动是受动;力量是无力;生殖是去势"。③ 对于资本主义的这种非人的异化经济现实,马克思给予了激烈的批判,并提出了以扬弃私有制为基础的共产主义方案去克服资本主义异化经济的灾难,为经济正义的现实化运动提供了科学的论证和努力的方向。可见,马克思正是在对资产阶级经济学家"经济正义"的意识形态批判中,在对资本主义异化经济的深刻分析中,阐明了自己的经济正义观,并指明了经济正义得以现实化的原则和方向。

3. 马克思经济正义思想的核心

扬弃资本主义的经济关系和经济方式是马克思经济正义思想的核心。正如正义是协调社会生活中人与人之间利益的关系范畴和价值原则,经济正义诉求的正是经济生活中人们之间在经济利益方面的自由、平等、秩序的价值理念和现实原则。但是在资本主义社会的经济关系中,工人深受资本家的剥削和压迫,工人和资本家之间根本没有平等可言;在资本家方面是财富的集聚,在工人阶级方面则是贫困、劳动折磨、受奴役、无知、粗野和道德堕落的积累,所以资本主义经济对于工人阶级而言即是非正义的,工人阶级要获得经济生

---

① 参见《马克思恩格斯文集》第5卷,人民出版社2009年版,第197页。
② 参见《马克思恩格斯文集》第5卷,人民出版社2009年版,第204页。
③ 参见《马克思恩格斯文集》第1卷,人民出版社2009年版,第159—160页。

活中的自由、平等,就必须推翻资本主义的经济生产方式以及消灭工人与资本家之间的雇佣劳动关系。马克思的鸿篇巨著《资本论》正是对资本主义生产关系和经济方式深刻剖析的结晶,正如他所说的,"我要在本书研究的,是资本主义生产方式以及和它相适应的生产关系和交换关系"①。资本主义的生产方式是建立在资本主义私有制基础上的,它之所以能够成为现实,是因为资本家能在市场上买到一种为自己带来资本增值的特殊商品即劳动力,而劳动力之所以成为商品,是因为社会上形成了一个被剥夺一切生产资料的工人阶级,所以事情的真相是,"劳动产品和劳动本身的分离,客观劳动条件和主观劳动力的分离,是资本主义生产过程事实上的基础或起点"②。但是,资本主义生产方式是以商品生产和追求资本增值为唯一目的,因而资本家对工人采取残酷的手段剥夺工人剩余价值的同时,资本家也成为资本的奴隶。之所以如是说,乃因为资本家就其实质而言只是人格化的资本,他的灵魂就是资本的灵魂。而资本的唯一本能就是增殖自身,获取剩余价值。显然,作为人格化资本的资本家的属性也就是资本的奴隶,所以就资本家方面来说,他也是受束缚的。在资本主义社会,"资本及其自行增殖,表现为生产的起点和终点,表现为生产的动机和目的;生产只是为资本而生产,而不是反过来生产资料只是生产者社会的生活过程不断扩大的手段。以广大生产者群众的被剥夺和贫穷化为基础的资本价值的保存和增殖,只能在一定的限制以内运动,这些限制不断与资本为它自身的目的而必须使用的并旨在无限制地增加生产,为生产而生产,无条件地发展劳动社会生产力的生产方法相矛盾。手段——社会生产力的无条件的发展——不断地和现有资本的增殖这个有限的目的发生冲突。因此,如果说资本主义生产方式是发展物质生产力并且创造同这种生产力相适应的世界市场的历史手段,那么,这种生产方式同时也是它的这个历史任务和同它相适应的社会生产关系之间的经常的矛盾"③。所以,资本主义生产的真正限制是资本自身,其根基在于资本主义的私有制。私有制和资本原则构成了资本主义经济关系束缚人的锁链,无法消融自己制造出来的坚硬矛盾,从而成为自身的否定力量。

---

① 《马克思恩格斯文集》第 5 卷,人民出版社 2009 年版,第 8 页。
② 《马克思恩格斯文集》第 5 卷,人民出版社 2009 年版,第 658 页。
③ 《马克思恩格斯文集》第 7 卷,人民出版社 2009 年版,第 278 页。

"问题和解决问题的手段同时产生"①。由于资本主义生产方式及其以私有制为基础的经济关系所具有的特殊性,使得资本主义社会制度及其经济关系最终要趋于灭亡,为新的社会制度和社会经济关系所代替。对此,马克思在《资本论》中做了科学而深刻的分析:一方面,随着资本的集中和垄断规模的扩大,资本主义的生产发展为大规模的社会化生产,这必然地要求生产资料社会化,但事实上资本主义生产又是建立在私有制基础上。这个矛盾是资本主义生产方式自身无力克服的。另一方面,随着资本的加速集中和资本国际化程度的提高,资本主义制度日益具有国际的性质,这意味着世界范围内的贫困、压迫、奴役和剥削的程度不断加深,而与资本主义生产方式一起成长起来的工人阶级的反抗也在增长。这说明生产资料的集中和劳动的社会化,达到了同它们的资本主义外壳不能相容的地步,历史必将扬弃资本主义生产发方式及其经济关系。正如马克思在《资本论》中所分析的那样:"从资本主义生产方式产生的资本主义占有方式,从而资本主义的私有制,是对个人的、以自己劳动为基础的私有制的第一个否定。但资本主义生产由于自然过程的必然性,造成了对自身的否定。这是否定的否定。"②但是,历史不是一列自我运行的火车,社会也不是一部机械运转的机器;相反,人类社会的历史乃是一个"自然历史的过程",其中有客观的力量,也有主体的能动作用,是主客体力量的互动过程。马克思主义创始人在科学揭示资本主义经济运动规律的同时,认为要扬弃资本主义的生产方式及其经济关系,必须依靠工人无产阶级的阶级意识,推翻资产阶级的统治及其私有制基础。所以在马克思主义创始人看来,既要探索资本主义经济运动规律并加以尊重,以"缩短和减轻分娩的痛苦",又要唤起无产阶级的阶级意识,领导工人阶级起来和资本主义现实进行坚决的斗争,扬弃资本主义生产方式和经济关系。这种扬弃是彻底的,它超出了资本主义的经济关系,其原则高度是经济正义的现实化,"这种否定不是重新建立私有制,而是在资本主义时代的成就的基础上,也就是说,在协作和对土地及靠劳动本身生产的生产资料的共同占有的基础上,重新建立个人所有制"③。

————————

① 《马克思恩格斯文集》第5卷,人民出版社2009年版,第107页。
② 《马克思恩格斯文集》第5卷,人民出版社2009年版,第874页。
③ 《马克思恩格斯文集》第5卷,人民出版社2009年版,第874页。

4. 马克思经济正义思想的旨趣

诉求人的自由全面发展是马克思经济正义思想的旨趣。在历史上曾经出现过许多抽象的经济正义观念，它们或者将经济正义求助于神来担保，或者将经济正义诉诸"无人身的理性"，或者以自然法作为评判经济正义与否的尺度。与此相反，马克思的经济正义思想却根植于现实经济运动背后的人与人之间深刻的经济关系，并将经济活动这种人所特有的存在方式与人的自由之存在本质结合起来加以审视，使得其经济正义思想具有超越历史上各种抽象经济正义观的深刻性、现实性和人文终极关怀的价值维度。人是一种特殊的存在物，这种特殊性在于人是具有自我意识的存在物。人的有意识的活动使得自然界和自己的生命活动本身变成自己的意志和意识对象，仅仅由于这一点，人的活动才是自由的活动，因此从某种程度来说，追求自由是人的一种"天命"。自由固然是人的一种本质需要，但人并不天生就是自由的，他要经受无数的自然束缚和社会压迫。人正是在与自然束缚、社会压迫不断斗争的生命活动中获得自由，确证人的本质力量和无限丰富性。自由是一种人的没有束缚和剥削的存在状态，其价值在于反映了人的尊严和价值，确证了人的自觉存在的本质力量，它特别地标示着人类自身的进步和社会的全面发展。然而，在资本主义社会，工人阶级是没有自由和尊严可言的，即使有所谓的自由，那也只是资本家压榨劳动者的自由，因为工人无产者在法律上和事实上都是资产阶级的奴隶，资产阶级掌握着他们的生死大权，他们除了接受资产阶级向他们提出的条件或者饿死、冻死、赤身裸体地到森林中的野兽哪里去找一个藏身之所，就再没有任何选择的余地了。[①] 工人无产者之所以落入如此悲惨境地，乃是由于资本主义私有制及其生产方式所致，与资本主义的社会经济关系紧密相关。资本主义的生产资料私有制以及资本原则主导的生产方式，导致了资本主义经济的深刻危机，造成了人的异化生存状态，严重地束缚了人的自由存在本性。马克思正是基于资本主义经济的异化现实，坚决地批判了资本主义经济关系对人的自由和尊严的敌视，提出了以人的自由全面发展为旨归的经济正义思想，将经济这种人所特有的生命活动置于自由价值的关照和牵引，把经济活动和人的本质力量的展现统一起来，使经济带有感性的"属人"光辉，从而不再远离人和统治人。

---

① 参见《马克思恩格斯全集》第 2 卷，人民出版社 1957 年版，第 360 页。

在马克思看来,要彻底实现经济正义,获得人的自由全面发展,就必须消灭人的自我异化的生存样态,而这一切都有赖于必须全面占有历史上人类所创造的全部社会生产力和丰富的社会财富才有可能,因为"事实上,自由王国只是在由必要性和外在目的规定要做的劳动终止的地方才开始;因而按照事物的本性来说,它存在于真正物质生产领域的彼岸。像野蛮人为了满足自己的需要,为了维持和再生产自己的生命,必须与自然搏斗一样,文明人也必须这样做;……在这个必然王国的彼岸,作为目的本身的人类能力的发挥,真正的自由王国,就开始了"①。在经济正义全面得以现实化的自由王国里即在共产主义社会里,经济活动的原则和指向不再是资本的逻辑和物质财富的积累,而是以人的能力的全面自由发展为其目的,这时社会的每一个成员都能自由地发展和发挥自己的全部才能和力量,并且不会因此而危及这个社会的基本条件。正如马克思和恩格斯在《德意志意识形态》中所指出的那样,"在共产主义社会里,任何人都没有特殊的活动范围,而是都可以在任何部门内发展,社会调节着整个生产,因而使我有可能随自己的兴趣今天干这事,明天干那事,上午打猎,下午捕鱼,傍晚从事畜牧,晚饭后从事批判,这样就不会使我老是一个猎人、渔夫、牧人或批判者"②。这就是说,在彻底扬弃了资本主义的私有制和资本经济以后,社会以全面的方式占有了生产资料,个体的生存斗争已经停止,人以自己的生产劳动和经济活动来确证人的自由存在本质,而这种自由自觉之存在状态,标志着人们彻底摆脱了来自自然界和社会自身的束缚、奴役和剥削,使得人最终脱离了动物界而进入人的历史和人的生存条件,人们第一次成为自然界和自己的自觉的、真正的主人,"代替那存在着阶级和阶级对立的资产阶级旧社会的,将是这样一个联合体,在那里,每个人的自由发展是一切人的自由发展的条件"③。因此,在共产主义的产品经济社会阶段,经济生产和经济活动摆脱了资本的属性,人的自由发展和全面解放成为经济活动的唯一宗旨,从而经济正义所诉求的自由、平等、和谐的价值原则在现实的经济生活中得以全面实现,达到了人与人、人与社会、人与自然之间的和谐互动和完美统一:"共产主义是对私有财产即人的自我异化的积极的扬弃,因而是

① 《马克思恩格斯文集》第7卷,人民出版社2009年版,第928页。
② 《马克思恩格斯文集》第1卷,人民出版社2009年版,第537页。
③ 《马克思恩格斯文集》第2卷,人民出版社2009年版,第53页。

通过人并且为了人而对人的本质的真正占有;因此,它是人向自身、也就是向
社会的即合乎人性的人的复归,这种复归是完全的复归,是自觉实现并在以往
发展的全部财富的范围内实现的复归。这种共产主义,作为完成了的自然主
义,等于人道主义,而作为完成了的人道主义,等于自然主义,它是人和自然界
之间、人和人之间的矛盾的真正解决,是存在和本质、对象化和自我确证、自由
和必然、个体和类之间的斗争的真正解决。"①到那时,迫使个人奴隶般地服从
分工的情形已经消失,脑力劳动和体力劳动的对立也随之消失;劳动超越了谋
生的手段而成为生活的第一需要;随着个人的全面发展并且社会生产力的极
大提高和集体财富的充分涌流,社会完全超出资产阶级权利的狭隘眼界,从而
在自己的旗帜上写上:各尽所能,按需分配!

　　总而言之,马克思的经济正义思想以唯物史观为指导,以现实历史的经济
运动作为广阔的视阈背景,对资本主义生产方式和经济关系做了深刻的分析,
并对资本主义的经济异化现实和资产阶级抽象经济正义观进行了科学的批
判,在此基础上形成了自己的以经济利益关系为视点,以扬弃资本主义生产方
式和经济关系为中介,以人的自由全面发展和人类的全面解放为旨归的经济
正义思想。无疑,马克思的经济正义思想,对于由资本逻辑所主导的当代经济
方式和当代人的生存方式,提供了一个具有原则高度的反思尺度,也对我们建
构切合当代情势的经济正义理念和价值原则提供了深刻的思想坐标。

四、经济正义价值理念的当代建构

　　从前面关于西方经济正义观念的历史追寻和对中国传统经济正义思想的
历史探索以及对马克思经济正义思想的分析中,我们可以看到,经济正义作为
对经济生活世界的正义追求,其旨趣在于提升人的存在意义和生命的自由本
质。但是,经济正义思想作为观念形态的社会意识,它的内容是历史的和发展
的,不同时代甚至同一时代的不同国家和不同地区的人们之经济正义观念也
是有所差异的。然而,社会意识是对社会生活的观念反映和思想要求,在同一
时代,由于人们面临共同的时代难题和现实挑战,客观上会生发出共同的时代
意识,并要求建立新的价值坐标来克服存在的危机。这是历史唯物主义的基

---

① 《马克思恩格斯文集》第1卷,人民出版社2009年版,第185页。

本观点。当代世界,由于经济的资本运行方式及其无节制的扩展本性,以及与之相随的狭隘经济观日益禁锢着人们的头脑,并严重地影响到了当代人的生存状况。而且,我们正在建设的是社会主义市场经济,走的是中国特色社会主义道路,根本目的在于满足人民群众日益增长的物质文化生活需要。正因如此,建构切合当代人生存状态的经济正义理念和价值坐标,已刻不容缓。

在当代,建构全新的经济正义理念及其价值原则,首要的是要确立以人为本的经济正义观。以人为本,意味着把人的价值、人的尊严、人的发展、人的自由和人的幸福作为人的根本。确立以人为本的经济正义观,就是要把人的价值和尊严、人的自由和发展、人的丰富和幸福作为经济发展的根本和目的,并确立人的发展和人的自由对经济发展的优先权。以人为本的经济正义观内在地要求超越传统经济发展观以片面追求经济增长为目标的发展模式,因为这种发展观与发展模式漠视了对人的生命及其自由本质的内在关怀,使人的生命存在处于异化的煎熬之中,使得人与自身、人与社会、人与自然之间处于极度的紧张和对峙状态,导致当代人处于存在之虚无和焦虑之中,生活在"无根的世界",远离了生命的意义和存在的真理。建构以人本的经济正义观,就是主张在反思人类畸形的经济方式之基础上,确立以促进人的自由全面发展和社会的全面进步为经济之根本目的的经济价值观和经济发展观,并致力于行动的努力。为此,我们在经济生活中要自觉树立和践履以人为本的当代经济正义价值理念和实践原则。

1. 以自由价值看待经济发展

自由对人而言,乃是崇高而神圣的,之所以如此,是因为它体现了人性固有的本质。马克思曾经指出,自由的有意识的活动乃是人的类特性,历史不过就是人类追求自由这个目的的活动过程罢了。以自由看待经济发展的经济正义理念,就是要超越狭隘的经济观,从人的自由全面发展的视角来看待经济发展。对此,阿马蒂亚·森也给我们提出了建设性的思想,他指出,自由是社会发展的首要目的,也是促进人类发展的重要手段,经济发展就其根本而言,应该是自由的增长,而不是像狭隘的经济观那样,往往把经济的目的仅仅看做是国民生产总值的增长或个人收入的提高。他认为,追求利润、财富、收入固然是人们追求的目标,但它们最终只属于工具性的范畴,是为人的发展、扩展人的自由而服务的,我们的生活质量应该不是根据我们的财富而是根据我们的自由来衡量,所以"经济增长本身不能理所当然地被看做就是目标。发展必须更加关注使我们生活得更充实和拥有更多的自由",因为"扩展我们有理由珍视的那些自由,不仅能使我们的生活更加丰富和不受局限,而且能使我们成为更加社会化的人、实施我们的生活选择、与我们生活在其中的世界交往并影响它。"①经济活动是人所特有的活动方式,也是人确证自己本质力量的一种方式,在经济发展的历史过程中,人们在逐渐扩展自己的自由力量。以自由看待经济发展,强调经济生活中的正义价值是唯物史观的基本内容。马克思在对资本主义社会的深刻描述和所持有的批判态度充分体现了这一点。对于资本主义经济活动和经济发展过程中所蕴涵的对自由的积极和消极因素,马克思都给予了充分的关注:一方面马克思充分肯定了资本主义经济发展给人类带来的自由生机,另一方面又深刻揭露了资本主义的经济生产方式给工人无产者带来的极大奴役,从而要求克服私有制,实现自由人的联合体即共产主义。对此,马克思在《共产党宣言》中指出,由于资本主义经济的发展,开拓了世界市场,使得人们摆脱了束缚于天然首长的形形色色的封建羁绊,把一切民族甚至最野蛮的民族都卷到文明中来了,"资产阶级在它的不到一百年的阶级统治中所创造的生产力,比过去一切世代创造的全部生产力还要多,还要大"②。资本主义市场经济的确立,较之封建生产方式而言,最大的进步之一乃是用自由的劳动契约和不受限制的人身迁移制度,来取代人身依附性劳工和强制性劳工体制,从而获得了相对的自由空间。马克思正是从自由的视角,充分肯定了资本主义经济发展给人类所带来的自由之增长,积极评价了资本主义经济的历史进步性。但是,马克思在高度评价资本主义较之封建社会具有更高自由空间的同时,对资本主义导致的对工人阶级的赤贫和丧失自由的另一面进行了无情的揭露,并要求现实地实现无产阶级和全人类的自由与解放,从而以共产主义的原则高度指明了人类的努力方向。马克思指出,现代资本主义社会并没有消灭阶级对立和社会剥削的存在,压迫者和被压迫者始终处于相互对立的地位。资本主义的社会生产方式导致了一方面财富集中在少数资本家手中,另一方面又生产出大量的工业无产者。私有制使人变得愚蠢

①　参见[印]阿马蒂亚·森:《以自由看待发展》,中国人民大学出版社 2002 年版,第 10 页。

②　《马克思恩格斯文集》第 2 卷,人民出版社 2009 年版,第 36 页。

而片面,远离了人的自由属性和本质。因此,无产者只有消灭自己的现存的占有方式,从而消灭全部现存的占有方式,才能取得社会生产力,并以一种全面的方式,占有自己的全面本质,获得人的全面自由。所以,马克思指出:"共产党人可以把自己的理论概括为一句话:消灭私有制。"①消灭私有制,就是要占有自己的全面本质,就是要实现人的自由本质,从而确立个人对偶然性和关系的统治,以之代替关系和偶然性对个人的统治。因此,马克思对资本主义的赞誉和批判都是基于自由的立场和原则。

其实,正如阿马蒂亚·森正确指出的那样,以扩展自由看待经济发展这种信念完全不是新鲜的,历史上很多思想家对于经济的自由追求属性都给予了非常重视,对于经济活动也具有广阔的视界,亚里士多德、亚当·斯密、马克思等,无不如此,甚至哈耶克也一直强调把经济发展放到关于自由的视界和框架之内,认为经济考虑只是我们用来调和与调整我们的不同目标等因素,这些目标最终说来没有一个是经济的。② 在现代的商品经济条件下,由于经济的资本化,致使人们在市场经济中获得许多自由力量的同时,也出现了诸多对人之自由的束缚和奴役因素,导致了诸如"全球危机"、"价值虚无"等生存的难题。以自由看待经济发展的经济正义理念,就是在对现代经济方式进行哲学思考和理性审视基础上所倡导的全新经济价值理念,超越狭隘的资本经济观,将经济生活纳入到哲学的意义世界中加以审视和判明,从而根本上确立新的经济发展观和发展模式,倡导发展经济的宗旨就是要消除那些限制人们自由的因素,为人类自由的增长和人性的全面完善提供思想关照和智慧洞见,并付之于行动的努力。

2. 以平等价值关切人们的基本经济需求

平等是经济正义的内在尺度,是对经济生活中的平等要求。通常,人们仅仅以所谓的效率作为经济的唯一目的,认为经济的终极追求就是"帕累托最优",只要实现了"帕累托最优"便是正义的。虽然这种看法貌似有一定的道理,但具有明显的狭隘性,还是只具有"经济学"的视界。经济正义不仅关注

---

①　《马克思恩格斯文集》第2卷,人民出版社2009年版,第45页。

②　参见[印]阿马蒂亚·森:《以自由看待发展》,中国人民大学出版社2002年版,第289页。

对效率的追求,同时强调经济生活中的平等,尤其是人们基本经济需求的平等满足。也就是说,一种经济状态只有既达到效率要求又符合平等标准,才能被描述为是经济正义的。这里的关键是怎样的经济生活状态是平等的? 的确,这是一个充满歧见和论争的问题,不存在一目了然没有异议的答案。问题首先来自于"平等是个有争议的概念:赞扬或贬低它的人,对于赞扬或贬低的究竟是什么,意见并不一致。"①所以,要确定经济平等的标准和尺度,或者给予经济平等以定义性的说明或界定,是非常困难的。正如美国学者阿瑟·奥肯所指出的那样,"经济平等这个概念,很难以确定或衡量。即使它存在的话,也不可能被公认为完全的平等;但要公认是不平等却很容易。"②从奥肯的这句话里,我们可以得出,虽然追求完全的平等是不可能的,但在对不平等的公认中求得相对的平等是可能的。

在直接探讨平等概念以前,首先要进行的是对"需要"(Needs)和"欲求"(Wants)的原则区分。"需要"是所有人作为同一"物种"的成员所应有的东西。"欲求"则代表着不同个人因其趣味和癖性而产生的多种喜好。社会的首要义务是满足人类生存的基本经济需求,否则个人便不能成为社会的完全的"公民"。这也就是说,人类的需要可能是没有边际的,但大体可以分为两种,一种是人们在任何情况下都感到必不可缺少的绝对需要,另一种是相对的需要,它追求无限的欲求以满足人的优越感,因而是无止境的。③ 所以,对于经济平等,我们在此选择这样的解释方案:经济正义的平等原则包含两个层次,即基本需求上的绝对平等和超过基本需求上的比例平等。所谓的"基本需求上的绝对平等",是指作为社会上的一个成员,每个人的基本生存需要必须得到保障,在这一点上所有人都在经济上有着种类平等,是不可剥夺的自然权利,因而是绝对的。那种能使生命延续的价值才是价值,经济正义的"基本需求上的绝对平等"原则之所以是重要的和有价值的,在于它关心人的生命延续。对此,笔者赞同现代美国哲学家艾德勒的主张:"像在政治领域内一样,在经济领域里,正义的第一原则是,把根据自然权利属于大家的东西还给

---

① [美]罗纳德·德沃金:《至上的美德:平等的理论与实践》,江苏人民出版社 2003 年版,第 2 页。

② [美]阿瑟·奥肯:《平等与效率》,华夏出版社 1999 年版,第 63 页。

③ 参见[美]丹尼尔·贝尔:《资本主义文化矛盾》,生活·读书·新知三联书店 1989 年版,第 22 页。

他们自己。所有人都有一种自然权利去得到过好日子所需要的经济物资,使他们不因某种程度的经济损失而贫困潦倒。"①在超过基本需求上的经济需要方面,经济正义的平等乃是指"等比例的平等"。所谓的"等比例平等",就是指按同一标准对待同一事物,也即"当一事物在某一认同的方面不比另一事物多,也不比另一事物少时,我们说这两个事物是平等的"②。实际上,等比例平等所表达的平等是,对有平等地位的人平等对待,对地位不平等的人根据它们的不平等给予不平等待遇。所以,经济正义的平等原则包含基本需求上的绝对平等(第一原则)和超越基本需求上的等比例平等(第二原则),并且前者优先于后者。之所以要这样,艾德勒做了这样的说明:作为社会上的每一个人,都是经济上的拥有者,在人的基本的生存需要这条基础线上,所有人都有一种作为人的种类平等,因此满足基本需求的经济上的平等是绝对的,这是经济正义的内在要求。而那些占有超过人类自然所需最低限度财富的人,并不是基于其自然权利而得到这些财富的,而是出于他们生产出更多的财富,是根据不同的贡献进行不同的分配,因而同样是正义的。当出现两个原则之间的冲突时,第二原则应服从于第一原则,通过对第二原则的限制来解决矛盾和冲突,即必须以某种方式满足一切人的最低经济需求,谁也不能根据他的劳动贡献去赢得很多财富,以致在某些方面影响大家的基本线上的经济需要。③

　　事实上,对经济正义的平等原则,著名的政治哲学家罗尔斯也持与上述同样倾向的价值主张,他在《作为公平的正义》中对《正义论》中的两个基本原则做了这样新的表述:(1)每一个人对于一种平等的基本自由之完全适当体制都拥有相同的不可剥夺的权利,而这种体制与适于所有人的同样自由体制是相容的;(2)社会的和经济的不平等应该满足两个条件:第一,它们所从属的公职和职位应该在公平的机会平等条件下对所有人开放;第二,它们应该有利于社会之最不利成员的最大利益(差别原则)。同时,这两个原则是按照先后次序安排的,第一原则优先于第二原则,而第二个原则中,公平的机会平等优先于差别原则。④　总而言之,经济正义的平等原则,表达了对人的基本经济需

① 　[美]艾德勒:《六大观念》,生活·读书·新知三联书店1989年版,第214页。
② 　[美]艾德勒:《六大观念》,生活·读书·新知三联书店1989年版,第188页。
③ 　参见[美]艾德勒:《六大观念》,生活·读书·新知三联书店1989年版,第214—215页。
④ 　参见[美]罗尔斯:《作为公平的正义》,上海三联书店2002年版,第70页。

求的绝对不可剥夺性的价值捍卫,以及对超出基本经济权利方面按贡献分配的价值主张。事实上,福利国家、福利政策和社会保障制度的实施正是基于实现经济正义的平等需求而作出的人类理智努力和实践付出。

3. 以理性秩序规约现实经济活动

秩序是规范人与事物行为准则的总和,它总是与规范联系在一起,良好的秩序需要以良好的行为准则为基础。秩序是人类社会存在发展的基本条件,它作为人类行为方式的一个重要特征,是社会结构不可缺少的要素之一。社会之所以需要秩序,乃是因为人之行为的社会性及其互动关系的客观要求,人们只有在社会秩序协调的基础上,才能展开正常的社会生活。正如一位社会人类学家指出的那样,社会生活显然存有某种秩序、某种一致性和某种恒久性,如果社会生活中不存在秩序,那么任何人都不可能有能力做好自己的事情或满足自己最基本的需求。① 同时,秩序意味着自由,它不仅是自由的前提,而且本身就包含着自由。秩序表达了客观事物的发展规律,体现了事物运动的自然必然性,所以著名学者库利指出,"只有糟糕的社会秩序才是和自由对立的,自由只有通过社会秩序或在社会秩序中才能存在,而且只有当社会秩序得到健康的发展,自由才可能增长"②。对此,弗朗西斯·福山表达了同样的看法,认为人类生性就有为自己创立道德准则和社会秩序以求自由的本能,因为没有规范的"失范"状态令人感到很不舒服。③ 如此可见,追求自由是人类的本性,人类追求正义就是追求自由的一种体现,正义本质上具有秩序的内涵。

经济正义乃是对经济生活的正义追求,旨在通过对经济活动中经济行为的秩序规范,以保障经济生活的有序展开,从而实现经济生活中经济效率和人的自由相统一。之所以着重强调经济活动中的秩序维度,是因为经济活动乃是整个社会生活最坚实的基础和核心,只有对经济生活的秩序规范和准则要求,才能实现社会生活中人们的行动自由;而这些规范和准则通过人们的经济

① 参见[英]哈耶克:《法律、立法与自由》第 1 卷,中国大百科全书出版社 2000 年版,第 54 页。
② [美]查尔斯·霍顿·库利:《人类本性与社会秩序》,华夏出版社 1989 年版,第 278 页。
③ 参见[美]弗朗西斯·福山:《大分裂:人类本性与社会秩序的重建》,中国社会科学出版社 2002 年版,第 176 页。

关系及行为方式,表现为一定性质的经济秩序。这里必须指出的是,经济秩序
不是固定不变的,而是随着社会生产力的发展以及生产关系的改变而发生变
化。简而言之,经济秩序是人们的社会经济活动所遵循的经济准则或行为规
范,它往往通过法律、政治以及道德等表现出来。但是,正如社会市场经济思想
的创始人缪勒·阿尔玛克所说的那样,经济秩序的最终标准不能是权或法、多
数或自由、民主或独裁这类目标,它的目标只能是人道。所以,经济秩序不是由
许多确定不变的经济社会政策和经济目标构成的体系,而是一种以人道为基本
价值依据的社会工程学。只有把超经济价值的人道基础看做经济的本来面目,
才能在经济秩序中获得人性的自由。① 这也就是说,经济秩序的根本价值在于
其所内涵的对人类自由价值的支撑。经济正义的价值理念乃是经济秩序的真
理,离开了经济正义的价值标准,经济秩序将失去了其存在的意义维度,从而远
离了人道的根本。所以,虽然经济秩序在不同的经济形态中具有不同的表现形
式而具有了其相对性,但究其实质,经济秩序的根本旨趣在于通过对经济行为
的秩序规范以及对经济活动的准则要求,从而有效展开经济生活,创造出丰厚
的经济基础,以优化人的生命存在的社会空间,促进人的自由和全面发展。

　　总而言之,人类的经济活动是社会活动最基础和最普遍的组成部分,它广
泛地涉及社会中的每一个人和每个群体的利益,从而形成错综复杂、矛盾交织
的社会利益关系。这客观上要求对经济行为进行秩序的规范,为有序的经济
生活提供正义的价值担保。在现实生活中,经济秩序往往通过社会的政治制
度、法律制度、经济体制、道德舆论来维持和体现。但是,我们所追求的经济秩
序应该是充满正义、符合人性的经济行为规则。如果我们在经济生活中,依靠
强权、特权超越于经济秩序,并强迫人们服从强权,那么这无疑与我们所倡导
的经济正义的秩序要求是不相容的。经济正义的秩序要求表征着经济生活的
有序规范,并指证着这些秩序、规则所应内涵的正义价值,它通过对经济生活
秩序的正义要求,根本地体现了对人的自由本质和人类生命尊严的价值关怀。

4. 以"共生"价值牵引经济生活

　　法国著名思想家托克维尔曾指出,"一个没有共同信仰的社会就根本无

---

　　① 参见毛怡红:《优化人的生命存在》,《国外社会科学》1995 年第 5 期,第 73 页。

法存在"①。这说明人类社会的存在和发展需要健康而又共同的理念和信仰的牵引。共生理念是身处当代的人们必须树立的思想理念和价值原则。

"共生"（Symbiosis）一词最初应用于生物学，是一个生物学的概念，意指不同种的生物共同生活，是与"寄生"相对而言的。据说，1879 年德国植物病理学家安东·豆·培里最初使用了"共生"这一用语，他从非常广泛的意义上使用这一术语，把不同生物一起生活的现象叫做"共生"。在这里，"共生"（Parasitism）这一概念意味着一切异种生物间的关系与结合。② 后来"共生"被应用于对人类社会的分析。"共生"是人类社会不可或缺的理念，之所以如此，乃是人在本性上是社会性的、共同的、群体的存在。这就是说人是完全不能够过离群索居的孤立生活，不能离开人的社会关系而存在。但这里必须明确的是，"共生"不同于"共同"，"共同"意含着当事者共同具有某些价值、规范和目标，而"共生"则是以异质者为讨论前提的，尽管异质者在价值、规范、目标方面有所差异，但正是这些差异构成了社会的相互"共生"。质言之，"共生"主张人类之间、自然之间以及人与自然之间和平共存，形成一种相互依存、和谐相居的良序结构。但是"共生"并非仅仅是简单的共同生存，不是某种具体的生存状态，而是旨在表征一种人类的有价值和有意义的生存理念和存在样态，一种对人类合乎理性的理想的生活面貌的自觉诉求。"共生"的哲学意蕴乃是对人与人、人与社会以及人与自然之间唇齿相依、冷暖与共的关系之理性审视和自觉把握，以承认他者的独立、尊严和价值为前提，从而求得自我与他者间的和谐与良性互动关系。因此，对于"共生"所蕴涵的内在价值和积极意义，日本学者山口定指出："共生"理念的提倡，乃是要求现时代的人对自身生存方式的自觉省心，它要求每一个人尤其是强势群体要有相当的觉悟和自我牺牲精神；"共生"不是强求社会关系导向同质化的方向，而是旨在承认种种异质者的共存基础上，树立全新结合关系的哲学；"共生"不仅是简单地互相依靠，同时必须是以独立保持的紧张关系为内容的；"共生"还要求内含着平等的旨趣，必须受到透明的公开的决策过程的制度保障的支撑。③ 如此可见，共生理念的呼吁，是人类对自身当代处境的某种醒悟和自觉。

---

① ［法］托克维尔：《论美国民主》，商务印书馆 1988 年版，第 524 页。
② 参见［日］尾关周二：《共生的理想》，中央编译出版社 1996 年版，第 134 页。
③ 参见［日］尾关周二：《共生的理想》，中央编译出版社 1996 年版，第 118—119 页。

　　在今天,倡导经济生活中的共生理念,具有深刻的现实根据和重大而深远的意义。之所以如此,一方面源于经济的固有本质,另一方面由于当今的"社会经济化"和"经济目的化"之事实。首先,经济活动是人类所特有的存在方式,它通过人类有目的的生产劳动与自然界进行物质能量和信息的交换,以谋取人类所必需的生活资料,从而实现自己的生存和发展。这也意味着,经济活动是不以一切社会形式为转移的人类生存方式,是人和自然之间的物质变换即人类生活得以实现的永恒的自然必然性。所以,就某种意义而言,经济即是人类历史的发源地,又是社会发展的永恒动力,是人类得以生存和发展的前提和基础。经济的这种固有本质一开始就包含着双重的关系,即为了从事经济活动必须形成人与人之间、人与自然之间的必然联系,由此必然展诸如人与人之间的经济交往、经济分配以及人与自然之间适度的物质能量的交换关系,等等。实际上,经济的本质乃是人与人之间的利益关系,其中便包含着共生的内容。

　　其次,"社会的经济化"以及与之相应的"经济的目的化"使得在今天强调共生理念显得刻不容缓。"社会的经济化"简单说来,表达的是经济生活在整个社会生活中居于中心和支配地位的社会现实。而"经济的目的化"描述的是经济的资本化以及作为手段的经济目的化的现实。正如我们在前面曾经所阐述的那样,在古代,经济活动主要是基于需要目的,反对无限度的牟利。到了近代,以高度分工为基础的市场经济取代了自给自足的自然经济,从此财富成为经济的目的,实现资本增殖构成了经济的唯一旨归,经济便开始脱离人的志趣变得日益与人疏远。因此,马克思指出:"根据古代的观点,人,不管是处在怎样狭隘的民族的、宗教的、政治的规定上,总是表现为生产的目的,在现代世界,生产表现为人的目的,而财富则表现为生产的目的。"①对于经济的资本化和狭隘化所导致的经济异化和"生活世界殖民化",富于历史责任感的许多思想家给予了诸多的揭露和批判。在资本主义生产方式条件下,由于实行以私有制为基础的商品经济,追逐资本利润成为资本主义商品经济的唯一目的,工人遭遇资本家的严重剥夺,导致工人阶级处于贫困的边缘,使整个资本主义社会处于异化的状态。本来经济活动是人为了自己的生存、发展和完善自身的人性而从事的生产劳动,但是在资本主义社会,经济活动完全为资本原则所

---

　　①　《马克思恩格斯文集》第 8 卷,人民出版社 2009 年版,第 137 页。

主导,人成为经济的奴隶和木偶。对此,马克思曾经深刻地发问到:"把人类的最大部分归结为抽象劳动,这在人类发展中具有什么意义?"①而对于现代社会的这种资本世界极度扩张而意义领地日渐萎缩的生活局面,德国著名哲学家哈贝马斯则用"生活世界殖民化"来加以标示,为了克服这种"殖民化"的扩展,他提出了"交往行为理论"。他认为,由于在今天的"晚期资本主义"社会中,"交往行为"领域已完全离开了"以理解为目的"的志趣,而纯粹"以金钱和权力为媒介",所以实现"交往行为"的合理化已变得刻不容缓。故而,人类奋斗的目标不是使"劳动"即"工具行为"、"合理化",而是使"交往行为"、"合理化",因为"交往行为"的"合理化"意味着人的解放、个体化、不受控制的交往的扩大。②而法兰克福学派的名将马尔库塞则用"单面社会"、"单面人"来指称现代资本主义社会,以此来指证现代社会对人的控制和奴役的性质。无须多说,现代社会的"经济化",以及现代市场经济的"资本化",导致了诸多的生存难题和"意义危机"。而这些面临的难题是巨大的,对此,奥尔利欧·佩奇指出:"人口无节制地增长、人民之间存在的鸿沟与分裂、社会不公正、饥饿与营养不足、贫困、失业、盲目增长、通货膨胀、经济危机、能源危机、民主危机、货币波动、保护主义、文盲、不符合时代的教育、青年的反抗、疯癫、庞大和衰落的城市、犯罪、农村的遗弃、吸毒、军备竞赛、社会暴力、侵犯人权、无视法律、原子狂、制度僵化、政治腐败、官僚主义、军国主义化、破坏大自然、环境污染、道德价值衰退、丧失信念和不安情绪,等等。这一切都在发展,不断地相互激荡。"③

面对人与人之间冲突不断、人与自然之间紧张愈益加剧的局面,处于生存危机四面埋伏、存在意义日趋萎缩的当代人,再也不能无视风雨飘摇中的存在家园,必须从根本上反思自己的价值观和存在方式,特别是经济观和经济方式。我们今天倡导经济正义正是对自身经济生活的自觉反思和力图超越现代经济方式的努力,虽然这种努力将是艰苦而漫长的,但我们相信这是人类对自身命运的"思想"之事业。正如经济学家乔治·吉尔德所说的那样,别人的幸

---

①《马克思恩格斯文集》第1卷,人民出版社2009年版,第124页。

② 参见陈学明等:《哈贝马斯论交往》,云南人民出版社1998年版,第11—13页。

③ [意]奥尔利欧·佩奇:《世界的未来:关于未来问题一百页》,中国对外翻译出版公司1985年版,第37页。

福最终也就是自己的幸福这一信念,并不是轻而易举地或一成不变地来到人间的;然而它却是和平与繁荣的关键所在,是上天授予的进步的一个源泉。①经济正义倡导在经济生活中始终持有"共生"的价值理念,并以之牵引经济生活的方向,强调经济生活中人与人之间、人与自然之间的和谐共存的行为准则,树立"太空船"的经济行为理念。在全球一体化的今天,人们之间的生存联系更加紧密,每一个人都不能离开他者而独立存在,具有牵一发而动全身的存在牵连。所以,我们在经济活动和经济生活中要有"共生"的思想价值观并行动自觉,否则人类的存在根基有彻底崩溃、人类有灭顶的危险。在当今,经济活动的正义匡正,呼唤共生的理念,以致力于"民胞物与"的存在之境,乃是刻不容缓的事业。当然,我们呼唤经济正义的共生理念,并非是无批判地拒斥现代文明,追求浪漫的"田野牧歌"似的幻想,而是在对现代经济生活的方式进行深刻反省基础上的自觉;不是对现代文明、现代经济方式的简单否定,而是在批判继承现代经济成果基础上的"扬弃"。因而,经济正义的共生理念所倡导的是对现代经济生活的"扬弃",以进一步修补和完善人与人、人与自然之间的存在关联。

当然,当代经济正义的上述四重理念或价值原则是内在关联和彼此渗透的有机统一,因此经济正义价值原则的当代建构也需要一个综合的视角,在自由、平等、秩序、共生的内在张力中引导经济发展,促进社会进步,实现人的自由全面发展。

① 参见[美]乔治·吉尔德:《财富和贫困》,上海译文出版社1985年版,第11页。

第三章

经济正义：经济制度层面的考量

　　现代经济是一个极为复杂且处于不断演化的系统,它在满足人类日趋丰富且多变的需求中,其作用的发挥越来越依赖于各种制度安排和规则制定。但在过去相当长的时间里,经济发展理论却一直疏忽于对制度因素的分析。之所以如此,是因为在传统的经济理论看来,整个经济活动的协调与组织最好是用那只"看不见的手"来实施。只要存在完全竞争,生产者和消费者就能根据价格信号作出决策,实现最有利的后果,资源能被投入最有价值的使用,而且个人追求利益最大化的结果也能使整个社会的利益最大化。在这种逻辑的分析框架下,经济制度和经济规则被置于无足轻重的地位。① 所以有学者指出,这种方法通过抽象将制度省略或剔除掉,结果现有的大量增长模型将制度视为"自然状态"的一部分,把制度当做是静止不动的。还有就是认为制度的变迁是存在的,但这些制度变迁与经济增长无关,从而将制度视为外生的变量。② 可见,"传统的经济增长理论没有涉及经济发展问题中重要的、真正具有本质性的方面,特别是没有涉及实现自由、经济繁荣和安全的制度发展"③。以至这一现象被具有现实穿透力的经济学家称之为是现代"经济理论危机"的主要原因之一。应该说这一见地是深刻的,因为经济活动不可能在社会真

---

① 参见[美]R. 科斯等:《财产权利与制度变迁》,上海三联书店1991年版,"译者的话"。
② 参见[美]R. 科斯等:《财产权利与制度变迁》,上海三联书店1991年版,第255页。
③ [德]柯武刚、史漫飞:《制度经济学:社会秩序与公共政策》,商务印书馆2000年版,第3页。

空中自我运转,它是在和社会诸多因素的互动中进行的,其中的制度因素无疑对经济生活和经济活动具有重大的影响。

正因为制度在社会生活中具有基础性的意义,有的经济学家甚至认为制度安排的不同是造成一国经济发展水平差异乃至国家兴衰的主要原因。而制度经济学派的兴起和繁荣则从另一个方面说明了制度在经济生活中扮演着重要的作用。这说明认真研究经济制度及其正义维度,对于提高经济效率,促进社会进步和人的自由全面发展极具理论意义和现实价值。

一、制度及其核心价值

1. 众说纷纭的"制度"

要研究经济制度并揭示其内涵,首先要了解和把握制度。在日常生活中,"制度"作为一个使用频率很高的词汇,经常以社会学、政治学、经济学、伦理学的基本概念而出现,但人们在普遍频繁地使用这一概念时却很少对它的内涵进行明确深入的探讨并在使用时加以严格的限定,使得对"制度"的使用存在明显的混乱。我们知道,概念的一致性对于理论研究和学术探讨是必要的前提,是我们进行学术创新的重要基础。所以,我们需要对"制度"做一番阐释。

不同的人对制度有着不同的理解,因此对制度下一个精确的定义是很困难的,"因为'制度'这个名词的意义不确定"①,从而不同学派和不同时代的社会科学家们赋予制度这个词诸多不同的含义,以至除了将它笼统地与行为规则联系在一起外,已不可能给出一个普适的定义。② 鉴于此,我们试图在考察人们对制度的理解基础上,给出我们对制度的描述,并在此基础上进一步探讨经济制度和经济制度正义。

对于制度,中国古人很早就有论述,如《礼记》中有言:"故天子有田以处其子孙,诸侯有国以处其子孙,大夫有采以处其子孙,是谓制度。"(《礼记·礼运》)由此可见,古人所谓的"制度"就包含有今天的规则和规章之意,同今天

---

① [美]康芒斯:《制度经济学》(上),商务印书馆1962年版,第86页。
② 参见[美]道格拉斯·C.诺思:《制度、制度变迁与经济绩效》,上海三联书店1994年版,第3页。

我们对制度的理解很接近。在《辞海》里,"制度"具有三层含义:一是指要求成员共同遵守的、按一定程序办事的规程或行动准则,如工作制度、学习制度;二是指在一定的历史条件下形成的政治、经济、文化等各方面的体系,如社会主义制度;三是旧指政治上的规模法度,如《汉书·元帝纪》:"汉家自有制度,本以霸、王道杂之。"①在政治学和社会学中,"制度"(Institution)既包含"机构"的含义,也表示规范化、定型化了的行为方式,且这两方面往往交织在一起。② 马克斯·韦伯则从法学的角度对制度给予如下的界定和描述:"制度应是任何一定圈子里的行为准则"③,而一种制度应该被称之为:

a)惯例,如果在偏离它时,在可以标明的一定范围内的人当中,会遇到某种(比较)普遍的和实际上可以感受到的指责,在外在方面,它的适用有这种机会保证的话;

b)法律,如果在外在方面,它的适用能通过(有形的和心理的)强制机会保证的话,即通过一个专门为此设立的人的班子采取行动强制遵守,或者违反时加以惩罚,实行这种强制。④

而在经济学里面,对"制度"也有诸多论述。在西方经济思想史上,对制度问题首先进行深入探讨的当推制度学派的创始人凡勃伦,他认为经济学所研究的对象应该是人类经济生活借以实现的各种制度,其著作《有闲阶级论》对制度做了较深入的研究。他在该书中指出,制度不是组织结构,而是大多数人所共有的一些固定的思维习惯、行为准则以及权力与财产原则,并认为制度的性质是对环境引起的刺激发生反应的一种习惯方式,因而制度随环境的变化而变化,制度的发展也就是社会的发展,所以他指出:"制度实质上就是个人或社会对有关的某些关系或某些作用的一般思想习惯;而生活方式所由构成的是,在某一时期或社会发展的某一阶段通行的制度的综合,因此从心理学的方面来说,可以概括地把他说成是一种流行的精神态度或一种流行的生活理论。"⑤而制度经济学派的另一位代表人物康芒斯则认为,制度是一个意义不确定的范畴,但如果非要我们找出一种普遍的原则以适用于一切所谓属于

---

① 《辞海》,上海辞书出版社 2002 年版,第 2197 页。

② 参见《布莱尔克维尔政治学百科全书》,中国政法大学出版 1992 年版,第 359 页。

③ [德]马克斯·韦伯:《经济与社会》,商务印书 1997 年版,第 345 页。

④ 参见[德]马克斯·韦伯:《经济与社会》,商务印书 1997 年版,第 64 页。

⑤ [美]凡勃伦:《有闲阶级论》,商务印书馆 1983 年版,第 139 页。

制度的行为,那么可以将制度解释为"集体行动控制个体行动",而集体行动的种类和范围既包括无组织的习俗,又包括诸如家庭、公司和工会等有组织的机构,集体行动对个体行为的控制,目的在于对其他个人的有益。① 对于制度的这种"集体强制"之必要性,康芒斯指出:"在每一件经济的交易里,总有一种利益的冲突,因为各个参加者总想尽可能地取多予少。然而,每一个人只有依赖别人在管理的、买卖的和限额的交易中的行为,才能生活成功。因此,他们必须达成一种实际可行的协议,并且,既然这种协议不是完全可能自愿地做到,就总有某种形式的集体强制来判断纠纷。"② 而新制度经济学代表人物之一的诺思则认为:"制度是一系列被制定出来的规则、守法程序和行为的道德伦理规范,它旨在约束追求主体福利或效用最大化利益的个人行为",其作用在于"提供了人类相互影响的框架,它们确定了构成一个社会,或更确切地说一种经济秩序的合作与竞争关系"。这就是说诺思把制度看做是一个社会的游戏规则,是为了确立人们之间的恰当关系而设定的一些规则,以此用来制约人们的行为,因为"若是没有约束,我们将生存在霍布斯主义的丛林中,也就不可能有文明存在"。③ 也有的学者从博弈论的角度来定义和把握制度,如日本学者青目昌彦指出:"制度是关于博弈任何进行的共有信息的一个自我维系系统。制度的本质是对均衡博弈路径显著和固定特征的一种浓缩性表征,该表征被相关域几乎所有参与人所感知,认为是与他们的策略决策相关的。这样,制度就以一种自我实施的方式制约着参与人的策略互动,并反过来又被他们在连续变化的环境下的实际决策不断再生产出来。"④ 罗尔斯在《正义论》中明确指出,"我要把一个制度理解为一种公开的规范体系,这一体系确定职务和地位及它们的权利、义务、权力、豁免,等等。这些规范制定某些行为类型为能允许的,另一些则为被制止的,并在违反出现时,给出某些惩罚和保护措施"⑤。

可见,人们对制度的理解并不是一致的,也各有其侧重点。但是除了它们的差异之外,也有共同点,即基本上把制度与规则、约束、组织、模式、系统等联

---

① 〔美〕康芒斯:《制度经济学》(上),商务印书馆 1962 年版,第 87 页。
② 〔美〕康芒斯:《制度经济学》(上),商务印书馆 1962 年版,第 144 页。
③ 〔美〕诺思:《经济史中的结构与变迁》,上海人民出版社 1994 年版,第 225—227 页。
④ 〔日〕青目昌彦:《比较制度分析》,上海远东出版社 2001 年版,第 28 页。
⑤ 〔美〕罗尔斯:《正义论》,中国社会科学出版社 1988 年版,第 54 页。

系在一起。然而,无论制度在何种意义上被使用,我们认为,它都是从非个人的角度表示一种人与人之间关系且有规范意义的范畴,是规范化、定型化了的行为方式与交往关系结构。我们根据以上的考察和分析对制度给出如下的描述和界定:制度是人类为了抑制人际交往中可能出现的任意行为和机会主义行为而制定的一系列规范,它通过约束和调整人们在政治、经济和社会生活中的行为来满足人们最大化的目标需求。

2. 制度的缘起和变迁

为了进一步揭示和领悟制度的本质及其意义,需要我们对制度发生和变迁的历史做进一步的考察。然而,人们对制度的发生和起源也存在不同的理解和解释。其中影响较大便是对制度缘起的契约论解说。社会契约论的思想源远流长,不过其核心思想是:合法的道德准则出于协议。社会契约论的基本理论前提是个人在特定的环境下为促进其利益而选择规则结构时所表现出来的方法,这一理论假定人们是在原初的状态下通过相互订立协议或契约而确立基本政治和组织原则、建立权力机制、制定法律规则的。[1]

事实上,从霍布斯、洛克到卢梭,都把社会道德准则和体制看做是原初人们协议的产物。霍布斯在其名著《利维坦》一书中从其人性观和自然法学说出发,对人类制度的起源做了契约论的阐释。霍布斯认为,作为一种自然的生物,人在自然本性上会将自保、生存放在首位,因而是一种自私自利、残暴贪婪的存在物,从而人与人之间相互防范、彼此敌对、争战不已,人与人之间就变得像狼与狼一样,处于一种可怕的"自然状态"中。对此,霍布斯在该书的第一部分"论人类"中做了详细的阐述:"自然使人在身心方面的能力都十分相等","由这种能力上的平等出发,人们就会产生达到目的的希望的平等",但是"两个人如果想同时取得同一东西而又不能同时享用时,彼此就会成为仇敌"。由于人在自然本性上是一种追求自我保存或者是追求自己欢乐的存在物,因而彼此之间一旦发生冲突,就会力图用武力或机诈来摧毁、征服和控制对方,人们处在所谓的战争状态。这样一来,"人们相处时就不会有快乐存在;相反地他们还会有很大的忧伤"。[2] 因此,生活在"自然状态"下的人们,

---

[1] 参见顾肃:《自由主义基本理念》,中央编译出版社 2003 年版,第 25 页。

[2] [英]霍布斯:《利维坦》,商务印书馆 1985 年版,第 92—94 页。

都渴望和平和安定的生活,于是出于人的理性,人们相互间统一订立契约,放弃各自的自然权利,把它托付给某一个人或集体,大家则服从他的意志,于是就产生了社会契约。所以霍布斯指出,"权力的相互转让就是人们所谓的契约"①,而所订契约则必须履行,成为彼此行为的规范。

洛克则从社会契约论来解释社会制度和国家之起源和本质,他认为人类最初是处在原始的自然状态中,但对于"自然状态",他与霍布斯持有不同的看法,认为那是一个有自由、有平等、有自己财产的状态。在自然状态中,自然法起着统治作用,自由、平等和财产都是人们的自然权利,自然状态不是"放任的状态",更不像霍布斯所谓的"人人都相互处于战争的状态";相反,人们在享受着生命、自由和财产占有的自然权利。所以他说,自然状态,"那是一种完备无缺的自由状态,他们在自然法的范围内,按照他们认为的合适的办法,决定他们的行动和处理他们的财产和人身,而无须得到任何人的许可或听命于任何人的意志",在其中,"一切权利和管辖权都是相互的,没有一个人享有多于别人的权力",之所以能够如此,是因为"自然状态有一种人人所应遵守的自然法对它起着支配作用;而理性,也就是自然法,教导着有意遵从理性的全人类:人们既然都是平等和独立的,任何人就不得侵害他人的生命、健康、自由或财产"②。但是,洛克认为,虽然自然状态是一种和平互助的状态,但是由于人所具有的利己本性,不能保证每个人会永远不损害他人,而且在自然状态中没有公认的是非标准和仲裁人,若一旦发生矛盾和冲突,就有可能战争的发生。正是为了避免可能发生的战争,人们便订立契约组成国家、制定社会制度,所以他指出:"避免这种战争状态是人类组成社会和脱离自然状态的一个重要原因。"③

卢梭也是从社会契约的角度阐释社会秩序和国家制度的形成,他指出:"社会秩序乃是为其他一切权利提供了基础的一项神圣权利。然而这项权利绝不是出于自然,而是建立在约定之上的。"④在卢梭看来,自然状态下人人平等,任何人对于自己的同类都没有任何天然的权威,这种状态下强力是不可能

---

① [英]霍布斯:《利维坦》,商务印书馆1985年版,第100页。
② [英]洛克:《政府论》(下),商务印书馆1964年版,第5—6页。
③ [英]洛克:《政府论》(下),商务印书馆1964年版,第15页。
④ [法]卢梭:《社会契约论》,商务印书馆1980年版,第8—9页。

产生任何权利的,因此只有人们之间的约定才可以成为人间一切合法的权威的基础。对于为什么要订立契约,卢梭在《社会契约论》做了这样的阐释:我设想人类曾达到过这样一种境地,当时自然状态中不利于人类生存的种种障碍,在阻力上已经超过了每个个人在那种状态中为了自存所能运用的力量。于是,那种原始状态便不能继续维持;并且人类如果不改变其生存方式,就会消灭。然而,人类既不能产生新的力量,而只能是结合并运用已有的力量;所以人类便没有别的办法可以自存,除非是集合起来形成一种力量的总和才能够克服这种阻力,由一个唯一的动力把它们发动起来,并使它们共同协作。①

据上可见,虽然社会契约论者内部之间具有一定的差别,但是他们都是从自然状态出发,以自然法理论为基础,以个人主义作为其方法论为原则,通过孤立的原子个人之间的相互约定或协议,来说明社会制度的起源及其本质。不可否认,社会契约论由于其呼唤自由、平等和权利等人类基本的价值,其中内含着革命的精神而在历史上具有重要的意义。但是,我们同样必须指出的是,由于契约论自身存在着理论前提的虚假性,方法论上的原子个人主义立场,从而违背历史的事实,缺乏科学的合理性。因此,对于制度的发生、起源及其本质的把握,需要我们确立唯物史观的科学立场。

马克思认为,霍布斯的"自然状态"、卢梭的"社会契约论"是一种空疏的理论演绎,因而与历史事实不符,从而反对以鲁滨逊式的孤立原子个人的自由契约或协议来解释制度的起源和阐述制度的本质。马克思认为,社会契约论者关于"自然状态"中人性的观念,关于鲁滨逊式的原子个人,关于合乎自然的个人不是从历史中产生而是自然造成的等等,都是一种错觉,是属于 18 世纪的缺乏想象力的虚构;而卢梭关于通过契约来建立天生独立的主体之间的关系和联系的"社会契约"的想法,也不过是大大小小的鲁滨逊一类故事所造成的美学上的假象。事实上,人的独立性以及通过契约来实现的独立主体之间的自由交易,是历史的结果而不是历史的起点,因为"我们越往前追溯历史、个人,从而也是进行生产的个人,就越表现为不独立,从属于一个较大的整体;最初还是十分自然地在家庭和扩大成为氏族的家庭中;后来是在由氏族间的冲突和融合而产生的各种形式的公社中。只有到 18 世纪,在'市民社会'中,社会联系的各种形式,对个人说来,才表现为只是达到他私人目的的手段,

---

① 参见[法]卢梭:《社会契约论》,商务印书馆 1980 年版,第 22 页。

才表现为外在的必然性。但是,产生这种孤立个人的观点的时代,正是具有迄今为止最发达的社会关系(从这种观点看来是一般关系)的时代。人是最名副其实的政治动物,不仅是一种合群的动物,而且是只有在社会中才能独立的动物。孤立的个人在社会之外进行生产——这是罕见的事"①。

历史唯物主义是从人与自然、人与人之间的原始的基本存在境遇的总体视野来把握、理解和揭示制度的起源及其本质的。马克思曾经指出:"法的关系正像国家的形式一样,既不能从它们本身来理解,也不能从所谓人类精神的一般发展来理解,相反,它们根源于物质的生活关系。"②同样,对于维持人类社会有序展开之基础的制度,我们"既不能从它们本身来理解,也不能从所谓人类精神的一般发展来理解",而是要回归到物质的生活关系中加以理解。马克思认为,人类社会的规则和秩序,"正好是一种生产方式的社会固定的形式,因而是它相对地摆脱了单纯偶然性和单纯任意性的形式。在生产过程以及与之相适应的社会关系的停滞状态中,一种生产方式所以能取得这个形式,只是由于它本身的反复的再生产。如果这种再生产持续一个时期,那么,它就会作为习惯和传统固定下来,最后被作为明文的法律加以神圣化"③。因此,现存的制度只不过是个人之间迄今为止所存在的交往的产物。而人类交往的最基本的形式就是人与自然、人与人之间的交往,人们为了生存就必须生产,而生产就意味着人与自然之间的物质能量交换以及人与人之间的生产关系的结合。然而,在交往过程中,必然发生不可避免的人与人、人与自然之间的矛盾和冲突。为了人类的基本生存和社会生活的有序展开,人类对制度的诉求变成为理所当然的了。恩格斯曾经指出:"在社会发展的某个很早的阶段,产生了这样一种需要:把每天重复着的产品生产、分配和交换用一个共同规则约束起来,借以使个人服从生产和交换的共同条件。这个规则首先表现为习惯,不久便成了法律。随着法律的产生,就必然产生出以维护法律为职责的机关——公共权力,即国家。"④按照历史唯物主义的观点,在人类的蒙昧时代,由于生产力水平十分低下,单靠个人是无力去抵御自然灾害,甚至是无法保证获得基本的生存

---

① 《马克思恩格斯文集》第 8 卷,人民出版社 2009 年版,第 6 页。
② 《马克思恩格斯文集》第 2 卷,人民出版社 2009 年版,第 591 页。
③ 《马克思恩格斯文集》第 7 卷,人民出版社 2009 年版,第 897 页。
④ 《马克思恩格斯文集》第 3 卷,人民出版社 2009 年版,第 322 页。

资料。为了保持自己的生命和维持自身的生存,人类的先民们在血缘联系的基础上,采取氏族、部落和公社等共同体形式。后来随着生产力的发展,社会剩余产品的出现,发生了社会分工和产品交易,在此基础上产生了生产资料的私人所有制,在生产资料私有制的基础上由于集团和阶级间的利益冲突,才建立起国家等社会法律制度,并在此基础上发展出相应的意识形态。约言之,在历史唯物主义看来,生产力对制度的发生具有本体论的意义,生产力的状况决定了社会生产关系的性质,而生产关系的状况又决定了上层建筑的形式。

同样,历史唯物主义从生产力和生产关系、经济基础上层建筑的社会基本矛盾的整体主义的方法论角度,来揭示社会制度变迁的动力及其机制。对于历史唯物主义,经典作家做过这样纲要式的经典表述:"人们在自己生活的社会生产中发生一定的、必然的、不以他们的意志为转移的关系,即同他们的物质生产力的一定发展阶段相适合的生产关系。这些生产关系的总和构成社会的经济结构,即有法律的和政治的上层建筑竖立其上并有一定的社会意识形式与之相适应的现实基础。物质生活的生产方式制约着整个社会生活、政治生活和精神生活的过程。不是人们的意识决定人们的存在,是人们的社会存在决定人们的意识。社会的物质生产力发展到一定阶段,便同它们一直在其中运动的现存生产关系或财产关系(这只是生产关系的法律用语)发生矛盾。于是这些关系便由生产力的发展形式变成生产力的桎梏。那时社会革命的时代就到来了。随着经济基础的变更,全部庞大的上层建筑也或慢或快地发生变革。"①

马克思对历史唯物主义的这段经典阐述,是我们揭开制度变迁秘密的一把钥匙。在历史唯物主义的视野中,生产力的发展是社会制度变迁的根本动力。这源于这样基本的逻辑:人们为了能够创造历史,首先必须能够生活,而为了生活就需要衣食住行等基本的生活资料,但这些生活资料不会自然的到来,"因此第一个历史活动就是生产满足这些需要的资料,即生产物质生活本身"②,这构成了人类历史的第一个前提,也是社会经济制度、政治制度和文化制度的基础。因此,人类社会制度变迁的动力及其机制问题,既不能到人类抽象的思想意识领域中寻找,也不能到政治领域中寻找,而是要到生产力和生产方式的内部中寻找解答。所以,人类历史上相继存在的社会模式,其基础在于

---

① 《马克思恩格斯文集》第 2 卷,人民出版社 2009 年版,第 591 页。
② 《马克思恩格斯文集》第 1 卷,人民出版社 2009 年版,第 531 页。

生产力的发展,而历史上社会制度的不断演进,也是生产力发展的结果。生产力的发展水平以及与之相适应的生产关系或经济结构,以及与经济结构相适应的政治上层建筑和观念上层建筑一起,共同构成了社会的制度。所以在唯物史观看来,一种制度不可能是长盛不衰的永恒存在,而是随着生产力的发展变化而随之发生相应的发展变化。历史唯物主义也因此对制度的起源和变迁作出了科学合理的解释和说明,以至美国著名的经济学家、经济史学家诺思指出:"马克思主义的框架之所以是目前对长期变革最有力的论述,恰好是因为它将新古典框架舍弃的全部严肃都包括在内:制度、所有权、国家和意识形态。马克思之强调的所有权在有效率的经济组织中的重要作用以及现存所有权体系与新技术的生产潜力之间紧张关系在发展的观点,堪称是一项重大的贡献。"[1]

3. 制度承载的核心价值及其合法性根据

前文我们对制度范畴以及对制度的起源和制度变迁的发展动力等方面做了综合的分析和考察,从中我们可以看出,无论把制度规定为约束人们的某种机会主义行为的规范,还是契约论哲学家和思想家们对制度产生的契约论解释,也或是对制度的缘起、发展和变迁作历史唯物主义的解答,如果撇开对制度的各种不同形式的理论阐释,而是回到生存论的根基,则我们可以说,制度的缘起、发展和变迁,其根本的轴心乃是人类的生存和发展。我们可以在哲学的原则高度上说,制度的核心价值或者说是制度的真义,乃是"现实的人"之现实自由。成就"现实的人"之现实自由乃是制度存在和变迁的合法性根据,自由乃是制度的核心价值。

自由,这是一个激动人心的字眼,也是一个充满歧义、莫衷一是的概念,历史上思想家和哲学家们给我们留下了关于自由的丰富论述。古希腊原子论哲学家德谟克利特认为,由原子构成的人有自己的独立性,哪怕由于软弱无力而不得不依赖于社会和国家,但自由无疑具有很高的价值,因此他颇具深意地指出:"在民主国家里受穷,胜于在专制国家里享福,正如自由胜于受奴役一样。"[2]亚里士多德则认为,由于人是社会的动物,人只能在社会和国家中实现

---

① [美]诺思:《经济史上的结构和变革》,商务印书馆1992年版,第61页。

② 北京大学哲学系外国哲学史教研室编译:《西方哲学原著选读》,商务印书馆1981年版,第53页。

自我,因此自由在于根据一定的城邦秩序展开生活,反对"人人各行其愿",认为这种随心所欲的自由观念是卑劣的,主张"公民们都应遵守一邦所定的生活规则,让各人的行为有所约束,法律不应该被看做[和自由相对的]奴役,法律毋宁是拯救"。① 到了近代,培根的"知识就是力量"的口号,表达了对自由的诉求,自由在于对自然的认识;洛克则把自由看做是理性主体的能力与选择,指出:"人既然是一种含灵之物,所以他便受了自己组织的支配,不得不受自己思想和判断底决定,来追求最好的事物。否则,他一定会受别人的支配,那就不是自由了。"②斯宾诺莎从世界是一个因果锁链的决定论出发,认为自然中一切都是必然的,没有偶然的东西,从而提出"自由在于对必然的认识",所以他指出:"凡是仅仅由自身本性的必然性而存在,其行为仅仅有它自身决定的东西叫做自由。反之,凡一物的存在及其行为均按一定的方式为他物所决定。便叫做必然或受制。"③在对自由的思想中,我们也不能不谈到约翰·密尔的《论自由》,密尔在该书的引论中开宗明义的说到它所要讨论的自由是"公民自由或称社会自由,也就是要探讨社会所能合法施用于个人的权力的性质和限度"④。密尔从功利主义的哲学基础和个人主义的方法论出发,强调个人自由,突出个性发展,认为个人自由和个性的充分发展乃是个人幸福的基础,也是社会进步的根本,因此对社会和个人之间的关系以及个人自由作了如此基本的概括:(1)是个人的行为只要不涉及他人的利益,个人就有完全的行动自由,不必向社会负责;他人对于这个人的行为不得干涉,至多可以进行忠告、规劝或避而不理。(2)只有当个人的行为危害到他人利益时,个人才应当接受社会的或法律的惩罚。社会只有在这个时候,才对个人的行为有裁判权,也不能对个人施加强制力量。⑤ 另外,对自由的著名阐释,莫过于柏林的"消极自由"和"积极自由"的两种自由论。柏林也认为自由是一个意义漏洞百出以致没有任何解释能够站得住脚的词,虽然如此,他还是认为强制某人就是剥夺了他的自由,因此自由就意味着对某种强制的解除。柏林把自由的核心含义归结为消极自由和积极自由。所谓消极自由,它主要回答这个问题:主体

① [古希腊]亚里士多德:《政治学》,商务印书馆1983年版,第276页。
② [英]洛克:《人类理解论》(上册),商务印书馆1983年版,第234页。
③ [荷兰]斯宾诺莎:《伦理学》,商务印书馆1983年版,第4页。
④ [英]约翰·密尔:《论自由》,商务印书馆1959年版,第1页。
⑤ 参见[英]约翰·密尔:《论自由》,商务印书馆1959年版,"序言"。

（一个人或人的群体）被允许或必须被允许不受别人干涉地做他有能力做的事、成为他愿意成为的人的那个领域是什么？而积极自由，则是回答这个问题：什么东西或什么人，是决定某人做这个、成为这样而不是做那个、成为那样的那种控制或干涉的根源？尽管对这两个问题的回答可能存在重叠，但它们之间存在明显差别。① 尽管对自由还有不同的理解和表述，但是在最基本的意义上，自由乃是指不受限制或阻碍，哪怕这种限制或阻碍包括很多方面，如经济、政治、文化、思想、意志等方面的限制和阻碍。

马克思主义在批判和继承人类以往自由思想的基础上，确立了科学的自由观。马克思主义认为，真正的自由是建立在生产劳动和实践基础上的自由自觉的活动，因此只有在创造性的社会实践过程中，才能获得现实的自由。因此自由不仅意味着对必然的认识，更包含着对世界的改造。人一方面受外在的自然约束，同时还受到社会关系和社会制度的制约，因此现实的自由有赖于发达的社会生产力、和谐的社会生产关系以及高度的精神文明建设。因而，自由是一个历史的范畴。对于自由及其实现，马克思、恩格斯有过很多深刻的论述。马克思指出："自由是可以做和可以从事任何不损害他人的事情的权利。"② 恩格斯则认为，自由就在于根据对自然界的必然性的认识来支配我们自己和外部自然，因此"自由不在于幻想中摆脱自然规律而独立，而在于认识这些规律，从而能够有计划地使自然规律为一定的目的服务"③，正因为如此，人取得现实的自由是有条件的，自由也因此成为历史的存在。在资本主义社会，由于生产资料的私有制性质以及资本主义的生产方式，自由是一种"形式的自由"，是资本统治劳动的自由，因而是一种虚假的自由。只有历史发展到了共产主义的阶段，每个人的充分自由才能真正实现，因为"自由王国只是在必要性和外在目的规定要做的劳动终止的地方才开始；因而按照事物的本性来说，它存在于真正物质生产领域的彼岸"④。在共产主义社会里，人的自由将获得充分而现实的发展，"任何人都没有特殊的活动范围，而是都可以在任何部门内发展，社会调节着整个生产，因而使我有可能随自己的兴趣今天干这

---

① 参见［英］以赛亚·柏林：《自由论》，译林出版社 2003 年版，第 189 页。
② 《马克思恩格斯文集》第 1 卷，人民出版社 2009 年版，第 40 页
③ 《马克思恩格斯文集》第 9 卷，人民出版社 2009 年版，第 120 页。
④ 《马克思恩格斯文集》第 7 卷，人民出版社 2009 年版，第 928 页。

事,明天干那事,上午打猎,下午捕鱼,傍晚从事畜牧,晚饭后从事批判,这样就不会使我老是一个猎人、渔夫、牧人或批判者"①。

要实现人的自由自觉的存在本质,就离不开对社会生活的规则设计和制度安排,从而使"现实的人"获得现实的自由。"现实的人"是历史唯物主义的一个重要范畴,它是在批判"抽象的人"的基础上形成的。所谓"抽象的人",是指抽去了具体的人所处的现实历史条件和丰富的社会关系的人,是处在某种虚幻的离群索居和固定不变状态中的人,是抽象的唯灵论存在物。马克思认为,抽象的人是不存在的,任何人类个体都是具体的社会关系中的存在,并把现实的人作为人类历史的现实前提。马克思认为,人是一种现实的存在物,具有现实性。对于"现实的人",马克思和恩格斯在《德意志意识形态》中指出,我们所说的个人不是抽象的个人,"而是现实中的个人,也就是说,这些个人是从事活动的,进行物质生产的,因而是在一定的物质的、不受他们任意支配的界限、前提和条件下活动着的"②。因此,"现实的人"首先是"从事实际活动的,进行物质生产的"人,同时还是处于一定社会关系之中的人,因而也是历史中的具体的人。

总而言之,人的本质在于其自由自觉的活动存在本性,但人又是现实历史中的具体存在,这决定了人是处于一种主动与受动、理想与现实、自由与必然动态张力中的存在,而制度的缘起、变迁、设计和完善,在深层次上乃是对人的自由存在本质的要求。正是在这样的根本上,我们说:"现实的人"之现实自由乃是制度存在合法性的根本依据,自由也因此构成了制度的核心价值维度。

二、经济制度及其与人的存在

1. 何谓经济制度

在前文中,我们通过对制度范畴进行多方面考察的基础上,在较为广泛的意义上对制度给予了这样的规定:制度是人类为了抑制人际交往中可能出现的任意行为和机会主义行为而人为制定的一系列规范,它通过约束和调整人们在政治、经济和社会生活中的行为来满足人们最大化的目标需求。

---

① 《马克思恩格斯文集》第 1 卷,人民出版社 2009 年版,第 537 页。
② 《马克思恩格斯文集》第 1 卷,人民出版社 2009 年版,第 524 页。

　　既然制度是一种规范人们行为的规则和约束力量,那么经济制度作为制度之一种,作为一种具体的制度,它是关于人们在经济生活中有关经济活动和经济行为的规则,用来规范和调整人们之间的经济活动和经济利益关系。它的形成源于经济活动中规范、约束、协调人与人之间的经济利益关系之需要。然而,当涉及对经济制度具体内涵的理解时,或由于方法论差异,或由于阶级立场的不同,人们对经济制度的理解存在着一定的差异。如瑞典经济学家阿沙·林德贝克把经济制度定义为:"一种经济制度就是在一个既定的地理区域内,有关制定和实施生产、收入与消费决策的一套机制和组织机构。"①格鲁奇则认为:"经济制度是各个参加者的组织的发展的复合体,这些参加者是同分配稀缺资源以满足个人和集体需要有关的。"②而丹尼尔·W.布罗姆利认为,经济制度是用来界定独立的经济行为者在现状中的选择领域,界定个体间的关系以及指明谁对谁能干什么;由于制度界定个体和集团的选择集,所以处于选择和行为的核心地位。并认为在任何一种经济中都有一套占主导地位的标准、准则、规则、惯例和法律结构界定个体和集团的选择集。③ 托马斯·阿波尔特则认为,经济制度是市场参与者自发或有意识制定的规则的总和。有意识制定的规则主要由公法和私法中对经济有重大意义的法律条款组成,同时包括有各类协会和私人团体达成的具有约束力的协议和章程,其中经济宪法是经济制度最重要的基础。当然,成熟的或尚不成文的道德、习俗也会制约经济行为和经济过程。④《简明不列颠百科全书》对"经济制度"词条做了这样的解释:一种经济制度可解释为组织社会中经济活动的各种制度的总和,不同的经济制度解决经济问题的方法各不相同,这些问题包括:生产什么产品、生产多少;为使社会经济顺利运行,千千万万相互依赖的生产过程必须保持适当平衡;公共产品的分配方式。同时,认为现代经济制度间的差别实质上同这三种主要特征有关,即生产手段公有或私有的程度、对生产计划重视的程度以

---

　　① [美]保罗·R.格雷戈里、罗伯特·C.斯徒尔特:《比较制度经济学》,知识出版社1988年版,第6页。
　　② [美]阿兰·C.格鲁奇:《比较经济制度》,中国社会科学出版社1985年版,第14页。
　　③ 参见[美]丹尼尔·W.布罗姆利:《经济利益与经济制度:公共政策的理论基础》,上海三联出版社1996年版,第60页。
　　④ 参见[德]H.罗尔夫·哈赛等:《社会市场经济辞典》,复旦大学出版社2004年版,第139页。

及公共决策还是私人决策占优势。① 马克思主义政治经济学对经济制度的通常理解是：人类社会一定发展阶段上占统治地位的生产关系的总和,也就是人们在一定阶段的物质资料的生产、分配、交换和消费中所结成的相互关系的总和。生产关系或经济关系包括生产资料的所有制形式以及由此产生的各种不同社会集团在生产中的地位和相互关系、产品分配方式。因此,在马克思主义看来,经济制度、经济关系规定着人们的生存状况和社会地位。

总之,综合以上人们对经济制度的解释,根据本论题的需要,我们对经济制度的含义采取如下较为宽泛的解释方案：经济制度是人们在经济生活中有关经济活动和经济行为的制度和规范,它旨在通过设定人们之间的相互经济关系来满足主体的最大化目标需求,它是制度体系集合中的一个子集合,既包括狭义的经济制度即基本的经济制度,也包括作为基本经济制度运行的具体形式的经济体制和经济规则。当然,我们在这里也要着重指出,经济制度并非是独立的绝缘于社会其他方面的制度;相反,任何时代任何社会的经济制度和该时代、该社会的国家政治制度、法律制度、社会文化之间存在相辅相成的关系。

2. 经济制度与人的存在

经济制度与人的存在,这主要是从哲学的视野上来审视经济制度对于人的生存和发展的意义。从前文关于经济制度的内涵规定中,我们可以清楚地看到,经济制度构成了人类经济生活和经济行为方式的重要规范,它划定了人类基本的社会经济关系和经济交往行动之界限,成为社会生活有效展开乃至社会发展的重要基础。经济制度或经济关系的性质决定整个社会关系系统及其他各种社会关系的性质。所以,马克思主义认为,经济制度对于社会生活具有根本性的意义,它规定了一个社会经济发展的性质和方向,构成了该社会的经济基础,是该社会政治制度和社会意识形态的基础,并认为先进的经济制度,推动生产力的发展和社会进步,而落后的经济制度,对生产力和社会发展起阻碍作用。经济制度是区分不同社会制度的根本标志,随着经济制度的变革,全部庞大的上层建筑也随之或快或慢地发生变革,因为"每一历史时代主要的经济生产方式和交换方式以及必然由此产生的社会结构,是该时代政治

---

① 参见《简明不列颠百科全书》,中国大百科全书出版社 1985 年版,第 424 页。

的和精神的历史所赖以确立的基础,并且只有从这一基础出发,这一历史才能得到说明"①。因此在根本的意义上,经济关系是社会关系的重要内容和基础,经济制度乃是社会制度的重要组成部分,历史之谜的寻求要深入到深刻的经济现实中。

经济制度构成了人基本的存在规定和重要维度。人是社会关系中的人,历史而现实的社会关系构成了人基本的存在境遇,因而现实的人是处在具体的历史的社会经济关系、政治关系和思想关系中的人。而这些社会关系规定、约束和提升人的生命存在。对于人之关系中的基本存在现象,马克思曾给予特别的重视和关注,并有很多重要深刻的阐述,他认为人是一种对象性的存在物,因而是社会关系中的存在物,因为"只有在社会中,自然界才是人自己的合乎人性的存在的基础,才是人的现实的生活要素。只有在社会中,人的自然的存在对他来说才是人的合乎人性的存在,并且自然界对他来说才成为人"②,而且人只有在社会中才能得以独立和发展。"既然人天生就是社会的,那他就只能在社会中发展自己的真正的天性;不应当根据单个个人的力量,而应当根据社会的力量来衡量人的天性的力量"③。这就是说,社会制度、社会关系规定了人的存在及其发展,是人之生命存在方式乃至展开的基础。那么,经济制度、经济关系作为社会制度和社会关系的基础和核心内容,就自然地构成了对人之生存和发展的重要基础,经济制度因此现实地构成了人之存在的基本规定和重要维度。这种规定性突出的表现为一定时代的一定社会之经济制度,在某种程度上限定了人们经济活动的广度和深度,同时深刻地规定了具体的个人在一定社会经济关系中的地位和利益占有,从而强烈地关涉个人的生存和发展前景。

经济制度深刻地关涉着人的自由存在本质。追求自由而幸福的生活是人类活动的不竭动力,也是其生存和发展的终极目的。因此,马克思把人类追求自由的存在本性当做人之为人的基本规定,当做人的本质规定,他明确指出:"一个种的整体特性、种的类特性就在于生命活动的性质,而自由的有意识的活动恰恰就是人的类特性。"④但是,人的自由和幸福的实现,并不能在真空中

① 《马克思恩格斯文集》第2卷,人民出版社2009年版,第14页。
② 《马克思恩格斯文集》第1卷,人民出版社2009年版,第187页。
③ 《马克思恩格斯文集》第1卷,人民出版社2009年版,第335页。
④ 《马克思恩格斯文集》第1卷,人民出版社2009年版,第162页。

进行,而只能在对象性的存在关系中、在感性的对象性活动中成就人的现实的自由,所以人的本质在其现实性上,乃是一切社会关系的总和。这意味着,人之自由的实现,人之幸福生活的构建,与作为社会基本制度之一的经济制度紧密相关,所以马克思才说"生产者只有在占有生产资料之后才能获得自由"①。的确,人类的自由、幸福在某种意义上具有主观性的一面,但这并不能丝毫否定或者降低物质经济条件对于现实的人之自由和幸福的基础性意义,因为"追求幸福的欲望只有极微小的一部分可以靠观念上的权利来满足,绝大部分却要靠物质的手段来实现"②。对于这一点,现代的经验研究也给予了充分的证明。瑞士的经济学家布伦诺·S.弗雷、阿洛伊斯·斯塔特勒把经济学研究和心理学、社会学研究结合起来,在他们的著作《幸福与经济学》一书中认为,经济状态对人们的主观福祉产生强烈的影响,特别是那些失业的人们比那些有工作的人们更不幸,这不仅仅是因为收入的损失,而是在很大程度上将这种不幸福归因于所产生的心理压力,如失去自尊、被排除在某种已经建立的社会关系之外,等等。可见,"幸福非常关键地取决于经济和社会的构成形式。政治程序越是严肃考虑人们的偏好,人们就会越幸福。因此,对公共决策制定的直接参与能够非常显著地有助于幸福水平的升高"③。总而言之,经济制度不应该仅仅被看做是刚性地约束人的制度规范,同时更应该注重其属人的价值维度,从而现实地促进人的自由和幸福。我们不仅要从效率的角度来观察经济制度,还要从如何塑造人道的经济制度和如何为人类塑造正义的经济制度来加以思考。因此,合乎人性的经济制度需要合乎人性的价值理念和正义价值为之守护。

3. 经济制度需要正义价值的匡扶和担保

经济学家罗宾逊夫人认为,任何一种经济制度都需要一种意识形态来为之辩护,且需要一种个人的良知促使他努力去实践它们。这说明任何一种经济制度都需要提供一种价值原则证明其存在的合理性和合法性。之所以如

---

① 《马克思恩格斯文集》第 3 卷,人民出版社 2009 年版,第 568 页。
② 《马克思恩格斯文集》第 4 卷,人民出版社 2009 年版,第 293 页。
③ [瑞士]布伦诺·S.弗雷、阿洛伊斯·斯塔特勒:《幸福与经济学:经济和制度对人类福祉的影响》,北京大学出版社 2006 年版,第 192—193 页。

此,乃是因为在社会经济生活中,经济制度和规则提供了人们相互利益关系的框架,它们是社会经济得以有效、有序、有节的运行之基础,是人类经济生活得以正常展开的根本保障,以至著名经济学家诺思在分析社会经济结构时认为,为了实现经济活动中的利益互惠一致,使经济行为主体的福利达到最大化,就必须建立一套约束和规制经济行为的制度规则,若是对经济行为没有约束,我们将生存在霍布斯主义丛林中,也就不可能有文明存在。① 在现实的经济交往中,规则限制着人们在具体的社会行为中采取机会主义的可能倾向,规范人际交往和人们的经济行为,因而制度能够确立并保护个人的活动领域和自由空间,帮助人们避免或缓和冲突,增进人们之间的和谐,并因此促进社会的繁荣和人类的幸福。

经济制度对人们经济生活的重大影响还表现为,经济制度建立的基本规则支配着所有公共的和私人的行动,即从个人财产权到社会处理公共物品的方式,以及影响着收入的分配、资源配置的效率和人力资源的发展。② 这说明经济制度不仅在很大程度上决定着人们如何实现以及能否实现其个人经济目标,还深刻地影响着人们所持有的价值观和所追求的经济目标,同时意味着经济制度本身不仅仅是社会经济生活的一种整合机制,还是一种社会的经济行为之引导机制。因此,如何制定经济制度,怎样安排经济规则,就直接关乎人们的经济利益,进而影响到他们生活的福利程度和生存质量。正因为如此,罗尔斯把分配人们基本权利和义务以及分配由社会合作产生的利益的主要制度即政治结构和经济制度作为社会正义的主题。经济制度和经济安排之所以是正义的主要问题之一,乃是因为它们的影响十分深刻并自始至终,不仅涉及面广,而且影响到人们在社会生活中的最初机会。③

如此可见,对经济制度之设定和安排的偏好比起制度安排之结果的偏好更重要,而经济制度的这种对经济生活的基础性意义,不仅要求经济制度本身合乎经济规律,更需要正义的价值原则为之匡扶和担保。之所以要如此,乃因为任何一个经济制度的基本任务就是要对个人的经济行为形成一个激励的动力和价值原则的关照,以此来鼓励和推动个人的勤奋和创新以及对别人的信

① 参见[美]诺思:《经济史中的结构与变迁》,上海人民出版社1994年版,第227页。
② 参见[美]奥斯特罗姆等编:《制度的分析与发展反思》,商务印书馆1992年版,"前言"。
③ 参见[美]罗尔斯:《正义论》,中国社会科学出版社1988年版,第7页。

赖,建立诚信的经济交往关系;有效的制度安排可以激发人们的经济积极性,促进资源的最佳配置和合理使用,从而促进经济的繁荣和社会的进步以及人之自由的增长。这种制度性安排所具有的激励功能缘于它是一种权利——义务关系与社会资源分配方式的安排。制度激励以特定价值目标和价值标准的设定,来强化或改变社会成员的行为方式和价值信念,也标识着制度的有效供给在社会公共生活中的意义。事实上,一种社会的经济制度除非与社会进步和人的自由发展相保持一致,否则任何真正意义上的经济制度和经济秩序皆由于缺少合法性根据而不可能确立,尤其不可能持续,更不能巩固。易言之,一个没有合理性和合价值基础的制度是不会长久的。心理学家 J. 皮亚杰、B. 英海尔德在《儿童心理学》中认为,依靠权力强行加于社会成员个体的至多是一种外在责任,出于惧怕的服从至多是一种他律,至多只能在现象界形成一种有规则的行为活动,尚不能形成自觉的、从而也是具有内在稳定性的责任感。对外在制度规则的他律服从,应当上升为自觉自律。但是社会成员往往依据自己的理性审视社会所提供的制度规则体系,如果他认为这个制度规则体系不是正义的,就会认为其缺少存在的合法性,在情感上与其抵触,表现在行为上或者是公开违背或者阳奉阴违。如果他认为这个制度规则体系是正义的,那么他会因其存在的合法性而在情感上敬重制度规则体系,从而具有一种自觉尊崇的内在冲动。① 而正义的价值理念和价值原则正是对人类行为和人际关系是否合规律性、合目的性的价值评判,以及对人类之平等自由的价值关怀。经济制度作为人们经济行为的规则设定,既要尊重经济运动的客观规律,更要注重经济发展与人的自由之统一。所以,对经济制度的制定是否合理,经济制度在运行过程中是否正当等问题的追问,都需要加以正义价值原则的审视和考量。

之所以诉求对经济制度的正义匡扶和担保,还缘于经济制度正义对实现经济正义具有首要的价值。人们的经济生活是一个复杂动态的过程,其中有经济行为主体间的合作互利关系,也有彼此在利益上的冲突;既包含着对经济活动规律的理性把握,也有经济行为中的非理性选择。但无论怎样,正常的经济生活是在经济制度和经济规则的框架内展开的,所以实现经济正义往往要以经济制度的正义为先决条件,它对于经济行为无疑具有重要的引导作用,对人们的经济追求和经济目的也有方向性的意义。这意味着经济制度制定得是

---

① 参见高兆明:《制度公正论》,上海译文出版社 2001 年版,第 114—115 页。

否合理,将重要的影响到人们经济行为的方式和经济的目的选择。所以卡尔·波普尔认为,我们需要的与其说是好的人,不如说是好的制度,因为最好的人也可能被权力腐蚀,而能使被统治者对统治者加以有效控制的制度却将逼迫最坏的统治者去做被统治者认为符合他们的利益的事。换句话说,"我们渴望得到好的统治者,但历史的经验向我们表明,我们不可能找到这样的人。正因为这样,设计使甚至坏的统治者也不会造成太大损害的制度是十分重要的"①。在现实的经济生活中,一些经济行为的主体不顾社会道德责任,在经济活动中以次充优、假冒伪劣、坑蒙拐骗,严重损害其他经济行为者的主体利益,并最终严重地损害到广大消费者的利益乃至生命安全,由此广泛地影响到人们的正常生活。这些现象之所以发生,部分缘于经济行为的主体缺乏起码的社会经济道德要求和良心,但是从客观的角度看,经济制度本身缺少合理性和合正义性原则也是导致上述事实的重要原因。杜克凯姆在考察社会越轨行为时发现,造成社会普遍越轨行为出现的根本原因在于社会结构本身,是社会的规范职能及其发挥作用的方式发生了重大变化,人们的越轨行为只不过是对这种变化了的社会结构的特殊反应。② 因此,为了遏制乃至杜绝这类违背大多数人利益的经济行为发生,就需要合理性、合乎正义价值原则的制度加以约束和牵引,从制度上确保经济生活的价值指向。经济制度越合乎经济规律,越符合正义的价值原则,那么经济活动的正面力量就越大,经济发展的速度就越快,经济效益就越高,并且能更加促进人的自由全面发展。环视今日世界各国,我们不难发现国家的经济发展活力与该国的经济制度密切相关。所以,怎样制定并确保正义的经济制度和经济体制是实现经济正义的重要关键,任何经济制度都应该在相当大的程度上体现正义的精神内涵和价值原则。否则正如马斯洛指出的那样:当人们生活在社会财富分配严重两极分化、正当致富无门,且有关公共权力机关对卖淫嫖娼事实上取一种睁一只眼闭一只眼的暧昧态度的环境中时,当人们的生活环境中泛滥起以权力财富作为衡量人的价值与尊严标准,且又对不择手段持一种默许的态度时,有一些人沦落为烟

---

① [英]波普尔:《猜想与反驳——科学知识的增长》,上海译文出版社 1986 年版,第491 页。
② 参见[美]杰克·D. 道格拉斯等:《越轨社会学概论》,河北人民出版社 1987 年版,第51—56 页。

花妓女,就是不太奇怪的事。她们虽然应当受到社会的谴责,但她们自身难道亦不是这种不公正的社会环境的牺牲品吗?① 总而言之,我们没有理由或者无法支持一个本质上不符合正义价值的经济制度。

三、经济制度正义

1. 经济制度正义的内涵规定

诚如前文所述,一定社会的各项正式制度的设定显然离不开社会的价值因素和文化背景,反过来说,一种制度必然蕴涵着某种伦理原则和价值取向。所以我们认为,任何一种经济制度都不是刚性的条条框框而与价值无涉,相反,经济制度是人们的经济价值理念和经济理论的外化和载体,是经济观念和经济价值思想的制度表现形态,它承载着经济活动主体的理性和价值追求。正是在这个意义上,A. B. 阿瑟在 1995 年的《复杂》中指出,一个经济固然是由技术、行为、市场、金融机构和工厂构成的,它们都是实在的和有形的,但是在这些事物的背后,在亚微粒子层面上即引导它们又被它们引导的是信念,这些信念合起来形成着一个经济的整体,它们是经济的 DNA。② 因此,经济制度背后无疑蕴涵着人类的某种价值因素和目的追求。

所谓经济制度正义,乃是从哲学价值层面上对社会的经济制度是否具有正义性的价值批判和哲学反思,是对社会成员有关经济利益的权利与义务关系方面在制度安排和制度运行等方面是否合乎正义价值的哲学审视和伦理考量,它构成了人类社会的基本价值。在根本上,经济制度正义价值是从属于社会正义价值的,它是人类的正义价值渗透并体现在经济制度中的表现。因此,经济制度正义的核心和根本乃在于,通过对人类基本的经济生活领域予以正义的制度安排来规定经济生活世界的秩序,以实现经济效率和社会公正之间的有机统一,现实地提升人的自由和幸福指数,成就人的自由存在本质。具体来说,经济制度正义包含着三个方面的内涵:

其一,经济制度正义,即经济制度本身的正义性。这是对经济制度本身的

---

① 参见[美]马斯洛:《人性能达的境界》,云南人民出版社 1987 年版,第 211 页。
② 参见[德]柯武刚、史漫飞:《制度经济学:社会秩序与公共政策》,商务印书馆 2000 年版,第 84 页。

设计和安排是否具有正义性的价值评判和哲学审视,也就是追问经济制度是
否承载和体现了社会的正义价值。它往往是以正义的价值理念和现实原则对
一定的经济制度、经济体制、经济规则乃至经济习俗进行合理性的哲学追问和
合目的性的价值评判。譬如,针对我国经济社会等方面存在的各种问题,邓小
平同志曾经指出,制度问题是一个带有根本性、全局性、稳定性的重大问题,制
度好可以使坏人无法任意横行,而制度不好却使好人无法充分做好事,甚至会
走向反面,同时他认为社会主义制度总比弱肉强食、损人利己的资本主义制度
好得多,因此必须从制度上入手加以改变现实中存在的各种经济社会问题。
在这里,邓小平同志对制度所作的"好"与"不好"的论述,实际上就包含着对
制度正义与否的理性追问和价值判断,当然其中也涉及作为社会重要制度方
面的经济制度正义问题。事实上在这里强调的是,不能把经济制度仅仅视为
是工具性的、技术性的东西,同时要考虑到它的价值理性的维度,在经济制
度的设计和安排时,要顾及对于人的自由价值和社会正义的担当。正是在
这样的意义上,奥尔森指出:"兴盛的市场经济最重要的是那些能够保障个
人权利的制度,这些制度包括财产权,因为没有财产权,也就没有人会积极
地储蓄和投资。此外,市场经济也要有鉴定各种公平的可实施的契约的权
利。它对于发达国家是既定的前提,但对于发展中国家的经济转型则是至
关重要的。"①

其二,经济制度正义"现实化"。这是探讨经济正义的制度化方案,即如
何使经济正义理念和经济正义的价值原则物化为具体的经济制度和经济政
策,以此释放制度化了的经济正义所具有的实质价值和现实力量,从而牵引人
们的经济生活和规范他们的经济行为。易言之,经济正义的价值理念必须渗
透到具体的经济制度和程序中,化为一种可操作的规则,从而成为现实的力
量,塑造人们的经济精神和经济行为,否则经济正义本身有可能成为空洞的说
教或华丽的词藻而于事无补。事实上,任何一种经济理念或经济思想要成为
现实的力量,都需要以原则的形式并通过刚性的制度设计赋予其以强制性的
力量,从而成为人们必须严格遵守的经济行为规范和经济交往边界,使得人们
的经济生活在一定的框架中有序地展开,以保障人们的自由、平等、互利的经
济生活和经济交往。而经济正义之理念和思想是公正合理的经济制度得以产

① 　[美]M.奥尔森:《取决于制度安排的经济发展》,《世界经济译丛》1993年第6期。

生的理念基础,是公正的经济制度得以存在和发展的观念支撑。因此,经济制度正义的"现实化",要依赖于经济正义的价值理念,也需要现实的物质力量和制度安排。

其三,经济制度运行的"程序正义"。这是探讨经济制度正义的"形式平等"原则问题,即要求在经济制度的运行过程中坚守正义的公平原则,在规则面前人人平等,给予相同条件的人平等对待,对于不同情况的人给予差别对待,这就是我们平常所说的制度的"程序正义"。制度的"程序正义"能否贯彻,将直接影响到制度功能与效率的发挥。当然,制度的程序正义仍然要以制度的实质正义为前提,因为形式正义显然要依赖于制度的实质正义。正如马克思所指出的那样:"如果形式不是内容的形式,那么它就没有任何价值了。"①试想,如果经济制度本身缺乏正义的价值元素,那么即使采取了形式的平等原则,最终也会导致恶的经济结果。经济制度正义的形式平等原则,其旨趣乃是强调经济活动中人们所应具有的机会公平。

当然,经济制度正义的上述三方面是内在统一的,即包含着对经济制度的正义要求,也诉求经济正义的价值理念通过制度的中介而成为现实力量,并在具体的制度运行中恪守程序正义的价值原则。

经济制度正义之所以可能,在于人们对经济生活的制度安排之要求和正义要求使然。在现实的社会经济生活中,任何人都不可能不关心经济利益,也不可能不追求经济利益,因为人都需要经济利益,需要乃人之本性。所以就一般而言,对自身经济利益的最大追求乃是驱使人们参与经济活动的内在动力。但是人们的经济利益又是交织在一起的,由此产生不可避免的利益冲突,而这种利益冲突和经济矛盾的存在又将严重地阻碍每个人自身经济利益的实现。为解决这种利益的矛盾和冲突,就必须制定规范行为和限制冲突的规则,以实现人们彼此之间利益的最大化,这种规则就是经济制度。但是,要使经济制度真正发挥作用,仅仅制定出经济制度是远不够的,还必须对经济制度加以正义的价值关照,唯有经济制度中内涵经济正义的价值维度,确保经济制度的公正性,其功能才能有效发挥,才能保证制度的激励动力机制。因此,美国经济学家卢兹深刻地指出:"只有规范并且公正的经济体制,才能使人们之间的信任与忠诚在未来得到提升,而这种信任与忠诚对人格的培养和大众福利的改善

---

① 《马克思恩格斯全集》第1卷,人民出版社1995年版,第288页。

而言都不可或缺。"①总而言之,正义是社会制度的首要价值,任何一种经济制度若不符合经济正义的要求,哪怕它如何有效率和有条理,都必须加以改造或废除。因此,经济制度正义诉求经济制度的制定既要合乎经济规律,又要体现正义的价值尺度,从而为经济生活和经济交往提供一个良好的制度基础。

2. 经济制度正义的基本原则

经济制度正义是一个历史范畴,因而在涉及对不同时代的经济制度或经济体制的正义理解和评价时,就会有不同的观点乃至相左的看法。因此,在不同的时代、不同的社会,人们对经济制度正义的理解是有差异的。对于经济制度之正义性问题的争论,通常主要是围绕公有制与私有制、市场经济和计划经济的是非问题而展开的,而在判定公有制或私有制、市场经济或计划经济的正义性问题时,又主要是依据它们给人类及其社会所带来的经济效率、社会公平、人际和谐以及人的自由的大小和程度等方面确立其价值视角和判断尺度。

首先来看围绕公有制和私有制问题而展开的有关经济制度正义问题的观点。在古希腊,亚里士多德很早就把私有制和正义联系在一起,他从自爱是人的存在本性出发,认为在公有制情况下,人们的劳动和报酬之间不容易平衡,从而出现不公正的分配,这容易导致不满的情绪。不过他又认为,人的德行与其占有的财富情况紧密相关,那些拥有大量财富的人往往易于骄横、暴戾,不愿意服从国家的管理,而太贫穷的人则容易变成无赖和下贱的流氓,充满狡诈,只有财富适中的人,既不会谋害他人,也不遭别人的谋害,既不觊觎别人,也不被人觊觎,因此"拥有适度的财产是最好的"②。在近代,洛克也是持私有制有利于社会正义的观点,洛克认为正义的基础在于个人自由的平等,而人的自由平等的实现必须以财产为基础,因此私有制乃是正义的基础。在当代,哈耶克也持相同的立场,认为正义的社会必然是人的自由高于一切,而人的自由之确保不仅依赖于法律的保护,更需要以财产的私有制为基础。他指出:"私有制是自由的最重要的保障,这不但是对有产者,而且对无产者也是一样。只是由于生产资料掌握在许多个独立行动的人的手里,才没有人有控制我们的

---

　①　[德]马克·A.卢兹:《经济学的人本化——溯源与发展》,西南财经大学出版社2003年版,第111页。
　②　北京大学哲学系外国哲学史教研室:《西方哲学原著选读》(上),商务印书馆1981年版,第157—158页。

全权,我们才能够以个人的身份来决定我们要做的事。"①密尔则是从维护人的自由能力发展的角度来指证私有制的正义性,他在《论自由》中认为,充分的个人自由乃是人的目的,是人们追求的根本福利,是社会进步的根本动力。而个人自由则包括良心自由、思想自由、志趣自由以及个人之间相互联合的自由,这些自由的实现有赖于个人和社会之间权利的明确划界,其中私有制便是实现个人自由的重要手段和基础。斯密在《国民财富的性质和原因的研究》中,从自利是人的天性出发,认为个人天生是为自己的利害打算的,只要不妨碍他人的利益和自由竞争,个人利益最大化的同时会带来整个社会的富有和幸福。而私有制的优越性正是在于它能充分地调动人们的积极性,并因此带来社会财富的增长,从而对私有制的正义性做了动人的阐释。

在不少人对私有制给予极大的捍卫和论证其合理性、正义性的同时,历史上对私有制的批判之声也从未停止过,并在此过程中确立了在经济制度上公有制的正义价值观。例如,卢梭就较早地明确提出了私有制违背社会正义的主张,他认为人类生来就有一种正义和道德的原则,在自然状态下生活的人类正是由这些原则引导下过着和平友好的生活,但是私有制的出现打破了这种生存状态,出现了社会的不平等。从此,人们为了财产变得彼此吝啬、尔虞我诈,社会公心彻底泯灭,人间因此充满贫困、不安和暴力。在马克思主义产生以前,对私有制展开最为激烈批判的要数空想社会主义者,他们不仅明确指出私有制是导致社会不正义的根由,同时提出了以公有制代替私有制的方案。欧文指出,人们为了个人的发财致富进行疯狂的斗争,使劳动者阶级遭受无法忍受的痛苦,而这一切都是私有制造成的。他写道:私有财产或私有制,过去和现在都是人们所犯的无数罪行和所遭的无数灾难的原因;私有者是这样利欲熏心,以致其中的很多人虽然拥有极大的财富,但是对于成千上万的同胞们因丧失工作而死亡的消息却无动于衷;私有财产还引起私有者的骄傲和虚荣,喜欢不正义行为和压迫别人;私有财产是社会经常产生仇视的原因,是人们中间不断发生欺骗和敲诈的根源;私有制是贫困以及由此而在全世界造成无数罪行和灾难的唯一原因,因而它在理论上不合乎正义,在实践中不合乎理性。② 马克思主义的创始人在批判继承人类优秀思想的基础上,对资本主义

---

① ［英］哈耶克:《通往奴役之路》,中国社会科学出版社 1997 年版,第 101 页。
② 参见周辅成:《西方伦理学名著选辑》,商务印书馆 1987 年版,第 558—559 页。

私有制做了深刻的哲学批判,认为资本主义的私有制,使得整个社会处于尖锐对立的两极,一方面是作为社会大多数的无产阶级处于贫困的边缘,另一方面是少数资产阶级积累了社会的巨大财富,工人则作为资本的抽象存在物而成为资本剥削的对象,导致整个社会的异化存在状态。因此,提出了以共产主义为核心的超越方案和革命道路:"共产主义是对私有财产即人的自我异化的积极的扬弃,因而是通过人并且为了人而对人的本质的真正占有;因此,它是人向自身、也就是向社会的即合乎人性的人的复归,这种复归是完全的复归,是自觉实现并在以往发展的全部财富的范围内实现的复归。这种共产主义,作为完成了的自然主义,等于人道主义,而作为完成了的人道主义,等于自然主义,它是人和自然界之间、人和人之间的矛盾的真正解决,是存在和本质、对象化和自我确证、自由和必然、个体和类之间的斗争的真正解决。"①

其次,对经济制度正义性的争论还围绕自由市场经济和中央计划经济的正义性、合理性问题而展开,并且简单地把市场经济等同于资本主义,而把计划经济等同于社会主义,也即把经济手段和经济制度本身的性质混淆起来。支持和捍卫市场经济体制的经济自由主义,主要是从自由的市场经济能促进人的自由、平等、民主、公平的价值等方面来展开论证。在经济自由主义看来,市场经济本身的正义性在于其直接孕育着自由平等的价值。因为市场经济就是以市场作为资源的基础配置方式的经济,在自由的市场经济条件下,人们能够平等地参与市场竞争、自由买卖,重要的还在于各种机会向人们平等地开放。米尔顿·弗里德曼在《资本主义与自由》一书中直接指出:"经济安排在促进自由社会方面起着双重作用。一方面,经济安排中的自由本身在广泛的意义上可以被理解是自由的一个组成部分,所以经济自由本身是一个目的。其次,经济自由也是达到政治自由的一个不可缺少的手段。"②同时,经济自由主义认为,市场经济能够为公平分配创造前提条件。其逻辑在于,通过市场的自由竞争,每个人都会激发自己的全部创造性,从而创造出极大的社会物质财富,而在一个财富总量不断增加和丰富的社会里,社会成员的福利必将增加。因此,激烈的市场冲突和市场竞争经"看不见的手",会不自觉地创造出公共利益,为社会公平的分配提供了前提,这就是所谓的"私恶即公德"。总之,自

---

① 《马克思恩格斯文集》第 1 卷,人民出版社 2009 年版,第 185 页。

② [美]弗里德曼:《资本主义与自由》,商务印书馆 1986 年版,第 9 页。

由的市场经济理论从市场能够促进人的自由、平等价值方面为市场经济的正义性作论证,并由此出发,批判和指责中央计划经济的专制性,并视其为是"通往奴役的道路",从而反对政府对市场的干预。的确,中央计划经济的典型就是"苏联模式",它通过国家组织结构集中管理全民所有资产或集体资产,并在国民经济框架内计划投入使用,但鉴于数量、财政和价格规划的复杂性以及人们利益的多样性,不能很好地解决信息问题和激励问题,严重地影响到了整个社会经济的长期高效地稳定运行。但是,在今天,世界上几乎没有哪个国家的经济是"纯粹的"市场经济或"纯粹的"计划经济,而往往是在经济的运行中既借助于市场功能,也有政府的干预。事实上,市场经济的确有效率,具有形式公平的一面,但是它往往立足于经济主体的独立自主性,容易出现个人至上的利己主义价值取向,从而会不自觉地导致对自然生态基础的滥用和破坏,而且由于经济人之间的交往带着赢利的目的,会出现过度追求私利的贪婪性,从而损害到人的正直和社会的道德基础,况且所谓的市场公平也只是形式上的公平,无法确保人们之间利益的平衡。所以,随着人们经济实践的发展和经济思想的深化,有计划的市场经济成为发展趋势。

可见,人们对公有制和私有制、自由市场经济和中央计划经济的正义性问题,的确存在巨大的差异。但是,透过他们的争论和观点,我们可以发现,对于经济制度正义的争论在根本上是围绕经济制度对于人之自由、平等、效率和秩序等方面的意义和价值而展开的,它是人们对经济生活的正义要求在制度上的反映,旨在要求为自由、平等、秩序和共生的经济生活提供制度上的保障。因此,从概括的意义上,判定一种经济制度是否具有正义性,要考虑到如下基本的原则:

其一,效率原则。任何一个经济制度或经济体制的基本任务就是对个人行为形成一个激励集,由此鼓励发明创新以及与别人形成有效合作,从而形成高效的经济活动,为社会和个人创造更多的财富。因此,经济制度的效率要求,是经济制度正义的题中要义,也是判断经济制度是否具有正义性的一个重要尺度。众所周知,人类所孜孜以求的是使自己的生活变得更美好、更幸福,然而这需要丰富的物质基础。提高经济效率正是人类获得更多丰富物质财富的重要手段,而经济效率的提高则在很大程度上依赖于有效的制度供给。经济制度的效率价值意味着更快的经济增长和更多的社会财富,所以在制度的安排和设计上面,必须充分考虑到经济制度的效率维度,探询经济制度如何更好地鼓励人的发明创造,激发人们的积极性和创造性。一个没有效率的经济制度无论在何种意义上,都缺少正义价值的担当,因为在哲学的正义理解中,正义在根本的意义上直指人的自由。因此,若一种经济制度不能给人们带来高效的制度供给,那么必然导致贫乏的社会财富和低水平的物质经济生活水平,社会可能由于贫困而引起互相争斗和尔虞我诈,自由因此成为不切实际的空话。可见,"如果一个体系由于无效率和生产不足而不能满足人的根本需要或不能实现人的潜能,维护它就不仅是不合理的,而且是不道德的,至少是不人道的"①。

其二,公平原则。经济制度的效率维度固然很重要,但是仅仅以效率维度并不能确保经济制度的正义性。诚如我们在对经济制度正义的内涵概括中,公平乃是经济制度正义的内在要义和其重要的价值原则。德国学者彼得·科斯罗夫斯基在谈到对资本主义进行社会伦理规范的必要性时认为,仅仅沉溺于经济的效率追求和利润最大化而不考虑社会的有效性是危险的,追求利润和利益最大值只有在附加的条件下才能可行,因为这种追求把人的行为动机的财富缩小到理性的抽象上面,且不顾我们的目标追求的社会性。他进一步指出,不受限制的对利润和利益的追求导致了向吝啬、贪婪和人类行为目标的财富的损失的转变;而仅仅通过市场来协调生产和分配,会导致在控制生产和分配生活机会时的主观主义,从而导致对有着本质意义的生活目标的忽视②。这就是说,我们不能仅局限于效率的总量,而是要进一步追问对谁有效率、对谁有利益? 因为,不存在单一有效率的政策选择,只存在对应于每一种可能的既定制度条件下的某种有效率的政策选择。去选择某个有效率的结果,也就失去选择制度安排的某个特定结构及其相应的收入分配。关键的问题不是效率,而是对谁有效率?③ 因此,经济制度正义要求,经济制度既要考虑到为人们提供公平的经济机会,也要顾及到对经济成果的公平分配,从而激发人们的经济创造性,并有效地捍卫人们过有尊严的生活。

其三,共生原则。共生原则是经济制度正义的逻辑延伸,一种经济制度的

① [美]布坎南:《伦理学、效率与市场》,中国社会科学出版社 1991 年版,第 67 页。

② 参见[德]科斯罗夫斯基:《资本主义的伦理学》,中国社会科学出版社 1996 年版,第 58—59 页。

③ 参见[美]丹尼尔·W. 布罗姆利:《经济利益与经济制度》,上海三联书店、上海人民出版社 2006 年版,"中译本序"。

设计和安排,若不能保证一个社会的经济生活有序展开,担当起人们之间经济生活的共生共赢,那么这种经济制度将失去其存在的合法性根据,从而为社会成员所抵制乃至抛弃,从而一方面损伤到经济制度的效率发挥,另一方面会影响到社会的安定团结。所以,我们要探寻的经济制度,不仅要鼓励人们的创造性以确保效率,同时也要通过公平、互助的价值关照,保护由自然禀赋和后天的社会因素而导致的"落伍者"。这诚如美国学者布罗姆利所言:"一种经济体制不能简单地被看做为一台生产物品和服务的机器,因为如果这是千真万确的话,那么另一种具有崇高的目标的经济体制将会把它抛弃。"①经济制度正义的共生原则旨在强调,社会在经济制度的设计和安排时,必须注入平衡和适中的价值元素,因为若一种经济制度没有了共生的价值关照,那么就会变异为社会上一个集团目标的实现手段,从而不可能实现社会的和谐和美好理想。而作为一个合乎人性的理想的经济制度,应该是包含对人类共生价值的深度关切。

其四,自由原则。在探讨制度的正义及其核心价值时,我们曾指出自由乃是制度的真义,自由是制度的核心价值。这一点,对于经济制度而言也是如此。上述关于经济制度的效率原则、公平原则和共生原则,从根本上来说是为了实现人的自由,促进人类的幸福。各种社会经济制度本身并不是目的,而仅仅是为了实现人的自由幸福生活的手段。一种经济制度本身是否具有正义的价值,从根本上来说就是要看它是否蕴涵自由的精神和价值维度,从而为人类自由的运用提供制度支持。自由意味着摆脱被奴役、被压迫,自由意味着思想和良心的自由表达。自由与人的生命存在关系重大,与人们的存在价值、生命尊严等紧密相连。所以,自由成为人们追求的终极价值,是人之为人的根本价值尺度。经济制度的自由原则,就是要在经济生活乃至社会生活中,通过经济制度的有效安排,通过确保人们的财产权利、自由的经济交往之权利和不受欺骗的经济生活,提升人的生命尊严和促进人的自由发展。经济制度的自由原则是经济制度正义的核心价值,它统摄着经济制度的效率、公平和共生的价值维度,同时经济制度自由价值的实现也有赖于经济制度的效率、公平和共生的价值基础。

① [美]丹尼尔·W.布罗姆利:《经济利益与经济制度》,上海三联书店、上海人民出版社2006年版,第5页。

3. 经济制度正义：经济制度变迁和创新的价值牵引

一般而言,所谓的制度变迁是指制度的替代、转换与交易的过程,它的实质是以一种更高效的制度来替代低效率制度的过程。但是,在涉及对制度变迁的具体表述及其动力原因等具体问题时,人们之间还是存在一定的差异。如,美国学者诺思在《经济史中的结构和变迁》一书中指出,制度提供了人类相互影响的框架,它们建立了构成一个社会,或更确切地说一种经济秩序的合作与竞争关系。而制度的变迁是指"制度创立、变更及随着时间变化而被打破的方式"①。而 V. W. 拉坦则认为,所谓制度创新或制度发展是用来指:(1)一种特定组织的行为变化;(2)这一组织与其环境之间的相互关系的变化;(3)在一种组织的环境中支配行为与相互关系的规则的变化。② 经济学家熊彼得在《经济发展理论》一书中对经济制度创新做了较为详细的阐释。在他看来,所谓创新是指建立一种新的生产函数,把一种从未有过的生产要素和生产条件的"新组合"引入生产体系,获得经济的发展和社会的进步。他认为,创新包括五种情况,即引入一种新产品;采用一种新的生产方法;开辟一个新的市场;获得一种原料的新来源;实行一种新的企业组织形式。熊彼特用创新理论来解释经济增长和社会进步,把创新作为社会进步的基本动力,因此他所说的创新是一个经济概念。林毅夫则认为,制度选择及制度变迁可以用"需求—供给"这一经典的理论构架来进行分析,并认为有两种类型的制度变迁:诱致性制度变迁和强制性制度变迁。诱致性制度变迁指的是现行制度安排的变更或替代,或者是新制度安排的创造,它由个人或一群(个)人在响应由制度不均衡引致的获利机会时自发倡导、组织和实行;而强制性制度变迁由政府命令和法律引入和实行。③ 经济制度作为规范人们经济生活的秩序要求,在本质上是反映了人们在社会生活中的经济关系及其交往活动。因此,经济制度的变迁本质上反映了人们经济关系的变化和社会经济利益的不同配置方式。

人类的历史是一个不断变迁、不断创新和不断发展的过程,而经济制度作

---

① ［美］道格拉斯·C. 诺思:《经济史中的结构和变迁》,上海三联书店 1994 年版,第 225 页。

② 参见［美］R. 科斯等:《财产权利与制度变迁》,上海三联书店 1991 年版,第 329 页。

③ 参见［美］R. 科斯等:《财产权利与制度变迁》,上海三联书店 1991 年版,第 384 页。

为社会生活的基础秩序,它与社会历史同脉动。在某种意义上,社会形态的变迁在根本上是经济制度的变迁。正因为如此,历史唯物主义在分析社会形态及其演进时,非常重视对经济制度和社会经济形态的分析和研究。在原始社会,由于人们生产力水平的极端低下,社会采取了平均共产主义的经济制度,即共同占有生产资料并平均分配生产所得,过着自然共同体的生活。之所以要采取这种方式,是因为人类为了自保和发展。因此,即使在最原始的人类先民那里,社会共同体的经济存在方式并不是偶然的,其中内涵着对人类自我生存和发展的价值关照。随着社会生产力的不断发展,原始的平均共产主义经济制度逐渐为更高的经济制度所代替,社会从部落制逐渐发展到奴隶制、封建制的阶级社会。资本主义经济制度的确立,是人类历史上的一次"大转型",被称之为是"经济时代"的到来,社会也因此发生了翻天覆地的变化。资本主义经济制度通常被称为自由企业制度,它具有不同于以往历史上经济制度的深刻特点:生产的对象是为了销售而不是为了直接使用或供他们的所有者享受,即为了价值而生产,生产的目的在于为了资本的增殖和利润的增加。资本主义在积聚财富方面的非凡成就,意味着商品的生产使得财富的膨胀有可能比以往的历史结构中统治者作为使用价值而进行的积累大得多。因此,我们可以从历史结构的层次可以把资本主义看做是一个与古代君主或封建制度相比的历史实体和历史"结构",而这个结构的原则和核心就是不停地积累资本,从而创造出比以往一切时代的全部生产力总和还要多、还要大的生产力,现实地推动了社会的发展。正因如此,作为经济学家和经济史学家的道格拉斯·诺思和罗伯斯·托马斯在《西方世界的兴起》一书中开篇就写道:"西方人的富裕是一种新的和独有的现象。在过去几个世纪,西方人已经冲破了赤贫和饥饿困扰的社会束缚,实现了只有相对丰腴才可能达到的生活质量",之所以出现这样的好局面,是因为"有效率的经济组织是经济增长的关键;一个有效率的经济组织在西欧的发展正是西方兴起的原因所在",而有效率的组织需要在制度上作出安排和确立所有权,以便造成一种刺激,推动经济发展。①

资本主义生产方式和经济制度的确立,在人类历史上具有巨大的促进作用,它创造了前所未有的生产力,极大地丰富了社会物质财富,促进了人们的

---

① 参见[美]道格拉斯·诺思、罗伯斯·托马斯:《西方世界的兴起》,华夏出版社 1999 年版,第 5 页。

物质生活水平,也使人们获得了大大超过前资本主义社会的自由和平等的人格尊严,摆脱了直接的人身依附。但是,在资本主义经济制度运行过程中,除了它的"文明一面"之外,它也携带着与生俱来但又自身无力克服的丑恶、肮脏和动荡的一面,正是在资本主义自身无法消融由自己所造成的邪恶之历史境遇中,社会主义作为更为文明的价值牵引力量,历史而现实地萌生于资本主义社会的内部,并成为现实的力量,获得了历史的发展。因此,历史地来看,制度的变迁具有内在的根据和尺度,这种根据和尺度集中体现在制度对于人的生存和发展的关切和担当上,它通过追求效率、公平、共生和自由的价值而得以逐步实现。

追求更高的效率是经济制度变迁的重要根据。提高经济效率是社会获得更多物质财富的重要途径,没有较高的经济效率,社会就会陷于贫困的状态,在这种情况下一切丑恶的东西又会死灰复燃。正因如此,我们才主张"发展是硬道理"。所以,在低效率的经济社会中,哪怕有多么大的公正,人们的自由实际上是受到极大的限制,最终还是以人的受奴役为代价。在这种意义上,我们不想生活在一个"公正的"社会中,在其中我们什么也买不到。事实上,一个低效率的经济制度是不会得到人们的长久支持的,它最终会被否定。美国经济学家布罗利姆在分析制度交易时认为,提高生产效率、增加净国民收入是制度交易或制度变迁的重要原因和动力之一。

追求更为公平的经济制度是经济制度变迁的价值要求。效率对于经济制度固然重要,但是在现实的经济生活中,由于人们在社会生活中所处的地位不一样,社会经济的高效率并不意味着人们将获得公平的社会财富。社会的一部分人可能利用自己掌握的资源和机会尽可能最大限度地占有社会的财富,从而社会上的一部分人甚至是绝大多数人丧失了应得的财富。也就是说,效率的经济并不能担保经济的公平。而在失去公平的经济生活中,从外在来看,一部分人的经济财富被另一部分人所剥夺,从而影响到被剥夺人的基本生存和发展。从内在来看,由于社会公心的丧失,人们的情感和心灵会受到极大地打击,从而影响到人们的生产积极性,最终会损伤到社会的经济效率。正是在这样的意义上,"我们也不想生活在一个'有效率的、富裕的'的社会里,这个社会把它的金钱用于道德上受到谴责的目的"①。

---

① [德]科斯罗夫斯基:《资本主义的伦理学》,中国社会科学出版社1996年版,第5页。

追求更为和谐的"共生"局面是经济制度变迁的价值诉求。制度就其缘起来说,本身就包含着对人类共生生活的承诺,人正因为有共生的存在需求,才有了制度的设计和安排。人与人之间在相处和交往活动过程中,由于社会财富的稀缺性和人类慷慨之心的有限性,难免要发生彼此的争斗和冲突。正是为了减少人们彼此争斗而产生的代价以及社会生活的有序展开,需要制度的规范和强制以确立人们活动的秩序和界限。但是,制度并不意味着好的生活,只有好的制度才能意味着好的生活。经济制度的变迁应该以经济制度正义的共生价值为牵引,从而在制度的设计和安排中注重更多的人文关切,构筑一个和谐共生的存在家园。

追求更大的自由乃是经济制度变迁的价值旨趣。自由是人类永恒的追求,但是人的自由受制于外在的自然束缚和社会的各种条件,其中社会经济制度对于人的自由而言具有十分重要的作用。因为人生活于社会,就是生存于制度中,制度直接规定了我们的活动边界和行为要求。所以,专制制度意味着对人之自由的剥夺,民主制度才是对自由的保障。而人类的历史从总体上而言,乃是一个逐渐摆脱专制、不断拓展自由的过程,经济制度的变迁也遵循着这样的逻辑,自由也因此构成了经济制度变迁的核心根据和价值旨趣。

总而言之,经济制度正义及其基本价值理念,现实地成为经济制度变迁的内在根据和价值牵引,它也理应成为经济体制和经济制度创新的价值根据。

4. 经济制度正义价值视阈的当代中国意义

毋庸置疑,在今天探讨经济制度正义对于我们建设有中国特色社会主义市场经济和践行中国特色社会主义道路具有重要的现实意义。

首先,研究经济制度正义有助于拓展我们的视野,关注经济制度的正义维度。经济制度的正义对于经济行为主体的正义追求具有优先的地位,并常常制约着人们的经济行为和规范社会的经济活动,因为经济行为主体在经济生活和经济交往中的职责和义务的确立与践履离不开经济制度的规定与划界。因此,我们认为对有关经济制度的正义选择优先于对经济生活中主体行为的正义选择,经济主体行为的正义性往往以经济规则的正义性为必要前提。但是,在以往的对于经济生活的正义之考察中,人们更多的是注重对个人经济行为之正义性的研究,而对经济制度的正义问题却采取了不应有的忽略乃至讳言的态度,从而对安排社会成员基本的经济权利和经济义务的经济制度之正

义性未给予充分的关注,这不能不说是一种极大的缺憾。事实上,研究经济制
度的正义,对于经济行为的规范、建立良好的经济生活秩序具有重要的意义,
尤其对处于从计划经济向市场经济转轨并深化时期的中国,不能仅囿于经济
行为主体的正义研究,更要注重对经济制度正义的探索,保证经济制度和经济
规则的公正性,从制度上为社会主义市场经济的有序建立和健康发展提供强
有力的保障。这要求我们在制定经济政策和经济规则时,既要注重这些制度
和规则符合客观的社会经济规律,更要强调制度和规则的正义关怀和价值因
素,同时要求这些制度的运行要遵守正义的原则,即在制度和规则面前人人平
等,为经济正义的实现提供制度上的保障。

其次,有利于发挥经济制度的激励功能和促进经济效率。没有制度和规
则的经济生活固然是一个没有任何可预期性和极端混乱的经济战场,但是有
了制度和规则的经济生活也不必然就是一个充满公正、秩序和效率的经济世
界,因为人们所制定的经济制度和规则并不天然地具有合理性和合目的性。
要使制定的经济制度和规则发挥其应有的制度效率和激励作用,就必须使其
成功地运行。正如著名经济学家布坎南指出:"在任何交易或交换中,个人参
加者有一种作伪、欺诈、骗取和违约的自私自利的动机。法律、习惯、传统、道
德教训——这些都是设计出来和(或)演化形成以限制或控制这些短期私利
的做法。只有这些制度限制成功地运用,从市场过程形成的自发秩序才能使
各别想象的个人价值最大化。"①而要使经济制度有效地运行,就必须使这些
制度合乎经济规律和正义的价值原则,既保证制度本身的公正合理,又确保制
度运行的正义规则。由于经济制度和经济规则对经济行为的主体具有重要的
激励意义和机制约束,所以不正义的经济制度环境会必然使经济生活世界中
的经济主体之间彼此相互敌视、互相欺骗,更可怕的是一旦人们长期处于这种
"霍布斯丛林"之时,不仅严重影响到经济效率和社会物质财富的增加,而且
会致命地打击人们的存在根基和生活的意义。而诉求经济制度正义就是通过
对制度的正义要求,使经济制度本身蕴涵着正义的价值维度,激励社会的经济
行为主体彼此协作、互助互利、双赢共生、抑恶扬善,从而确保经济效率与人的
自由之增长的统一。

再次,有助于我们从制度上抑制非正义经济的泛滥,促进经济正义。自党

---

① [美]布坎南:《自由、市场与国家》,北京经济学院出版社 1988 年版,第 89 页。

的十四大确定我国建立社会主义市场经济体制以来,我国的经济建设取得了举世瞩目的成就,人民的生活水平有了较大的提高。但是在建设有中国特色的社会主义市场经济过程中,也出现了大量的非正义经济现象,诸如国有资产流失严重、投机的经济行为肆虐、假冒伪劣商品泛滥、财富分配不公等,之所以出现这些经济现象,部分的责任可以归结为经济行为主体法治意识淡漠、缺少经济道德责任和缺乏社会良知,但是制度本身缺少应有的理性原则和价值维度而导致的制度缺陷、制度漏洞,是导致现实的经济生活中非正义经济盛行的重要因素,严重阻碍了社会主义市场经济的健康发展,并引发大量的社会问题,影响到社会的稳定和安宁。因此,要消除现实经济生活中的种种非正义经济的泛滥,除了提升经济行为主体的道德素质外,更要从制度上更好地规范人们的经济行为。经济行为主体之所以能遵守经济制度和规则,除了制度的外在权威性和惩戒性的震慑外,更多则缘于对经济制度所内涵的理性原则和正义价值原则的认可和自觉。如果经济行为主体认为经济制度本身不是基于正义之善,就会对经济制度的合法性发生怀疑,并在情感上、行为上与其发生抵触、违背乃至激烈的对抗。相反,如果制度本身合乎经济规律性和价值的合目的性,那么人们就会在情感上敬重它,在经济生活中自觉遵循甚至捍卫它。可以说,经济制度正义对于抑制和消除现实经济生活中存在的诸如权力经济、地下经济、伪劣经济等具有根本性的意义。

最后,有助于我们实现经济制度创新。创新是人类社会发展的重要动力,是一个民族进步的灵魂,是一个国家兴旺发达的不竭动力,所以就某种程度而言,人类的发展历史实质上是一部创新的历史。而创新最主要的是制度创新。"制度创新"原本是制度经济学的一个概念,意指在竞争的环境中,创造出新的经济行为规则以取代旧的制度,目的是为了减少交易费用以提高经济效益。经济制度创新意在表达通过创造出新的经济行为规则,为人们的经济行为和经济交往提供良好的秩序环境,使人们在平等、公正和自由的经济环境中展开经济竞争,创造经济效益,以推动社会财富的不断增长和日益丰富,并在经济生活中日益获得主体潜在能力的实现。笔者以为,要实现经济制度的创新,还是要从两方面下工夫:一是要注重讲经济制度和经济政策的合规律性即合理性,唯有全面掌握经济活动的规律,我们才能制定出合乎理性的经济规则,以致在具体的经济实践中不至发生严重碰壁的事,免于经济规律的惩罚,这方面我们的教训是深刻的。二是要注重对经济制度规则的价值关怀。经济制度并不是一些僵死的条文,它实质上是人的经济理想和经济价值追求在制度上的体现,它的运行和功效也要借助具体的人来实施和体现。所以,经济制度的创新只有放在人的发展维度中,将经济增长视为实现人之自由的高度上,才能有充分而持久的魅力和动力。而今天我们对经济制度的正义价值诉求和理论探讨,正是基于如此的根本目的和价值诉求。

第四章

经济正义：经济活动层面的考察

　　经济正义不能停留于对经济制度和经济规则层面的思考,还要进一步探讨经济活动各个环节中的正义问题。人的经济活动源于人对经济利益的追求,而人类要实现经济利益就需要彼此之间的相互合作和协调。因此,经济活动在本质是一种人与人之间的关系性的存在方式,由此必然地需要诸如公平、正义等人类价值原则的规范与约束。历史和现实生动地表明,如果离开人的价值因素,纯粹以资本的眼光看待经济活动和研究经济运行是远远不够的,因为这很难把握到经济规律和揭示出经济的真理。正是在这个意义上,英国著名经济学家罗宾逊指出:"经济学绝不可能是一门完全'纯粹的'的科学,而不掺杂人的价值标准。"①事实上,任何一种经济的背后都有相应的精神动力和价值支持,这些精神原则和价值因素普遍地贯穿于经济活动的始终。对此,贺麟先生在《经济与道德》一文中有精深的论述,他认为经济不是自然的产物,就其性质或意义来说乃是人力所决定的东西,是由人类的理智和道德的努力而创造的结果,故而在一切经济背后均有道德的观念和意识的作用在支配它,没有道德背景、非为道德所决定的经济是不存在的,至少不是真正的经济。②同样,马克斯·韦伯在《新教伦理与资本主义精神》一书中对近代西欧资本主义经济之所以能够迅速蓬勃发展的原因进行分析时认为,任何经济活动都必须内涵经济的价值因素,否则经济必然失败。他认为,资本主义经济成功的主

---

① 　[英]罗宾逊、伊特韦尔:《现代经济学导论》,商务印书馆1982年版,第5页。
② 　参见贺麟:《道德与人生》,商务印书馆1988年版,第28—29页。

要原因在于其背后的资本主义精神的文化动力和价值支持。这些精神和理念包括:通过劳动创造价值财富的方式来实现精神的光荣;创造财富时应恪守兢兢业业的敬业精神;通过正当的手段和途径获取财富,经济交往过程中不能损害诸如公正、平等、诚信等经济正义的原则;要勤俭节约,为享乐而从事经济生产是罪恶的,等等。马克斯·韦伯从文化、精神、价值的角度来指证经济发展的主因,难免有些偏颇,但在一定程度上揭示了经济发展过程中精神因素和价值因素的作用,这无疑有重要的启示和意义。因此,我们相信,任何经济领域以及经济活动的各个环节都包含和体现着人类基本的价值原则,内在地承载着人类正义的价值理念。

经济正义在经济活动中表现为经济活动正义,经济活动正义是经济正义的精神理念和价值原则在经济过程中的体现和关照,它集中体现在对经济活动的目的、过程和手段诸方面的合理性和合目的性的理性评价和价值审视。质言之,经济活动正义本质地关注着经济活动中人与人、人与社会、人与自然之间的合理性和合目的性的价值维度,其志趣在于将经济视为促进人类进步和幸福,以及对人之尊严的提升和人之自由的增长,并因此在经济活动中确立主体间的自由、平等、共生和互利的社会经济交往关系。经济活动是错综复杂的社会现象,贯穿于人类社会生活的各个领域,因此不能对现实的经济活动本身加以抽象的理解。但是为了便于理论分析和论述的需要,我们把经济活动视为生产、交换、分配和消费有机联系的四个环节的统一体,相应地,对经济活动正义的分析和论述也从生产正义、交换正义、分配正义和消费正义四个方面来具体展开。

研究经济活动正义,笔者以为以探索生产正义为起点较为恰当,这是由生产环节在经济活动过程中的地位所决定的。马克思在《〈政治经济学批判〉导言》中曾经指出,生产、分配、交换、消费构成一个总体,它们是这个总体内有差别的各个环节,其中"生产既支配着与其他要素相对而言的生产自身,也支配着其他要素。过程总是从生产重新开始。交换和消费不能是起支配作用的东西,这是不言而喻的。分配,作为产品的分配,也是这样。而作为生产要素的分配,它本身就是生产的一个要素。因此,一定的生产决定一定的消费、分配、交换和这些不同要素相互间的一定关系"①。因此,生产在经济活动中处

---

① 《马克思恩格斯文集》第 8 卷,人民出版社 2009 年版,第 23 页。

于主导的地位,同样,生产正义在经济活动中具有重要的意义。

一、生产正义:对"生产主义"的批判和超越

1. 何谓"生产主义"

社会的物质生产活动作为始原性的人类存在方式,乃是人类通过自己的生产劳动与他者进行物质能量交换,以获得物质财富来满足自己的生存、享受和发展之需要的活动及其过程。由于自然不可能为人类提供"免费的午餐",因而社会的物质生产作为奠基性的生产形式,便现实地构成了人类及其社会存在和发展的前提和基础,即人类"为了生活,首先就需要吃喝住穿以及其他一些东西。因此第一个历史活动就是生产满足这些需要的资料,即生产物质生活本身"①。所以,从最概括的生产一般意义上说,生产活动对于人类及其社会历史而言具有本体论的意义。但是,任何现实的生产都是具体而历史的,它必定表现为一定社会历史条件下的生产及其方式,而且这种具体而现实的生产方式乃是人们表现自己生活的一定方式,是他们的一定的生活方式,因为"个人怎样表现自己的生活,他们自己就是怎样。因此,他们是什么样的,这同他们的生产是一致的——既和他们生产什么一致,又和他们怎样生产一致"②。所以,要深入洞穿一个时代和社会的秘密,恰如的方法莫过于把捉该时代该社会的生产方式即"生产什么"、"怎样生产"和"为谁生产"。

今天我们之所以提出生产正义的价值诉求,乃因为"生产主义"成为我们现时代的存在"命运"。具体而言,生产主义作为资本主义生产体系的主导旋律,已成为现代社会虚假的意识形态,且无批判地被视为是当今时代生产的至上真理。自从资本来到世间,生产主义犹如一个幽灵紧随其后并日益膨胀。今天,"生产主义的话语支配着一切,不管这种生产力具有客观的目的还是为了自身而发展,它都构成了自身的价值形式",③并且以粗野的方式钳制着人类鲜活的感性生命。所谓生产主义,可以被简要的描述为:由于资本原则的内在强制而形成的对物质财富及其生产的一种无批判的膜拜和狂热,从而在现

①　《马克思恩格斯选集》第1卷,人民出版社1995年版,第79页。
②　《马克思恩格斯选集》第1卷,人民出版社1995年版,第67—68页。
③　参见[法]鲍德里亚:《生产之镜》,中央编译出版社2005年版,第2页,"序言"。

实生活中表现为经济主义、物质主义和 GDP 崇拜的生产理念、生产行为和生产体制,它坚固地持有资本逻辑、"贪婪攫取性"的生产动机和"去道德化"的生产立场。生产主义不仅成为现代社会生产的神圣尺度,而且通过具有"科层"性质的生产官僚体系,以"君临天下"般的势力将世间的一切万物当做抽象的资本增殖材料纳入到自己的生产体系中,制造出一个冰冷而庞大的物质世界与人坚硬对峙,并使其成为现代人"天命"般的生存方式。生产主义遵循"生存即生产"、"生产即命运"的原则,并与现代科技神圣结盟,形成了狂妄和胆大的恶习,自负地许诺人类的幸福以及社会的进步。因此,生产主义本质上是理智形而上学和现代资本原则的显像和结果。具体来说,生产主义具有如下显著的特征:

其一,生产动机上的"贪婪攫取性"。生产主义的贪婪攫取性(acquisitiveness)"是体现在经济和技术领域的那种浮士德式骚动激情,它声称'边疆没有边际',以彻底改造自然为己任"①,生产的动机不是为了满足个人的需求,不是为了使用价值,而是为了无底的贪婪欲求而进行无度的交换价值生产,是一种丧失了道德和意义维度的经济生产冲动力的生动体现。它没有人的眼光,只有资本的眼光;它没有感性的语言,只有货币的语言;它没有价值理性,只有计算理性。生产主义的这种贪婪攫取性,本质上是资本贪婪性的表现和外化,是资本增殖逻辑的自然延伸。

其二,生产机制上的"泰罗—福特制"。生产主义采取"泰罗—福特制"的生产机制是其"贪婪攫取性"的内在要求。由于将获得更多的物质财富、占有更多的商品和资本增殖视为生产的至上目的,所以生产主义要求在生产过程中实行极端的"经济主义"和"效率原则","会计理性"成为其行事的唯一指导原则,从而在生产中采取高度专业化的分工,实行标准化、自动化的程序生产,采取计件工酬制度,不竭余力地降低工人的工资水平,提高工人的劳动强度,最大限度地榨取雇工的剩余价值,甚至在工厂设立特务组织,以镇压雇工的不从和反抗。卓别林主演的《摩登时代》是对生产主义"泰罗—福特制"生产机制的深刻艺术再现和辛辣讽刺。在这种生产体系中,人作为纯粹的生产要素完全服从于生产流程的节奏,随着生产程序的运行而被肢解和碎片化,从

---

① [美]丹尼尔·贝尔:《资本主义文化矛盾》,生活·读书·新知三联书店 1989 年版,第 29 页。

而失去了对生产的任何把握,丧失了对自身意义和目的的任何理解。

其三,生产方式上的"去道德化"。由于生产主义持有资本至上、利润挂帅的生产价值主张,从而在生产过程中无视人间道德和社会伦理,"千方百计"、"不择手段"地采取"去道德化"的生产手段。为了利润和资本,生产主义可以漠视人间的道德、无视社会的法律,彼此欺骗、尔虞我诈,包括人的生命也仅仅成为资本增值的抽象物料之时才能引起它的好感。由于资本原则是生产主义的内在根据,生产主义就像自然界害怕真空一般害怕生产没有利润或利润太少,一旦有适当的利润,生产就胆大起来,如果有更大的利润,生产就会铤而走险,而如果生产能有很大的利润回报,它就敢践踏人间的一切法律,敢犯任何错误,甚至敢冒杀头的危险。现实生活中层出不穷的假冒伪劣,不绝于耳的生产灾难不过是生产主义不小心泄露出来的存在消息罢了。

2. "生产主义"的三重天真

生产主义表现出来的"贪婪攫取性"、"泰罗—福特制"和"去道德化"的生产属性和特征,具有其深刻的形而上学基础和逻辑前设。只有深入到生产主义的哲学前提和逻辑演绎过程,我们才能深刻揭示其本质,从而获得对它的真理性认识。具体说来,生产主义存在着自身无法克服的"三重天真"。

其一,生产主义存在着将"现实的人"等同于"理性经济人"的天真。生产主义之所以表现出生产旨趣上的"贪婪攫取性"、制定出生产过程中的"泰罗—福特制"方案,乃因为其无批判地将"现实的人"简约为"理性经济人",尔后将"理性经济人"作为自己生产纲领的逻辑前设,因而存在着虚妄的"人性假定"。之所以把"理性经济人"假设称之为是虚妄的,是因为"理性经济人"并不能担负起对现实人的解释力和牵引力,更不能达至人类所欲的幸福生活。的确,现实的人具有追求自身经济利益、追求效用最大化和理性的一面,但现实的人并不能因此就简约为"理性经济人"。唯物史观认为,人并不是抽象的、一成不变的存在物,而是具有能动的、感性的、对象性的历史中生成的存在物。无数的事实证明:现实的人不仅具有"经济人"的特征,还具有"道德人"和"社会人"的品格;现实的人除了具有"利己"的倾向外,也怀有"利他"的精神气质和行为动机;现实的人除了具有理性的一面外,也存在着非理性的倾向。可见,"理性经济人"并不能囊括现实人的生命存在样式和人类行为动机,因而是片面和抽象的。生产主义的根本缺陷在于将"理性经济人"假定

"当作不变规律、永恒原理、观念范畴的经济关系先于生动活跃的人而存在;再假定这些规律、这些原理、这些范畴自古以来就睡在'无人身的人类理性'的怀抱里"①,从而将现实的人之感性的、无限丰富的存在归结为僵硬的"无人身的理性"和无情趣的利润追逐游戏,实质上依然没有摆脱理智形而上学"本质主义"的哲学窠臼。显然,生产主义的"理性经济人假设"包含着自身无法克服的认识误区和理论缺陷,阻碍着生产的人性化脚步,漠视人的感性生命,从而远离生产的真理。

其二,生产主义存在着将"现实自然"等同于"无限自然"的天真。社会物质生产活动作为人类始原性的存在方式,需借助一定的社会生产关系方能与自然界进行物质能量之交换,因此无论生产的社会形式如何,自然生态的健康持续乃是其重要的基础。然而,生产主义以资本原则为自己的内在尺度,以"生产无边际"的狂妄大肆推行经济主义、物质主义和 GDP 崇拜。究其原因,在于其天真地持有"自然无限"、"地球无疆"的错误生态观念,把自然界视为一个巨大的可以随意支取的免费货仓,从而无所顾忌地宰制自然和促逼生态,制造出一个个"寂静的春天"和可怕的"自然之死"。然而,事情的真相并非如生产主义所想象的那般天真,现实的自然是一个有限和脆弱的生命机体,它难以承受生产主义的霸权逻辑。现代人如果一意孤行,继续持有生产主义的价值理念和依循生产主义的模式进行生产活动的话,那么我们这个美丽的、有生命力的星球在不久的将来必然沉寂而死。因此,在社会的物质生产过程中我们要自觉树立未来意识,不能陶醉于自己对自然界的当下胜利。事实上,每一次人类对自然的霸道统治,自然都会以数倍的力量报复于人类。可见,生产主义持有的"自然无限"的前设是空幻的,在实践上具有巨大的危害性,我们应该具有足够的警惕。

其三,生产主义存在着将"物质财富"等同于"人类幸福"的天真。生产主义之所以能够蒙蔽大众并大行其道的缘由之一,乃是它向人们灌输物质主义的人生观和价值观,并自负地担保能够为天下众生奉上足够的物质财富,许诺人类因此能够步入美好幸福的社会生活。在这里,生产主义隐藏着双层的谎言。一方面,诚如我们在上文所述,由于自然生态是一个有限的存在机体,故而人类的生产不可能是无限度的,脆弱的星球不可能满足人类贪婪之需,唯有

---

① 《马克思恩格斯选集》第 1 卷,人民出版社 1995 年版,第 147 页。

人类发挥自己的理智与自然和谐相居,才能确保自己地球一员的资格。同时,生产主义简单地把人类的幸福换算成财富的占有,具有明显的片面性。不错,人生在世的确需要面包,但是人之所以为人、人生的幸福和社会的美好并非仅仅系于面包一身,物质财富并不直接等同于人类幸福。事实上,财富与幸福并无必然关联。譬如,从社会层面来看,在资本主义原则普遍盛行的时代,"财富的增长"在某种程度上表达的是"贫困的积累"和"人的丧失"。从个体的生命经验来看,不少人一生中最幸福的时光,并非在拥有巨大财富之时,而是在他们与贫穷作斗争的时候。生产主义之所以谎称自己能够为天下百姓带来无尽的财富和无比的幸福,与其"理性经济人"、"自然无限"的虚假前设紧密相关,是这种天真前设的逻辑延伸,更重要的在于它回避了如何公平分配社会财富的问题,因而是一个充满意识形态的谎言。

3. 生产主义的后果:生活世界的殖民化

今天,生产主义被视为生产的至上真理,从而为人们无批判地追捧和膜拜,且已深刻地印记在生活的所有层面,包括我们的政治制度、生活习惯,还有我们的心灵,乃至渗透在我们所有的期待和谋划中。然而,生产主义及其带来的后果是灾难性的,它通过对自然的控制、对社会的统治以及对人类自由本质的钳制,全方位实施了对人的殖民统治,造就了一个殖民化的生活世界。

其一,生产主义危及人类的自然生态根基,造成人与自然的紧张对峙。生产主义所持有的利润贪求之生产动机和资本的内在逻辑,使得其不可能停下疯狂生产的脚步,为寻求自身苟延残喘的机会而铤而走险,从而不可避免地陷入生产的无限恶循环中。正是隐藏在生产主义内部的这种资本饥渴症和贪欲心,促使生产主义用流氓般的生产粗野、凭借当代科技的狂妄和充满官僚气息的现代生产体制,无所顾忌地向自然开刀,促逼自然流出最后一滴透明的血。然而,生产主义有"勇"无"谋"即粗野有余,智慧不足,它没有认真思考人类在自然界和地球上所处的边缘地位和脆弱的命运,它忘记如此的一个简单事实,即人直接地是自然存在物,因而某种程度上可以说人类是地球的囚徒。马克思曾深刻地指出:"人作为自然的、肉体的、感性的、对象性的存在物,同动植物一样,是受动的、受制约的和受限制的存在物"[1],因此,"自然界,就它自身

---

① 《马克思恩格斯文集》第 1 卷,人民出版社 2009 年版,第 209 页。

不是人的身体而言,是人的无机的身体。人靠自然界生活。这就是说,自然界是人为了不致死亡而必须与之处于持续不断的交互作用过程的、人的身体。"①所以,生产主义对自然界所做的每一件恶行,自然都会成倍的报复于它,因为自然就其普遍性而言是不能以这种方式被控制的,它不会屈从于生产主义的淫威。生产主义不顾自然生态对于人类的孕育之恩,无视地球生态机体的有限性和脆弱性,凭借现代技术大肆推行生产恐怖,势必危及人类的自然生态根基,造成人与自然的紧张对峙。

其二,生产主义瓦解社会的理性基础,引起人与人之间的矛盾和冲突。生产主义不仅强制自然,造成人与自然之间的紧张对峙,而且深刻地影响到社会的秩序基础,从而引起人与人、人与社会之间的矛盾和冲突。这是由生产的社会属性和生产主义内在固有的资本逻辑所决定的。生产的社会性表现在,"为了进行生产,人们相互之间便发生一定的联系和关系;只有在这些社会联系和社会关系的范围内,才会有他们对自然界的影响,才会有生产"②。因此,任何现实的生产只有在一定的社会关系和经济关系中才有可能和展开,都表现为人与人之间具体的社会关系,从而它在本质上是一种人与人、人与社会之间的利益关系。因此,生产如何表现自己,包括生产什么、如何生产和为谁生产,都隐藏着为谁之利益而生产,以及如何分配生产出来的利益之本体论追问。正是生产的这种群己关系和利益维度,生产意味着人之利益生产、利益分配乃至利益争夺的存在方式,因此它与个体生命的发展前景休戚相关,亦与人类的命运前途紧密相连,所以生产问题历来是哲学的重大课题。同时,生产主义以资本逻辑作为自己"铁的规则",以利己的个人中心主义为其价值观基础,携带着与生俱来的自私本性和侵略基因,带着贪婪的目光打量周围的一切,否认他者的存在合法性,进行无理性的掠夺式生产,从而导致人与人、人与社会之间的冷漠无情、尔虞我诈和残忍竞争,根本上威胁到社会的基本秩序,瓦解人类社会生活的理性基础。

其三,生产主义钳制着人类的感性生命,遮蔽人的自由存在本质。人类的生产劳动不仅是人类生存和社会历史发展的深刻基础,而且它最关本质地牵连人的自由存在本质。因此,生产劳动是最具"属人"气息的人的活动。对于

---

① 《马克思恩格斯文集》第 1 卷,人民出版社 2009 年版,第 161 页。
② 《马克思恩格斯文集》第 1 卷,人民出版社 2009 年版,第 724 页。

生产劳动的"属人"性质,马克思曾给予了深刻的阐释,他认为人的生产劳动是一种"有意识的生命活动",从而与动物的活动区别开来;生产劳动不仅是人获取自己生存资料的活动,也是人的本质力量的对象化过程,在这种感性的对象化的活动过程中,人不断超越自我,实现自我创新,并在自然和人的本质统一过程中成就人的自由自觉的存在本质。马克思指出,一个种的整体特性、种的类特性就在于生命活动的性质,而自由的有意识的活动恰恰就是人的类特性,正是由于这一点,人才是类存在物,也仅仅由于这一点,它的活动才是自由的活动。① 在这里,马克思深刻地揭示了生产的人学意蕴。质言之,人类的物质生产活动不仅仅是维持自身生命的手段,更重要的在于它是人之自由存在本质的体现方式和成就方式,这是生产的哲学内涵。然而,生产主义无论就生产的目的,还是其生产机制,或者在生产过程中,都包含了对人之自由的钳制,根本上缺失了生产的人学关怀,从而成为一种彻头彻尾的异化生产。在这种生产中,生产成为外在于人的敌对力量,人们不是自由地实现自己的本质力量,而是使自己的肉体受折磨、精神遭摧残,不是肯定自己,而是否定自己。生产主义是如此蒙蔽人的思想和眼睛,挫伤他的希望,偷走他的乐趣,毁灭他的灵魂,剥夺劳动者的创造性,从而强力地钳制着人的感性生命,剥夺人之自由自觉活动的存在本质,因而是缺少哲学的合法性根据。

4. 生产正义:超越"生产主义"之思

如上文所述,生产主义携带的资本主义生产价值取向、"贪婪攫取性"的生产动机、"泰罗—福特制"的生产机制以及"去道德化"的生产立场,导致的是一个没有春天的自然、一个没有乐趣和希望的社会,以及培植出一个个充满利己主义的自称为现代人的人,从而使生活世界全面的殖民地化,为人类自我的生存戴上了沉重的锁链。生产主义既缺乏可持续生产的生态基础,也丧失了理性生产的社会道德合法性根据,更没有生产的人文哲学关怀,因而是恶无限的生产。生活的经验和理智的智慧之光无误的告诫人们,生产主义是现代社会患有的恶疾,需要我们付出艰辛的思想努力和坚毅的行动去化疗它。在此,我们不能不再次思考马克思提出的一个重大问题:把人类的最大部分归结

---

① 参见《马克思恩格斯文集》第 1 卷,人民出版社 2009 年版,第 162 页。

为抽象劳动,这在人类发展中具有什么意义?① 由此,生产正义的哲学诉求,一个批判性的对话和超越之思将是不可避免的。

(1)何谓生产正义

在具体阐释生产正义以前,有必要对生产范畴做一个简要的规定,因为人们对生产的理解是不一致的。对于何谓生产,人们往往从技术视角、企业层面来理解生产,在这种视野下,生产被简单的归结为一种"投入—产出"的物质活动,从而遮蔽了经济生产活动深层次的内涵,即人与人之间的经济关系。而马克思则具有不同的理解视角,他并不简单地把生产及其关系一般地看做是技术的或机械的关系,而是将其理解为社会成员之间的经济关系。在这里,马克思深刻地揭示了貌似客观的技术和机械的生产活动背后,隐藏着人与人之间紧张的利益关系和财产关系。具体而言,在马克思主义哲学中,一般所说的生产又称"社会生产",它具有广义和狭义之分。广义的生产指人类从事创造社会财富的活动和过程,包括物质资料生产、精神生产、人自身的生产以及社会关系的再生产。狭义的生产指人类创造物质财富的活动和过程,即物质生产。作为人类经济活动重要组成部分的经济生产,主要是在狭义的意义上使用生产概念的。历史唯物主义认为,经济生产活动是人类首要的实践活动,是一切人类生存和一切历史的第一个前提,因此它在人类历史中具有基础性的地位。对此,马克思和恩格斯在《德意志意识形态》中有明确的论述:"人们为了能够'创造历史',必须能够生活。但是为了生活,首先就需要吃喝住穿以及其他一些东西。因此第一个历史活动就是生产满足这些需要的资料,即生产物质生活本身,而且这是这样的历史活动,一切历史的一种基本条件,人们单是为了能够生活就必须每日每时去完成它,现在和几千年前都是这样。"② 在现实的经济生产过程中,还包含着各种复杂的生产关系,包括人与自然之间的物质交换关系,人与人之间的社会生产关系。所以,马克思在《雇佣劳动和资本》中指出:"人们在生产中不仅仅影响自然界,而且也互相影响。他们只有以一定的方式共同活动和互相交换其活动,才能进行生产。为了进行生产,人们相互之间便发生一定的联系和关系;只有在这些社会联系和社会关系的

---

① 参见《马克思恩格斯文集》第1卷,人民出版社2009年版,第124页。
② 《马克思恩格斯文集》第1卷,人民出版社2009年版,第531页。

范围内,才会有他们对自然界的影响,才会有生产。"①

生产正义,作为一个重要的经济哲学概念,乃是立足马克思哲学的生存论视阈,对作为人类始源性基础存在方式的生产活动及其过程所进行的哲学反思和价值审视,本质上是对人类自我存在状况的哲学思考和正义诉求,因而是一个批判性的哲学范畴。它通过对生产目的和动机、生产过程和手段、生产效果等方面展开是否合规律性和合目的性的价值评判和哲学审视,由此进一步追问生产什么、如何生产以及为谁生产等至关人的存在方式和存在意义的深度哲学问题,从而为人的生产活动提供意义的向度,并在具体的经济生产过程中承担起捍卫人的生命尊严和确证人之自由存在本质的哲学使命。易言之,生产正义乃立足生存论的原则高度,将生产活动置放到人之自由存在本质的哲学视阈加以价值审视和意义考量,揭示出生产活动与人的生成、社会历史运动之密切关联,从而为人类生命的自由之增长和人性的全面丰富而投入深度的思想关照。据此理念,生产正义不仅仅囿于对生产的效率要求,还要考量生产的自然生态维度、社会道德视野和哲学价值关怀,它保持着对生产目的、生产手段、生产过程的正当性的哲学询问,从而蕴涵着对生产过程中人与自然、人与人、人与自我关系的人文关切,并在历史的具体的生产实践中营建生态平衡、人际和谐、社会有序、精神安稳的存在家园,现实地促进生产发展、社会进步和人类自由之增长。因此,生产及其方式是否有助于人民大众的现实自由之增长,是否有利于现实的人之丰富潜能的充分实现,构成了考量生产是否具有正义性的核心尺度。这是生产正义的哲学立场和价值表达。

(2)生产正义如何可能

生产正义如何可能? 这是我们需要要进一步加以追问的深刻问题。概要地说,生产正义的可能缘于生产的本质和人的存在特性。生产活动是人类首要的实践活动,是人类获取吃、穿、住、行等需要的物质资料的主要方式。诚如我们在前面对生产所阐释那样,物质生产是人类和自然界之间进行物质能量转换的重要手段,是人类社会得以存在和展开的重要基础。一方面,人们通过对自然物的改造获取能够满足人的需要的物质生活资料;另一方面,人们在改造自然的同时也在不断地改变自身。正是在改造自然和改变自身的同一过程中,人类成就了自身,也创造了自己的历史。这说明物质生产在人类的社会生

---

① 《马克思恩格斯文集》第 1 卷,人民出版社 2009 年版,第 724 页。

活和人类历史中具有基础性的地位。要进行生产,离不开劳动者和生产资料的因素,两者的结合形成劳动生产力,生产力表示人们在生产过程中对自然的关系,但是人们在生产过程中还要结成一定的人与人之间的社会关系,生产才有可能。因此生产包括生产力和生产关系两方面的内容,两者的统一构成了社会生产方式。生产方式是人类社会赖以存在和发展的基础,决定着社会的面貌和社会制度的性质,并制约着社会的政治生活和精神生活过程,同时生产方式还决定着社会制度的更替。如此可见,生产及其方式对于人类社会和人类历史具有重要的意义。生产是人之存在的主要方式之一,它本质上是一种人的关系性的存在方式,所以马克思指出:"人是最名副其实的政治动物,不仅是一种合群的动物,而且是只有在社会中才能独立的动物。孤立的个人在社会之外进行生产——这是罕见的事"①。如此可见,人的物质生产活动必然地关联到人与人、人与自然的交往关系,那么如何对人与自然、人与人之间的存在关系赋予合规律性和合目的性的正义价值关怀,使得生产这种人所特有的存在方式合乎规律性和合乎目的性,从而彰显人的自由自觉的存在本质,就成为人类无法逃避的存在难题并现实地呈现在生活的界面。正是在这里,生产提出了正义的价值要求。

生产正义何以可能还与人的存在特性紧密相关。人是地球上最神奇的物种,他是动物却具有自我意识,"有意识的生命活动把人同动物的生命活动直接区别开来。正是由于这一点,人才是类存在物"②。人的这种有意识的存在特性使得人远远超越于动物,这种"类意识"使人能够决定他自己的行为模式,即具有自由的创造性,所以赫德尔认为,动物仅是弯腰曲背的奴隶,而人是创造的最初的自由民,人是为自由而长成的;人不再是自然手中一架运转永远正常的机器,人成了他自己的行为的意图和目标。这就是人之伟大的原因。③人是一种开放性的存在物,他并不像其他存在物一样只是"命定"的存在,而是在不停的生产劳作中敞开自己的无限性。同时,人并不简单地存在着,而是力求有意义的生活,他好奇地询问和解释自己。人类正是在对自己的不断解释和询问中塑造和完善自己,"动物只是按照它所属的那个种的尺度和需要

① 《马克思恩格斯文集》第 8 卷,人民出版社 2009 年版,第 6 页。
② 《马克思恩格斯文集》第 1 卷,人民出版社 2009 年版,第 162 页。
③ 参见[德]兰德曼:《哲学人类学》,上海译文出版社 1988 年版,第 206 页。

来构造,而人却懂得按照任何一个种的尺度来进行生产,并且懂得处处都把固有的尺度运用于对象;因此,人也按照美的规律来构造"①。对此,英国历史学家汤因比认为,人类是动物性存在和精神性存在相结合的统一体,但是,"人类因为在其本性中具有精神性的一面,所以他们知道自己被赋予了其他动物所不具有的尊严性,并感觉到必须维护它"②。人的这种有意识的生命存在特性使得人不仅关注动物性的需要,更重视对人之生命的形上之思和意义追问,并在对生命的存在追思中反观自己、完善自己。"人已认识到他的最伟大和最美好的任务在于仿效他自己选择的模型,并按照它自己的准则来建设他的生活"③。这意味着,人不仅生活,而且是在自己的指导下展开生活,这也意味着人的生产不仅仅只是一种人的谋生手段,不仅仅是人们使用生产资料改变对象以适合自己需要目的的活动,而且在更深远的意义层次上,生产活动本质地关涉着人的存在方式和存在意义的维度,所以人类怎样生产,也就怎样生活。可见,生产具有作为人类生存与活动之基本方式的哲学人类学特征。因此,生产正义之所以可能,其秘密存在于人的有意识的、自由自觉的存在本性以及人类对生命意义的不停询问和追求之中。那么,具体而言,生产正义如何可能呢?

首先,生产目的和动机的正义性是生产正义的价值担保。这涉及生产什么、为什么生产、为谁生产的根本问题。生产活动不仅是人类赖以生存的必要前提,而且是确证人的自由自觉的存在本质的主要方式。人类通过生产活动获取自己生活资料的同时,不断地实现自己的潜在力量和丰富的人性。然而人类的生产一开始就具有社会的性质,在不同的社会里,生产表现出不同的动机和目的。在原始的自然经济条件下,生产仅仅表现为满足自身和家庭成员生活需要的手段,生产具有自发性和随意性,那时对生产正义的追求表现为一种朦胧的状态。随着私有制的出现和阶级的产生,特别是到了近代,随着资本主义生产方式的确立,生产不仅仅是为了满足人们生存的需要,生产的动机乃是建立在对资本的无限贪婪之上,剩余价值成为生产的唯一目的。对此,马克

---

① 《马克思恩格斯文集》第1卷,人民出版社2009年版,第163页。

② 参见[英]汤因比、[日]池田大作:《展望21世纪——汤因比与池田大作对话录》,国际文化出版公司1985年版,第3—4页。

③ [德]兰德曼:《哲学人类学》,上海译文出版社1988年版,第7页。

思在《资本论》中给予了深刻的揭示,他指出,"剩余价值的生产是资本主义生产的决定的目的"①,因此,资本家的生产动机"也就不是使用价值和享受,而是交换价值和交换价值的增殖了。作为价值增殖的狂热追求者,他肆无忌惮地迫使人类去为生产而生产"②。资本主义的生产目的,导致了人的异化存在,从而具有强制人的自由和平等的性质,并成为阻碍人类实现自由的因素。所以,要实现生产正义,必须关注生产的动机和目的。而一旦人成了生产的真正目的,那么生产异化和人对人的统治将逐渐被克服。因此,在当前建设有中国特色社会主义的现代化过程中,社会主义的生产要充分关注生产目的的人民性,以满足人民群众日益增长的物质文化之需要作为社会主义生产的出发点和归宿。对此,我国著名经济学家厉以宁教授认为,社会主义生产目的就是对社会主义社会成员的关心和培养,因此我们要用'劳动者的最大利益'作为经济行为的伦理标准,凡是符合'劳动者的最大利益'的,就是'是'或'善',不符合'劳动者的最大利益'的,就是'非'或'恶',因此社会主义的生产目的要以满足劳动者的最大利益为标准。③

其次,生产手段和过程的正义性是确保生产正义的关键。这又关联到如何生产的问题。生产目的的正义性为实现生产正义提供了重要的基础,但不能确保生产正义的实现,只有同时对生产手段和生产过程的正义性关注,才能为生产正义的实现提供手段正义的保证。生产手段的正义性涉及诸如生产手段的正当性、生产的合法性等。如此可见,目的之正当并不能确保手段的正当,所谓正当的目的使手段正当,而不正当的目的就不会使手段正当的说法,无异把罪行当做某种善良的目的手段,这根本就是恶。④ 正是基于对生产方式的正义思考,马克思在考察资本主义生产方式的非正义性一面时认为,由于生产资料的资本主义私人占有制,导致了资本主义的生产表现为工人在资本家的严密监督下进行艰难的生产劳动,在这种生产劳动中,工人不是肯定自己,而是否定自己,不是感到幸福,而是感到不幸,不是自由地发挥自己的体力和智力,而是使自己的肉体受折磨、精神遭摧残。⑤ 所以,资本主义的生产是

---

① 《马克思恩格斯文集》第 5 卷,人民出版社 2009 年版,第 265 页。
② 《马克思恩格斯文集》第 5 卷,人民出版社 2009 年版,第 683 页。
③ 参见厉以宁:《社会主义政治经济学》,商务印书馆 1986 年版,第 438—439 页。
④ 参见[德]黑格尔:《法哲学原理》,商务印书馆 1961 年版,第 151 页。
⑤ 参见《马克思恩格斯文集》第 1 卷,人民出版社 2009 年版,第 159 页。

敌视人的生产,它把人从他的存在的完全的实在中分离出来,它使人成为一种异化了的无足轻重的存在物。这说明在资本主义生产过程中,工人的劳动是对工人自由的强制。因此,社会主义的生产要充分尊重劳动者的权益,不能虐待和强迫劳动者进行生产劳动。生产的正义性,还要求我们在现实的经济生活中必须注意生产的道德性,不要为了一己之利而不择手段地坑害他人和社会公共利益。

再次,高度的生产效率是生产正义得以实现的重要基础。生产效率一般指一个单位生产新产品的能力,表现为这一单位在一定时间内获得的生产结果(产出)与同一时间内消耗的生产资料(投入)之比。也就是我们通常所说的投入和产出的比例。高度的生产效率一般表达的是低投入高产出,或者说是在同等投入的情况下获得更高的产出。我们说生产效率维度是实现生产正义的重要基础,原因在于:生产效率高,意味着我们在同等的投入情况下将会获得更多的产品和社会物质财富,整个社会因此拥有更多的物质基础,从而为人们的幸福生活、社会的进步发展和自由发展提供重要的物质基础;生产效率高,意味着我们在生产同样的产品时候,所消耗的自然资源和社会资源的减少,从而降低能耗,减少污染,为自然生态的健康发展提供了重要的基础;生产效率高,意味着我们在生产过程中科学技术的含量越高,从而在机械化生产过程中人们从繁重的体力劳动中解放出来,获得一定程度的劳动解放。但是,从最根本的意义上而言,生产正义的效率维度所揭示的乃是在人类的社会物质生产过程中,随着人们的社会生产力的不断提高,在同等劳动投入情况下,社会将获得更多的物质财富,从而人类在物质生产中所耗费的能源和劳动时间将大大减少,使得人能够自由地发展自己的生命潜能和人性的完善。没有高度发展的生产力,没有充分的生产效率,经济正义的实现将是一句空话,所以如果一个经济体系"由于无效率和生产不足而不能满足人的根本需要或不能实现人的潜能,维护它就不仅是不合理的,而且是不道德的,至少是不人道的"[1]。由于社会生产力和生产效率是经济社会发展的基础,从而对于人的自由而全面发展具有至关重要的意义和价值,因此马克思主义对于技术的进步、生产力的提高和高效的生产给予了高度的重视,视之为是人类社会发展的重要基础。

---

[1] [美]布坎南:《伦理学、效率与市场》,中国社会科学出版社1991年版,第67页。

　　最后,绿色生产是实现生产正义的重要环节。生产正义作为对生产过程中所发生的各种生产关系的正义拷问,内在地包含着对人类生产活动的合理性审视。也就是说,人在通过自己的劳动与自然界进行物质能量交换过程中,是否遵循了自然的合理性而进行适度生产。随着技术的不断进步,人类征服自然的力量不断增强,加之诸如"自然无限"、"征服自然"、"资本逻辑"等错误价值观念的引导下,人与自然处于一种尖锐的对立状态,其结果是日益严重的生态灾难。在这种情况下,人类若不想使自己面临彻底灭亡的危险,就必须反思我们自己的生产方式,确立一种与自然和谐相处的生产关系。生产正义所倡导的绿色生产正是表达了一种新的生产观,它倡导在生产过程中注重对自然环境的尊重,在生产过程中注意资源的充分利用,关注自然的价值,不能过度宰制自然,力求人与自然的和谐发展。对于这种绿色生产的价值意蕴,马克思曾给予了相当的期待,认为人类"将合理地调节他们和自然之间的物质变换,把它置于他们的共同控制之下,而不让它作为一种盲目的力量来统治自己;靠消耗最小的力量,在最无愧于和最适合于他们的人类本性的条件下来进行这种物质变换。"①事实上,绿色生产不过是绿色文明价值观在在生产中的应用和表达,其核心思想是自然环境与生产活动要协调,并以如此的价值观为前提:即人类不能抱着傲慢的"征服自然"的单向思维而前行,必须与自然唇齿相依;不能以贪婪的资本尺度规定自然的存在合法性根据,而是要确立大自然自身存在的合法性;不能天真地持有"自然无限"的自然观,而是要深刻意识到自然的有限性和脆弱性。

　　总而言之,生产正义的本质在于诉求生产活动中的合规律性和合目的性的统一,从而追求生产效率和正义价值的内在统一;关注生产活动对于人的自由存在本质的确证意义,并因此包含着对劳动权利的要求和对劳动的尊重;要求在生产过程中注重对自然生态的保护和尊重;强调人的自由发展和生态保护的统一。

　　(3)生产正义的当代价值

　　今天,由于生产正义的哲学理念、价值原则及其批判精神在某种程度上的缺失,现实生活中仍弥漫着生产主义的烟尘,自然依旧受宰割,社会矛盾和冲突丛生,疲惫的心灵难觅停靠的驿站。因此,超越生产主义,诉求生产正义,乃

① 《马克思恩格斯文集》第7卷,人民出版社2009年版,第928—929页。

是我们必须具有的决断。因此,在今天探讨和研究生产正义具有重要的现实意义。

一方面,确立生产正义的价值视阈,有助于我们从生产领域出发考察经济利益的分配,从而加深对经济正义的研究。在以往人们对经济利益的分配和经济正义的认识和研究中,仅仅局限于分配领域来讨论经济利益的分配和经济正义问题,这实质上是把分配领域从整个经济活动中分离出来,也把经济利益的分配和经济正义问题孤立地当做分配领域的事,从而对经济的权利和义务的分配、对经济正义的认识带有片面和简单的局限性,导致了经济实践中诸多人为的矛盾。事实上,对经济利益的正义分配是离不开对生产领域的考察,因为"分配关系和分配方式只是表现为生产要素的背面。个人以雇佣劳动的形式参与生产,就以工资形式参与产品、生产成果的分配"①。这就是说分配的结构决定于生产的结构,分配乃是生产的产物,实情便是能分配的只是生产的成果,而生产的一定形式决定分配的特定形式和参与分配的形式。经济正义和分配公正问题是当前国际和国内在经济领域中重大的理论焦点和现实难题,尤其对于中国,这一问题成为影响整个社会稳定和经济发展的现实问题,我们不能等闲视之。从经济活动的生产领域出发,审视和关注生产正义,可以说是为我们提供了一个考虑分配正义问题的全新视野。

另一方面,探索生产正义有助于我们对生产进行价值理性的关怀,揭示生产乃是体现生命本质的方式,从而倡导尊重生产、崇尚劳动的价值观念。在现代经济的生产和运行过程中,生产仅仅被视为是一种实现经济效率的手段和环节,生产的是与非、善与恶的唯一标准就是效率,生产出来的财富之多少成为评判生产的终极尺度,至于生产过程中是否具有正义性质、生产是否建立在对劳动者的奴役、生产本身是否有利于人之潜质的实现、生产效率是否以大规模的资源浪费为代价等问题,我们却较少考虑。所以,在以利润和资本原则所主导下的现代经济生产,片面地为工具理性的迷雾所蒙蔽,至于生产中所蕴涵的确证人之自由生命的一度则隐而不明。马克思曾经说过,"工业的历史和工业的已经生成的对象性的存在,是一本打开了的关于人的本质力量的书,是感性地摆在我们面前的人的心理学"②。这说明生产本身乃是人之本质的展

---

① 《马克思恩格斯文集》第 8 卷,人民出版社 2009 年版,第 19 页。
② 《马克思恩格斯文集》第 1 卷,人民出版社 2009 年版,第 192 页。

露方式,是实现人的自由自觉本质的过程。但是在资本主义生产条件下,由于工人丧失了生产资料而成为雇佣劳动者,使得工人的生产成为背离人的、敌视人的异化劳动,所以马克思号召工人无产阶级行动起来,进行革命的运动,消灭这种抽象的、异化的、敌视人的资本主义生产方式,把人的世界和人的关系还给人自己。所以,我们在进行社会主义经济建设中,既要注重生产的效率,更要强调对经济生产的价值合理性审视,克服以往仅仅把生产作为获取经济财富之手段的工具理性的眼光,把生产提高到确证人之自由本质的哲学高度来加以认识,从而尊重生产,尊重劳动者。同时在生产活动中,要考虑到资源的有效利用和优化配置,保护生态环境。这要求我们树立全新的生产自觉。

其一,立足生态文明视野,进行"可持续生产"。基于生产活动对自然的依赖性和生态资源的有限性、脆弱性的事实,生产正义要求确立生产中的可持续性原则。所谓"可持续生产",就是要从"只有一个地球"的现实出发,根据自然生态系统持续性的条件和限制因子,自觉地调整自己的生产方式和对资源的态度,在生态文明的框架中考虑和进行生产。可持续生产表达的乃是人类的物质生产活动能够良好地"维持下去",意含的是自然资源能够永远为人类文明地利用,为此要保持或延长资源的生产实用性、确保资源基础的完整性,不至于因其耗竭而影响后代人的生产,断了子孙的生存之路。可持续生产包含着人与自然之间和谐相处、当代人与后代人之间合理分享资源的价值主张。人类生产活动的生态依赖性、自然的有限脆弱性的现实,以及"公平对待未来人类"的类意识和价值观念,要求当代人必须无条件地确立"可持续生产"的生态视野,走"可持续生产"的发展道路。

其二,立足社会理性秩序,进行"和谐生产"。基于任何现实具体的生产活动都是在一定的社会生产关系中得以进行和展开的事实出发,生产正义要求树立"和谐生产"的实践自觉。所谓"和谐生产",就是从"人的本质是社会关系的总和"、"社会是一个有机的人群共同体"的马克思主义观点出发,遵循人类生产过程中"人是目的"的价值原则,以人类特有的"同情"意识和道德情操承认他者存在的合法性,尊重他人的生命尊严,从而在具体的生产活动过程中构建和谐的群己交往关系,以合理的制度规范打造出和谐有序的生产秩序。生产的道德关切和理性牵引是社会生产生活得以有序展开的重要前提,它现实地构成了生产正义的价值视野,也是超越生产主义"霍布斯丛林"规则的内在要求。

其三,立足"人的解放"旨趣,进行"自由生产"。基于人是一种具有自我意识和自由自觉活动特性的存在物出发,生产正义要求在生产目的、生产过程和生产后果方面注入对人的自由价值关怀,确立生产的哲学视野。所谓"自由生产",就是生产的一切围绕人之自由的提升,在制定生产目的、生产程序和最终的生产后果上,都以提高人的现实自由能力为轴心,以自由价值作为生产的根据和尺度,从而确立为了人的自由而生产的动机,在设计生产体制上注重人文关切,促进人之自由的不断增长。生产正义蕴涵的"自由生产"理念,彰显了生产的"属人"光辉,揭示了生产合法性的哲学根据和生产发展的价值旨趣——人的自由全面发展。这是生产问题上的最高价值表达,也是生产正义的核心内涵。

无疑,生产正义的现实化是一个艰难而长期的过程,它需要人们付出不懈的思想努力和行动自觉。对此,斯宾诺莎曾深刻地指出:如果我所指出的足以达到这目的的道路,好像是很艰难的,但是这的确是可以寻求得到的道路。由这条道路那样很少被人发现这一事实看来,足以表明这条道路确实是很艰难的。因为如果解救之事易如反掌,可以不劳而获,那又怎么会几乎为人人所忽视呢? 但是一切高贵的事物,其难得正如它们的稀少一样。①

二、交换正义:和谐经济秩序的伦理之维

1. 交换及其在经济生活中的意义

要了解交换正义,首先要对交换及其在经济生活中的意义进行一番必要的考察和认识。从广泛的意义上说,交换是一种基本的社会行为及其组织形式,是两个或两个以上的主体在遵循人类既定的规则条件下,相互换取彼此所有物的活动及其过程。但是,即便认识到交换涉及两个或两个以上的主体,仍未能使社会交换所固有的复杂性揭示出来,因为主体之间发生的交换形式是多样的。其中最主要的是经济的交换和社会的交换。经济交换是交换的一种特定形式,是经济生活中的交换行为,它是在极为明确的规则前提下自愿让渡彼此的资源(主要是商品和劳务)的活动和过程。显然,社会交换和经济交换之间具有明显的关联,但彼此也存在一定的差别。对于什么是社会交换,社会

---

① 参见[荷兰]斯宾诺莎:《伦理学》,商务印书馆 1983 年版,第 267 页。

学家布劳下了这样的定义：社会交换是当别人作出报答性反应就发生、当别人不再作出报答性反应就停止的行动。① 所以他对这两种交换类型之间存在的差异曾给予了详细的区分：经济交换涉及两人之间明确的义务，而社会交换所涉及的义务是不明确的；经济交换对履行义务的时间有明确规定，而社会交换对此不作规定；经济交换的对象是容许讨价还价的，社会交换的对象则通常不作讨价还价；经济交换是基于对法治的信赖，而社会交换基于彼此的信任；经济交换通常不涉及个人，而社会交换会产生人与人之间的义务感、感激和信任之情；在经济交换中的比值是固定的，而社会交换中的比值并不固定；经济利益的价值很容易和利益的提供者分离开来，而社会利益的价值多少常常要看谁提供了这种利益。② 根据论题需要，我们是把交换作为经济活动的环节或者是在经济交换的意义上加以使用的。作为经济活动之环节的交换，简单地说是指经济行为主体为了实现自己的利益和需要而在平等的基础上彼此之间互通有无、互利互惠的价值交换活动，是人们相互交换活动或劳动产品的过程，它是社会再生产过程中连接生产和消费的一个环节。交换的动机是为了实现行为主体的利益和需要，一切交换活动都以获取某种价值或利益为其基本目的。交换主体的平等地位是交换活动得以正常展开的前提，参与交换活动的主体唯有承诺相应的权利和义务，方能使有序的交换活动普遍可能。

交换也是人类重要的生活方式和生活内容，因为只要有劳动分工，人们就必须进行相互的交换活动，以满足人们的生产和生存之需要。对于人类为什么要进行交换的原因？古典经济学家亚当·斯密做了这样的解释：由于人的利己本性，"互通有无、物物交换、互相交易"的交换行为乃是人类的天性和倾向，"这种倾向，为人类所共有，亦为人类所特有，在其他各种动物中是找不到的"，人类之所以具有交换的这种倾向，是因为人类需要同胞们的随时协助，但这种协助不能建立在仅仅对他人的依赖上，而是要建立在对他人的利己性的刺激上，"他如果能够刺激他们的利己性，使有利于他，并告诉他们，给他做事，是对他们自己有利的，他要达到的目的就容易多了。不论是谁，如果他要与旁人做买卖，他首先就要这样提议。请给我以我所要的东西吧，同时，你也

① 参见［美］P.布劳：《社会生活中的交换与权力》，华夏出版社1988年版，第5页。
② 参见［美］迈克尔·E.罗洛夫：《人际传播：社会交换论》，上海译文出版社1997年版，第8—9页。

可以获得你所要的东西:这句话是交易的通义"。① 也就是说,利己的本性乃是交换产生的根源,交换是人类利己属性的产物。他进一步认为,分工是交换的结果,是人类"交换倾向"引起的。对此他这样论证:"当初产生分工的也正是人类要求互相交换这个倾向。例如,在狩猎和游牧民族中,有个善于制造弓矢的人,它往往以自己制成的弓矢,与他人交换家畜或兽肉,结果他发觉,与其亲自到野外捕猎,倒不如与猎人交换,因为交换所得却比较多。为他自身的利益打算,他只好以制造弓矢为主要业务,于是他便成为一种武器制造者",相反,"人类如果没有互通有无、物物交换和互相交易的倾向,各个人都必须亲自生产自己生活上一切必需品和便利品,而一切人的任务和工作全无分别,那么工作差异所产生的才能的巨大差异,就不存在了",而且由于每个人都生产出自己的生活品,交往也就不需要了。② 斯密的说法不能说没有一点道理,但是用交换来说明分工的起源显得十分勉强,有点倒果为因的嫌疑,因为交换之所以成为必需,毋宁说是分工的结果。而有关的社会交换理论以某种不同的方式指出:自我利益乃是社会交换的指导力量,社会交换受到追求利润或者说是追求扣除了代价的回报的指导,是人们谋求高回报低代价的后果。③ 对于交换的产生,马克思主义做了科学的说明,认为是分工引起了交换,先存在社会分工和私有制,才会出现商品交换,而商品交换的出现和发展反过来又促进社会分工。在原始公社内部,由于产品是公共财产从而仅仅是分配对象,所以人们之间只是交换活动而不交换产品,产品交换只出现在原始公社之间。随着社会分工和私有制的产生,商品交换逐渐发展起来。所以马克思指出:"商品交换是在共同体的尽头,在它们与别的共同体或其成员接触的地方开始的。"④

　　事实上,人类交换活动的发生主要缘于主体的需要本性和客观的社会分工。通常来说,需要是人的本性,所以追求利益以满足主体的需要是交换行为得以发生的根本动因,但是交换行为的普遍发生还有赖于社会的分工以及由

---

　　① ［英］亚当·斯密:《国民财富的性质和原因的研究》(上),商务印书馆 1972 年版,第 12—14 页。

　　② 参见［英］亚当·斯密:《国民财富的性质和原因的研究》(上),商务印书馆 1983 年版,第 14—15 页。

　　③ 参见［美］迈克尔·E. 罗洛夫:《人际传播:社会交换论》,上海译文出版社 1997 年版,第 19 页。

　　④ 《马克思恩格斯文集》第 5 卷,人民出版社 2009 年版,第 107 页。

此导致的人们之间彼此的依赖。正如马克思在《政治经济学批判》中所指出的那样，人们之间的产品交换行为的普遍发生，"既要以生产中人的（历史的）一切固定的依赖关系的解体为前提，又要以生产者互相间的全面的依赖为前提。每个个人的生产，依赖于其他一切人的生产；同样，他的产品转化为他本人的生活资料，也要依赖于其他一切人的消费"①。因此，社会分工造成的专业化生产和人的生产的单一性使得人们无法仅靠自己生产出自己所需要的物质产品，以满足自己需要的丰富性，从而使相互交换成为必须和可能。易言之，人们在需要上和生产上的差别以及交换带来的彼此互利导致了交换行为的发生。人们在需要和生产上的差别之所以导致交换行为的发生，是因为一个人的需要可以用另一个人的产品来满足，而他又同样能生产出另一个人所需要的物品，这就意味着每一个人在另一个人面前是作为彼此所需要的物品的所有者而出现的，这为交换行为的发生提供了某种可能。而人们彼此之间的交换行为有利于满足人们的需求目的和互利要求，"财富品的一切自愿交换，意味着交换双方均认为换入的物品优于换出的物品，因而增加幸福，也就增加了生产财富的动机"②。对此马克思也做了深刻的分析，他指出：每个人只有作为另一个人的手段才能达到自己的目的；每个人只有作为自我目的（自为的存在）才能成为另一个人的手段（为他的存在）；每个人是手段又是目的，而且只有成为手段才能达到自己的目的，只有把自己当做自我目的才能成为手段。③ 这种相互关联的事实作为交换的自然条件是交换的前提。因此，社会分工导致的专业化生产的客观社会条件和主体的利益需求以及需求的多样性是社会分工得以可能的主客观条件。

交换在经济生活和社会生活中具有重要的意义，特别是在分工日趋发达的现代社会，通过人们之间的商品交换来实现商品效用的提高，提高人们需求的满足程度和促进人们的幸福，并且通过推动社会分工来不断促进生产力的水平，创造出更多的社会物质财富。对于交换的上述意义，德国经济学家、边际效用理论的先驱赫尔曼·海因里希·戈森在其名著《人类交换规律与人类

---

① 《马克思恩格斯文集》第 8 卷，人民出版社 2009 年版，第 50 页。

② ［英］威廉·汤普逊：《最能促进人类幸福财富分配原理的研究》，商务印书馆 1986 年版，第 58 页。

③ 参见《马克思恩格斯全集》第 30 卷，人民出版社 1995 年版，第 198 页。

行为准则的发展》中做了较为深入的讨论。首先他认为人类的所有享受中具
有两个共同特征：

第一，如果我们连续不断地满足同一种享受，那么这同一种享受的量就会
不断递减，直至最终达到饱和。

第二，如果我们重复以前已满足过的享受，享受量也会发生类似的递减；
在重复满足享受的过程中，不仅会发生类似的递减，而且初始感到的享受量也
会变得更小，重复享受时感到其为享受的时间更短，饱和感觉则出现得更早。
享受重复进行得越快，初始感到的享受量则越少，感到是享受的持续时间也就
越短。①

在此基础上，戈森从"人们希望得到生活享受，他们的生活目的是把自己
的生活享受提到尽可能高的水平"的理论前设出发，考察了人类交换行为在
经济生活和社会生活中的意义。他认为，根据享受规律，在大多数情况下，某
些物品的简单交换能使交换物品的价值极大地增加，尽管这些物品并没有因
为交换而发生任何变化。为此他举了一个例子：有两个孩子，一个孩子得到所
有的面包，另一个孩子得到所有的牛奶。每一个孩子都占有了分配给他的东
西，并为这种占有感到高兴。但是在享用过程中，每个孩子归他所有的东西的
价值会持续下降，而归他的同伴有的东西的价值对他则保持不变。一旦他明
白消费归他同伴所有的东西会给自己提供更大享受时，也要占有这种东西的
一部分的愿望便由于上帝所创造的力量而即刻产生了。通过彼此的实物交
换，双方的愿望都能得到满足。② 通过经济交往活动使得人们的生活享受得
到明显的增加，这是显而易见的。不仅如此，在分工日趋精细的现代社会，我
们日常生活中衣食住行所需的大多数物品都不是自己直接生产的，而是通过
交换获得的。这就意味着每个人只有通过连续不断的交换来获得所需的享受
资料，借助交换活动实现自己的生活目的。分工的发达使得交换活动不可或
缺，从而交换成为人们基本的存在方式。

---

① 参见［德］赫尔曼·海因里希·戈森：《人类交换规律与人类行为准则的发展》，商务印
书馆 1997 年版，第 9 页。

② 参见［德］赫尔曼·海因里希·戈森：《人类交换规律与人类行为准则的发展》，商务印
书馆 1997 年版，第 96—97 页。

2. 交换正义及其基本原则

如上所述,经济交换活动一方面使得人们通过互通有无获得了更大的享受,提升了商品的效用,另一方面促进了生产的社会化程度,推动了生产力的发展,从而交换成为人们不可或缺的存在方式。正因为如此,确保经济交换活动的公平、合理和有序的展开,就显得十分重要。但是,在现实的经济生活中,参与经济交往的往往是充满利己主义的"经济人"。"经济人"往往以自己利益最大化作为理性行为的标准,甚至为了追求利益最大化而采取非理性的行为,从而不可避免的在经济交往中出现故意的欺诈行为,破坏正常的经济交往秩序,打击人们的经济生活信心。同时也增加了社会的交易费用,从根本上损害到经济效率和社会效益,从而危及人们的基本生存、社会发展和生活幸福。因此,如何有效地评价和规范人们的经济交往活动,营建和谐的经济交往秩序和经济空间,就现实地凸显在人们经济生活乃至社会生活的界面。在这里,交换正义作为对交换行为的正义价值审视和原则规范要求,现实地获得了其存在论根据。

所谓交换正义,概要地说,是指交换行为主体在进行交换活动时应遵循合理性标准和正义的价值原则,是对主体的交换行为、交换过程、交换的内容等所进行的正义与否的价值评判和追问。它是社会正义的重要组成部分,更是经济正义的重要内容。交换正义首先是一个评判交换行为的价值尺度,它是关于人们在进行交换活动时所应遵守的行为准则,并以此规范和约束交换行为。同时,交换正义是一种对人们的交换行为和交换活动的绝对价值命令,是对交换行为主体在具体的交换活动中必须无条件地遵守正义价值原则的诉求。正如经济正义本质地关联着效率、自由、平等、秩序和共生的价值要求,交换正义与经济的效率性、交换主体的自由和平等、交换过程的秩序性密切相连。交换正义之所以可能,乃是缘于人们在交换中彼此对立统一的存在事实,以及人所具有的自我意识和感性活动的存在特性。正如布坎南在《财产与自由》一书中指出的那样,参加交换的个人必然造成彼此的相互依赖,个人之间即便不存在强制,个人的福利仍然受制于他人行为造成的变化,是故,人们会将他人的行为纳入考量的范围之内,并对他人的行为发生兴趣,而且人们在一开始对交换的分析中就已包含着正义与否的评判。①

_____

① 参见[美]布坎南:《财产与自由》,中国社会科学出版社 2002 年版,第 18—19 页。

由于交换行为是一种社会经济活动,是在一定的社会历史空间中展开的,因而具有社会历史性。同样,对交换行为的正义性评价也具有社会历史性。但是,从人类社会发展的过程来看,交换行为的正当性评价往往与一定时期社会的法律、习俗和道德观念紧密相关。因此,今天我们对交换行为的正义性思考和正当性评价,也是要结合到当今的社会历史现状。以此为基础,对交换行为的正义性考量,我们可以从交换的内容、交换的手段和交换后果的正当性和合理性方面展开。

首先,交换正义包含着对交换内容或交换对象的正义性询问。对象的交换是交换行为发生的重要原因,其目的是为了互通有无而实现交换主体彼此的利益,但这是有前提的,即一个具体的交换行为不仅要有利于交换行为的主体,同时这种交换行为还不能损害到交换行为主体以外的人和社会利益,否则是不被允许的,从而也是不正当的。一般来说,交换内容的正义性,有赖于符合法律规定和社会道德要求。对于正义与法律的关联,亚里士多德早有论说,他认为,一个违法乱纪的人是不公正的,而守法的人是公正的,"不公正分为两类,一是违法,一是不平,而公正则是守法和公平",同时公正的作用之一在于"在交往中提供是非的准则"①。亚里士多德关于守法乃是正义的观点,对今天交换行为的正义性评判,仍然具有重要意义。从这一意义上说,今天我们就可以理所当然地反对贩卖人口、毒品买卖、权钱交易等一切违法乱纪的交换行为。然而,法律对于人们的行为和行为领域的渗透和监控是有限的,因此社会还需要更多的道德习俗来规范和制约人们的行为包括交换行为,因此交换行为的正义性除了合法的要求以外,还需要符合社会的道德习俗,对此,德国经济学家戈森曾指出,由于"人们还没有成功地使自己的训练达到如此高度,以致它能够——也许借助或不借助归他们所有的租金——自己挣得为满足他们享受所需要的东西,所以必须无条件地把习惯作为自己行为方式的标准"②。

其次,交换正义包括对交换手段和程序的正义性要求。交换行为的发生和实现是通过交换手段或程序来实现的,因此程序和手段的正当性就很自然

---

① [古希腊]亚里士多德:《尼各马可伦理学》,中国社会科学出版社 1999 年版,第 99 页。
② [德]赫尔曼·海因里希·戈森:《人类交换规律与人类行为准则的发展》,商务印书馆 1997 年版,第 144 页。

地构成了交换行为正义性评价和规范的内容。交换程序或手段的公平性是交换正义的重要维度。德国著名经济伦理学家彼得·科斯洛夫斯基认为,交换行为的公平性是经济伦理学的绝对命令,并对公平交易作出了四个方面具体的标准规定:要求实际价格与现行价格相结合,在市场经济中是与市场价格相结合;要求交换的事务事实上公平,不得是假货;要求交易是互利的,无一交易方的财产受损;要求在合同中实现公平的利益平衡,并实行公平交易道德。①在市场交换中,交换程序的正义性基础就在于通过市场的有序竞争来实现资源的配置,因此限制竞争、不正当的竞争就违反了交换程序的正义性,诸如垄断、独占、商业贿赂、倾销行为,等等。交换手段的正义性还应当包括,不能利用人们信息不对称的状况,有意欺瞒商品的真实信息,甚至通过制造虚假信息谋取利益。

最后,交换正义包括交换后果的互利性。交换行为的根本目的和动机在于通过彼此的商品交换来实现主体的效用和享受,如果交换没有实现结果的互利,实现利益增值,那么这种交易在客观上是没有生命力的,从而在道德上也是没有基础的。交换后果的互利性之所以成为交换正义的内容,是因为一旦交换后果没有互利性甚至是负利益,那么就会丧失人们的交换信心和打击人们的交换热情,而如此的结果就是交换行为的减少、交换程度弱化,就会降低交易本身的效率,从根本上影响到社会的经济繁荣和社会发展。在今天,经济发展和社会繁荣的标志和动力之一就在于交换的普遍性和发达程度。而通过交换实现彼此的利益,提高交换主体的享受和发展就成为交换正义的根本和核心。

因此,根据我们对交换以及交换正义的理解和阐释,结合具体的社会历史现实,交换正义应当包含以下基本的原则:

其一,平等原则。交换的平等意味着交换既要符合一般市场的等价交换规则,又要符合经济行为主体地位平等的要求。"公平交换要求,在交换中向每一个人提供属于他的东西,也就是说进行等值交换。这个规则有两个组成部分。一方面它包含着对价格公平的要求,要求个体价格与市场价格相结合,成就和价格的平等交换也适用于无市场价格的个别货物;另一方面公平交换

---

①　参见[德]彼得·科斯洛夫斯基:《伦理经济学原理》,中国社会科学出版社1997年版,第198页。

规则根据交换物的实际性质要求事实上的公平。交换中事实上的公平要求，在交换中交换真实的货物而不是虚假的货物"①。英国经济学家威廉·汤普逊认为，交换对于生产财富和随之产生的物质享受，对于道德和善行的发展，都是必要的。但是只有按照自愿原则来进行交换，才能起到这种作用，因为非自愿的强迫交换是野蛮的暴力的抢夺行为，只能破坏生产和道德。② 同时，交换的平等原则要求交换主体的平等。主体的平等性要求交换的双方以平等的人格主体进入交换领域，并以自愿的方式进行等价交换活动，任何一方不能以强欺弱、权势压人，更不能以威胁、恐吓、暴力等手段强迫另一方进行不情愿地交换，否则就严重地践踏了正义的原则，而由此导致的结果是深重的：一方面，由于交换是双方的事，交换之所以可能的根本动因乃是人们的求利和互利动机，而践踏交换正义就是强奸了人们求利和互利的意愿，破坏了良好的交换环境；另一方面，就交换的本质而言，交换不仅仅是行为主体之间简单的"物品的交换"，而且关涉人们之间的权利互换，即所有权的转移，因此交换涉及人的主体权利和权益，具有明显的人际价值特征。交换正义就是要求交换活动合乎等价交换的市场原则和主体平等的权利要求。只有当每个人的平等权利受到平等的尊重，社会才能实行并进一步促进分工，从而既为个人也为社会带来利益。

其二，自由原则。交换要得以有序和正义地展开，不仅需要主体的地位平等和权利平等，而且还要以主体的独立、自由为前提，因为作为交换物的商品不能自己跑到市场去交换，为了使这些物作为商品彼此发生关系，我们必须找到它的监护人即商品所有者，而商品监护人必须有自己的自由意志。这就是说建立在交换双方共同意志基础上的交换行为才是有效的、合乎正义的交换行为，才能让渡自己的商品并占有别人的商品。③ 从交换行为本身出发，每一个人都必须拥有自由地决定是否与他人进行交换的权利，从而确立个人的完全自由即自愿的交易。概言之，在市场的交往过程中，人们之间是否发生交易和进行合作取决于主体的自由意愿，任何个人和组织都不能剥夺主体的自由

---

① ［德］彼得·科斯洛夫斯基：《伦理经济学原理》，中国社会科学出版社 1997 年版，第 204 页。

② 参见［英］威廉·汤普逊：《最能促进人类幸福财富分配原理的研究》，商务印书馆 1986 年版，第 18 页。

③ 参见《马克思恩格斯文集》第 5 卷，人民出版社 2009 年版，第 103 页。

意志,"因此,如果说经济形式交换,在所有方面确立了主体之间的平等,那么内容,即促使人们去进行交换的个人和物质材料,则确立了自由。可见,平等和自由不仅在以交换价值为基础的交换中受到尊重,而且交换价值的交换是一切平等和自由的生产的、现实的基础"①。

其三,诚信原则。交换行为虽然是为了满足人们的相互需要而互通有无、互利互惠,但具体的交换行为并非纯粹的个人之事,而已然成为一种社会行为。这要求参与交换的行为主体自觉恪守交易的诚信原则,使大家在交换过程中降低交易成本,获得更多的利益。所谓诚信,简单地说就是诚实、信用。诚,乃诚实无欺、真实无妄之谓;信,乃信守诺言、践履成约之意。交换的诚信,就是要求交换主体在交换物品时货真价实、公平竞争,"货真"意味着拒斥假冒伪劣,"价实"要求公平等价交换。诚信是交换活动的基础,是经济交换的润滑剂,因此人们往往用"灵魂"、"核心"字眼来比喻诚信在人们经济交往中的重要性。弗朗西斯·福山在其著作《信任:社会美德与创造经济繁荣》一书中指出,诚信有利于创造经济的繁荣,所有成功的经济社会中的群体都是靠诚信团结在一起的,缺乏诚信不仅导致了低劣的经济运作,还带来了诸多潜在的社会问题。② 如此可见,信任无疑是人与人之间一种重要的经济资源,它不仅有利于降低经济交易所引起的交易费用,而且有助于促进经济的健康发展,同时它又肯定了人们所共有的人性和自尊,因而能有效地改善我们生活的总体质量。交换的诚信原则乃是交换正义的内在要求,按照彼得·科斯洛夫斯基的说法,它体现了主体之间"交换物的事实公平——不得进行虚假货物交换"和"互利交换——交换双方均无财产损失"。③ 所以,交换的诚信原则是交换正义的内在要求。

其四,矫正原则。矫正原则是正义价值的内在要求,是正义本质的逻辑延伸,它同样构成交换正义原则的应有内容。如果经济生活中的交换失序和不公得不到应有的矫正,那么有序、有效和正常的经济交往就难以展开,从而人们的生活不能有序与和谐。因此,历史上许多思想家、政治家和社会学家都对

---

① 《马克思恩格斯全集》第30卷,人民出版社1995年版,第199页。

② 参见[美]弗朗西斯·福山:《信任:社会美德与创造经济繁荣》,海南出版社2001年版,第11页。

③ 参见[德]彼得·科斯洛夫斯基:《伦理经济学原理》,中国社会科学出版社1997年版,第204—206页。

社会矫正给予充分的重视。古希腊哲学家亚里士多德在阐述正义时，在《尼各马可伦理学》一书中专门讨论过矫正正义问题，指出矫正的公正是在出于意愿的或违反意愿的私人交易中的公正，矫正的公正之所以必要，是因为在交换行为中一方作了不公正的事，另一方受到了不公正的对待，这就违背了公正的要求。在这种情况下就需要矫正的公正来剥夺获得者的所得，使交易双方恢复到交易前的利益状态，所以公正在某种意义上是违反意愿的交易中的得与失之间的适度，矫正的公正就是得与失之间的适度，"正如对一条分割不均的线段，它从较长的线段取出超过一半的那部分，增加到较短的线段上去，于是整条线段就分割均匀了"①。对于矫正正义，诺齐克在他的"权利理论"中也作过论述。他认为，由于现实中实际持有的状态存在不符合"获取正义原则"和"转让正义原则"，因此有必要"对持有中的不正义的矫正"，他指出："并非所有的实际持有状态都符合两个持有的正义原则，即符合获取的正义原则和转让的正义原则。有些人偷窃别人的东西或欺骗他们、奴役他们、强夺他们的产品，不准他们按自己的意愿生活，或者强行禁止他们参加交换的竞争。所有这些都不是从一种状态到另一种状态的可允许的转让形式"，因此需要对持有中的不正义进行矫正。② 总而言之，矫正原则是实现交换正义的重要前提，也是实现社会正义的重要基础。

3. 交换正义的当代价值及其实现思考

显而易见，交换正义在经济生活中具有重要的意义，特别是在商品经济日趋发达的市场社会，其重要性日益突出。概括地说，交换正义是和谐经济秩序的基础，它极大地有利于促进良好经济交往秩序的建立，有助于建立经济交往主体之间的平等互利的关系，从而可以降低交易成本，提高经济效率和社会效益，为人们的经济生活秩序提供强有力的伦理基础和价值支撑。因此，在建设有中国特色社会主义市场经济中，我们要呼吁交换正义，并努力实现交换正义。而要实现交换正义，需要对以下问题进行深入思考。

首先，确保交换主体自由平等的人格权利。交换虽然是主体之间互通有

---

① ［古希腊］亚里士多德：《尼各马可伦理学》，中国社会科学出版社1999年版，第103页。
② 参见［美］罗伯特·诺齐克：《无政府、国家与乌托邦》，中国社会科学出版社1991年版，第158页。

无、互利互惠的交易活动,但是作为正义的交换行为是一种主体间自由平等的自愿交换行为,它是以主体权利的平等和人格独立为前提的。所以马克思曾把"商品交换领域"比喻为"天赋人权的真正乐园",在这里占统治的地位的是"自由、平等、所有权和边沁"。① 自由,就是说交换主体具有是否买卖自己物品的意志自由,他们是作为自由的、在法律上平等的人而缔结契约的。平等,意味着交换行为主体之间仅仅只是作为商品所有者发生关系,用等价物交换等价物;平等意味着交换主体之间彼此对权利和人格的尊重,是公平的交换得以实现的前提条件,因而是交换正义的重要价值。只有确立并保证在交换中主体的自由和平等,交换主体才能充分体现自己的意志,以独立自由的身份平等地参与市场交换。交换主体的自由意味着承认别人有自由地与其他主体进行交换和不交换的权利,因此,实现交换正义就要确保交换主体的自由和平等人格,坚决维护自由平等的价值在市场交换中的基础性地位。当前的重要任务之一就是要呼唤经济行为主体的自由、平等的独立人格,同时创建有利于培育行为主体独立人格的外部社会环境。

其次,呼唤诚信意识,进行互利等价交换。在交换过程中主体之间彼此诚信,进行互利互惠的等价交换,对于实现交换正义具有重要的意义,是实现交换正义的必要条件。在经济交换过程中,人们通常认为全面竞争和无条件地履行合同是交换的理想条件,这在理论上无疑是正确的,但是这种条件在市场经济的现实中是不能得到满足的,因为市场不像平衡理论所描述的那种理想机制。因此,所有的经济交换行为,生产方与供货方、雇主与雇员之间的所有交易,均包含着对合同作用的不确定性和不安全性的因素,而且这些因素作为无法监督的副作用而出现,大大增加了交易成本。而交换行为主体之间相互信赖、彼此诚信可以使双方很快达成一致意见并很少要求监督,从而可以减少交易支出费用。因此交易双方建立相互信赖、彼此诚信的交换关系,可以起到降低经济交换成本、减少经济失灵的作用,有利于交换正义的实现和经济效益的提高。② 在谈到信用的社会作用时,马克思认为,信用有助于流通费用的减少,通过信用,货币以三种方式得到节约:相当大的一部分交易完全用不着货

---

① 《马克思恩格斯文集》第5卷,人民出版社2009年版,第204页。
② 参见[德]彼得·科斯洛夫斯基:《伦理经济学原理》,中国社会科学出版社1997年版,第21、24页。

币;流通手段的流通加速了;金币为纸币所代替。同时,"由于信用,流通或商品形态变化的各个阶段,进而资本形态变化的各个阶段加快了,整个再生产过程因而也加快了"①。对于信用在资本主义发展历史的重要性时,马克思曾给予很高的评价,认为整个资本主义生产就是建立在信用制度的基础上的,"没有从资本主义生产方式中产生的信用制度,合作工厂也不可能发展起来。信用制度是资本主义的私人企业逐渐转化为资本主义的股份公司的主要基础,同样,它又是按或大或小的国家规模逐渐扩大合作企业的手段"②。

最后,要"双管齐下",保障交换秩序的公平合法。"双管齐下"就是通过法制和政府的有效干预,营建公平健康的市场环境,促进合法公平的交易。因为,交换正义的实现在根本上有赖于制度正义的基础性保障。交换虽然是主体之间互通有无的经济活动,但是交换并非仅仅是交换物的简单互换,而是涉及诸多的非经济因素,交换的过程因此而变得复杂错综,这就要求交换活动必须有合理的界限,如不能把经济生活中的交换原则无条件地应用到非经济交易领域,也不能用非经济利益(如权力)换取经济利益,不能用经济权力换取非经济权利(如生命)。当今人们普遍深恶痛绝的"权钱交易"、"权色交易"和"钱色交易"就是属于违背交换正义的肮脏行为,对诸如此类的交换行为我们要给予坚决打击和严厉谴责。同时,实现交换正义还要求我们必须做到等价交换,确保交换物的事实公平,从而在交换中不能进行虚假货物的交换,不能通过假冒伪劣、短斤缺两或乘人之危来获得不正当的利益。可见,要使交换正义变成现实,需要我们明确交换内容的界限和范围,恪守事实公平的交换原则。这不仅有利于经济的健康发展,而且有助于人之价值和生命意义的提升。今天,实现交换正义,重要的任务就是不断完善法制,并通过政府的适当干预来保证市场经济的有效运行和健康发展。

三、分配正义:和谐社会的伦理支撑

1. 诉求分配正义:学理根据和现实背景

分配作为经济活动的一个重要环节,是人们普遍关注的社会焦点,因为它

---

① 《马克思恩格斯文集》第 7 卷,人民出版社 2009 年版,第 494 页。
② 《马克思恩格斯文集》第 7 卷,人民出版社 2009 年版,第 499 页。

与人们的切身利益紧密相关。分配不仅是经济领域的事情,而且特别地关涉社会的、政治的、哲学的、道德正义的问题。但是人们对"分配"的理解并不是一致的。正如美国社会哲学家J.范伯格所说的那样,"分配"一词在意义上是存在歧义的,它可能指的是分配的过程,或者指某些分配过程的结果,同时它可以被理解为不是有意进行分配过程的结果之事态。① 由此可见,分配既是一种行为,也牵涉划分事物的程序和标准。

人是一种具有自我意识的存在物,他自然要对分配加以理性的思考,如分配的前提何在? 以什么标准和程序进行分配? 为什么要这样分配而不是那样分配? 这些诸多问题都需要我们从哲学层面加以合乎理性和合目的性的思考和解答,所以分配问题不仅仅是经济学的研究课题,也是社会哲学和经济哲学的永恒主题。分配活动作为经济活动的有机组成部分,不仅仅是对经济利益之简单划分的经济行为,而且关联到分配的合理性和合目的性等诸多社会价值因素。

分配是人类政治生活和经济生活的重要内容,因而在社会生活中处于显著而敏感的地位。从中文字面上"望文解义","分配"可以被理解为"分"和"配"的统一,即某物或某事根据一定的标准被划分,然后以一定的方式被安排或配给某人或某物。在这样的解读过程中,分配其实包含着三个最基本的要素:何物被分配(分配的客体)、谁分配(分配的主体)、如何分配(分配的方式)。所以从最概要的意义上,分配可以被界定为:主体按照一定的标准或方法划分、配置客体的活动及其过程。当然,根据不同的学科视阈和不同的问题层面,还可以对分配作进一步的具体描述和把握。本书是在经济哲学的语境中讨论分配正义的,因此我们在此把分配作为经济活动的一个重要环节来加以限定和使用的,即分配是指社会在一定时期内新创造出来的价值即国民收入或体现这部分价值的产品在不同阶级、社会集团或社会成员之间的划分和配置。因此,作为经济范畴的分配之核心乃是物质经济利益以及与之相关的负担在社会成员之间的安排或配置问题。

利益(尤其是物质经济利益),作为历史唯物主义的一个重要范畴,在人类的历史发展进程、现实的社会经济生活以及在个体生命的展开历程中,都具有至关重要的基础地位。从历史的视野看,利益是人类社会发展和变迁的内

---

① 参见[美]范伯格:《自由、权利和社会正义》,贵州人民出版社1998年版,第157页。

在驱动因素,因而是我们揭示社会历史之谜的一把钥匙;从现实的社会关系层面看,利益关系是一切社会关系的基础和轴心,因而是我们分析复杂纷呈的社会现象之阿基米德点;从个体生命的展开过程来看,利益是人们所奋斗和争取的一切,是人的行动和追求的根本动力,因而是我们剖析人的行为动机、价值观、人生观的重要坐标。所以,马克思曾指出,人们为之奋斗的一切,都同他们的利益有关,因而人们的思想一旦离开利益就会使自己出丑。列宁则形象地把利益视为"人民生活中最敏感的神经"。这意味着,无论社会生活和社会现象呈现出多么复杂斑驳的面孔,利益关系始终是撩开社会关系迷雾的有效突破口。所以,离开利益关系去把握社会现象和寻找解决社会问题的方法,无疑是不得要领的。同样,离开对现实利益分配关系的考察和分析,而去抽象地谈论诸如此类的和谐社会建构之方案,也是不切实际的。在社会利益中,物质经济利益是其中最重要的构成部分。因此,社会物质经济利益以及由之产生的社会负担如何在社会成员之间进行划分和安排,不仅深刻地影响到个体生命的前途命运,而且切实的关涉社会风气和人心冷暖,从而根本上关涉社会能否和谐、生活能否有序展开等重大的社会问题。所以,邓小平同志晚年敏锐地意识到了分配问题对于建设中国特色社会主义的重大意义,深刻地指出:中国发展到一定程度后,一定要考虑分配问题;如果仅仅是少数人富有,那就会落到资本主义去了;我们的政策应该是既不能鼓励懒汉,又不能造成打"内战";如果少数人获得那么多财富,大多数人没有,这样发展下去总有一天会出问题。所以,"分配问题大得很","我们要利用各种手段、各种方法、各种方案来解决这些问题。"①

虽然我国允许和鼓励一部分地区、一部分人通过诚实劳动和合法经营先富起来,其中也的确由于人们的能力和贡献不同而出现一定的收入差距。但是,"一般来说,由于人的能力和贡献的差别是有限的,实行按劳分配不可能导致贫富悬殊",那为什么会出现贫富悬殊和两极分化的财富占有现状呢?原因在于"少数人靠非法手段,如偷税漏税、欺行霸市、哄抬物价、弄权渎职、贪污受贿、走私贩私等,捞取不义之财"②。这就意味着,只要我们真正贯彻"按劳分配为主体"的社会主义分配原则,就不会出现两极分化;只要我们社

---

① 参见《邓小平年谱》,中央文献出版社 2004 年版,第 1356—1357、1364 页。
② 《江泽民文选》第一卷,人民出版社 2006 年版,第 48—49 页。

会的管理者和经营者自觉遵纪守法，就难以暴富，也就不会出现贫富悬殊的现实。

然而，对于什么是分配正义，在人类社会的不同历史时期，甚至在同一历史时期的不同社会，人们的理解是不尽一致的。即使在今天，不同的学科对分配正义范畴也具有不同的内涵表达，呈现出不同的分配正义思想和观念。因此，分配正义是一个历史的范畴，具有历史的相对性。同时，任何分配正义观又都是对一定历史时期社会的分配现实作出的理论表达，因而包含着客观的内容。对此我们又要有足够的理论自觉，否则就会陷入对分配正义之相对主义或教条主义的理解。从最概要的意义而言，分配正义是对经济生活世界中的分配问题所进行的道德正当性和经济合理性评判，因而是理性的哲学反思和合目的性的价值审视，并因此对分配的对象、分配的根据、分配的尺度以及分配结果等是否具有合理性和合目的性的哲学综合考量，其根本的价值指向乃是对生命尊严和人之自由存在本质的守护，因而是基于经济分配但又超越经济分配狭隘立场的价值哲学分配观，或者说是一种分配观批判，它本质上是一个哲学范畴。但是，任何经济生活中的分配都是具体而生动的，因此分配正义的价值主张和价值原则却又表现出多元性、丰富性和层次性。

从历史的视野看，首先出现的是原始共产主义完全平等的分配正义观。这是由当时人类极低的生产力水平使然。为了保证种群的衍生，人们必须选择共同劳动、均等分配的生活方式，因而在分配问题上持有均等分配的正义观念，一切背离平等分配的行为被视为是不当和非义的。

其次，是前资本主义阶级社会以身份和特权为尺度的分配正义观。这主要是奴隶社会和封建社会的财富分配原则。随着社会分工及生产力的不断发展，社会出现了剩余产品并划分为阶级以后，一部分人占有了社会的巨大财富，成为社会的统治者，掌握了国家机器，另一部分人失去了生产资料和生活资料，沦为被统治者，成为富有者的附属物。奴隶和农奴仅仅是奴隶主和封建主的生产财富的工具。因而，在奴隶社会和封建社会，所谓的分配正义不过是奴隶主、封建主压榨和剥夺奴隶和农奴劳动果实的同义语，是统治者的正义。在这里，分配正义在于以身份、血缘为尺度占有社会财富，而且这种尺度是"命定"的。

再次，是以私有制为基础的资本主义社会自由竞争的市场分配正义观。资本主义社会推翻了以等级和血缘为标准的分配规则，代之以在私有财产为基础的自由市场竞争来分配财富的游戏,把市场的资源配置功能放到根本性甚至是唯一标准的地位,在此基础上通过自由市场竞争来决定社会财富在成员之间的分配,并将此视为是分配正义与否的根本尺度。而一切背离或干扰市场自由竞争的分配行为和分配后果皆被视为是非法的和不义的。相对于以等级和血缘来划分财富的前资本主义阶级社会而言,市场资本主义的分配方案无疑是社会的一大进步,它有利于社会生产力的进步,有助于社会物质财富的增长,推动了社会的政治解放。但是,资本主义本质上是以资本作为分配的根本尺度,因而本质上是资本家的分配正义。

最后,是以公有制为基础的社会主义"按劳分配"为主体的分配正义观。在社会主义国家,由于生产资料归国家所有,全体人民成为生产资料的所有者,因此应根据劳动付出和作出的贡献来分配财富,因而在分配问题上采取"按劳分配"的正义原则。由于我国处在社会主义初级阶段,实行的是以公有制为主体、多种所有制经济共同发展的基本经济制度,与此相应地的是采取了按劳分配为主体、多种分配方式并存的分配制度,实行劳动、资本、技术和管理等生产要素按贡献参与分配的原则。应该说,这种以按劳分配为主体、多种生产要素按贡献分配参与分配的原则,比纯粹的自由市场分配机制更有优越性。它关注了社会财富生产的效率动力问题,也关注到了社会成员的福利问题。但是,正如前文所述,由于我们在制度安排、权力监督等方面存在漏洞,使得一部分人能够侵吞国家和社会财富,变相地占有他人的财产,从而出现贫富悬殊、两极分化的现状。社会主义按劳分配的优越性并没有完全充分地体现出来,需要人们的反思和警惕。

2. 经济哲学视阈中的分配正义

人是具有自我意识和反思能力的存在物,分配不公及其带来的贫富分化使得人们对分配的哲学反思不可或缺。诚如恩德勒教授所言:"对经济资源、政治权力、实用知识等等的分配,始终是公开解决和私下进行的分配斗争的基础,是要求(更多)的'分配公正'的理由。"①然而,分配正义并不是一个自明的范畴,而是需要认真加以探讨,因为其在被使用过程中充满歧见和混乱,其中把分配正义与分配公平、分配平等混用甚至等同最具典型。之所以如此,与

---

① [德]乔治·恩德勒:《经济伦理学大辞典》,上海人民出版社2001年版,第560页。

人们对"平等"(Equality)、"公平"(Fairness)和"正义"(Justice)混用误用相关。虽然"平等"、"公平"和"正义"之间的确具有某种关联,但它们之间的差别是明显的,具有不同的侧重点。以笔者之理解,通常意义上,所谓平等,顾名思义就是既"平"又"等",表达的是社会成员在一定的社会生活中享有均等权利、负有均等义务的社会价值理念和原则,它强调的是"人人有份"的均等要求;而所谓公平,顾名思义就是根据大家一致认同的尺度即"公"来形式上"平等"地分享权利和承担义务,它强调的是"同等情况给予同等对待,不同等情况给予不同等对待"的等比例的形式平等原则;而正义虽然包含有"平等"和"公平"的成分,但它更多的是指向形而上的价值关切和意义追问,深度地关涉着人的生命尊严和意义世界,其旨趣乃是对人的自由存在本质的价值捍卫和理性担保,承载着"至善"的价值诉求和提升生命潜能的哲学使命,并以此来观照、反思和批判现实的社会事务。因而在笔者看来,究其根本,正义乃是一个具有批判维度的哲学范畴,批判性、反思性和超越性是其具有的内在品格。

对正义内涵如何把握就直接影响到对分配正义的理解。当人们把"正义"混同于"平等"时,分配正义就被误解为是分配平等,分配正义就意味着均等的平均主义分配要求;当"正义"被混同于"公平"时,分配正义就被误读为是根据"同等情况给予同等对待"的形式上的分配平等,如根据自由市场竞争原则,或根据拥有的职权大小来分配财富,并由此逻辑的延伸出"资本分配正义原则"或"权力分配正义原则"等现实生活中大行其道的分配方式,且无批判地被视之为是合理分配的原则。无数的事实证明,无论是"平等分配",还是"公平分配",都不能最大限度的消融现实生活中存在的贫困和苦难,不能最大限度地提升人的生命尊严和自由价值。因此,需要分配正义的哲学介入。

立足正义的哲学理解视阈,从经济哲学的维度来探索分配正义,为我们深入把握分配正义提供了一种可能。经济哲学作为哲学对经济世界的理性追问和实践批判,意味着对经济生活世界中遭遇的关乎人类前途命运的重大经济问题及其意识形态进行深度的理性追问和现实的革命改造,因而其内在地包含着对人类基础性存在方式的经济活动之哲学检审,从而捍卫社会经济生活中人的存在价值和生命尊严,承载起对人类命运的深切关怀和人之自由提升的哲学使命,为人类提供一个更具牵引力的经济生活世界图景,营建人类诗意的居所。经济分配活动作为人类经济生活世界的重要组成部分,理应成为经济哲学研究的关注焦点。在分配正义被简单地归约为分配平等或分配公平的今天，需要对分配正义展开经济哲学维度的阐释，从而为社会的经济分配活动提供一个更具解释力和牵引力的分配理论坐标和分配原则。

"只要人们普遍相信产品是按照一种不公平的原则进行分配时，在那些维护自我利益的人们之间，产业就会失去成效。如果人们普遍接受这样的一般信条，即社会进化是在不公正的方向下发展——即分配已经剥夺了工人们的利益，并且从今以后还会变本加厉地剥夺他们——则就没有力量可以阻止用暴力推翻社会秩序的趋势"①。所以，我们提出经济哲学维度的分配正义之诉求，从根本上而言，乃是出于对分配不公的现实之批判和力求超越的思想努力，在哲学反思所及的范围内为社会财富的合理分配提供一个基于人类基本善的价值尺度，并通过对利益关系的适度规范和合理调节来实现社会的和谐以及人民的幸福。基于如此的价值旨趣，分配正义是对人们的分配行为和分配方式之根据以及分配后果等一系列方面所进行的哲学追问和价值审视，旨在确立一个合乎经济理性和合乎人的目的性相统一的财富分配原则，为人们的利益分配奠基坚固的哲学基础和合理的价值前提，从而确证、捍卫和提升人的自由存在本质和人的生命尊严。分配正义蕴涵着分配尺度的经济合理性、分配程序的社会正当性、分配结果的合目的性相统一的哲学诉求，它从人的自由存在本质的原则高度出发，并基于坚实的经济生活世界而进行的理性反思和价值审视，从根本上为人类自由的增长、人之生命尊严的提升和社会的和谐幸福提供哲学关切和价值牵引。

从经济哲学的分配正义观来看，平等分配并不符合分配正义的价值追求，因为它没有关注到分配的经济效率维度，缺少经济合理性方面的考量，平等分配必然导致低效率的社会经济生活和贫乏的物质基础，终究伤害到人的生存、享受和自由发展。同样，公平分配也不能确保分配正义价值的现实化。一方面，由于公平分配是基于"同等情况给予同等对待"的等比例原则，只注重分配程序上的形式平等，而缺少对分配根据和尺度之合理性前提进行必要的哲学反思和价值审视，从而有可能借形式的公平分配之名，行不正义分配之实。另一方面，即使以极具合理性的尺度进行公平分配，也有一部分人因个人的天赋因素、家庭出身、社会背景和发展机遇的不幸，导致其基本生存权利无法保

---

① 《新帕尔格雷夫经济学大辞典》第 1 卷，经济科学出版社 1996 年版，第 939 页。

障,从而其作为人的价值和尊严在现实上受到伤害。而这一切,内在地需要分配正义的价值匡扶和担保。事实上,分配正义不仅内涵着对平等主义分配观的超越和对分配不公的矫正,而且也是对公平分配的超越思考。

分配正义作为经济哲学中的一个重要问题,正是对上述问题所进行的经济哲学维度的思考和解答,它深度关注社会成员或群体之间在经济权利和义务、权力和责任的配置问题,对分配的前提、程序、标准以及由此形成的结果展开是否合乎理性和人的价值尊严的追问,并进一步诉求分配的合理性和合目的性之统一,从而要求社会的经济分配既合乎经济效率的原则,又有助于促进人的自由之增长,最终提升生命的质量和存在的意义。这意味着,分配正义不仅是对分配前提和分配程序是否合乎正义的理性反思,而且要求将正义的价值原则贯彻到分配的实际过程中,一旦分配原则和程序不符合正义的价值原则时必须立即加以改造或废除;而当分配正义的规范被一个成员违反时,必须马上要诉诸于矫正并加以规导。总之,分配正义涉及对分配内容和分配主体是否合理合法,以及分配方式和分配标准是否公平合理等问题的价值评判和哲学反思。

据上可见,经济分配领域的核心价值当属分配正义,它实质上是对现实经济利益矛盾冲突需要调节的观念表达和规范要求,同时也是对人的生命尊严的哲学关怀,所以实现分配正义是人类的理想和追求。那么,分配正义的根据何在,它何以可能,又如何可能呢?

首先,经济财富的创造有赖于社会成员之间的通力合作,尤其是在社会分工日趋深入的现代社会更是如此。同时,社会分工和商品交换极大地推动着生产力的发展,社会创造的剩余产品日益增多,那么如何分配众多的剩余产品无疑是人们关注的焦点。由于不同的分配方式不仅直接影响到人们的切身利益,而且从长远的观点来看,对经济发展和社会效率来说都有重大的影响,从而根本上关涉人们的幸福生活和历史的进步。因此对分配正义的诉求是建立在人们的经济合作带来的经济利益的公平分配和社会进步之需上。

其次,人是一种理性的存在,他能够决定自己的行为模式和进行行为选择。财富的分配方式并非是经济活动的简单的自发过程,其中渗透着人们对经济活动本身以及对人类存在意义的理性思考和价值选择,所以人们对财富的分配问题存在着正义与否的价值判断和理性追问。人们之所以要对分配提出正义的理性诉求,一方面缘于财富并非天然赐予人类,为了获得财富人们需要付出艰辛的劳作,财富本质上构成了人的生命外化的结晶,是人的生命的延伸,因而财富的分配关系到人的价值和尊严的问题,特别是财富的现实分配状况实际地影响到人们现实可行的自由能力。而且,就具体的层面而言,对社会经济利益的正义分配在经济领域乃至整个社会生活中都是十分重要的,它有利于发展社会生产力,有助于促进人类的幸福,从而在现实的意义上促进人的自由发展。所以恩格斯曾指出:"最能促进生产的是能使一切社会成员尽可能全面地发展、保持和施展自己能力的那种分配方式。"①因此,只有当一种分配原则内在地具有正义性,方能为全体社会成员至少是绝大多数社会成员所接受,并给予最大的支持,社会的经济秩序也才能得以有效维护。而且,人是一种很特别的存在物,很多时候他不是看重于分配得到的利益数量的多少,而是"计较"分配行为是否公平。所以,对于一个社会而言,重要的不仅仅是如何获得和拥有财富的问题,而且就某种程度来说财富的公平分配问题更为重要。正是在这样的意义上,英国经济学家威廉·汤普逊在其著作《最能促进人类幸福的财富分配原理的研究》中认为,人的快乐和幸福固然离不开对财富的享受,但生活中经常可以发现,人们可以在拥有较少财富的情况下达到前所未有的快乐境地,而在财富极为充裕的情况下,却仍然可能非常痛苦,因此和社会利害攸关的主要是财富的使用和分配问题,而不是财富的多寡。为此他要求在研究财富问题的时候,尤其要考虑到财富的道德和政治效果,考虑到它对人类幸福的重大影响,并且他进一步提出物质财富的分配要尽最大可能促进享受上的平等和促进生产。②

然而,诚如我们在前面所指出的那样,关于分配正义问题,历史和现实中的人们都存在着不同的理解和看法。如古典功利主义从"最大多数人的最大利益"原则出发,认为正义的分配应该是符合功利原则的分配方式,即以能否形成最大多数人的最大利益的分配结果作为分配正义与否的尺度。而当代著名政治哲学家罗尔斯则是在批判古典功利主义的基础上,建立了自己的"公平的正义论",其中提出了自己的分配正义观。他认为,作为正义的经济分配应该是:经济的不平等安排应该使它们所从属的公职和职位应该在公平的机

---

① 《马克思恩格斯文集》第9卷,人民出版社2009年版,第209页。

② 参见[英]威廉·汤普逊:《最能促进人类幸福的财富分配原理的研究》,商务印书馆1986年版,第17页。

会平等条件下对所有人开放,并且应该有利于社会之最不利成员的最大利益
(差别原则)。① 针对罗尔斯的分配正义观,美国另一名著名哲学家诺齐克在
其著作《无政府、国家与乌托邦》的第七章以"分配的正义"为题,批判了罗尔
斯的分配正义观,并提出了自己的"持有"分配正义理论。诺齐克认为,分配
正义的关键在于持有的正义性,"如果一个人按获取和转让的正义原则,或者
按矫正不正义的原则对其持有是有权利的,那么持有的总体(分配)就是正义
的"②。因此政府和国家不能以强力将一部分人的财富拿走分配给另一些人。
而哈耶克则认为,市场经济活动纯粹是市场自发运行的过程,经济秩序也是市
场自发形成的秩序,因而由市场自发导致的经济分配结果就是正义的;相反,
由政府对市场的干预所导致的分配方式是非正义的。当然,还有其他不同的
分配正义观。

之所出现诸多的不同的乃至完全对立的分配正义观,缘于现实经济利益
的冲突和矛盾,也是对这种矛盾和冲突要求给予解决和调节的思想表达。事
实上,分配正义是一个历史的范畴。之所以如此,乃由于分配方式的产生、形
成和发展都是以社会生产方式的形成和发展为前提的,而生产方式本身是一
个历史的演进过程。诚如恩格斯所指出的那样,当一种生产方式处在自身发
展的上升阶段的时候,甚至在和这种生产方式相适应的分配方式下吃了亏的
那些人也会欢迎这种生产方式;当这种生产方式对社会还是正常的时候,满意
于这种分配的情绪,总的来说,会占支配地位;只有当这种生产方式已经走完
自身的没落阶段的颇大一段行程时,这种越来越不平等的分配才被认为是非
正义。③ 这就是说,分配正义具有历史的相对性,其依据在于一种分配方式是
否有利于社会生产力的发展,是否有助于促进人的自由本质。如果一种分配
方式不能保证社会绝大多数劳动者的需要,压抑并束缚人的发展,那么这种分
配方式需要革命或改造。资本主义分配制度的非正义性就在于这样的事实,
即那些靠自己劳动创造财富的工人无产阶级得到的仅仅是他们创造的财富的
一小部分,而那些靠剥夺寄生的资本家阶级却搜刮了绝大多数人的社会财富,
导致了一方是财富的无限堆积和极大富有,另方是贫穷的积累和道德的堕落,

---

① 参见[美]罗尔斯:《作为公平的正义》,上海三联书店2002年版,第70页。
② [美]诺齐克:《无政府、国家与乌托邦》,中国社会科学出版社1991年版,第159页。
③ 参见《马克思恩格斯选集》第3卷,人民出版社1995年版,第491—492页。

使得资本主义社会的人处于异化的生存状态。当然,这里又牵涉如何看待分配正义的问题,这是我们不可忽视的。人们在讨论分配正义问题时,往往局限于就分配领域孤立地探讨分配正义,其实这样的探究方式是很难获得分配正义的真理,因为就分配的本质而言乃是生产关系的表现,唯当对分配正义的探究置于生产关系的整个体系中,甚至放到人的意义世界中,方能获得对分配正义的真理性把握。对此,马克思有诸多论述,他指出,"所谓的分配关系,是同生产过程的历史地规定的特殊社会形式,以及人们在他们的人类生活的再生产过程中相互所处的关系相适应的,并且是由这些形式和关系产生的"①,所以"这些一定的分配形式是以生产条件的一定的社会性质和生产当事人之间的一定的社会关系为前提的"②。如此可见,一定的分配关系无非是历史规定的生产关系的表现,分配关系的历史性质就是生产关系的历史性质。所以马克思在《哥达纲领批判》中针对拉萨尔分子仅限于分配领域以求实现所谓的"平等的权利"和"公平的分配"时严厉地批评"这些人犯了多么大的罪",他深刻地指出:"难道资产者不是断言今天的分配是'公平的'吗?难道它事实上不是在现今的生产方式基础上唯一'公平的'分配吗?"③马克思认为沉溺于所谓的分配问题上大做文章以求实现分配的公平是根本错误的,因为消费资料的任何一种分配,都不过是生产条件本身分配的结果;而生产条件的分配,则表现了生产方式的性质。所以,任何把分配看成并解释成一种不依赖于生产方式的东西,从而把社会主义描写为主要是围绕着分配兜圈子,那无疑于是开历史的倒车。马克思进一步深入地指出:只有在迫使个人奴隶般地服从分工的情形已经消失,劳动不仅仅是谋生的手段同时也成了生活的第一需要,并且随着个人的全面发展、生产力的不断增长以及社会财富的日益丰富的时候,社会才能在自己的旗帜上写上:各尽所能,按需分配!④

马克思的上述论断对于今天我们所面临的分配难题的解决和思考无疑提供了深刻的启示。事实上,当下的中国正处于经济转型时期,出现了诸多的社会经济问题,分配领域的问题也错综复杂、层出不穷,有的甚至很严重,具体表

① 《马克思恩格斯文集》第7卷,人民出版社2009年版,第999—1000页。
② 《马克思恩格斯文集》第7卷,人民出版社2009年版,第998页。
③ 《马克思恩格斯文集》第3卷,人民出版社2009年版,第432页。
④ 参见《马克思恩格斯文集》第3卷,人民出版社2009年版,第436页。

现在:新生的贫富差距和旧有的平均主义现象并存,而这种贫富差距和平均主义又与原有的城乡之间、工农之间的差别交织在一起,而且更严重的是社会财富的分配不公和由此导致的贫富悬殊与各种腐败现象、政府行为的失范现象以及人们市场行为的道德失范交织在一起,导致了新的过于悬殊的贫富差距和严重的社会矛盾,而且呈现出扩大化和显性化的特征。分配过于悬殊这一事实已经引起了全社会的广泛关注和劳动群众的强烈不满。一个社会若违背分配正义的原则,导致长期的分配不公,"就像一个人长久地站在齐脖子深的河水之中,只要涌来一阵细浪,就会陷入灭顶之灾"①。我们要清楚地意识到,分配不公不仅是一个经济问题,而且是一个社会问题和政治问题。因此需要建立符合当下中国现实的分配正义原则。

3. 分配正义的基本原则

分配正义是一个历史的、具体的范畴,根据当前我国的国情民生,如我国"社会主义性质"的市场经济、"公有制为主体"的基本经济制度、"按劳分配为主体"的社会主义分配制度、经济发展的总体水平等综合现实,在构建社会主义和谐社会中,分配正义应体现如下的价值主张和分配原则。

其一,基本经济需求满足的原则。基本的经济需求就是个体为了维持自己的生命和基本生活而必需的物质经济条件,是生存不可或缺的"必需品"。我们必须自觉意识到,"对个人自由最彻底的剥夺莫过于一贫如洗;对个人自由最大的损害莫过于囊中羞涩"②。根据美国学者马斯洛的需要层次理论,人是具有生理的需要、安全的需要、爱的需要、尊重的需要和自我实现的需要,而且这些需要具有相当确定的等级排列,如安全需要比爱的需要更强烈,而生理需要强于安全需要。因此,人的基本经济需求对人而言是不可或缺的物质基础,是个体生命得以存在和发展的基础,也是良好社会得以可能的根本前提。正是基于对人的生命价值和尊严的承诺,《世界人权宣言》把享有生命、自由和人身安全作为基本的人权,并规定人人有权享受维持他本人和家庭健康和福利所需的生活水准。事实上,一旦人的基本经济需求得不到满足,人将失去做人的资格和尊严,个体就无能顾及社会的基本规范要求,从而触及社会的秩

---

① 参见[美]斯科特:《农民的道义经济学》,译林出版社2001年版,第1页。
② [美]加尔布雷思:《好社会:人道的记事本》,译林出版社2000年版,第3页。

序底线而引发社会混乱,也因此漠视乃至敌视他者存在的合法性。因此,我们倡导基本经济需求满足的分配正义原则,并没有平均主义分配之意,而是基于对人的生命尊严的捍卫,基于个体基本经济需求无法保障可能导致的不良政治和社会后果之担忧。而这是构建社会主义和谐社会的内在价值要求。所以,"增加财富的总价值并不是件坏事,但我认为,除非你考虑到如何分配财富,否则,所增加的财富并没有价值"①。我们必须清醒的意识到,无论是经济的增长,还是社会的进步,都必须以满足人的基本需求、促进人的幸福和增长人的自由为根本目的。财富分配必须以广大民众的根本利益为重,以满足广大民众的基本经济需要为重中之重,这是"以人为本"为核心的科学发展观的本质内涵,亦是构建社会主义和谐社会的题中要义。

其二,按劳动(贡献)分配的"应得"原则。"应得"(Desert)是人们常用来描述正义的词汇之一。古罗马法学家乌尔庇安认为:正义乃是使每个人获得其应得的东西的永恒不变的意志。而西塞罗则将正义描述为:使每个人获得其应得的东西的人类精神。② 按照这种理解,当一个人如果给了某人应得的或应有的东西,那么前者对后者的行为便被指称为是正义的,因为后者所得到的东西是他应该得到的东西。所以,正义的"应得"内涵使得一种行为、一种态度、一部法律、乃至一种关系,只要能使每个人获得其应得的东西,那么他或它就是正义的。当然,在不同的历史时期、不同的社会形态中具有不同的现实的"应得"原则,所以不能将"应得"停留在抽象的概念层面加以理解。在今天,我们需要倡导和贯彻的是按劳动和贡献分配的"应得"原则,使每一个社会成员按其付出的劳动和作出的贡献来获取经济收入和物质财富。按劳分配、按贡献分配的"应得"分配正义原则在今天具有重要的现实意义。首先,它有助于坚持劳动者的主体地位和价值尊严,从而激发广大民众的劳动积极性、创造性,确保社会经济财富不断涌现的动力机制;其次,马克思主义哲学认为,人是在劳动中不断成就自我、丰富自我的存在物,因此按劳分配的正义原则有助于尊重劳动,有利于促进人的自由发展。最后,按劳动、贡献分配原则还有助于抵制分配领域内普遍存在的各种腐败现象,营建公道的分配环境和

---

① [美]罗纳德·德沃金:《认真对待人权》,广西大学出版社 2003 年版,第 26 页。
② 参见[美]博登海默:《法理学、法律哲学和法律方法》,中国政法大学出版社 1999 年版,第 264 页。

分配监督,遏制两极分化、贫富悬殊的进一步发展,促进社会主义和谐社会的建设。因此,当一个社会的成员能够按照自己的诚实劳动、按照自己的劳动贡献来收获自己的物质经济财富时,我们可以说这种分配制度和分配行为是正义的,因为这符合分配正义的内在价值。

其三,"互惠性"的差别原则。为了实现社会成员的基本经济需求得以满足,同时又不丧失经济发展的动力保障,需要我们实施"差别原则"。所谓"差别原则",就是指社会的经济和财富分配虽然无法做到完全平等,但它必须合乎每个人的利益,尤其是要合乎最少受惠者的最大利益。差别原则指证,仅仅效率原则本身不可能成为一种正义观,它需要某种方式的补充,要求超越以效率作为经济合理性唯一尺度的狭隘立场,担当起对生命的人道关怀。罗尔斯认为,按照"平等自由"的正义原则,要求一种形式的机会平等:即所有人都至少有同样的合法权利进入所有有利的社会地位。但是,实际情况是,由于我们没有作出努力来保证一种平等的或相近的社会条件,使得人们资源的最初分配总是受到自然和社会偶然因素的强烈影响,并由此深刻地影响到人们现在和未来的收入和财富分配状况,但这一结果在道德观点看来是任意的,因而是不恰当的,因此需要"差别原则"的补充。① 这里需要强调指出的是,差别原则并非简单地就是直接给予补偿,不是要求社会达到完全的经济平等,而是标示这样的价值主张,即"社会财富和收入方面的差别无论有多么大,人们无论多么情愿工作以在产品中为自己争得更大的份额,现存的不平等必须确实有效地有利于最不利者的利益。否则这种不平等是不被允许的"②,社会有责任和义务更多的关心那些天赋较低和出身较不利社会地位的人们,其中包含着对社会弱势群体的人道关注。

分配正义的三个原则是内在统一的。基本经济需求满足原则为个体生存和发展提供了最基本的物质保障,从而为每个人的体面而有尊严的生活提供了可能。按劳动和贡献分配的"应得"正义原则为财富生产提供了必要的动力保障,从而为社会的和谐和人类自由的增长奠定丰富的物质基础。而差别原则为实现二者的有机统一提供了重要的通道。总之,分配正义的价值理念和分配原则是构建和谐社会的内在要求,构建和谐社会需要分配正义的哲学

① 参见[美]罗尔斯:《正义论》,中国社会科学出版社1988年版,第72—73页。
② [美]罗尔斯:《作为公平的正义》,上海三联书店2002年版,第103页。

伦理守护,从而分配正义现实地构成了和谐社会不可或缺的价值支撑。

4. 分配正义的当代价值及其实现思考

在新的历史发展阶段,党和政府根据我国社会的深刻变化,提出了构建和谐社会的理论主张和实践要求,即建设一个民主法治、公平正义、诚信友爱、充满活力、安定有序、人与自然和谐相处的社会,以便极大地激发社会活力,充分促进公平正义,从而形成一个全体人民各尽其能、各得其所而又和谐相处的社会。党的十六届六中全会的《决定》则进一步提出:"社会和谐是中国特色社会主义的本质属性,是国家富强、民族振兴、人民幸福的重要保证。"由于和谐社会的理论主张和实践要求深刻切中了当下中国现实问题的核心,因此它一经提出就立即获得了广大民众的积极呼应和广泛赞誉,也得到了国际社会的普遍关注和好评。这说明人们对和谐社会、和谐生活的向往是普遍而热烈的,同时也从反面折射出我们的现实社会生活中的确存在不和谐的音符甚至包括尖锐的冲突。"问题是时代的口号",而每一个问题又都是一个化了妆的答案,我们的重要工作之一便是通过"卸妆"直截问题的核心,从而揭示生活的真理。

人的自我和谐是社会和谐的重要基础。对于"和谐社会",我们可以从更概括的意义上把它归结为四个方面和谐的社会,即人与自我的和谐、人与人的和谐、人与社会的和谐以及人与自然的和谐。人的自我和谐对构建和谐社会具有重要意义。所谓人的自我和谐,简要的说就是个体生命的和谐即身与心的平衡、灵与肉的和谐。然而,要使社会的个体能够获得和谐的生命存在状态,有起码的两个前件:肉体生命存在得以保障;社会公心能够守护社会事务。首先,无论在何种社会环境中,当一个人的肉体生命存在的物质经济基础被剥夺或得不到保障时,人的灵性成分就会被消解而隐退,动物性本能就会凸显。正是在这个意义上,马克思恩格斯在《德意志意识形态》中深刻地指出:"在极端贫困的情况下,必须重新开始争取必需品的斗争,全部陈腐污浊的东西又要死灰复燃。"[1]在这种情况下,人只能生存在"霍布斯丛林"中,"他人就是地狱",根本谈不上和谐可言。其次,即使个体生命存在的物质经济基础得到保障,但是只要社会充满着不公、非义和邪恶,社会公心被挤压到晦暗的边缘,那么个体的灵魂仍是得不到安宁的。而一个灵魂得不到安宁的生命是谈不上和

---

[1] 《马克思恩格斯文集》第 1 卷,人民出版社 2009 年版,第 538 页。

谐的生命,自然会引起个体的不满,并导致人际关系的冲突和社会动荡。因此,和谐的社会人际关系需要和谐的社会利益分配关系,构建和谐社会需要分配正义的思想资源和价值担保。

结合当前我国建设社会主义市场经济的现实,笔者以为在促进分配正义的过程中,需要做好以下几方面的工作。

首先,要完善按劳分配为主体、多种分配方式并存的分配制度,充分调动劳动者的积极性,大力发展社会主义社会生产力;坚持以经济建设为中心不动摇,通过大力发展经济的办法促进分配正义的实现,因为分配正义的实现根本上有赖于社会产品的丰富,而这必须依靠强大的社会生产力。但是同样必须指出的是,蛋糕做大了并不意味着人人都有蛋糕可吃,要实现蛋糕的合理分配还有赖于一套合理的分配方法。与此同时,既要继续反对平均主义,又要防止收入悬殊;既要落实分配政策,又要提倡奉献精神;从物质文明和精神文明相统一的角度促进社会主义的分配正义。

其次,坚持和完善基本的经济制度,为分配正义的实现提供制度性保障。任何社会的经济分配都是在一定的制度和规则之内进行的,分配制度和分配规则是否正义,直接影响到人们在进入分配过程中是否具有机会均等的程序正义问题,而且将密切地关乎人们的利益分配是否公正。因此,通过建立正义的分配制度,坚持机会均等的原则,在制度面前人人平等,这是实现社会主义分配正义的前提。

再次,健全社会保障体系,逐步实现共同富裕。社会主义的本质特征是既要有高度发达的社会生产力,又要实现社会成员的共同富裕,故而实现共同富裕是社会主义分配正义的内在要求。社会保障既是社会主义分配正义的题中之意,也是它的延伸。因为社会保障的本质乃是基于对人类生存与发展的终极关怀,是从现实的层面对人之自由本质的促进,而这与社会主义的价值要求是相一致的,即实现全人类的解放和每一个人的自由全面发展。所以,健全社会主义的社会保障体系是实现社会主义分配正义的重要环节。

最后,严格规范政府行为并严惩腐败是实现分配正义的重要措施。结合中国的实情来看,我们看到自改革开放以后,一部分人凭自己的勤劳和智慧创造了大量的社会财富,同时自己也获得了不少财富,这部分人步入了中国的富人阶层,对此我们无可厚非,人们在心理上也是接受的。与此同时,我们也不得不承认,有相当多的一部分人利用人民赋予的手中权力,大肆侵吞国有财产和人民的财富,从而成为贪婪的"暴发户",这部分人通过非法掠夺人民财产的方式成为新的富人阶层,严重违背了社会主义分配的正义原则,而且由于权力介入经济生活,使得权力经济化、经济权力化,形成大量的腐败现象,导致的结果是权力笼罩市场经济,政府失灵和市场失灵交织在一起,分配失公,严重削弱了社会主义市场经济的生机与活力,严重地伤害了民众的感情。因此,严格规范政府行为,加强对权力的监督与制约,为社会主义市场经济的健康发展提供良好的政治环境,是实现社会主义分配正义的重要措施。

四、消费正义:"消费主义"批判和超越思考

在现实的社会生活中,人们对经济领域中存在着生产正义、交换正义、分配正义并没有太多的分歧和疑问,并形成相对的共识。但是,在对消费问题上是否存在正义?如何看待消费正义?消费正义何以可能?如何确立消费正义的人生哲学以及消费正义的当代价值等诸方面问题,并未引起足够重视。今天,我们陷入了"消费"控制着整个生活的处境,"消费"主宰了人们的生存方式并几乎占据了我们的全部生活内容。与此相应的是,人们对消费主义的前提和边界却缺少深度的哲学追问,从而对经济生活世界中的消费正义问题也缺少应有的现实思考和理论揭示。因此,从经济哲学的视阈透视人们的消费行为,以哲学正义观的价值理念审视并规导人们的消费观念和消费方式,不仅有其理论牵引的紧迫性,而且蕴涵着更为重要的现实人文关怀。

1. 何谓消费正义

诚如我们在前文多次强调指出的那样,在哲学的视阈中,正义乃是人类对自身生命存在价值的最高概念表达和意义追问,其旨趣在于将人的价值、人的尊严、人的自由、人的发展作为人的根本,并以此为枢轴来追问生活的价值和生命的意义。这是哲学正义观的核心表达。我们对消费正义的阐释正是立足于哲学正义观的层面而展开的。

消费是人类社会经济活动的重要组成部分,也是人类得以存在和发展不可或缺的前提。马克思曾经指出,一切人类生存的第一个前提,也就是一切历史的第一个前提是"人们为了能够'创造历史',必须能够生活。但是为了生

活,首先就需要吃喝住穿以及其他一些东西"①,所以"人从出现在地球舞台上的第一天起,每天都要消费,不管在他开始生产以前和在生产期间都是一样。"②人们为了维持自身的生命和有效地展开社会生活,就必须进行必要的消费,因此消费乃是从人类生命活动开始就进行着的始源性的生命活动的组成部分。可以说人从两脚直立之时起,便开始了自己的消费活动。如果我们对消费做一个界定的话,消费可以被描述为:人们在一定的社会经济关系中并借助这种社会经济关系所进行的用物品或劳务满足自己生产和生活需要的行为及其过程。由于人们的消费是在一定的社会关系中进行的,所以消费是社会生产关系的一个重要方面,具有社会和历史的规定性。这意味着,人的消费行为与动物消费行为具有根本的不同,动物的消费行为只是个体单独的行为,而人的消费并不简单地是个人单独的事,更重要的是在与他人的社会经济关系中展开的;消费者不是作为一个孤立的个体来追求自己的消费方式,而往往是根据社会的消费取向或效仿他人的消费样式来确立自己的消费趋向和消费行为。社会是一个错综复杂的关系之网,消费者是网中之结,浩荡的消费主义潮流、肤浅的消费时尚和充满挑逗的消费广告都会对消费者产生巨大的劝诱力。因此,人类的消费是一个总体的范畴。消费可以分为生产消费和生活消费两种。生产消费是指人们在物质资料的生产过程中对原材料的耗费以及对生产工具的磨损,所以它是在生产领域中进行的,与生产具有直接的同一性。生活消费是指人类为了生存和发展以及劳动力的再生产而所进行的对生活资料的消费。就消费行为的构成而言,主要包括个人消费行为和公共消费行为。个人作为消费者,其消费行为通常是由个人的消费目的、消费手段和消费支出构成并由之而表现出来的。公共消费行为通常是指由国家、政府和社会团体组织的某些消费支出,它同样也是通过消费动机、消费方式等表现出来的。由此可见,消费涉及的内容很广,不仅有消费的范围问题,而且与消费的主体构成、消费者的消费目的、消费动机和消费方式的诸多问题紧密相关。

　　结合关于消费的如上阐述,立足哲学正义观的视阈,我们认为,消费正义表达了以正义的价值维度和意义标准来考量作为人之重要存在方式的人类消费行为之合理性和合目的性的价值问题,实质上是对人类消费行为的哲学思

---

① 《马克思恩格斯文集》第 1 卷,人民出版社 2009 年版,第 531 页。
② 《马克思恩格斯文集》第 5 卷,人民出版社 2009 年版,第 196 页。

考和意义审视,也是对人的生命存在和人的尊严之意义观照,从而诉求将消费的终极合法性根据置放到提升人之自由自觉活动的存在本质和形而上的存在意义之原则高度来加以求解,并以此为价值视阈考量当下人们的消费行为和消费方式,从而对消费社会进行哲学的批判和价值的牵引,规导人们确立科学而合理的消费观念和消费方式,建立一个合乎人的自由存在本质和富有意义的消费模式,促进人性的丰富和社会的幸福。约言之,消费是否适应人的全面发展的需要,是否促进人的自由之增长,是否有利于社会的和谐和幸福,乃是衡量消费正义与否的根本尺度,并据此追问人们的消费动机和目的、消费的手段和方式、消费的对象和内容等是否符合正义的价值原则、是否有助于人之自由本质的提升、是否有利于广大民众的根本利益和社会的幸福。因此,消费正义并非仅仅是一个简单的消费问题,也是重要的价值问题,更是一种人生哲学;它不仅是对自身生命意义的承诺,也包含着对他者存在价值的肯定和捍卫。这是消费正义内在的价值视野和核心内涵表达。

事实上,消费正义涉及消费目的、消费内容、消费方式的正义性问题。一般情况下,人们对消费正义持有两种对立的观点:一种是节俭论消费正义观,主张应当尽可能地节制非生产性的消费,以积累生产资本,促进社会的发展。另一种是奢靡论消费正义观,认为消费能够促进生产和就业,所以应当尽可能地多消费。[1] 也有学者认为,无论在任何社会,任何时候,消费的节约都适合于人们作为理性存在者和社会存在者的本质之道,因而是正义的;相反,消费的浪费则是非正义的。[2] 显然,把节约与浪费作为评判消费是否正义的尺度,一般来说并没有错,但把节约与浪费作为消费正义的唯一标准来加以评判,就难免使消费正义狭隘化。因此,仅停留于此并不能深刻把握消费正义的内涵。事实上,消费正义牵涉消费目的、消费内容、消费方式的正义性等诸多环节。

首先,就消费的目的而言,个人消费的正义性表现在既要合乎自己的身心健康,又要符合良好的社会风尚;不仅满足于自己的需求,还要看到社会的效应;不但要包括经济上的合理性消费,更要注意社会、文化、心理等方面的因素。而公共消费,由于消费的通常是社会公众的财富,公共的消费正义性就体现在公共支出必须符合公众的利益,不允许在公众消费中牟取私人利益。其

---

① 参见朱贻庭:《伦理学大辞典》,上海辞书出版社 2002 年版,第 133 页。
② 参见刘敬鲁:《经济哲学导论》,中国人民大学出版社 2003 年版,第 177 页。

次,就消费的内容来说,消费正义要求消费的对象既要合乎法律法规,又要符合人与人、人与自然之间的协调发展的理性要求。最后,就消费的方式来说,消费正义要求既要考虑到自己的财力,同时要考虑到社会的影响,因为"一个人的消费行为不仅关系本人的目标是否实现,也不仅关系到对别人的目标和利益是否有损害,而且影响到社会的风气。"①如此可见,消费行为并非简单的就是个人的事,它关联人与社会、人与自然、人与人之间诸多的关联,一个人不能因为自己拥有巨大的财富,就可以随心所欲,认为不管消费什么、怎么消费都合乎正义原则。也许有人会急切地要说,关于消费问题不存在正义与否的问题,有关消费的问题都可以在法律条款中得到合理的解释和说明。的确,法律条款为我们的消费提供了强有力的规范和标准,但是我们必须要指出的是,用法律约束消费行为是远远不够的,违法的消费行为固然是不合理的,但很多不合理的、不合乎正义的消费行为则未必都违法。事实上,哪怕法律制定得多么细密而周详,并不能消除非正义消费的存在,因为对法律的遵守和执行依然要靠具有理性、自主和有德性的人来完成。所以唯有从正义的价值原则高度,从消费合理性和消费合目的性的角度来把握消费正义的价值,帮助人们树立全新的消费正义观念,建立健康、合理、文明的消费行为,从而促进人的丰富和完善。这里我们必须特别指出的是,合理而健康的消费观念和消费方式并不是能够自发的形成,这有赖于社会对人们进行正确的消费引导和合理的消费约束。

2. 为何要诉求消费正义

问题是时代的口号,而每一个问题又都是一个化了妆的答案。我们今天之所以诉求消费正义,究其根本而言,是因为"消费主义"成为我们这个时代似是而非的真理,而且它造就了无数远离"人"的消费动物,使得人类的消费从根本上背离了生命的本质和做人的真理,深刻地危及人类自然家园的存在根基,造成人际关系的冲突和对立,导致人与自身生命的疏离,令当代人陷入了如临深渊、如履薄冰的生存境遇和价值虚无的意义空场。

所谓消费主义(Consumerism),概要地说就是把消费作为人生的根本目的和体现人生价值的根本尺度,并把消费更多的物质资料和占有更多的社会财

---

① 厉以宁:《经济学的伦理问题》,生活·读书·新知三联书店1995年版,第138页。

富作为人生成功的标签和幸福的符号,从而在实际生活中采取无所顾忌和毫无节制地消耗物质财富和自然资源,以追求新、奇、特的消费行为来炫耀自己的身份和社会地位,持有"生存即消费"的人生哲学和生存方式。消费主义不仅是一种消费观念,也是一种消费行为,更是一种人生态度,它与一般的消费行为的根本区别在于,不是简单地为了满足基本的生活需求而消费,而是为了永远无法满足的贪婪和欲望而进行无节制地占有。这是消费主义的实质所在。

然而,令人可悲的是,消费主义被当做现代商品社会似是而非的真理,并为"常人"无批判地拥抱和膜拜。而关于消费的种种谬论和神话,如"消费是个人的事"、"不消费就停滞"、"消费是体现人生价值的根本途径"等,则不同程度地加剧了消费主义的硝烟弥漫,以至于消费主义作为一种世俗的神话,成为我们这个时代的风尚,从而成为名副其实的"消费社会"之真理。对此,法国学者让·波德里亚在其著作《消费社会》中深刻指出:"今天,在我们的周围,存在着一种由不断增长的物、服务和物质财富所构成的惊人的消费和丰盛现象,它构成了人类自然环境中的一种根本变化。恰当的说,富裕的人们不再像过去那样受到人的包围,而是受到物的包围",而且可悲的是,在这种消费社会中,"正如狼孩因为跟狼生活在一起而变成了狼一样,我们自己也慢慢地变成了官能性的人了"①。消费,就其根本目的而言,乃是通过对人的需求的满足而不断促进人的自由存在本质和人类发展的要求,因而它不过是人类达到幸福的手段,而非人类生活的根本目的。但是在今天,消费成为合理经济乃至人生的唯一目的,所有那些使我们区别于其他动物的特性都被忽略了,而我们与其他动物类似的地方却被抬高为唯一合理的个人和社会目标,于是消费成了目的本身,消费的数量成为衡量一个人成功的标志,也成为一个社会进步的标准。结果是,人的象征乃是贪婪的、被动的消费动物。将消费作为生活目的的消费主义,必然造成消费领域的挥霍无度和空虚厌倦,因为消费无度和空虚厌倦往往由"虚假的"需要所引发,而且很多时候这种虚假的需要导致了非正义消费的泛滥。对此,马尔库塞有力的指出,这种"虚假的"需要,是为了特定的社会利益而从外部强加在个人身上的那些需要,它使艰辛、侵略、痛苦和非正义长期存在下去。满足这种需要或许使个人感到十分高兴,但它会妨碍

---

① [法]让·波德里亚:《消费社会》,南京大学出版社 2001 年版,第 1—2 页。

自己和他人,使社会处于病态,因而是必须加以批判和反对的。① 对此,马克思在《1844年经济学哲学手稿》中也曾做了形象的描述:"工业的宦官迎合他人的最下流的念头,充当他和他的需要之间的牵线人,激起他的病态的欲望,默默地盯着他的每一个弱点,然后要求对这种殷勤服务付酬金。"②结果竟是,人不仅没有了人的需要,甚至连动物的需要也不存在了。

事实证明,当人们的商品消费因承载了太多的贪欲时,人就变成了十足的消费动物,并在不断地提高商品消费量的过程中加深和确证这种动物性。因此,消费主义是现代资本社会的一种病,这种病具有不可原谅的三大危害:

其一,消费主义造成人与自然之间的紧张对峙,危及人类的自然生态根基。消费主义是以贪欲作为其不能自拔的前提和归宿的,这就意味着满足的不可能性,因为贪欲的本质在于其无底深渊之需求。美国哲学家埃里希·弗罗姆从分析人的精神特性角度指出:"人的身体有许多需要,比如说饥饿,这些需要是受生理条件限制的,总有一个极限。然而心理上的欲望——每一种欲望都是心理上的——是无止境的,即使这种欲望通过身体而得到满足。因为这种欲望本来要克服的是内心的空虚和无聊、孤独和抑郁,而这些都不是可以通过满足欲望来消除的。"③因此,无论物质财富多么丰富也不可能满足贪婪的欲望。正因为再多的财富也无法满足"消费动物"的贪欲心,于是他就会通过占有更多的商品和财富来满足心理的暂时平衡,从而形成了"生存就要占有更多"的恶性逻辑,由此必然导致对自然的"促逼"和对生态的戕害。然而,自然生态总是有限的,自然生态的有限性和贪欲的无限性之间的矛盾性质,必然造成人与自然的紧张对峙:海河充满着污染、天空弥漫着烟雾、大地裸露着身体。而这一切从根本上危及人类存在的生态根基,正是在这样的原则意义上,美国学者艾伦·杜宁发出了沉重的疑问:"如果环境的破坏根源在于人们拥有太少或太多的时候,留给我们的疑问就是:多少算够?"④

其二,消费主义造成人与人之间的冲突和对抗,危及人类社会的和谐秩

---

① 参见[美]马尔库塞:《单向度的人》,上海译文出版社1989年版,第6页。

② 《马克思恩格斯文集》第1卷,人民出版社2009年版,第224页。

③ [美]埃里希·弗罗姆:《占有还是生存》,生活·读书·新知三联书店1988年版,第120页。

④ [美]艾伦·杜宁:《多少算够》,吉林人民出版社1997年版,第7页。

序。消费主义充满着利己主义的价值主张,弗罗姆在《占有还是生存》一书中对消费主义的这种利己主义的价值观做了生动的描述:我想把一切都据为己有;能够给我带来欢乐的不是分享,而是占有;我不得不总是那样贪婪,因为占有就是我生活的目的,我占有得越多,我的生存实现得也越多;我对其他所有人都抱一种敌视的态度,我想欺骗我的顾客,毁灭我的竞争者和剥削我的工人。我永远不会满意,因为我的愿望和要求是无止境的。① 由于占有欲是消费主义的核心本质,因此消费主义在根本上与和平不相容。消费主义所具有的自私和个人利益至上的价值原则,本质上排斥和否定他者的利益和存在的合法性,从而漠视他人的价值和尊严,唯我独尊、骄横跋扈。这种重占有的消费主义以及其中所内含的贪欲性质,必然会导致人与人之间的对抗和斗争,对一个民族来说是这样,对个人来说也是如此,因为"只要个人的主要动机仍然是重占有和贪欲,那在这样的个人组成的民族之间必然会进行战争。一些民族不可避免地要嫉妒另一民族所占有的东西,并试图通过战争、经济压力和威胁来得到"②。总而言之,"洞察力能使我们看到,忽视精神而以追求物质目的为主的生活必须使得人与人对立,国与国对立,因为人的需要无穷尽,而无穷尽只能在精神王国里实现,在物质王国里永远不能实现"③。因此,消费主义之重占有的生存方式和哲学价值观必然从根本上危及人类社会的存在家园,尤其对于今天的社会主义和谐社会之构建,无疑是一个重大的阻碍。

其三,消费主义造成人与自身的疏离,腐蚀人类的灵魂居所。消费主义以消费多少物品、占有多少财富来衡量人生的意义和生命的价值,从而持有和宣扬"生存即占有"、"消费即目的"的消费态度和人生哲学,从而把自己塑造为一个十足的现代消费机器,为了追逐更多的财富和商品而沦为物的奴隶。至于生活的意义和做人的真理以及生命的空灵感,则完全被排挤到生命最遥远的边缘,从而将人的生命活动降格为动物的本能活动,将生活的价值换算为抽象的占有量和感官的短暂满足。现代消费主义的"贪婪成

---

① 参见[美]艾伦希·弗罗姆:《占有还是生存》,生活·读书·新知三联书 1988 年版,第 8 页。

② [美]艾伦希·弗罗姆:《占有还是生存》,生活·读书·新知三联书 1988 年版,第 121 页。

③ [英]舒马赫:《小的是美好的》,商务印书馆 1984 年版,第 20 页。

性,唯利是图;它在性生活方面拘谨无能;在家庭生活方面俗鄙不堪;它在衣着打扮上的千篇一律令人沮丧,它那充满铜臭的生活成规更使人难以忍耐"①。这是消费主义对生命本质和意义的厚重遮蔽和极端扭曲。事实上,意义的向度是做人所固有的,人之为人的真理在于他与意义的关联,人的高贵、生命的完满性之可能正在于人对意义的渴望和价值的担保,因为正是意义照亮了生命的光辉并托起了生命的尊严。正是在同样的意义上,牟宗三先生指出,个人的尽性与民族的尽性,皆是"生命"上的事。如果"生命"糊涂了,"生命"的途径迷失了,则未有不陷于颠倒错乱者,所以我们要保持清醒的生命意识,随时注意和警觉生命的学问,否则生命将是一团漆黑。② 可见,生命究其根本而言只能用意义来衡量,没有了意义的尺度,生命将失去其根本而不成其为人的生命。而消费主义哲学价值观所内含的忽视和践踏生命意义的基因,背离了生命的根本和尺度,颠倒了消费和生活目的本质关系,造成了生命中意义的脱落,使人的现实生命与意义世界愈益疏远。这也是我们今天之所以展开消费主义批判、诉求消费正义的鹄的,也是对当代人生命存在方式的哲学检审。

3. 消费正义何以可能

固然,消费是人的存在的重要前提,满足人的需要是消费的重要目的,但是消费不是人生的根本目的,消费是为了生活,但生活不是为了消费。我们的目的必须是有价值有意义地生存,而不是贪婪的占有和消费很多物品。因此,消费正义不是以消费的占有量来衡量生命的价值和人生的意义,而毋宁说是以促进和提升人的自由发展、人的价值和生命尊严作为消费的合法性依据和根本尺度。正是基于人的与生俱来的内在价值和尊严的原则视野,消费正义要求,每个公民的基本生理需要都应得到满足,而且在基本生理需要得到满足之后,社会有责任引导大家建立高级的发展需要和高尚的消费行为,个人有义务践履消费正义的价值原则,确立消费的生态视野、社会关怀和意义观照。社会只有从根本上抵制消费主义的贪婪价值取向,个人只有从根本上自觉树立

① [美]丹尼尔·贝尔:《资本主义文化矛盾》,生活·读书·新知三联书店1989年版,第121页。
② 参见牟宗三:《生命的学问》,广西师范大学出版社2005年版,第30页。

重生存的消费正义价值立场,我们才能避免非正义的消费和经济上的灾难,收获消费的真理。那么,消费正义何以可能?

其一,人的超越存在本性为消费正义的可能提供了"人性"的基础。人是一种特殊的存在,这种特殊性在于人虽是一种自然生命存在,却有不断追求形而上的超生命存在追求,他虽生活在现实的世界,但又不停的追求超现实的理想和意义世界。因此,人不是简单的存在于事实世界,而毋宁说生存于无限丰富的意义世界中。就某种意义而言,这是人的存在之"天命"。因此,人是一种具有自然生命的存在物,但是人的本质却在自然生命领域之外。正如美国哲学家赫舍尔所指出的那样,人的存在从来就不是纯粹的存在,它总是牵涉意义。意义的向度是做人所固有的,正如空间的向度对于恒星和石头来说是固有的一样,人甚至在尚未认识到意义之前就同意义有牵连。对意义的关注,即全部创造性活动的目的,不是自我输入的,它是人的存在的必然性。① 消费正义之追求正是源于人对自身存在意义的诉求和努力,它不是抽象的形而上的玄思冥想,实质上是人对于自身存在意义的渴望和追求,它特别地关注并致力于以人的尊严和人的价值之提升,以及人的自由全面发展作为消费的终极目的。在这个意义上,消费正义之追求也是将人的世界、人的关系还给人自己的现实生命过程。消费作为维持人的生存和发展的重要前提和手段,无疑是人的存在内容的重要组成部分,它必然包含着对正义价值和意义向度的渴望。我们对消费正义的本质诉求也旨在通过审视和检讨自己的消费方式,以求得消费的真理和自身生命的完满。

其二,人之具有自我意识的"自由自觉活动"的存在特性为消费正义提供了重要的可能性根据。人不仅是一种超越自然存在、追求理想世界的生命存在,更重要的是在于他同时具有自我意识的"自由自觉活动"之实践存在本质,正是这种自由自觉的实践存在本质使得人成为具有"对象化的感性活动"的存在物,这种"对象化的感性活动"使得人自己的内在生命意志和力量能够对象化、现实化,同时也使外在的对象通过人的自由自觉的实践活动环节而实现"人化",使之具有"属人"的性质。这种"感性的对象性的实践活动"之存在特性使得人不简单的是理性的和观念的存在物,使得他不仅能观念地解释世界,更重要的是能现实地改变世界,创造出"属人"的世界。"正是在改造对

---

① 参见[美]赫舍尔:《人是谁》,贵州人民出版社1994年版,第46—47页。

象世界的过程中，人才真正地证明自己是类存在物。这种生产是人的能动的
类生活。通过这种生产，自然界才表现为他的作品和他的现实"①。因此，消
费正义的可能性可以从人的"自由自觉的活动"存在特性来加以理解，置放到
人之具有自我意识的类存在物层面上加以诉求。对于人的这种具有自我意识
的"自由自觉的活动"存在特性，马克思做出了具体的论证：动物和自己的生
命活动是直接同一的。动物不把自己同自己的生命活动区别开来。它就是自
己的生命活动。人则使自己的生命活动本身变成自己意志的和自己意识的对
象。它具有有意识的生命活动。这不是人与之直接融为一体的那种规定性。
有意识的生命活动把人同动物的生命活动直接区别开来。正是由于这一点，
人才是类存在物。仅仅由于这一点，他的活动才是自由的活动。② 因此，人的
具有自我意识的"自由自觉活动"之存在特性为消费正义提供了重要的可能
性根据。

　　其三，现时代的"消费社会"性质及其消费主义灾难的凸显为消费正义的
出场提供了强有力的现实牵引力。世界是矛盾的综合体，矛盾为事物之变化
发展提供了内在的动力；社会生活也内蕴精彩的辩证法，其精神在于通过对现
实关系的批判否定和能动超越而促进事物的发展。正如马克思所指出的那
样，"自我异化的扬弃同自我异化走的是同一条道路"，③消费正义的出场及其
对消费生活的牵引和主导，乃孕育于消费主义的泛滥及其灾难之中。生活的
智慧使越来越多的人们更清楚地认识到，若人类一味陷于消费主义的泥潭，那
么世界将在我们的贪婪中崩溃瓦解，唯有超越消费主义的生存方式才是我们
唯一的理性选择。随着消费主义的灾难日趋显现，对它的反动力量也随之出
现并增长。丹尼尔·贝尔在《资本主义的文化矛盾》中指出，人的需求有"需
要"（Needs）和"欲求"（Wants）之分，其中"需要"是所有人作为同一"物种"的
成员所应有的东西，"欲求"则意味着不同的个人因其趣味和癖性而产生的多
种喜好，因此社会的首要义务是满足必须要求即满足"需求"，否则个人便不
能成为社会的完全"公民"而丧失做人的尊严，而且更重要的是今天的"消费
社会"与众不同的特征在于，"它所要满足的不是需要，而是欲求。欲求超过

---

　　① 《马克思恩格斯文集》第 1 卷，人民出版社 2009 年版，第 163 页。
　　② 参见《马克思恩格斯文集》第 1 卷，人民出版社 2009 年版，第 162 页。
　　③ 《马克思恩格斯文集》第 1 卷，人民出版社 2009 年版，第 182 页。

了生理的本能,进入心理层次,它因而是无限的要求",而这必然面临社会的紧张局势。① 爱伦·杜宁在《多少算够》一书中,对消费社会的消费主义灾难进行了深刻的描述并给予了有力的批判,呼吁人们改变消费主义的价值观念,建立科学合理的消费方式。杜宁认为,世界范围内蔓延的消费主义价值观和消费者生活方式带来了多重的负面后果,如损害生态环境、漠视友谊、忽略闲暇、工作节奏加快、以消费来表现自己的存在和赢得他人的承认,因此消费主义并没有给人民带来一种满意和幸福的生活。杜宁以讽刺的口吻对"不消费就衰退"等经济学神话给予了有力的揭露:"不消费就衰退"的论据包含着一点真理,即全球经济的建立确实是为了供应世界上最富裕的1/5人口的消费生活方式,而从高消费到低消费的转变将彻底地动摇这种结构。杜宁进一步对所谓的"世界上的穷人负担不起高消费者依靠较少东西生活的后果"之谬论予以坚决的驳斥,深刻地指出:"高消费既不能充分就业,也不能结束贫穷"。② 无须赘述,消费主义及其灾难带给人们的思考是沉重的,它带给人们的痛感也是刻骨铭心的。人是具有反思和超越能力的存在物,生活的洞见和理性的智慧之光使得人们在消费主义的灾难中竭力开拓消费正义的新途径,现实的灾难为消费正义的出场提供了强有力的牵引力,当今世界范围内蓬勃兴起的诸如"绿色消费运动"、"低碳生活"等行动正是这种力量的体现和确证。

4. 消费正义的当代价值及其实现思考

建设中国特色社会主义现代化是我们无法回避的历史重任,也是我们的长远目标,它深刻地关联到中华民族的伟大复兴和中国人民的未来前途。但是,社会主义现代化的建设并非一路平川,其中不乏艰难险阻和矛盾重重。面对现代化进程中的新问题、新矛盾,我们借助历史的发展经验,立足现实的发展情势,审时度势地提出了"以人为本"为核心的科学发展观和构建社会主义和谐社会的战略任务,并得到了国内民众的广泛赞誉和国际社会的积极反应。提出科学发展观,构建和谐社会的旨趣在于建设一个"天、地、神、人"相依为

---

① 参见[美]丹尼尔·贝尔:《资本主义文化矛盾》,生活·读书·新知三联书店1989年版,第22、68页。

② 参见[美]爱伦·杜宁:《多少算够》,吉林人民出版社1997年版,第84页。

命、和谐相居的存在家园，以成就人的自由存在本质。因此，消费主义的生存理念与和谐社会的建设相去甚远，消费主义从人与自然、人与人、人与社会、人与自身的多重层面瓦解人类的自然生态根基和精神生命的存在家园。因此，唯有从生活的根基处锲入消费正义的生存理念和生活方式以超越消费主义的生命存在样式，方能为和谐社会的构建提供坚实的伦理基础和现实的哲学行动。消费正义是构建和谐社会的题中之意，也是建设和谐社会的哲学伦理诉求。

与构建和谐社会内在相关，面对日益严峻的资源短缺现实，党和政府提出了建设节约型社会的理论主张和实践要求。我国是一个人口大国，资源相对匮乏，很多资源的人均占有量远远低于世界的平均水平，资源问题已严重的构成了我国现代化建设的瓶颈，制约着我国的各项战略实施，影响到我国经济社会发展的全局，甚至影响到人们正常的社会生活。所以，能源资源问题是关系我国经济社会发展全局的一个重大战略问题，我们要从推动我国经济社会持续发展和人民生活水平不断提高的全局出发，建立资源节约型国民经济体系和资源集约型社会。这一切事关现代化建设进程和国家安全，事关人民群众福祉和根本利益，事关中华民族生存和长远发展。显而易见，建设节约型社会是我国建设社会主义现代化的内在要求，也是构建和谐社会的重要环节。

切实落实和开展建设节约型社会的工作要求，当务之急是在全社会广泛倡导和确立消费正义的全新消费理念和生存哲学，从根本上超越消费主义的价值观念和生活方式。因为，就某种意义而言，消费主义是造成我们今天资源匮乏、消费灾难的重要原因。消费主义的问题本质上是信仰问题，它是一种价值虚无和精神危机的表现和结果，因为人是不能在物质的满足中消解精神的危机和虚无之笼罩的，只能用理想和信念粉碎生命的虚无感。在这个意义上，理解一个时代的人们怎样思想，要比理解一个时代的人们如何行动更为重要而切实。观念是人们行为的指导，有什么样的思想，就有什么样的行为，一个从根本上持有消费主义价值观的人是不会节制自己的消费行为的，同样，一个消费主义泛滥的社会是无力担当起建设节约型社会的历史重任，唯有从根本上改变我们的消费价值观和消费哲学，才能彻底改变我们的消费模式和生活方式。否则，仅停留于良好的愿望和抽象地列出诸如此类的"应当"的消费原则，无疑会落入不切实际的空谈，或者仅仅是浪漫主义的梦呓。因此，立足今日中国的现象实情，我们需要确立相应的消费正义原则。

其一,"绿色的可持续消费"原则。从人与自然相依为命以及生态的有限脆弱性现实出发,消费正义主张绿色的可持续消费。所谓可持续消费,联合国环境署在1994年发表的《可持续消费的政策性因素》的报告中做了这样的定义:提供服务以及相应的产品以满足人类的基本需求,提高生活质量,同时使自然资源和有毒材料的使用量最少,使服务或产品的生命周期中所产生的废物和污染物最少,从而不危及后代的需求。可见,可持续消费理念的核心价值在于其对人类生存于其中的自然生态系统有限性和脆弱性的深刻意识和实践自觉,从而要求人们超越消费主义偏执极端的人类中心主义价值视野,重建人与自然之间科学合理的关系形态,承诺生态自身存在的合法性,尊重自然,敬爱生命。

其二,"有教养的道德消费"原则。从人与人、人与社会的彼此依赖关系以及消费存在"负外部性效应"和消费冲突的客观事实出发,消费正义主张有教养的道德消费。低劣的消费方式造成了污浊的社会消费环境(譬如歧视性的消费、强制性的消费以及为了出人头地而不惜一切的炫耀性消费等),从而影响到他人的生存和生活。一个人的消费行为不仅关系到本人的目标是否实现,也不仅关系到对别人的目标和利益是否有损害。因此,所谓道德消费,就是以承认他者的生命尊严和存在价值为自觉意识,在消费过程中遵循良好的社会道德要求和伦理规范,从而不做伤风败俗的消费行为,以一个文明、有教养的现代人的精神气质规约自己的消费活动,做一个自觉的节约型的现代人。

其三,"优雅的审美消费"原则。从人是追求生命意义的特殊存在物出发,消费正义主张优雅的审美消费。所谓优雅的审美消费,就是指人的内在审美意识、自主的情感意识以及人的自我实现的价值意识自觉地贯彻到消费行为中,从而以消费观念上的自我反思和消费行为上的自我约束为前提,以美的尺度和优雅的风度演绎消费的真义,不断提升自己的消费情趣和消费理念,达至生命的审美境遇。优雅的审美消费,是对消费问题上的哲学立场,是对人作为人的消费活动之哲学表达。这是消费正义的核心理念及其最高价值诉求。

观念是人们行为的指导,有什么样的思想,就有什么样的行为。一个从根本上持有消费主义价值观的人是不会节制自己的消费行为的。同样,一个消费主义价值观泛滥的社会是无力担当起建设节约型社会的历史重任和战略要求的。所以,在全社会形成健康文明、节约资源的消费模式,切实落实和开展建设资源节约型、环境友好型社会的要求,当务之急是在全社会广泛倡导消费正义的价值理念和哲学主张,将消费正义的价值原则揳入到生活的根基处,实际地推进节约型社会的建设。为此,需要个人、社会和政府的共同协作和努力。

首先,从个人角度而言,重要的是树立科学的消费正义价值观。消费正义价值观就是立足哲学正义观的视阈对消费的本质、消费在生命中的地位和意义、消费的功用等消费问题所持的根本立场。消费正义旨在通过对消费的哲学反思和价值审视,告别"重占有"的消费取向,回归"重生存"的消费立场,从而在生产生活中自觉抵制低级、粗陋乃至邪恶的消费行为,以文明、健康和可持续的消费方式促进个体生命的身心健康和丰富生活情趣,成就人的自由和全面发展。其次,从社会的立场来看,关键是要清除现实消费生活中存在的一些消费陋习、恶习,"以艰苦奋斗为荣、以骄奢淫逸为耻"的社会主义荣辱观净化社会消费空气,以科学的消费理论武装人,以正确的消费舆论引导人,树立在消费观念上的正气、大气,大力倡导消费道德和道德消费,为全社会提供科学合理的消费观念引导和价值牵引,进一步营建靠近自然、靠近道德、靠近生命的消费环境。最后,从政府的层面来讲,政府应该依靠其特有的公信力和职权力,一方面要积极扶持和宣传先进的消费文化,率先示范科学的消费方式,从而发挥对消费的引领作用;另一方面,要通过政府的行政手段、法律手段和财政、税收政策规约社会的消费行为,引导个人、社会、企业和政府部门走向科学合理、文明健康、可持续的消费道路。

当然,理论是灰色的,生活却是生动而具体的。消费正义的价值观和生存方式并不能自发的与我们会面,节约型社会并不能在几条抽象的如此这般的措施和原则方案中轻易向我们走来,它的到来需要人们的热情呼吁与自觉践行,并为此作出艰辛的努力。在全社会建设和培育科学合理的消费行为和健康的消费风气,建设节约型社会,需要人们对现时代的消费理念和消费模式进行自觉的哲学反思和理性的价值审视。在此过程中,政府具有无以替代的重要职责。政府要借助其所特有的公信力和重要的社会职能,在全社会广泛倡导消费正义的价值理念和消费哲学,制定相关的消费政策以引导人们的消费方式,坚决制止一切浪费资源的消费行为,这是超越消费主义的重要环节,也是建设节约型社会的重要路径。只有在全社会树立起消费正义的全新消费理念,使得消费正义的价值哲学内化于人们的消费行为和生活方式,才能从根本上超越消费主义,并把建设节约型社会的价值主张和实践要求落到实处。总而言之,构建和谐社会和建设一个节约型社会,需要消费正义的价值支持和实践自觉,消费正义已现实地成为构建和谐社会和建设节约型社会的哲学伦理诉求。

以上我们分别从生产、交换、分配和消费四个环节来考察经济活动的正义问题,但是必须再次强调的是,在现实的层面上,经济活动的四个环节是粘连在一体的,因而不能对经济活动中的生产正义、交换正义、分配正义和消费正义作孤立的理解。事实上,它们之间是紧密相连的,每一个环节上的正义问题都会牵连到其余环节的正义与否的问题,所以要确保经济活动的整体正义,就要密切关注四个环节的有机统一。

第五章

经济正义：全球经济层面的探索

在前面的章节内容中,我们已从经济思想、经济制度和经济活动的四个环节等诸方面探讨了经济生活中的正义问题。如果把经济正义的上述内容限于一国范围内讨论,就构成了一国经济正义。在一国范围之内关于如何安排经济制度和经济秩序来展开经济活动,以促进国家的经济繁荣和提升全体民众的经济福利,责任显然属于广义下的政府,因此对于一国经济正义问题来说,相对便于理解和易于实行。如果我们把经济正义的价值关切拓展到全球范围内人们的经济生活世界,那么经济正义问题就表现为全球经济秩序的正义性以及与此关联的全球性的经济公正、贫富悬殊、发展失衡和生态正义等"全球性问题",并由此不可避免地引发出对全球经济正义问题的思考和探索。因此,就其内在的精神而言,可以将全球经济正义视为是经济正义的价值关切和秩序要求在全球范围内经济主体之经济交往中的体现和扩展。那么,全球经济正义凸显的时代境遇为何? 其哲学根据何在? 它的核心主题又是什么? 它如何可能? 这些都需要人们的深度思考。

一、经济全球化及其不满:全球经济
正义凸显的存在论境域

1. 经济全球化:我们身居世界的知识语境

要探讨经济全球化,有必要对全球化的相关问题做一番了解,因为经济全球化本身是全球化的一部分。尽管"全球化话语"在今天变得尽人皆知且广

泛流行,但据说"全球化"一词第一次出现在美式英语中是在 1961 年,在 20
世纪 90 年代以前,世界事务的讨论中几乎没使用"全球关系"一词,而是用
"国际关系"。甚至到了 20 世纪 80 年代中期,有关全球性的概念如"全球政
治"、"全球生态"等概念还并不为人所知。除了极个别的例外,"全球的"、
"全球性"、"全球化"以及"全球主义"等词汇在 1975 年以前出版的著作中根
本看不到,直到 20 世纪 80 年代,"全球化"概念才迅速进入几十种语言。① 但
是直到今天,人们对于"全球化"的认识和理解虽不说千差万别,但存在明
显的不同:有的把全球化定义为国际化,从而把全球化看做是国际交换和国
家间相互依赖关系的发展,认为全球化是国家间巨额的、不断增长的贸易和
资本投资的流动;有的把全球化视为是自由化,认为全球化乃是通过解除政
府强加在国家间交流之上的种种限制,从而开创"开放的"、"无国界的"世
界经济的过程;有的则把全球化等同于世界化,认为全球化就是把不同的事
物传播给世界上各个角落的人们的这一过程;而有的则把全球化理解为
"西化"或"现代化",认为全球化就是把现代性的社会基础如资本主义、理
性主义、工业主义、官僚主义等扩展到全世界的过程;有的则把全球化定义
为非地域化或超地域化的扩展,认为全球化要求对地理进行重构,从而使社
会空间不再完全依据地域距离以及地域边界来划分。② 事实上,对全球化
的定义和理解还远不止于此。如国际货币基金组织在 1997 年 5 月发表的
《世界经济展望》一书中对全球化做了比较综合的描述,认为全球化是通过
贸易、资金流动、技术涌现、信息网络和文化交流,世界范围的经济调整融
合,亦即世界范围各国成长中的经济通过正在增长中的大量与多样的商品
劳务的广泛输送、国际资金的流动、技术被更快捷广泛地传播,而形成的相
互依赖关系的现象,其表现为贸易、直接资本流动和转让。里斯本小组则对
全球化做了这样的界说:"全球化涉及的是众多国家与社会之间多种多样
的纵向联系,从这些联系中形成今日的世界体系,它描述了这样一种发展过
程,在这个过程中,世界部分地区所发生的事件、所作出的决策以及所进行
的活动,对于距离遥远的世界其他地区的个人和团体都能产生具有重大意

① 参见[英]简·阿特·斯图尔特:《解析全球化》,吉林人民出版社 2003 年版,第 51 页。
② 参见[英]简·阿特·斯图尔特:《解析全球化》,吉林人民出版社 2003 年版,第 16—
17 页。

义的后果。"①或许有感于对全球化理解的如此繁多和歧见纷呈，阿兰·伯努瓦在其《面向全球化》一文中指出：每个人都在谈论全球化。这是一个非常重要的现象，人们一般都认为它是不可避免和无法控制的。这意味着什么呢？虽然有许多关于全球化的论著，但这一概念依然不够清晰。有人认为全球化是一种超越民族—国家的发展，有人则认为全球化表明了由于金融资本的增加而带来的资本与劳动之间的新型对立关系，或者说熟练劳动与非熟练劳动之间的重新分离。一些人把全球化看做是世界贸易的扩展，而一些人则强调信息革命所引起的交流的扩大。② 尽管如此，在宽泛的词汇语义乃至人们的陈词滥调中，往往包含着历史过程中的基本内容，就此而言，全球化意味着在物质力量和精神力量的推动下，世界正在被塑造成为一个共同分享、共担风险的社会空间，全球因此而变得更加紧密、更加依赖，成为一个名副其实的"地球村"。

经济全球化作为全球化的重要基础和有机组成部分，包含了全球化的基本属性和重要特征，因此上述关于全球化的认识和论争同样适合于对经济全球化的讨论。事实上，人们因对"经济全球化"存在不同的理解而产生旷日持久的争论，也由于对"经济全球化"的迥异感受而导致对经济全球化浪潮持截然相反的态度。但同样不可否认的事实是，经济全球化成为我们当今生活世界中不可回避的存在向度，成为我们生命不可分割的一部分，从而成为我们所处时代的存在境遇和我们身居世界的知识语境。

"经济全球化"一词，作为当代最流行、使用频率最高的词汇之一，正如许多流行且频频出现的词汇一样，充满着歧见和纷争，没有一个较为一致和清晰的界定。有的人着重强调经济全球化是世界各国经济之间相互依赖、经济不断一体化的过程，从而经济要素在世界范围内自由流动。如曼纽尔·卡斯特尔斯指出：我们把全球化的经济理解为在真实时间内，在这个星球范围内统一运作的一种经济。这是一种资本流动、劳动力市场、信息传送、原料提供、管理和组织等方面实现了国际化，完全相互依赖的经济。③ 德国学者卡尔·海因

① 里斯本小组：《竞争的极限——经济全球化与人类的未来》，中央编译出版社2000年版，第40页。
② 参见阿兰·百努瓦：《面向全球化》，王列、杨雪冬编译：《全球化与世界》，中央编译出版社1998年版，第1页。
③ 参见张世鹏、殷叙彝编译：《全球化时代的资本主义》，中央编译出版社1998年版，第2—3页。

茨·巴奎也认为,经济全球化"最贴切的概念理解是以贸易联系的密切程度为基准的",所以"世界出口率越高,跨越边境的贸易额在世界生产中所占的比例就越高,世界经济就越是强烈地'全球化'"。① 也有人认为,经济全球化是经济在某种程度上的"无国界化",使资本、技术、商品、信息和服务等生产要素在全球范围内的自由流动和优化配置;经济全球化包括贸易全球化、生产全球化、金融全球化、科技全球化、投资全球化,等等。对于经济全球化出现的时间问题,也存在不同的看法,有人认为经济全球化是一个漫长的历史进程而非突然出现的新现象,有的则从国与国之间的经济交往、经济国际化不等于经济全球化的主张出发,认为经济全球化是 20 世纪 80 年代以后出现的新现象。② 尽管人们对经济全球化没有非常一致的认识和定义,但是除了极端的少数人以外,对经济全球化的不同认识并没有阻碍人们承认和接受经济全球化的客观存在及其发展事实。

事实上,自资本主义生产方式逐渐取代封建生产方式开始,由于资本主义经济所固有的追求资本利润的天性,使得资产阶级不仅统一了国内的经济市场,而且逐步开拓世界市场,资本不遗余力地奔走于世界各地追逐利润以实现自己的增殖。对此,马克思和恩格斯曾在《共产党宣言》做了深刻的论述:为了不断扩大产品销路以获取更大的资本利润,驱使资产阶级奔走于全球各地,到处开发和落户以及到处建立联系,而迅速改进的生产工具和便利的交通条件使得资本流动于全球成为可能;由于开拓了世界市场,资产阶级使得一切国家的生产和消费都成为世界性的了,它把一切民族甚至最野蛮的民族都卷到文明中来。③ 特别是第二次世界大战以后,由于电子信息等高新技术的开发和广泛利用,使得"世界在空间和时间上被压缩"而成为"地球村",加速了世界经济一体化的趋势,出现了资本的国际化进程,商品、劳力、资本等要素在全球范围内日夜穿梭,由此导致了世界金融市场、国际贸易、跨国生产的形成以及跨国公司的急剧扩张,等等。总之,经济全球化促进了资本、信息、劳力等各种要素在全球范围内的快速流动、配置和重组,从而使各国之间的经济关系更

---

① 参见张世鹏、殷叙彝编译:《全球化时代的资本主义》,中央编译出版社 1998 年版,第 56 页。

② 参见《经济全球化的二十个问题》,中国文史出版社 2001 年版,第 2—8 页。

③ 参见《马克思恩格斯选集》第 1 卷,人民出版社 1995 年版,第 276 页。

加密切。

经济全球化是一个历史范畴,一般来说,它被视为:由于当代科技革命的发展和生产力的巨大进步,促使全球经济自由和金融自由极大提高,使得商品、服务、生产要素等跨国界流动的规模与形式不断增强,技术与信息在各国间的广泛速度传播,以及通过深化国际分工,在世界范围内提高生产经营资源的配置效率,从而使各国经济相互依赖程度日益增强的经济发展趋势。其中,贸易全球化、生产全球化、金融全球化以及消费全球化和经济规则全球化是经济全球化的主要内容和形式。可见,经济全球化是世界经济问题向更高层次发展的一个过程和一种状态,它包含着丰富而深刻的内涵。进一步说,经济全球化是生产力、生产要素超出国家、越出国界而在世界范围内的自由流动和优化配置,从而促进全球生产力的增长和世界市场的形成;经济全球化意味着在全球范围内国与国、国与地区、地区与地区之间的经济关系更加紧密,依赖度加深;经济全球化还意味着世界范围内人们经济生活世界在时间上的缩短和空间上的缩小,使得"地球村"的生活图景呈现在人们的面前。当然,经济全球化也包含着世界经济利益的分配乃至争夺过程,从而表现出发达国家与发展中国家、发达国家与发达国家以及发展中国家与发展中国家以及国家内部成员之间错综复杂的利益分配过程和财富占有的不平衡格局。

无疑,上述关于经济全球化的认识和理解具有一定程度的合理性,也揭示了经济全球化的某些内容甚至是关键的方面,对于我们把握全球化具有重要的意义。但是,这种认识和理解更多的则是停留于对经济全球化表面属性和外在特征的描述和把握,而对其本质和核心则缺少应有的深入解析,因此还需要对经济全球化的本质及其核心做进一步的透视和揭示。

2. 经济全球化的实质：资本逻辑在全球的演绎

虽然"全球化"、"经济全球化"的话语进入人们的生活并不久远,但是作为历史发展进程中的经济全球化运动本身并非一种全新的现象,而是随着资本主义的诞生而开始了自己的历史运动,是资本主义的伴生物,也因此分享了资本主义的精神气质和贪婪属性。尽管资本在不同的历史发展时期表现出不同的形态,但是资本的原则即实现自我的最大增殖乃是其诞生以来不折不扣的内在逻辑,而资本主义则不过是把资本原则作为至上真理的一种精神理念、一项社会运动和一种社会制度罢了。因此,经济全球化从根本上来说是资本的全球化,是资本原则在全球疯狂扩展的过程,是资本逻辑在当代全球的生动演绎。

事实上,经济全球化是随着资本主义的诞生而呈现在历史的界面。15世纪末,随着新大陆的发现,经济全球化便开始启程。对于这个时代的状况,马克思曾经给予了生动的概括和描述:由于"美洲的发现、绕过非洲的航行,给新兴的资产阶级开辟了新天地。东印度和中国的市场、美洲的殖民地化、对殖民地的贸易、交换手段和一般商品的增加,使商业、航海业和工业空前高涨",而且"不断扩大产品销路的需要,驱使资产阶级奔走于全球各地。它必须到处落户,到处开发,到处建立联系","由于开拓了世界市场,使一切国家的生产和消费都成为世界性的了",从而把一切民族甚至是野蛮的民族都卷到文明中来了。① 可见,经济全球化不过是资本为了实现增殖而"奔走于全球各地"、"到处落户、到处开发、到处建立联系"的过程,从而在客观上"开拓了世界市场",并且使"生产和消费都成为世界性"的历史过程。因此,经济全球化开启于资本的逐利运动。

资本原则不仅是开启经济全球化的基础,也是推动和促进经济全球化的内在动力。这在根本上是由于资本的本性所决定的。对于资本的这种本性,马克思曾在《资本论》中做了深刻的描述:"资本只有一种生活本能,这就是增殖自身,创造剩余价值,用自己的不变部分即生产资料吮吸尽可能多的剩余劳动。资本是死劳动,它像吸血鬼一样,只有吮吸活劳动才有生命,吮吸的活劳动越多,它的生命就越旺盛。"②也就是说,实现增殖是资本存在的唯一目的,也是其得以存在的基础,若没有了剩余价值,资本无疑要自行死亡。资本为了生存和发展而不至于死亡,就必须千方百计甚至不择手段地开拓自己的疆域和立足之地。所以,"资本一方面要力求摧毁交往即交换的一切地方限制,征服整个地球作为它的市场,另一方面,它又力求用时间去消灭空间,就是说,把商品从一个地方转移到另一个地方所花费的时间缩减到最低限度"③。而要通过"摧毁一切地方限制"、"用时间消灭空间",从而夺得整个地球市场,那么资本就需要不遗余力地促进生产工具的发明和革新,实现自己在世界市场的

---

① 参见《马克思恩格斯选集》第1卷,人民出版社1995年版,第273—276页。
② 《马克思恩格斯文集》第5卷,人民出版社2009年版,第269页。
③ 《马克思恩格斯文集》第8卷,人民出版社2009年版,第169页。

全面渗透。因此,近代以来科技的发展和生产力的进步与资本"夺得整个地球作为它的市场"的步伐是一致的,近代以来的经济全球化运动实质乃是资本的全球化过程。

到了当代,资本与科技已结成神圣同盟,资本通过当代科技获得了更多的利润和空间,当代科技则在资本的内在巩固和强力支撑下一日千里。特别是20世纪80年代以来,由于许多新技术的发明和不少原有技术的不断突破,使得资本游走于世界的成本大大降低,全球范围内的生产、贸易、金融和投资等经济交往活动日益加深和日趋快捷。对此,美国学者阿兰·伯努瓦指出:经济全球化的一个重要因素是计算机和电子信息业的发展。它们减少了长距离交易成本,并使世界任何地方的"实时"交易成为可能,从而为价格体系的建立提供了重要的、及时的信息,而过去这些信息通常要花几周时间才能到达某些金融中心。如此一来,新的沟通技术使得大规模的资金流动成为可能。货币以光速从地球的一端向另一端运动,以求得最好的获利。[①]

今天,经济全球化运动在资本逻辑和现代科技的坚强支撑下更加汹涌澎湃。相对于历史上的经济全球化运动,当代经济全球化表现出时间上的更加快速,空间上的更加广阔,经济交往活动更加频繁,经济依赖更加紧密,并且发展进程更加迅速。同时,随着经济全球化力量的不断扩大,全球经济秩序的不公正性、经济交往活动中主体地位的不平等性以及利益分配的不平衡性问题更加突出。与此相关的是,全球范围内的生态危机、贫困问题、安全危机等问题在经济全球化过程中也更加凸显。总而言之,经济全球化像"一部奇妙的机器,它强壮而体贴,既能收获却有具有破坏性。它体形庞大却灵巧机动,有点像现代农业机器,却相当复杂和充满活力。这部可怕的机器穿过开阔的地带,置熟悉的边界于不顾;它强劲地翻耕田野和篱笆占据的土地,看起来既爽快却又令人惧怕。在向前挪动中,这部机器抛出大量的财富和施舍物,而与此同时,却留下巨大灾难的沟壑"[②]。

3. 经济全球化之不满：全球经济正义凸显的存在论境域

由于资本原则构成了经济全球化的深层动因,经济全球化运动在根本上

---

①　参见王列、杨雪冬:《全球化与世界》,中央编译出版社1998年版,第2页。

②　[美]威廉·格雷德:《资本主义全球化的疯狂逻辑》,社会科学文献出版社2003年版,第3页。

是资本主义生产方式在全球的扩张和渗透，是资本为了获得更大的生存空间和更多的利润而奔走世界的过程。因此，经济全球化并不是"免费的午餐"，让所有地区、所有国家和所有人都能享受到经济全球化带的成果。按照资本的内在逻辑，能否给自己带来利润和利益构成了存在事物具有存在合理性的唯一根据，也是不存在事物不存在的唯一合理性根据。资本的贪婪逐利本性决定了资本一来到世间，便不会顾及人类道德良心、社会法律秩序，所以马克思深刻地指出："资本来到世间，从头到脚，每个毛孔都滴着血和肮脏的东西"①，资本不仅带着天生的血斑来到世间，而且它还要继续贪婪地吸取"血和肮脏的东西"以维持自己的生命，马克思曾援引托·约·邓宁的一段话来说明资本的这种血腥和肮脏性质：资本害怕没有利润或利润太少，就像自然界害怕真空一样。一旦有适当的利润，资本就胆大起来。如果有10%的利润，它就到处被使用；有20%的利润，它就活跃起来；有50%的利润，它就铤而走险；为了100%的利润，它就敢践踏一切人间法律；300%的利润，它就敢犯任何罪行，甚至冒绞首的危险。如果动乱和纷争能带来利润，它就会鼓励动乱和纷争。② 这深刻地揭示了资本的核心本质及其生存原则。以资本原则为基础和支柱的经济全球化运动在本质上也分享着资本的上述价值原则。所以，经济全球化虽然在客观上某种程度地推动了社会的进步和历史的发展，这诚如人们常对经济全球化所作出的这般正面评价：经济全球化有利于全球资源的优化配置、有利于各国在经济交往中实现优势互补、有利于商品生产和运输成本的大大降低，从而促进了全球经济的增长；经济全球化有利于国际贸易和投资自由化、有利于各国之间的分工合作、有利于技术转让和产业结构的调整等，从而推动了世界生产力的发展。然而，这一切还只是经济全球化的一面，甚至是附带的一面。

经济全球化作为资本主义生产方式在全球的扩张，作为资本逻辑在世界范围内的渗透，更重要的在于它是资本的外在现象，从而在根本上是资本所有者追逐利益的运动和方式。马克思主义认为，资本不是抽象的存在物，在抽象的资本关系后面乃是具体的人与人之间的社会利益关系，是在物与物关系掩盖下的人与人的关系。而以资本原则为其本质的经济全球化运动符合资本所

① 《马克思恩格斯文集》第5卷，人民出版社2009年版，第871页。
② 参见《马克思恩格斯文集》第5卷，人民出版社2009年版，第871页。

有者的愿望,更多的代表了资本所有者的利益,而广大的人民群众则处于资本所有者或大或小的盘剥和支配之中,因此其结果往往是,在资本所有者一极是财富和权力的积累,在自己的生命和生产受到资本支配的广大民众一极便是贫困、贫乏、受奴役和卑微的积累。只要是资本主导下的社会,必然会出现上述的结果,对此我们要有深刻的思想自觉。正是由于经济全球化内含的这种资本扩展逻辑,使得经济全球化在客观上带来的"文明的一面"之外,它同时带给人们资本所携带的一切恶性。正因如此,人们常常把经济全球化比作是一把"双刃剑":一方面,它积极推动经济增长,促进社会进步,创造了巨大的社会物质财富,使得今天人类的财富比历史上任何一个时期都更丰富;另一方面,经济全球化使得全球范围内国家与国家、地区与地区以及国家内部之间人们的贫富差距、机会不公越来越明显,也因此使得人类从未像今天一样变得贫困和不安。与此同时,由于人们在"资本世界观"的狭隘支配下,在经济全球化过程中,人与人之间变得更加仇视和残忍,人与自然之间变得危机四伏,使得今天的世界变得疯狂而不可理喻,人们也因此对经济全球化产生更多的怀疑、不满、批评甚至敌视。

　　深入透视当代经济全球化运动,我们可以发现理性形而上学和资本逻辑共同构成了其基本的支柱。理性主义作为一种基本的知识结构,它内含着一些基本的价值取向,包括世俗主义(即根本不理会超验的事物和神,而是完全根据物质世界定义现实和人生),人类中心主义(即主要根据人类的利益和要求来理解现实,无视生态完整性的必要性),科学主义(即认为通过精确缜密地使用客观研究方法就能获得关于事物的颠扑不破的真理性认识),工具主义(即注重手段忽视目的,推崇那些使人们能马上解决问题的深刻见解)。正因为理性主义具有上述特征,它就毫不犹豫地否认美学、情感、合目的性以及对感性生命的追求。理性主义的这种知识结构为经济全球化奠定了哲学基础和思想方向。但是,虽然理性主义思想体系对于经济全球化不可或缺,但是思想结构本身并不足以引发全球化,还需要物质动力的发挥,而这个动力就是资本主义的生产结构。在资本主义生产结构中,经济行为首先而且根本的是致力于剩余价值,从而展开了资本主义逻辑。今天,资本主义逻辑是如此的强大和无孔不入,使得资本原则成为当代人存在的"天命"。以资本原则作为其内在根据的当代经济全球化运动也因此产生了许多自身难以消解的严重后果,诸如全球性的安全问题、贫困问题、公正问题、民族问题、生态问题,等等。而这些问题是如此的重大,又是如此的严峻,激起了全球范围内人们大规模的反抗和不满。这使得对当代人类的经济方式和自身的存在方式需要作出深度的哲学思考和正义的价值追问,经济全球化及其不满乃历史地构成了全球经济正义凸显的存在论境遇。

二、全球经济正义及其价值关切

1. 何谓全球经济正义

任何概念的界定都有相应的理论视阈和方法论基础,不同的学科视野和方法论立场规定着概念的内涵界定和理论表述。因此我们在对全球经济正义作出具体的内涵界定之前,有必要交代我们的价值视阈和哲学方法论基础。

经济哲学以及经济正义的价值立场是我们探讨全球经济正义的基本视阈。为便于问题的讨论和展开,这里有必要简要地重述经济哲学的理论视阈和经济正义的价值立场。经济哲学作为哲学对经济世界的理性追问和哲学批判,表达的是对经济生活世界中人类遭遇的关乎自身前途命运的重大经济问题及其意识形态进行深度的理性追问和革命改造的哲学要求,因而是对人类基础性存在方式的经济活动之哲学检审,旨在超越"欠缺"的现实社会经济生活,提升社会经济生活中人的存在价值和生命尊严,承载起对人类命运的深切关怀和人之自由提升的哲学使命,从而为人类提供一个更具牵引力的经济生活世界图景,营建诗意的人类居所。而基于经济哲学视阈中的所谓经济正义,乃是立足马克思"实践—感性活动"的生存论哲学之原则高度和共产主义的价值视野,对作为人类始原性存在方式的经济活动以及人类社会之深刻基础的经济关系所进行的经济合理性追问和存在合目的性之哲学检审,并以此反观和批判现实不合理的经济,从根基处捍卫经济生活世界中的人类尊严和基本价值,从而成就人之自由自觉活动的存在本质和全面丰富的人性。它自觉担当个人生存和发展的基本价值,承载起他人的存在合法性和生命尊严,守护社会的理性秩序和价值基础以及自然生态的健康持续。它坚决抵制资本经济及其霸权对社会良知、生命尊严和神圣秩序的践踏,彰显人类的尊严和价值、社会的道德和伦理关怀以及生态的价值对于抽象经济的优先权和根本性。总之,经济正义意味着对人类基本经济需求的担保,意味着对社会经济秩序公正性的承诺,意味着对自然生态存在合法性的肯定,从而融合了经济生活世界中人类生命尊严的价值视野、社会理性秩序的道德视野以及自然生态哲学视野的有机统一。就某种程度上而言,经济正义是一种新的世界观,是对经济(资本)世界观的超越之思。

马克思主义辩证法是我们确立全球经济正义的哲学方法论基础。马克思主义辩证法即唯物辩证法,是关于自然、人类社会和思维的运动和发展的普遍规律,以及对世界和人类实践活动的科学概括和总结。唯物辩证法不仅揭示了自然界、人类认识和社会历史及其事物内部之间的普遍联系、彼此相互作用的客观存在事实,更重要的在于唯物辩证法内含对不合理现实进行彻底批判和革命改造的思想主张。对此,马克思指出:"辩证法在对现存事物的肯定的理解中同时包含对现存事物的否定的理解,即对现存事物的必然灭亡的理解;辩证法对每一种既成的形式都是从不断的运动中,因而也是从它的暂时性方面去理解;辩证法不崇拜任何东西,按其本质来说,它是批判的和革命的"①。因此,"这种辩证哲学推翻了一切关于最终的绝对真理和与之相应的绝对的人类状态的观念。在它面前,不存在任何最终的东西、绝对的东西、神圣的东西;它指出所有一切事物的暂时性;在它面前,除了生成和灭亡的不断过程、无止境地由低级上升到高级的不断过程,什么都不存在"②。从而击穿了"存在即合理"的形而上学之意识形态迷雾对现实生活的遮蔽和人类自由的唯心主义束缚。总而言之,马克思主义辩证法为我们认识和把握社会的存在状态和历史发展的规律提供了科学的理论和革命的武器,从而为我们深刻分析和把握全球化背景中的经济正义问题提供了哲学的方法论指导。

正是基于上述经济哲学的立场、经济正义的价值视阈和马克思主义辩证法的哲学方法论原则,我们认为,所谓全球经济正义,乃是立足哲学正义观的原则高度,以人类的生命尊严为价值审视航标,以广阔的全球经济及其秩序为现实背景,以地球的"冷暖"为生态视野,对全球范围内的"万民"之生命尊严、全球经济秩序和全球性生态问题所进行的价值拷问和哲学正义追思,从而要求提升全球"万民"之生命尊严,捍卫全球经济秩序的公正性,守护地球生态的存在价值,现实地促进全人类的自由和幸福。因此,全球经

---

① 《马克思恩格斯文集》第5卷,人民出版社2009年版,第22页。
② 《马克思恩格斯文集》第4卷,人民出版社2009年版,第270页。

济正义的价值诉求在于:世界范围内的"万民"之基本生活需求得以满足,现行的世界经济秩序得以实现公正,现实的人类经济活动得以遵循生态正义的价值立场,以及现实的全球经济成果能最大限度地促进人的现实自由能力。在这里需要强调指出的是,在对正义、经济正义和全球经济正义的理解中,我们始终保持着马克思哲学的生存论视野和辩证法立场,即只有在现实的世界中使用现实的手段才能真正的使正义现实化,获得人的真正解放和现实自由。

2. 全球经济正义的思想主题及其价值关切

由经济正义的基本内涵规定,决定了全球经济正义的思想主题和价值关切乃是:全球性的贫困、全球经济秩序的公正性以及全球性的生态灾难。具体而言,它包含着对如下重大存在问题的哲学思考和价值关切。

其一,富裕世界中的贫困问题

由于现代科学技术的不断进步以及随之而来的社会物质生产力飞速发展,在 20 世纪,全球的国民生产总值增加了 17.5 倍,几乎人均增加了 5 倍。如果平均分配全球的国民生产总值,在 20 世纪末地球上的每个居民就可以获得 5000 美元了,从而能够很好的满足所有的需要[①],而今天世界人均国民生产总值已经超过 8500 美元。因此,可以毫不夸张地说,在历史上人类从未像今天这样拥有如此多的物质财富,因而可谓是一个名副其实的"丰腴社会"。然而,同样不可否认的事实是,人类也从未像今天这样处于物质上和精神上陷于双重贫困的生存处境。在如此富足的现代世界,我们的贫困人口却仍然很多。据联合国公布的 2010 年多维贫困指数,全球有超过 17 亿的贫困人数。其中,南非次大陆是世界上穷人所占比例最大的地方,而超过一半的穷人则居住在南亚。今天,贫穷成为绝大多数人的命运,"第三世界"无论在世界人口中的比例,还是从居住疆域所涉及的范围来看,都是构成世界的巨大组成部分,但是这一术语却明显的成为"贫困"、"受排斥"的标识,因为"'第三世界'是指贫穷的世界,指那些在由北方发达富裕的工业化国家支配的国际秩序中被剥夺了权力的国家",所以第三世界与工业化国家之间一个明显的区别就

---

① 参见哈佛燕京学社:《建构世界共同体:全球化与共同善》,江苏教育出版社 2006 年版,第 211 页。

是：普遍的贫穷。① 世界银行发布的《2009 年世界发展报告》指出，北美、欧盟和日本，三者的人口不到 10 亿，却是 75% 的世界财富聚集之地，而世界上最贫穷的 10 亿人口则依靠不到 2% 的世界财富维持生存。如此可见，贫穷的帷幕从物质上和精神上将这个世界切割成两个不同的人类集团，一边是令人尴尬的富裕，一边则是叫人绝望的贫穷。在这里，我们可以指证的是，世界的物质贫困问题是与当代世界的精神贫困、伦理贫困、哲学贫困勾连在一起的，正是当代"没有心肝的社会"性质导致了富裕世界中的广泛贫困。贫困现象不仅广泛存在于"第三世界"，也越来越多的显现在发达国家，对此有西方学者认为，西方国家现在比以往任何时候都要富裕，然而，19 世纪末和 20 世纪初伟大的社会思想家所梦寐以求的那种社会进步离我们而去了。20 世纪中叶，工人及其家庭通过国家对经济增长所承担的义务，并依靠社会协定享受到了比较大的繁荣，然而今天那种社会协定已被撕毁。美国智库经济政策研究所于 2010 年 12 月 14 日公布的一份研究报告显示，美国 1% 最富有家庭所拥有的财富是美国普通家庭的 225 倍，而在 20 世纪 60 年代，这一数字为 125 倍。在美国，处于社会上层 5% 的人口获得的家庭收入占全国家庭占收入的 21% 以上，而处于社会下层的 5% 的人口所获得的家庭收入还不到 4%。而据《国际金融报》2010 年 1 月 29 日报道，英国最富裕的 10% 人口的人均资产价值为 85.3 万英镑，最贫穷的 10% 人口的人均资产只有 8800 英镑，相差几乎 100 倍。如果经济增长对所有人来说不再会有繁荣的前景，那么通向人类幸福的物质道路在新的不安定情况下听起来都是些空话。因此，全球范围内的贫困现象和贫富悬殊问题成为一个世界性的难题。

如此可见，单纯的经济全球化并不能让所有的人得到利益，具体一点说，经济全球化过程中带来的巨大的社会财富并没有让大多数发展中国家的人民以及大部分发达国家的人们得到相应的好处，相反，贫富差距在发达国家与发展中国家之间、发达国家的人们之间不断扩大，"马太效应"加剧，成为国际社会公认的世界性难题。之所以出现这种局面，是因为当前的世界经济发展过程中存在"不平等地位"。一方面，发达国家利用自己的经济优势、科技优势和话语霸权支配世界经济秩序的制定和贯彻，迫使发展中国家就范，从而对发

---

① 参见[美]约翰·伊斯比斯特：《靠不住的诺言：贫穷和第三世界发展的背离》，广东人民出版社 2006 年版，第 23 页。

展中国家进行"没有硝烟"的掠夺和控制。与此相连的是,发展中国家则由于经济发展水平、知识储备不足以及国内的体制和政策等因素的制约,在国际经济交往和竞争中处于劣势地位,从而在经济全球化过程中往往处于被动或受支配的地位。结果导致发达国家和发展国家之间的贫富差距不断加剧。

然而,贫困在全球范围内的蔓延以及全球范围内贫富悬殊的扩大,加剧了这个世界的不安全因素。贫穷意味着人的基本需求的无法保障,是对一个人基本尊严的剥夺,贫困意味着紧张、焦虑、不安全乃至暴力,而且贫困不仅关系到纯粹的个人,也涉及个人生活于其中的社会关系。在当代如此富足的世界人口中,超过 17 亿的人生活在贫困线以下这一事实,是让人难以接受的。然而更严重地问题还在于,在国际协商里,发展中国家和发达国家之间在讨价还价的力量上存在明显的不平等,富裕而强大的国家,可以运用压倒性的实力,从而按照自身的利益的需要去塑造规则,导致了国际经济利益的分配中富国和穷国之间的利益是强烈的彼此相左。因此,由几个全心追求其本国人民利益的强国政府所塑造的全球经济秩序,导致严重而且还在加速恶化的全球经济不平等的出现。因此,美国经济学家莱斯特·瑟罗指出,如果我们敢于直面现实的话,"很明显,富人拿走了几乎所有的果实,而穷人越来越走向贫困。我们必须正视工业化国家里严重的社会不平等可能引起的后果,及早提出缓和这些不平等的办法。否则,严重的社会冲突只是迟早的事",并将严重地影响到未来世界的图景。① 在一个充满贫困、饥饿、不公正、暴力、骚乱的世界,没有一个国家会安全,没有一个人会幸福。无疑,富裕世界中的贫困问题之解决需要全球经济正义的哲学反思和伦理介入。

其二,不公正的全球经济秩序问题

科技现代化、经济全球化带来的全球产值的可观增长,使得这个世界拥有了前所未有的物质财富,但由于全球不平等急剧增加之故,对于全球的贫穷问题实际上毫无作用。严重的贫穷之所以骚扰着为数将近一半的人类,而且持续不断,并不是因为消除它实属不可行或者代价太高,而是因为发达国家在决定如何塑造全球经济秩序的时候,毫不重视全球穷人的利益所致。② 这与世界经济生活中充满的不公正因素戚戚相关。现实世界经济生活中的不公正表

---

① 参见〔美〕莱斯特·瑟罗:《经济探险》,上海远东出版社 1999 年版,第 107 页。

② 参见〔美〕博格:《一国经济正义与全球经济正义》,《读书》2002 年第 1 期。

现,我们至少可以从世界贫困的普遍性、贫富悬殊的经济现状、世界经济秩序的不公正性以及历史上发达国家对"第三世界"殖民掠夺等方面可以综合指证。今天世界的收入分化程度令人惊愕,2009 年卢森堡人均年收入为 43940 美元,美国是 37610 元,英国也有 28350 美元,而布隆迪则只有 100 美元。因此,有西方学者撰文指出:这个世界从未创造出如此丰厚的财富,但是财富却以极不平等的方式被分配,而且这种不平等还在加剧,以至于今天每 5 个人当中有 1 人的日平均收入不足 1.25 美元,近一半的世界人口享受不到应有的卫生设施,每 3 个人中有 1 人没有电力,每 5 个人中有 1 人没有住房和饮用水。而与此同时,欧洲每头奶牛每月都能得到约 900 美元的补贴,这相当于一个非洲人月平均收入的两倍,是每个非洲人应该得到的发展援助金的 110 倍。①这就是我们生存于其中的世界之真相。对此,有一种论调认为,"第三世界"的贫困和落后只能怪他们自己在创造力方面的失败,忽视了自身的转型,没有对科学的追求、对自由的探寻、对技术的推崇以及对民主法制的建构,因而贫穷和富裕是由个人努力的结果,虽然令人同情,但不存在是否公正的问题。这种貌似具有一定合理性的论调,若不是出于形而上学之偏见,就是蛮横的强词夺理。它忘记了如此的事实,即世界范围内的贫困及其贫富悬殊的现状与当今世界经济秩序的安排具有密切的关联。事实上,大量国际经济活动都受到有关贸易、投资、贷款、专利、双重课税等方面的条约体制和国际公约的限制和影响,而在这些条约和体制面前,贫困国家由于信息匮乏、讨价还价能力薄弱,从而在与发达国家在国际经济交往过程中处于弱势地为,从而付出巨大代价。发达国家不仅具有资金、技术、管理经验等优势,而且更重要的是它们是国际金融、国际贸易规则的制定者和操纵者,从而成为世界经济组织的实际控制者。对此,诺贝尔经济学奖获得者斯蒂格里茨这样描述到:今天,随着交通运输和通信成本的不断下降,以及商品、服务和资本中人为障碍的减少,我们拥有与国民经济形成时期之更早进程相似的"全球化"进程。不幸的是,我们没有为各个国家人民负责的世界政府。相反,我们拥有一个可以称为没有全球化政府的全球化治理体系,在此体系内,几个机构——世界银行、国际货币基金组织、世界贸易组织和若干个角色——财政部长、商务部长和贸易部长,与特定的金融与商业利益紧密地联系在一起,支配着整个局面,但是在此局势

---

①　参见《参考消息》2011 年 2 月 18 日第 10 版。

中,许多受到他们决策影响的人却几乎没有发言权。① 据普度大学(Purdue Unersity)的 Thomas Hertel 和世界银行的 Will Martin 的最新研究,富国向穷国进口的制造品征收的平均关税比向其他富国征收的高出 4 倍,造成了穷国的巨大负担。而据联合国贸易发展会议估算,如果富国能开放更多的国内市场,那一直到 2005 年,穷国每年都能多出口 7000 亿美元的商品。所以美国学者博格较为客观地指出,在全球赤贫持续存在的原因中,"全球经济秩序在其中也扮演了重要的角色。该秩序反映的是富国及富国人民和企业的利益"②。同时,即使根据诺齐克的"持有正义理论"之"历史原则"来看,由于"现在人民所达到的社会、经济和文化发展的水平是经由充斥着被奴役、殖民主义,甚至种族灭绝的历史而来的……,因此我们很难想当然地把现有的不平等看做是各国人民自由选择的结果"。③ 对于当今世界经济秩序之不公正的客观事实,诺贝尔经济学奖获得者、美国经济学家约瑟夫 E. 斯蒂格里茨在其名著《全球化及其不满》一书中给予了尖锐的指出:我之所以写这本书是由于当我在世界银行工作时,直接目睹了全球化有可能对发展中国家(尤其是在这些国家中的穷人)所产生的毁灭性的影响;如果要让全球化成为使世界上所有人(尤其是穷人)都能致富的潜力,那么全球化的管理方式,包括国际贸易协定和在全球化过程中被强加到发展中国家身上的诸多政策,需要进行根本性的反思;今天我们生活在一个全球性的社区,并且像所有社区那样不得不遵循一些规则,以便我们能够生活在一起,为此这些规则必须是并且必须被看做是公平和公正的,必须关注穷人和有权者,必须反映出一种基本的庄重感和社会正义感。④

显而易见,由于不同的经济规则安排必然产生不同的经济利益分配模式,必然影响到人们对财富的占有和享受的前景。对于今天的全球经济规则,美国学者博格直接指出,全球制度规则主要通过两种形式与道德意义上的重大

① 参见[美]约瑟夫 E. 斯蒂格里茨:《全球化及其不满》,机械工业出版社 2004 年版,第 15 页。
② [美]托马斯·博格:《"援助"全球穷人》,许纪霖主编:《全球正义与文明对话》,江苏人民出版社 2004 年版,第 197—198 页。
③ [美]托马斯·博格:《"援助"全球穷人》,许纪霖主编:《全球正义与文明对话》,江苏人民出版社 2004 年版,第 195 页。
④ 参见[美]约瑟夫 E. 斯蒂格里茨:《全球化及其不满》,机械工业出版社 2004 年版,"前言"。

伤害发生着因果联系,即规则直接对人们产生影响,以及通过决定和影响具体国家的制度规则来影响人们的生活。他以世贸组织的规则体系为例指出,世贸组织的规则体系允许富裕国家通过配额、关税、反倾销税以及对国内产品的补贴等方式来保护它们的市场,以阻止廉价货物(如农产品、纺织品、钢铁以及其他种类)的进口。这些贸易保护措施采用多种方式来降低和减少发展中国家的公司向富裕国家出口的机会。根据联合国贸易与发展会议,如果没有这些贸易壁垒,发展中国家每年从其出口中可以增加7000亿美元的收益。因此,现有的国际秩序存在着重大的缺陷。① 经济正义的核心问题是考察经济规则安排的合理性,并通过制定正义的经济秩序规导经济行为主体的行为,从而促进经济运行的效率以满足人们生存和发展的需要,防止和减少贫困的现象,实现人的自由本质和人性的全面完善。同理,不同的全球经济秩序之设计,就会产生不同的全球经济分配方式和结果,从而影响全球范围内的贫穷问题,牵连各国人民的切身利益。因此,全球经济正义就是关注全球经济规则在处理经济问题上是否具有正义性的拷问,其中包括全球经济秩序的制定是否公正合理,各国是否自觉遵守全球经济秩序和规则,以及由此基础上对违反正义经济秩序行为的矫正,等等,旨在维护各国人民的经济利益,减少全球范围内的贫困和饥荒,从而提倡"把世界当做祖国,把人类当作民族"的价值主张。

总之,人类正处在一个充满海浪的经济海洋里航行,随时都有不测的危险。面对未来,我们能否建立一套健全的合乎正义的全球经济秩序,从而有助于我们携手解决全球范围内的经济危机以及与之相随的全球问题,已经变得至关重要。所以,若不对当今的世界经济秩序以及对人们的经济方式进行深入的反思并采取有效措施,必将导致世界经济的无序和混乱,从而深刻地影响到人类自身的生存。然而,全球问题并非可以靠霸权解决,全球问题需要全球解决并需要各国的参与、努力和自觉,而要做到这一点,就必须建立一个世界各国至少是绝大多数成员国共同自觉遵守的充满正义价值的世界经济秩序,而且这一问题已经十分重大而迫切。如此可见,全球经济正义作为对全球经济利益关系的自觉反思之思想表达,作为全球经济生活中必须遵守的经济价值原则,乃是现实的呼唤,并因此成为当代全球经济生活中凸显出来的重大而迫切的理论课题和现实焦点。

---

① 参见[美]T.波吉:《何谓全球正义?》,《世界哲学》2004年第2期。

其三,全球生态环境危机问题

自然是孕育人类的母亲,无论是过去、现在还是将来,它都是给养人类生命的天然"脐带",但人类"只有一个地球",这注定了人作为"自然囚徒"的角色。无论今天人类的科技取得了何等的进步,但是离开了对自然生态基础的依傍便是"无",这是我们真实的生存境遇。对此,马克思曾给予了深刻的指证:"自然界,就它自身不是人的身体而言,是人的无机的身体。人靠自然界生活。这就是说,自然界是人为了不致死亡而必须与之处于持续不断地交互作用过程的、人的身体。所谓人的肉体生活和精神生活同自然界相联系,不外是说自然界同自身相联系,因为人是自然界的一部分。"①自然界对人类而言是如此的重要,以至于马克思恩格斯在《德意志意识形态》中在充分肯定现实的感性劳动、创造和生产是整个现存的感性世界的基础时候,也承认"外部自然界的优先地位仍然会保持着"。② 因此,我们不能简单的把自然环境当做纯粹的经济附属物,不能完全地把它纳入到商品经济的循环之中,因为还有许多道德方面的原因要考虑进去,从而摆脱市场和资本对自然的宰制。诚如卡尔·波兰尼所言:"经济功能仅仅是土地多种重要功能之一。除此以外,土地还是维持人类生命的稳固基地,是人类居住的场所,是人类身体的安全条件,是风景和四季。因此我们可以说,生命没有土地的支撑就像人类出生时没有手足。那种把土地与人类分离开来并按照房地产市场需求来构建社会,这是乌托邦市场经济概念中的一个重要组成部分。"③然而,以资本原则作为自己根本价值取向的经济全球化运动,它是一个自我扩张的价值体系,根植于掠夺性的开发和竞争法则,因此崇拜速度和数量,崇拜快捷地赚取利润,从而无视自然生态存在的脆弱性和有限性,像秋风扫落叶一般在全球范围内疯狂地掠夺自然资源,导致了全球性的"环境危机":土地资源危机、水资源危机、森林衰退、生物多样性降低、大气污染、臭氧层破坏、地球变暖、环境与食物毒性增加、垃圾污染等不胜枚举。

可见,今天的人类已经没有了对自然存在合法性的自觉思想,就像吸血鬼一样不放过汲取自然界最后一滴透明的血。人类的贪欲成为生物圈难以消解

---

① 《马克思恩格斯文集》第1卷,人民出版社2009年版,第161页。
② 参见《马克思恩格斯文集》第1卷,人民出版社2009年版,第529页。
③ Karl Polanyi, *The Great Transformation*, Boston:Beacon Press,1944,p.178.

的沉重，以致我们生存于其中的世界从上到下布满了伤痕：天空弥漫着烟雾、大地裸露着身体、海河充满了污染……人类的贪婪驱逐了鸟语花香的春天，我们被迫生活在一个个"寂静的春天"，这种"寂静"既是自然的，也是精神的。"反自然的社会"导致了"自然之死"，我们没有了自然的春天，也没有了生命的春天。对此，很多人将之归咎于"科技的原罪"、人口的增长。这在某种意义上具有一定的合理性。但是，生态危机问题的根本在于人与人之间的危机，在于社会关系的失衡，尤其是社会利益关系的失衡，生态危机不过是人的智慧危机、社会利益关系失衡的表现而已。而其中重要的原因在于全球经济正义在某种程度上的缺失。只要让资本原则和市场机制成为控制人类命运和人类自然环境的唯一因素，那么自然的危机和社会的毁灭将是不可避免的。对此福斯特深刻地指出："这种把经济增长和利润放在首要关注位置的目光短浅的行为，其后果当然是相当严重的，因为这将使整个世界的生存都成了问题。一个无法逃避的事实是，人类与环境关系的根本变化使人类历史走到了重大转折点。人类消费能源与原材料的规模目前已达到了自然平衡的临界水平。"①可见，人类若还像以往一样，继续带着贪婪的信念、国家利己主义和极端的人类中心主义，只要世界的一极是财富的无限堆积，而另一极则是贫穷的积累，那么生态恶化的趋势是无法避免的。因此，"要有一个财富再分配这样的重要因素作为环境问题的基础，正如要有一个社会正义的基本观点作为每种政治秩序的基础一样"②。事实很清楚，我们面临着严酷的选择："要么摒弃阻碍把自然与社会和谐发展作为建立更公正社会秩序的最基本目标的一切行为，要么面对自然后果，即迅速失控的生态与社会危机及其对人类和众多其他与我们共存物中所造成的无可挽回的毁灭性后果。"③在这里，全球经济正义作为对人类及其生存根基的哲学关照，内在地包含着对自然生态环境的深度关怀和价值担当。

总而言之，经济全球化及其带来的全球贫富悬殊和贫困问题、当前世界经

---

① ［美］约翰·贝拉米·福斯特：《生态危机与资本主义》，上海译文出版社2006年版，第60页。

② ［美］芭芭拉·沃德、勒内·杜博斯：《只有一个地球》，吉林人民出版社1997年版，第168页。

③ ［美］约翰·贝拉米·福斯特：《生态危机与资本主义》，上海译文出版社2006年版，第17页。

济秩序中存在的诸多不公正因素以及与此紧密相关的全球生态环境问题,要求我们需要新的思维和新的价值视野,提出应对的方案。这些问题包括:如何建立一套合乎正义原则的全球经济秩序,使得各国在参与世界经济生活过程中自觉遵守经济秩序和规则,因为一套合乎正义的全球经济秩序是实现良好的经济交往以及世界和平的基础;如何在公平的全球经济秩序基础上,减少发达国家和发展中国家之间的贫富差距以及缩小发达国家内部和发展中国家内部人们之间的贫富差距,从而增进人们之间的平等地位;如何通过超越国家利己主义和资本主义的价值取向,实现可持续发展,共同呵护人类的自然家园等。这些问题本质地构成了全球经济正义的核心主题和价值关切点。然而,当今的世界仍然是以"民族—国家"为基础的,由于缺少强有力的"全球政府"保障和具有公正权威性的经济秩序,全球经济正义的意义显得十分单薄和脆弱。那么,全球经济正义是否可能以及如何可能?对此我们需要进一步的探索和思考。

三、全球经济正义如何可能

诚如我们在前文中指出的那样,全球经济正义的旨趣,就是要实现世界范围内人人有好的生活,建设一个包容性的世界。因此它要求超越个人利己主义、国家利己主义和极端的人类中心主义,以世界"万民"的生存为重,诉求全球经济秩序的正义性,捍卫自然生态的存在合法性。但是必须指出的是,全球经济正义是一个错综复杂的难题,也是一个极具脆弱性的难题。如果把经济正义限于一国范围内讨论,就构成了一国经济正义即地方正义。在一国范围之内关于如何安排经济制度和经济秩序来展开经济活动,以促进国家的经济繁荣和全体民众的经济福利,责任显然属于广义下的政府,因此对于一国经济正义问题来说,相对便于理解和易于操作。如果我们把经济正义问题扩大到全球范围内的国与国之间、国与地区共同体之间的经济交往,那么经济正义的问题就表现为国际经济秩序的正义性问题,甚至可以将国际经济正义视为是经济正义的秩序和要求在国与国之间的经济交往中的体现和扩展。而全球经济正义,就其涉及的外延来说,无疑比国际经济正义更为广泛,且其现实的基础也显得更为脆弱。因此,全球范围内的贫困问题、现存世界经济秩序安排中充满的不公正因素以及全球范围内的生态问题能否被超越或克服?这就构成了世界经济正义如何可能的哲学追问。

具体说来,当今的全球经济正义的实质焦点在于如何处理由资本原则主导的全球经济秩序所造成的发达国家与发展中国家之间在经济利益方面的公平分配和贫富上的平衡问题,从而减少全球范围内绝对贫困和缩小贫富悬殊。对此,联合国千年首脑会议指出,经济和信息全球化成了强者统治弱者的手段,它加大了南北差距,因而主张全球经济正义,赋予经济全球化以社会正义的内容和体现全人类普遍性的道义原则,实现共赢共存,从而建立一个负责任的全球市场,让每一个人都有机会在健康环境中生存和发展。为此,发达国家应当承担起减少全球范围内贫富差距的责任,发挥政府对自由市场经济的调节作用,建立一个充满正义原则的全球经济新秩序。① 对此,有人认为,由于全球经济正义涉及各国政府在处理经济问题上不可避免地遇到国家主义和世界主义的矛盾,即每个政府应该根据自己国家的利益来设法塑造全球经济秩序的要求,与世界主义所要求的以防止全球性的贫穷和全球性的经济成长为着眼点来建构国际经济秩序之间存在着矛盾,而且难以调和,因此主张国际间的经济正义问题交给“看不见的手”来调和,认为市场自由竞争的结果便是正义的。但正如我们前面已提到的,由于各国只顾自己利益,使得市场具有内在的短视性,它总是淡忘过去而又漠视未来,只顾眼前利益的最大化,而忽视长远的考虑。然而,短浅的目光乃是人类进步和社会发展道路上的羁绊石,我们正在遭受的由此带来的世界性的贫困、恐怖活动以及生态危机等苦难即是事实,追求局部利益和以经济作为目的本身的现代资本经济导致了世界范围的非人道的后果。为了全人类的共同利益和人类的未来命运,建立一个充满正义原则的全球经济新秩序已刻不容缓。那么,如何构建一个充满正义原则的全球经济新秩序以实现全球经济正义呢? 罗尔斯的“作为公平的正义”原则无疑为我们提供了极大的思想启示和理论支持。罗尔斯在其著作《正义论》中提出了两个正义原则:每个人在与其他人的同样自由相容的最广泛的基本自由方面,具有平等的权利,即平等原则;社会和经济的不平等安排应该有利于社会之最不利成员的最大利益,即差别原则。也就是说,根据平等原则,作为一个社会之公民的基本的自由,包括政治自由、言论自由、人身自由等是不可剥夺的,而且它要求正义社会的公民拥有同样的基本权利,享受这方面同等

---

① 参见朱贻庭:《伦理学大辞典》,上海辞书出版社2002年版,第133—134页。

的自由;根据"差别原则",承认人们在分配经济利益中的不平等性,但社会的经济不平等安排对每个人都有利,尤其应该有利于最贫穷人的利益。如果把罗尔斯的两个正义原则推广到全球性的经济利益分配,在理论上具有同等的意义,具有同样的现实价值。我们可以借鉴罗尔斯的正义原则的建构启示,营建全球性的经济正义原则,维护各国人民应具有的作为人的基本权利。事实上,联合国《世界人权宣言》中的第二十五条规定,即人人有权利享受为维持他本人和家属的健康和福利所需的生活水准,包括食物、衣着、住房、医疗和必要的社会服务;在遭到失业、疾病、残废、守寡、衰老或在其他不能控制的情况下丧失谋生能力时,有权享受保障。① 由于世界上各国人民之间乃至一国民众之间存在着巨大的经济差距,使得实际上许多人还无法实现这种基本的权利,但是作为当代人的成员之一,每一个人都有取得和利用这些基本权利的权利,故而建立和设计正义的国际经济新秩序,要以满足世界人民免于饥荒的权利为底线,同时要求全球经济秩序的设定有利于最穷、最弱的国家经济利益。在社会物质财富日益丰裕的现时代,当全球经济秩序既能免于全球人民的饥荒,又有利于最穷国家的经济增长时,我们说这个经济秩序是充满正义价值的。

当然,实现全球经济正义不是一蹴而就之事,它是一个"自然历史过程",其中充满着各国之间艰难的博弈过程,我们要充分看到其间的漫长和艰辛,甚至激烈的斗争,并对此持有一份清醒的认识。我们既要看到伴随着全球化带来的新的科学技术、先进的管理和大量的资本对国家经济的促进和发展的一面,也要看到发达国家对发展中国家经济的"和平"掠夺乃至政治渗透。当今的全球经济秩序本身所具有的发达国家和发展中国家之间在起点上的不公正性,使得国际经济交往过程中的形式平等掩盖了事实上的经济不平等,我们要看到事情的真相。事实上,当今世界存在的一方面经济全球化蓬勃发展,另一方面反全球化运动汹涌澎湃的现象从某种角度说明了国际经济秩序的非正义性质,而且这种现象还将继续维持下去。因此,有学者指出,认为随着新的全球经济的高涨,"经济正义"这一警戒性和防备性的德性话语就会逐渐消解在人类共同操守的德性目录中,而且地球上的大多数人会过上富裕的生活,饥

---

① 参见张宏良、金瑞德:《改变人类命运的八大宣言》,中国社会出版社 1996 年版,第 79—80 页。

荒、战争和流行的疾病随之消失的看法是一种十分危险的认识幻想。相反,未来的人类在新的经济发展平台上,更需要呼唤一种新的经济正义精神。① 的确,全球经济正义的实现不是一个抽象概念的演绎,它本质上是一个具体的、历史的展开过程,其中有经济的客观的因素,也有主体的自觉能动性一面。然而,无论是客观的要求,还是主体的欲求,建立一个充满正义原则的全球经济新秩序,已属迫在眉睫并要求给予自觉,这是时代的要求。对此,聆听美国法哲学家博登海默的一番话无疑对我们具有深刻的启迪,他指出:一种在物质上和知识上都具有高度发展的文明,并不能确保一种'善的生活',除非它也教导人们为了他人的利益而用自我约束的方式去调和自我利益,教导人们尊重他人的尊严,并教导人们去设计调整各种层次(中包括国际社会层次)的群体的生活的共存与合作的适当规则。② 那么,全球经济正义如何可能? 在这里,我们作出如下初步的探索和思考。

1. 全球经济正义得以可能的现实矛盾推动力

"捆绑的世界"为全球经济正义得以可能提供了现实的矛盾推动力。今天,我们处于一个被捆绑的世界,由民族和国家所构成的这个世界之间的相互依赖更为明显,相互渗透更加紧密。诚如有学者指出:"在这个星球上的某一部分无论发生了什么,都会影响到其余的部分。无论什么时候人权受到了侵犯,整个人类要因此遭罪。"③因此,世界经济生活中普遍存在的贫困、不公正、全球生态失衡等矛盾以及由此带来的超越要求为全球经济正义的出场提供了重要的现实推动力。唯物辩证法认为,矛盾是推动事物发展的根本动力,现实的矛盾中本身包含着超越矛盾的客观力量。就今天的世界经济生活而言,经济一体化乃是其显著的特征,一体化意味着在某种程度上我们生活在"捆绑的世界",这种"捆绑的世界"意味着"利益的捆绑",也意味着"风险的捆绑",对此我们只能选择"生死与共",因为在"地球村"中,别国的贫困很快会变成本国的问题:诸如产品缺乏市场、非法移民、污染、传染病、不安全、宗教狂热、

---

① 参见张雄:《经济正义:被定义了的话语》,《河北学刊》2002 年第 5 期。

② 参见[美]博登海默:《法理学——法律哲学与法律方法》,中国政法大学出版社 1999 年版,第 300 页。

③ [美]保罗·库尔兹:《21 世纪的人道主义》,东方出版社 1998 年版,第 3 页。

恐怖主义。① 因此,在全球化的今天,没有哪一个国家、哪一个人能无视世界经济生活中存在的世界性经济难题而能孤芳自赏、洁身自好,漠视世界经济正义的价值。世界范围内日趋严重的民众边缘化、社会两极化、社会资本化以及生态灾难,不仅威胁着社会的稳定,也威胁着人类文明的本质。而全球性的世界贫困问题、经济失序问题、生态问题需要全球的参与、全球的互助和全球的共同解决。这一切,需要以全球的共同价值观为基础,需要全球经济正义理念和价值的担保。事实上,今天在世界范围内已经生长出了一股推动全球经济正义的现实力量,他们超越个人、超越国家,以世界"万民"的福祉为重,以世界正义为重,以地球生态为重,这些力量既有自发达国家,也有来自发展中国家。总而言之,现实的世界经济利益和社会风险的全球共同性,提出了推动世界经济正义的客观要求。

2. 全球经济正义得以可能的重要思想牵引力

对世界困境之自觉反思意识的不断增长为全球经济正义得以可能提供了重要的思想牵引力。对这一点的学理阐释,必须导回到对人的"具有自我意识"的存在属性之哲学理解。人作为宇宙中的生命存在,乃是自然生命存在与超自然生命追求统一的存在,因而是一种特殊的存在。正是人的具有自我意识的存在属性,确立了人的"万物之灵"地位,也正是人作为具有自我意识和思想诉求能力的存在物,使得人与宇宙中的其他存在物本质的区别开来。对此,马克思曾正确地指出,动物是无力把自己和自己的生命活动区别开来,从而它与自己的生命活动直接表现为同一性,而"人则使自己的生命活动本身变成自己意志的和自己意识的对象",正是"有意识的生命活动把人同动物的生命活动直接区别开来。正是由于这一点,人才是类存在物"②。这种自由的有意识的活动使得人对自己生活于其中的世界和社会生活的思想成为可能。而人类的思想不是空疏的意识,而是人类应对时代难题的武器,是人类遭遇困境时能够走出深渊的通道,因而成为人类行动的先导和动力。诚如马克思所言,理论只要彻底就能说服人,理论只要说服人就能掌握群众,而理论一经掌握群众,也会变成物质力量。而理论的彻底,就是抓住事物的根本,就是

---

① 参见[美]彼得·辛格:《一个世界:全球伦理》,东方出版社 2005 年版,第 6 页。
② 《马克思恩格斯文集》第 1 卷,人民出版社 2009 年版,第 162 页。

思想,思入时代的核心本质,思入生命的核心本质,从而"必须推翻使人成为被侮辱、被奴役、被遗弃和被蔑视的东西的一切关系"①。今天,世界经济生活的确充满各种难题,但是全球范围内人们对世界经济生活过程中遭遇的贫困问题、不公正现实、全球生态问题的现状及其带来的现实问题和可能后果的自觉意识在不断增强,这种自觉意识包含这样的基本内容:"每个个体能够意识到自己对世界所承担的职责,意识到我们中的每一个人都是人类这一物种之中的一个成员,是地球这颗行星上的一个居住者,是全球社会这个整体的一个部分。"②同时,古今中外人类关于世界性难题的思想为世界经济正义提供了丰富的思想资源,从而为全球经济正义的可能提供了思想的支援和牵引力。而且,这种意识已经自觉地化为行动,"国际官僚们到处都处于被攻击的状态。昔日平静的会议上那些卑微的技术官僚们所讨论的诸如优惠贷款和贸易配额之类的平淡世俗主题,如今变成激烈的街道战斗和巨大示威游行的场所。世界贸易组织(WTO)1999 年在西雅图会议中所遭到的抗议是一次令人震惊的场景。从那时起,这一运动已经增长得愈加强烈,并且愤怒已经蔓延。世界货币基金组织、世界银行和世界贸易组织差不多所有主要的会议,如今成为冲突和骚乱的场景"③。

3. 全球经济正义得以可能的重要现实基础

加强和巩固联合国等国际机构的公正立场及其全球性功能是全球经济正义得以可能的重要现实基础。联合国的诞生,是人类为和平与发展长期努力的结果,它体现了世界各国人民"欲免后世再遭今代人类两度身历惨不堪言之战祸"、"彼此以善邻之道,和睦相处"的崇高精神,承载着国际社会共同促进经济社会发展的美好理想。因此,在今天,全球经济正义的可能,除了现实的矛盾推动力和思想的牵引力以外,一个重要而现实的途径就是必须大力加强联合国等一些国际组织的功能性、公正性和权威性。全球经济正义的基础在于国内经济正义和国际经济正义,它一方面极大地依赖于国内正义即地方正义,这要求每个国家的责任政府对本国经济体制作出正义性的安排,从而消

---

① 《马克思恩格斯文集》第 1 卷,人民出版社 2009 年版,第 11 页。
② ［美］保罗·库尔兹:《21 世纪的人道主义》,东方出版社 1998 年版,第 5 页。
③ ［美］约瑟夫 E. 斯蒂格里茨:《全球化及其不满》,机械工业出版社 2004 年版,第 1 页。

除一国范围内的贫困、不公正分配以及环境问题。另一方面,全球经济正义的实现又极大地依赖于国际经济正义。由于现行的世界经济秩序和体制安排,明显地倾向于发达国家的利益,从而发达国家得以变相盘剥"第三世界",这实际上构成了我们所说的"南北问题"。只要"南北问题"不能从制度安排上根本解决,那么全球经济正义的实现将是一句空话。问题在于,在今天的世界经济交往中,国家乃是国际经济交往和世界经济生活交往中的重要主体,每一个国家的责任政府都以本国人民的利益为重,以国家利己主义为经济交往的原则。如此而言,如何确立公正合理的国际经济秩序,如何打破发达国家和"第三世界"之间巨大的发展不平衡,逐渐实现世界和谐发展就成为一个现实的问题。这实际上涉及如何重建一个公正合理的全球经济秩序和制度安排。为了实现这个目标,我们需要的是超越个人利己主义的价值主张,需要的是超越狭隘的国家利己主义的价值理念,并需要现实的机构推动这种价值主张和价值理念的现实化。这在根本上有赖于联合国等一些国际机构组织公正合理的积极介入,逐渐增强其在消除世界贫苦、经济不公正和全球生态问题方面的功能性,积极推动和促进世界经济正义的实现。

总而言之,为了在解决全球问题中成功地取得进步,我们需要发展新的思想方法、建立新的道德和价值标准,当然也包括建立新的行为模式。人类正处于其发展新阶段的临界点。我们不仅应当促进加强我们的物质、科学和技术基础,而且,最重要的是,促进人类心理上新的价值和人道主义愿望的形成,因为知识和仁慈是"永恒的真理",它构成了人性的基础。[①] 面对全球经济一体化的当今世界,我们不仅需要经济的增长,同时更需要对世界人民经济福利的关心;不仅需要国家的眼光,也需要全球的眼光。因为快速的经济增长可以和贫穷共存,这种现象不仅存在于一国范围之内,更存在于世界范围内。因此,我们需要全新的经济视野,需要树立新的全球经济正义的价值理念,以努力调节失衡的世界经济秩序,改善全球人民的经济状况和生活处境。这诚如美国学者 H.哈士曼所指出的那样,"从超越对现有的所有制的保护、为全世界的经济增长机遇不断创造公平合理的分配方式这样一种意义上说,全球性经济

---

① 参见世界环境与发展委员会:《我们共同的未来》,吉林人民出版社 1997 年版,第 46—47 页。

正义必须是不断进步的"①。人是具有开放性、超越性的存在物,对于人类的生命而言,我们的生活具有无限的可能性,具有比现在更公平、更富裕和更美好的可能生活,而且我们能够依靠自己的智慧让可能性变为现实性,超越现实、设计未来是人类的特权,更是我们的责任。

四、全球经济正义与和谐世界的构建

胡锦涛同志在联合国成立 60 周年首脑会议上发表了题为"努力建设持久和平,共同繁荣的和谐世界"的讲话,提出了建设和谐世界的主张。事实上,人类对于和谐世界的追求从未停止过,从古希腊柏拉图的"理想国"构想,到近代康德的"永久和平论",再到当代罗尔斯的"万民法"思想,以及中国古代"大同社会"思想到今天我们提出构建和谐世界,无不体现着人类对和谐社会、和谐生活的追求和向往。建设一个和谐世界,是人类永恒的追求,是人类社会不断趋近完美社会的过程。和谐世界既是一个理想的世界,也是一个在现实中构建的世界,其理想性缘于人性中永不满于现状的超越追求,其现实性则缘于人是现实的感性的对象性的存在物。但是,和谐世界的提出及其理想性的根据全在于人类的现实社会生活基础,在于现实社会历史中人类遭遇的各种社会问题和时代难题,而这些社会问题和时代难题是历史而具体的。因此,建设和谐世界的理论主张和实践要求,具有明显的针对性和强烈的现实性。或者说,就是要在对现实世界中存在的不和谐因素、突出矛盾和重大问题的克服和超越中,逐渐实现世界和谐、谋求世界发展。

和谐世界应该是一个民主的世界、和睦的世界、公正的世界、包容的世界,因此建设和谐世界,就是要建设一个持久和平、稳定安宁的世界,一个普遍发展和共同繁荣的世界,一个相互合作和求同存异的世界,一个包含了国家和谐、国际和谐和世界和谐的世界,一个包含了人与自然和谐相处的世界。因此,在建设和谐世界中,需要通过坚持民主平等来实现协调合作,通过坚持和睦互信来实现共同安全,通过坚持公正互利来实现共同发展,通过坚持包容开放来实现文明对话。

和平与发展是当今世界的主题,也是人类面临的时代难题。这意味着,和

---

① ［美］H. 哈士曼:《全球正义——日益扩展的行动范围》,《世界哲学》2004 年第 2 期。

平与发展问题实际上构成了和谐世界建设中的核心主题,建设一个和平的世界与发展的世界就成了建设和谐世界的根本内容。然而在根本上意义上,和平问题与发展问题又是相互勾连在一起的,是一枚硬币的两面。没有世界的发展,或者说没有世界的平衡发展,世界和平就缺少坚实的基础;相反,没有一个和平的世界政治经济环境,世界的发展就缺少了现实的前提。因此,如何通过人类的理智努力和制度建构,逐渐消除世界范围内影响和平与发展的因素,成为建设和谐世界的首要问题。那么,哪些因素成为阻碍世界和平与发展进程的力量,从而成为构建和谐世界的阻碍呢? 因素固然很多,包括历史和现实的、国际和国内的,政治和经济的、民族和文化的等,但是就大致而言,今天困扰和谐世界建设进程的主要因素是全球性的贫困问题、世界经济秩序安排的公正性问题以及与之相关的世界发展失衡问题、全球性的生态环境问题、地区冲突和恐怖主义活动等。作为对于这样一些全球性问题的指证和揭示,《全球伦理》一书写道:我们谴责对地球生态系统的滥用;我们谴责贫穷,它使生命的潜能遭到窒息;我们谴责饥饿,它使人类的身体受到削弱;我们谴责贫富悬殊,他正用毁灭威胁着千万个家庭;我们谴责各国的不公;我们谴责对正义的忽视,它正把一些公民推向边缘;我们谴责混乱无序的状态,它正在控制我们的社会;我们谴责暴力,它正使孩子们死于非命。[①] 要克服和超越这些复杂而重大的问题,需要全方位的思想努力和价值关照。全球经济正义的诉求,正是为之作出的一份思想努力。

全球经济正义,是构建和谐世界不可或缺的伦理环节。促进世界和平与发展,建设和谐世界,面临诸多重大的难题,也牵涉方方面面复杂的利益关系,其中包括世界经济问题、世界政治问题、世界宗教文化问题,等等。然而,世界经济问题虽然不是构建和谐世界的唯一基础,但却是根本的和重要的基础。唯物史观认为,人类经济活动是整个社会历史展开的重要前提,经济生活是整个社会生活的坚实基础,而经济关系是社会关系的重要基础,因此探索社会的奥秘就必须回到顽强的经济事实中。这说明,世界的政治问题、文化宗教问题虽然不能简单的被归约为经济问题,但它们与经济问题具有千丝万缕的关系。在这里,全球经济正义,作为对全球范围内人类经济生活所进行的理性反思和

---

① 参见[德]孔汉斯、库舍尔编:《全球伦理:世界宗教会议宣言》,四川人民出版社 1997 年版,第 4 页。

伦理观照,凸显了其现实的重要根据和价值指针,并构成了建设和谐世界不可或缺的伦理基础。事实上,全球经济正义与和谐世界的价值主张是根本一致的,全球经济正义是和谐世界的题中要义,是建构和谐世界的内在要求,而全球经济正义则为和谐世界提供了伦理支援和价值担保。因此,倡导全球经济正义,构建和谐世界,需要倡导如下的价值主张和实践努力。

1. 以世界"万民"之生命尊严为重，减少世界贫困

1948 年联合国发表的《世界人权宣言》(以下简称《宣言》)认为,对人类家庭所有成员的固有尊严及其平等的和不移的权利的承认,乃是世界自由、正义与发展的基础。因此,《宣言》的第三条规定:人人有权享有生命、自由和人身安全。然而,一个人若没有基本的物质保障,缺少起码的维持生存的经济基础,那么生命权、自由权和人身安全无疑是一句空话。正是在这样的根本上,加尔布雷思指出:"对个人自由最彻底的剥夺莫过于一贫如洗;对个人自由最大的损害莫过于囊中羞涩。"[1]贫穷不仅是对生命尊严的侵蚀和剥夺,也是孕育社会冲突的温床。世界范围内的广泛贫困危及世界的自由、正义与发展的基础,也成为建设和谐世界的巨大阻碍,这诚如阿马蒂亚·森所言,如果贫困制造恐怖主义的说法是错误的话,那么认为由于生活于贫困和不公正的世界里的事实,导致对暴力的极大宽容,则是正确的。[2] 我们简单地把世界划分为第一世界和第三世界,但是第三世界实际上构成了这个世界的绝大组成部分,结果是,"如果第二、第三世界依然普遍处于悲惨境地的话,第一世界既不会拥有和平,也不会拥有和谐。只有那些拥有财富、军队和技术实力的人负起促进地球进步与发展的责任,处于世界其他地区的人类、经济、以及社会压力才不会转而反对他们"[3]。因此,如何通过人类的智慧付出和伦理关怀,捍卫世界"万民"之生命尊严,减少和消除世界贫困,乃是世界经济正义的重要内容,也是构建和谐世界的当务之急。

2. 重建公正的全球经济秩序，实现世界经济的平衡发展

导致世界贫困的原因固然很多,但是正如我们在前面所述的那样,世界经

---

① [美]加尔布雷思:《好社会:人道的记事本》,译林出版社 2000 年版,第 3 页。
② 参见法国《世界报》2005 年 1 月 18 日。
③ [美]保罗·库尔兹:《21 世纪的人道主义》,东方出版社 1998 年版,第 53 页。

济秩序本身内含的不公正因素成为导致世界贫困(尤其是第三世界贫困)的重要原因,而且伴随着巨大的贫富悬殊和两极分化。因此,需要对现行的世界经济秩序进行批判反思和现实重建。世界环境与发展委员会曾指出:"如果要使国际经济交流变得对所有各方有利,则必须满足两个条件,即必须保证世界经济所依赖的生态系统的可持续性,又必须使经济伙伴们对公平的贸易基础感到满意。各种不平等的、由一方支配的关系,绝不是相互依存的完好和持久的基础。然而,对于许多发展中国家来说,目前一个条件也不具备。"①在这里,强调富国对穷国怀有责任感是重要的,因为一方面,"今天富裕发达的国家昔日曾经统治过当今贫困落后的国家",另一方面,"一个安宁、和平的世界对所有国家的人民都有好处"②。为此,发达国家必须一方面更多地开放本国市场,另一方面向南方国家提供更多的援助。所以,胡锦涛同志在联合国成立60周年大会上指出:发达国家应该为实现全球普遍、协调、均衡的发展承担更多责任,进一步对发展中国家特别是重债穷国和最不发达国家开放市场,转让技术,增加援助,减免债务。同时,发展中国家要主动争取参与世界经济秩序改革的权利,自觉参与全球经济秩序和规则的制定,使得世界经济规则不单纯地为发达国家服务,同时能更好地体现发展中国家人民的利益。因此,重建公正的全球经济秩序,在制度设计和安排中多关注"第三世界"的经济发展和世界贫困人口的生存发展问题,实现世界经济的平衡发展。这是全球经济正义的内在诉求,是建设和谐世界的重要环节。

3. 超越自然生态的资本视野,遏制全球生态进一步恶化

一个和谐的世界,不仅包括世界"万民"之间、国家与国家、国家与地区之间的和谐,同时还包含着人类与自然的和谐。在某种程度上,人与自然的和谐是人类文明健康发展、和谐世界有效建设的重要前提。在今天,诉求全球经济正义的价值主张,倡导建设和谐世界的实践要求,必须树立新的生态价值视野。从根本上说,就是要超越生态价值的资本眼界,树立生态价值的人文视野。在对自然生态价值的合法性判断中,我们不能再固执地持有以资本的增值原则作为自然存在的合法性根据,以资本的尺度衡量自然的价值。而是要

---

① 世界环境与发展委员会:《我们共同的未来》,吉林人民出版社1997年版,第82页。
② 参见[美]加尔布雷思:《好社会:人道的记事本》,译林出版社2000年版,第104、117页。

将自然置放到天地人生的境界和深厚的人文视阈中加以思考其存在的根据和价值。今天,之所以出现全球性的生态灾难,在根本上源于我们时代的价值观陷于狭隘的资本原则,自然界也因此仅仅成为资本的抽象物,并从根本上剥夺了生态自身存在的合法性和大地的尊严。捍卫自然的尊严,注入对生态的伦理关怀成为全球经济正义的重要主题,成为建设和谐世界的重要内容。

总而言之,全球经济正义的意义在于它有助于我们确立新的全球经济视阈,把注意力集中到全球经济整体、整体中的小整体,以及在部分和整体之间建立平衡、和谐、平等的关系。若脱离了对全球经济正义价值的认知和自觉,那么可以断言,人类所面临的环境危机、贫困、失业、饥饿和暴力就得不到有效解决,富国与穷国之间以及富人与穷人的差距就不会缩小,并且人性化的发展将步履维艰,世界的和平与发展将无法实现。因此,我们要指出的是,全球经济正义的实现,和谐世界的建设尽管路途艰辛、充满坎坷,哪怕全球经济正义多么脆弱,我们也必须守护,因为我们没有后路。我们只能借助人类的思想智慧克服艰辛、超越坎坷,建设和谐世界,建设美好社会,因为若因艰辛而言弃,若因坎坷而退却,结果必定是人类的"集体自杀"。

第六章
经济正义：代际经济层面的审视

　　一般而言,如果说经济正义的基本精神和原则在全球范围内经济主体交往中的拓展构成了全球经济正义的话语,那么它在历时性方向上对代与代之间在经济关系上的正义要求就构成了代际经济正义。然而,何谓代际? 何谓代际经济? 何谓代际经济正义? 代际经济正义的旨趣何在? 在当今代际经济正义何以凸显? 代际经济正义是可能的吗? 它如何可能? 讨论代际经济正义在当代有何价值? 等等,这些问题都是关乎我们当代人存在的核心问题,需要我们作出深度的哲学思考和思想努力。而对这些问题的探索性思考构成了本章的主要内容。

一、代际经济正义何以成为一个当代话题

　　在展开对代际经济正义的探讨中,首先必须思考的问题是,为什么代际经济正义成为当代的一个话题,其背景何在? 在具体阐述这个问题前,首先要回到对人的经济存在方式和人的存在特性的理解中。自人猿揖别以后,经济活动或者说是经济方式就构成了人类特有的存在方式和生活方式,并由此基础上创造了人类文明。经济活动或经济生产作为人自身的生存基础,主要是指人类借助自身的社会关系而与自然界发生物质能量和信息的交换活动和交往过程,因此经济活动一开始就是在双重关系中展开的,即人与自然界之间、人与人之间的社会生产关系,由此出现了如何处理人与自然的关系以及如何分配和平衡人们彼此合作成果的经济利益和劳动财富。由于从事经济活动必须

以人与自然界之间的物质能量交换为前提,而自然界所蕴涵的资源是有限的,这样就出现了如何合理利用和开采自然资源的问题。与此相连的就是,"由于后代人的利益在今天的这些决策过程中得不到体现,当代人和后代人的偏好之间潜在的权衡经常被忽略。所以,当代人在利用这些资源并从中获益的时候,有可能以后代人的利益为代价"①。具体而言,代际经济正义成为当代的一个重要话题,具有深刻的现实背景和话语基础。

1. 代际经济正义凸显的存在论根据

代际经济正义问题是随着当代生态恶化和环境危机的加剧而日益凸显出来的重大社会问题,当代的环境危机成为代际经济正义话语凸显的存在论根据。虽然代际经济正义问题似乎是面向未来人的道德关切和价值诉求,但它是在当代人自身存在的生态危机和环境问题中逐渐浮现出来的。尽管人类的环境破坏活动与人类文明一样久远,但是其严重程度则开始于近代,是随着资本主义生产方式的逐渐确立、巩固和不断拓展而逐渐凸显的,"资本主义经济把追求利润增长作为首要目的,所以要不惜任何代价追求经济增长,包括剥削和牺牲世界上绝大多数人的利益。这种迅猛增长通常意味着迅速消耗能源和材料,同时向环境倾倒越来越多的废物,导致环境急剧恶化"②。特别是自20世纪始,人类大规模的环境破坏活动逐渐升级。由于这一时期对环境的负面影响巨大而广泛,导致了地球自然生态环境的极度恶化,因此20世纪被称为"全球规模环境破坏的世纪"。之所以如此,一方面与资本主义生产方式和资本原则在全球范围内的迅速拓展有关,与此相连的另一个因素是现代科技力量的日益强大。在资本原则的支配下,现代科技成为资本强制自然、掠夺资源的强有力工具,从而人类对环境的影响力和破坏力十分巨大,导致了自然生态的失衡和全球环境问题的加剧。当然,若进一步深入思考,这又与当代人持有的世界观和价值观紧密相关,是人们价值观牵引下的现实后果。这包括盲目的技术崇拜、空疏的经济世界观、乐观的社会进步观、虚幻的未来幸福观,等

---

① ［美］魏伊丝：《公平地对待未来人类：国际法、共同遗产与世代间衡平》,法律出版社2000年版,第4页。

② ［美］约翰·贝拉米·福斯特：《生态危机与资本主义》,上海译文出版社2006年版,第2—3页。

等。自近代以来,随着具有震撼力的"知识就是力量"口号的招引下,人类的自然科学知识、工艺技术和经济生产发展获得了前所未有的成就,人类凭借自己的知识和技术对自然展开了深入的探究和开采工作,获得了巨大的社会生产力,社会财富巨大涌现,人们的消费欲望也得到不断地满足。正是在这样的时代背景中,人们普遍持有经济主义的发展信条、消费主义的生存方式和盲目的市场原教旨主义。正时在这种价值观的支配和牵引下,人们普遍无视非资本的自然环境之存在合法性,对自然肆无忌惮地宰制。然而,人类面前巨大的科学技术能力,并不是在人类的洞察力和智慧中所产生和获得,也不是在人类的理性和智慧的驾驭下为人服务,而是由资本和乌托邦主义所操纵和控制,从而形成了一套控制自然的技术官僚体系。因此,格里夫特指出:"无论怎样,近几个世纪,世界越来越强地被一种强调人和他的环境之区分的二元论的世界观所统治。这种观点实质上接受了一种原理:人的最首要的任务在于逐步建立对所有非人自然的控制。但是现在,人已经逐渐形成了对地球的相当的统治,以致现在他正逼近这样一种状况:他建构了自身环境的一个主要方面,其中控制环境甚至还要求由人来征服人的本性。"①

正是由于人类自己的非理性的经济活动和社会活动,今天我们面临着这个星球有史以来不曾有过的环境危机和生态灾难,我们生存其中的自然环境伤痕累累,而且这种状况没有根本改观,反而每况愈下。每天都有大批的生物物种减少和灭绝,不断扩大的沙漠化和水土流失向人类逼近,为此人类生命的必需物质如空气、水土等自然资源遭到惊人的污染和衰退,臭氧层的破坏和潜在温室效应日益加剧。与此同时,在世界范围内当代人则不断地向未来人制造数以万计的有毒废弃物。"在地球上许多地区,我们可以看到周围有越来越多的说明人为的损害的迹象:在水、空气、土壤以及生物中污染达到危险的程度;生物界的生态平衡受到严重和不适当的扰乱;一些无法取代的资源受到破坏或陷于枯竭;在人为的环境,特别是生活和工作环境里存在着有害于人类身体、精神和社会健康的严重缺陷。"②这一切,构成了地球之难以承受之重,也成为人类的难以承受之重,既打乱了地球自身的机理和存在季节,也在根本

---

① [加]威廉·莱斯:《自然的控制》,重庆出版社1996年版,第14页。
② 万以诚、万岍选编:《新文明的路标——人类绿色运动史上的经典文献》,吉林人民出版社2000年版,第2页。

上威胁到人类存在的生态根基和自然环境。对于这样一个潜在的灾难性后果,需要我们对当下人类自身的行为作出刻不容缓的理性反思,并作出果敢的决断,从而谋划我们面向未来的解救方案和实现道路。可见,代际经济正义问题的产生,缘于地球生态的有限性脆弱性与人类对地球环境的无度索取之间的尖锐矛盾。当我们无度地开发利用地球的自然和文化资源时,我们必然面临着在当代人和未来人之间由此产生的经济财富和经济负担的分配问题,以及由之产生的人类与自然之间的平衡关系。根据美国学者魏伊丝的看法,世代间的经济正义问题产生于人们在从事经济生产活动过程中"不可更新资源的耗竭和可更新资源的减少,产生于诸如空气、水、土壤等环境资源质量的下降,产生于自然资源环境功能的丧失,产生于文化资源的丧失,产生于缺乏利用自然资源的有效途径"①。

2. 代际经济正义的话语基础

对生态危机的自觉意识和哲学反思乃是代际经济正义话语出场的思想和理论背景。随着自然生态和环境问题的逐渐突出并愈益严重,人类对生态环境问题和代际经济问题的思考也在不断深入。1962 年由美国著名海洋生物学家蕾切尔·卡逊撰写的《寂静的春天》在美国出版,尽管这本书当时引起了一些较大的争议,甚至遭到了部分人的指责,但是该书凭借作者深切的感受、全面的研究和雄辩的论点,直指 20 世纪凸显而又不被人们引起关注的环境问题,犹如旷野中的一声呐喊,让人们自觉意识到人类自身面临的无法回避的现实的生态环境问题。在该书的开篇"第一章:明天的寓言"中,作者以饱含寓言而又充满深情的笔触写道:

从前,在美国中部有一个城镇,这里的一切生物看来与周围环境生活得很和谐。春天,繁花像白色的云朵点缀在绿色的原野上;秋天,透过松林的屏风,橡树、枫树和白桦树闪射出火焰般的彩色光辉;即使在冬天,道路两旁也是美丽的地方,那儿有无数小鸟飞来,在出露于雪层之上的浆果和干草的穗头上啄食。

……直到许多年前的有一天,第一批居民来到这儿建房舍、挖井筑仓,情

---

① [美]魏伊丝:《公平地对待未来人类:国际法、共同遗产与世代间衡平》,法律出版社 2000 年版,第 5 页。

况才发生了变化。从那时起,一个奇怪的阴影遮盖了这个地区,一种奇怪的寂静笼罩了这个地方。

不是魔法,也不是敌人的活动使这个受损害的世界的生命无法复生,而是人们自己使自己受害。①

在该书中,作者以"死神的特效药"、"再也没有鸟儿歌唱"、"死亡的河流"、"自天而降的灾难"、"大自然在反抗"、"崩溃声隆隆"等为题,深入描述和揭示了人类对自然环境的破坏和滥用以及人类为之不得不付出的代价和面临的深渊,从而强烈地警醒人们必须寻求"另外的道路"。

鉴于生态环境对于人类的无可替代的重要性以及生态环境问题的日趋严重,联合国人类环境会议于 1972 年 6 月在斯德哥尔摩举行,为了鼓舞和指导世界各国人民保持和改善人类环境,会议制定并通过了《人类环境宣言》(以下简称《宣言》),这是人类绿色运动史上的一个重要经典文献。《宣言》指出:"环境给予人类以维持生存的东西,并给他提供了在智力、道德、社会和精神等方面获得发展的机会",因此"保护和改善人类环境是关系到全世界各国人民的幸福和经济发展的重要问题,也是全世界各国人民的迫切希望和各国政府的责任",然而,由于人类在改造环境中采取了不明智的手段和能力,环境问题遭到严重破坏,"现在已达到历史上这样一个时刻:我们在决定在世界各地的行动时,必须更加审慎地考虑它们对环境产生的后果。由于无知或不关心,我们可能给我们的生活和幸福所依靠的地球环境造成巨大的无法挽回的损害"。②《宣言》的上述思想,其宗旨在于通过人类的理性反思和行为自觉,保护和改善人类的自然生态环境,追求一种能够过尊严和幸福的生活环境。而为这次会议提交的一份非官方的报告《只有一个地球》则深度揭示了人类面临的自然危机和重大的生态问题,引起了世界的关注和思考。该报告开篇就指出,人类生活在两个世界即由土地、水和动植物组成的自然世界和由人自身创建的社会结构和物质文明的世界,但是人类与其两个世界的关系上正在发生着一些根本的甚至是无法改变的事态,人类正以前所未有的力度、广度和深度在全球范围内改造自然,对未受控制的事物加以控制,并用人造的代替天

_____

① 参见[美]蕾切尔·卡逊:《寂静的春天》,吉林人民出版社 1997 年版,第 1—2 页。
② 万以诚、万岍选编:《新文明的路标——人类绿色运动史上的经典文献》,吉林人民出版社 2000 年版,第 1—3 页。

然的,用计划性的代替盲目性。结果便是:"人类生活的两世界——他所继承的生物圈和他所创造的技术圈——业已失去了平衡,正处在潜在的深刻矛盾之中。而人类正好生活在这种矛盾中间,这就是我们所面临的历史的转折点。这未来的危机,较之人类任何时期所曾遇到的都更具有全球性、突然性、不可避免性和困惑不可知性,而且这种危机就在我们孩子所生活的时代将会形成。"①在此不难看出,其中包含着对未来人的生存状况之担忧,渗透着对未来人的生存权利之关照,体现了对代际经济正义的自觉意识。而1987年由世界环境和发展委员会发表的《我们共同的未来》,则充分吸取了以往的环境思想和最新思想成果,原创性地提出和阐释了可持续发展的概念,其中包含着代际经济正义的深刻思想。该报告指出,所谓"可持续发展是既满足当代人的需要,又不对后代人满足其需要的能力构成危害的发展。它包括两个重要的概念:'需要'的概念,尤其是世界上贫困人民的基本需要,应将此放在特别优先的地位来考虑;'限制'的概念,技术状况和社会组织对环境满足眼前和将来需要的能力加以限制"②。可持续发展观念的提出,使得人们的发展视野更加开阔和立体,不仅具有横向的对处于共时态的人们之社会生活的价值关照,也具有纵向的对处于未来时代的人们的生存和生活的长远思量,不仅肯定对人类自我生存和发展的合理追求,也担当起对自然环境健康持续的责任,从而内蕴深刻的代际经济正义和生态正义的价值承诺。因此,代际公平问题是在可持续发展概念及其理论受到世界各国政府日益重视的条件下提出的。随着人们对生态环境问题之自觉意识和理性反思的不断增强,代际经济正义的话语也逐渐浮现,且影响越来越大。

总之,代际经济正义话语的突现,并非空穴来风,而是具有深刻的现实根据和思想背景的,生态问题的日趋严重和对其的自觉意识不断增强,构成了经济正义话语凸显的根本缘由。然而,究竟何为代际经济正义? 其价值旨趣何在? 这些问题并不是显而易见的,还需要进一步深入思考。

二、代际经济正义及其实质

在迄今为止的经济正义或经济公平的研究中,人们更多的是着重于对共

① 　[美]巴巴拉·沃得、勒内·杜博斯:《只有一个地球》,吉林人民出版社1997年版,第16页。

② 　世界环境与发展委员会:《我们共同的未来》,吉林人民出版社1997年版,第52页。

时态的人们之间在社会经济利益生产和分配关系上的思考,而对于纵向的历时性的代与代之间人类的社会经济利益生产和分配关系却少有着力考量,原因可能在于共时态的人们之间乃是一种"在场"的存在关系而变得直接和现实,而历时性的代与代之间人们的存在关系由于"未来后代人"的"缺场"而显得不那么真实和直接。然而,一旦我们进入思想,站在人类整体社会历史之原则高度,那么共时性的横向人际关系与历时性的代际人际关系对于人类生命的绵延和社会历史的展开具有同等的意义,因为即将生活在未来地球上的人类生命与当下我们的人类生命具有一样的尊严和权利。我们不能认为我们当下的人类生命价值高于未来人的生命价值,正如我们不能承认过去人类的生命价值高于当下我们人类的生命一样。从这个角度而言,代际经济正义与横向的代内经济正义一样,成为人类追求的基本存在价值。这诚如罗尔斯所言,代际正义问题固然是一个难题,"它使各种伦理学理论受到了即使不是不可忍受也是很严厉的考验。然而,如果我们不讨论这个重要问题,对作为公平的正义的解释就是不完全的"①。如此可见,考察代际经济正义问题不仅具有推进正义理论完整性的意义,同时具有根本的社会现实价值。

1. 何谓代际经济正义

要阐释代际经济正义,就首先要对"代际"、"代际经济"做一个必要的阐释。所谓代际,简单地说,就是代与代之间的垂直关系。它包含着两个方面:一方面是指共时性的代际关系即生活在"同一时态"中的前辈和晚辈之间的关系,这些前辈和晚辈之间存在着直接的交往关系;另一方面是指历时性的代际关系即现时代的人与未来时代的人或以前时代的人之间的关系,它们之间没有同一的空间性,因而彼此的交往只是间接的关系。虽然代际关系的确包含着"在场"的共时性代际关系和"非共时性"的代际关系,但由于"在场"共时性的垂直代际关系事实上又可以纳入横向性代内正义范畴内加以讨论和考虑,因此我们在这里谈的代际关系主要是指非在场的历时性的代际关系,也即当代人和尚未在场的未来人之间的代际关系。

在明确了代际的特定含义后,代际经济就相应的是指代与代之间的经济关系,也即在场的当代人与尚未在场的未来人之间的经济关系。具体一点讲,

---

① [美]罗尔斯:《正义论》,中国社会科学出版社1988年版,第285页。

如何在当代人与作为我们后代的未来人之间划分和安排彼此的经济利益、经济权利以及承担相应的经济负担和经济义务。诚如我们在前面的内容中所提及的那样，经济活动作为人类基础性的存在方式，是人类个体生命得以持续和实现生命潜能的根本途径，也是人类整体生命和社会历史得以有序延续的根本前提，因而对于人类而言具有本体论的意义。因此，如何有效地安排社会经济秩序，如何有序地配置社会经济利益，以及如何合理地分担经济活动所带来的负担和义务，就切实地关系到人类自我的存在基础和发展前景。那么，代际经济关系会涉及哪些内容和方面呢？这就要考察人类经济活动的必要条件和基本要素。经济活动作为人类基本的有目的的生产实践活动，是人类通过一定的社会关系并借助相应的生产工具改造自然资源以满足人类生存和发展的活动及其过程。因此，现实而具体的经济活动并不能在虚空中进行，它需要必要的经济要素和条件，如土地、劳动力、机器设备，等等。概要地说，人类的经济活动过程，离不开生产资料和劳动者的结合，也即人与物的结合过程。因此，除了人及其社会文明成果以外，自然环境和生态资源的健康持续乃是人类经济不可或缺的前提。到此为止，我们已较为清楚在当代人和未来人之间的经济关系的重要内容何在？在于我们当代人和未来人之间如何公平合理地分享历史上前代人所创造的文明，以及当代人应当如何恰当地利用自然资源从而把一个适宜的大自然和地球环境托付给未来人。在这"如何"、"应当"等价值话语中，包含着对代际经济关系的伦理审视和价值评判。在这里，代际经济正义问题随之扑面而来。

所谓代际经济正义，就是对代与代之间的经济关系安排和制度设计所进行的正义追问和价值考量，是关于代与代之间如何合理分配社会的经济利益和承担经济责任和义务问题的哲学思考和伦理规导，是经济正义的基本内容和原则要求在垂直性的历史过程中的具体化和延伸，它是经济正义题中的应有内容，从而构成了经济正义的重要组成部分。根据对代际的理解，代际经济正义既包含同一时态中前辈和晚辈之间的经济正义，也包含着不同时态的代与代之间的经济正义。但是，与对代际的上述特定理解相一致，我们在此谈论的代际经济正义主要是指非共时性的代与代之间的经济正义，即在场的当代人和尚未在场的未来人之间的经济正义，是对当代人和未来人之间的经济利益和经济负担、经济权利和经济义务所进行的哲学思考和理性规定，从而也是对由经济活动所引起的诸多社会利益和社会负担在非共时性的代际之间的合理安排和恰当配置。代际经济正义是立足人类整体的道德视野,承认未来人与当代人一样拥有生存权和发展权,他们的这些权利必须是受到同等的尊重和维护,当代人不能因为未来人的现实"缺场"和丧失话语权而剥夺他们的这些权利。

2. 代际经济正义的实质

从我们对代际经济正义概念的界定中,我们可以看出代际经济正义所内涵的对未来人的道德关切和责任意识。事实上,代际经济正义的核心实质在于对生存在不同时代的人所具有的平等的经济权利和义务的指认,由此衍生出对地球上的有限资源在不同代际间的合理分配与补偿问题。由于每一代人对地球资源都具有同等的权利和义务,也为了人类的可持续发展,代际经济正义要求当代人在发展自己的经济时,有责任有义务为后代人的经济利益着想,并为后代人的经济发展和社会进步创造良好的基础。

根据美国学者魏伊丝的看法,世代间的经济正义问题产生于人们在从事经济生产中对不可更新资源的耗竭和可更新资源的减少,产生于自然资源质量的下降,产生于自然资源环境功能的丧失,产生于缺乏利用自然资源的有效途径。首先,在资源耗竭方面,魏伊丝认为当代人的至少三种行为会导致地球资源的耗竭,因此与后代人发生利益冲突,即当代人消费质量较高的资源之行为导致后代人的资源的实际价格上涨;由于当代人还没有发现有些资源的最佳用途导致无视它们潜在的经济用途,从而使具有潜在价值的资源耗尽;资源的耗竭又将减少我们传给后代人的资源库的多样性,而且在有些情况下会消灭人们赖以生存的资源,从而导致后来人的生存危机。其次,在环境质量下降有关的世代间的公平问题上,由于当代人把自然环境当做廉价的甚至免费的资源用来处置有形废弃物,可能使后代人遭受严重的健康影响和福利损失,并将清理环境的费用转嫁给他们;由于当代人的一些行为严重损害了环境质量,使得后代人在利用自然资源时仅有较小的灵活性;当代人的某些污染自然环境的行为直接造成动植物的耗竭,并导致自然环境功能的丧失而影响到后来人的生存环境。① 如此可见,当我们在从事经济活动、开发和利用自然资源的

① 参见[美]魏伊丝:《公平地对待未来人类:国际法、共同遗产与世代间衡平》,法律出版社2000年版,第5—12页。

时候,我们将不可避免的遇到代际之间由此产生的财富分配问题,出现代际之间如何分配自然资源的问题。因为作为同一个物种,作为地球的一个成员,当今时代其他成员、过去和将来时代的成员与我们一样,都共同拥有对地球的权利和义务,无论是哪一代人,既是地球的管理人,又是地球的受益人。这赋予了我们保护地球的义务,同时给予我们某些利用地球的权利。所以我们要经常思考丹尼尔·贝尔在《资本主义文化矛盾》一书中提出的问题:"为了保证给后代以更高的资本利率,当代人必须(在消费上)作出多少放弃? 反过来说也一样,在向后代索取代价时,当代人能够用掉多少可耗尽的资源?"[1]按照罗尔斯的观点,我们没有理由在纯粹时间偏爱和时间优先性的基础上轻视未来的福利,因为不同时代的人和同时代的人一样相互之间有种种义务和责任,所以现时代的人不能随心所欲的行动,相反要维持和促进代际经济正义。[2] 也正是在同样的意义上,美国学者艾德勒在其著作《六大观念》中指出:"作为人,我们都是平等的。我们作为个人是平等的,在人性和个性上都不可能超过他人或低于他人。我们认为,人,(而不是动物)所具有的尊严是没有程度差别的。"[3]所以,不论资源的产权是否已经确定,资源应该被看成是人类共同的财富,应该被所有各代的人们所共同拥有,而不应该仅仅被认为是某一代人的财富。当代人没有理由认为这些资源是本代人所独有的,没有理由认为自己有权尽量耗尽它们,而不让后代人也能享有它们。[4] 事实上,从人类历史的发展向度和人类文明的延续角度来说,代际经济正义具有其合理性和不可或缺性,因为人类的历史和文明得以持续有赖于每一代人的不懈努力和贡献,每一个人、每一代人都不可能脱离以往人类的历史和文明完全从自身开启出另一个历史和文明。这正如马克思指出的那样,"人们自己创造自己的历史,但是他们并不是随心所欲地创造,并不是在他们自己选定的条件下创造,而是在直接碰到的、既定的、从过去承继下来的条件下创造"[5]。正是人的这种在历史

---

① ［美］丹尼尔·贝尔:《资本主义文化矛盾》,生活·读书·新知三联书店1989年版,第331页。

② 参见［美］罗尔斯:《正义论》,中国社会科学出版社1988年版,第293页。

③ ［美］艾德勒:《六大观念》,生活·读书·新知三联书店1989年版,第200页。

④ 参见厉以宁:《经济学的伦理问题》,生活·读书·新知三联书店1995年版,第216—217页。

⑤ 《马克思恩格斯文集》第2卷,人民出版社2009年版,第470页。

中的生存性质要求作为当代人的我们必须关注后代人的命运,正如梅萨罗维克和佩斯特尔在《人类处于转折点》一书中所指出的那样:"如果人类要生存下去,就必须发展一种与后代休戚与共的感觉,并准备拿自己的利益去换取后代的利益。如果每一代都只顾追求自己的最大享受,那么,人类几乎就注定要完蛋。"①

概而言之,代际经济正义意味着一种对人类整体生命的所有阶段的不偏不倚的关心,认为不同时代的人和同时代的人一样相互之间有种种的经济义务和责任,从而使每一代都从前面时代获得好处,而又为后面的时代尽其公平的一份职责;当代人不仅享有为自身利益利用地球的权利,而且还担负着为未来时代的人的利益而保护地球的基本义务,未来的人具有继承一个健康的地球的基本权利。因此,代际经济正义否认时间的优先性。因为在个人的情形中纯粹时间偏爱是不合理的,它意味着一个人没有把所有时刻看成是他生命的平等组成部分,而在社会的情形中纯粹时间偏爱是不正义的,因为它意味着现在活着的人利用他们在时间上的位置来谋取他们自己的利益。② 所以在对代际经济正义的理解中,我们要坚决抵制两种极端的立场:一种是"保护主义模式"的代际经济观。这种观点认为,为了未来时代人的经济利益,当代人什么也不消费,并为未来时代人保存全部自然资源,它主张不损伤生态系统和维持现状,不认可任何变化。它实质上是以未来人类经济利益为轴心,否认或者忽视当代人的经济利益之合理性。这种观点实质上剥夺了当代人利用地球自然资源并从中获益的合法权利。另一种是"富裕模式"的代际经济观。该观点认为,对于是否存在将来的世代,现在还没有完全的确证,或者认为今天的最大化消费是为未来世代富裕的最大化的最好方法,因为当今时代的消费有助于产生将来更多的富裕。这种观点是立足于当代人的经济利益为中心的,它不承认未来人的存在和可能,同时也没有看到长期无节制地耗费自然资源必将导致生态恶化的事实,因而具有明显的弊端。虽然这两种代际经济正义观看似对立,一个是面向未来人,一个是关注当代人,但是二者都违背了经济正义的基本原则和价值立场,即基于人的物种的尊严和权利而对地球资源享

---

① [美]梅萨罗维克、[德]佩斯特尔:《人类处于转折点》,生活·读书·新知三联书店1987年版,第143页。

② 参见[美]罗尔斯:《正义论》,中国社会科学出版社1988年版,第286页。

有平等的权利和义务。所以处于历史与社会经纬中的每一代人和每一个人，都应当采取谨慎的态度和行动以尊重和保证他人的利益和权利，因为大家都是地球上平等的伙伴。同样，人类不应当认为对于地球资源的所有权和使用权只限于先于其他所有时代的某一代人，这是一种共有的关系，各世代人根据其需要利用和最大限度地利用自然，但不得破坏或者损害未来时代人的社会经济利益。

3. 代际经济正义的价值旨趣

据上文对代际经济正义内涵的基本规定，我们在此主要是从狭义的代际经济正义来使用的，即代际经济正义是在场的当代人和尚未在场的未来人之间的经济正义关系。但是在这样的一种关系中，现实在场的只是当代人，而未来人则处于"缺场"状态。如此一来，在双方的关系主体中，只有当代人具有明显的现实话语，而未来人则处于失语的状态。正因为如此，按照一般的逻辑，在当代人和未来人之间，只有现实的当代人才会现实地具有自己的权力和利益，而未来人的权利和利益由于其主体的缺失而变得空幻。正因如此，有人甚至认为代际经济正义是一个"伪问题"。在他们看来，由于未来人的现实缺场，我们听不到未来人对自己权利的倾诉，当代人没有对未来人必然的义务和责任，而未来人也没有必然的对当代人的权利要求。退一步，即使当代人有能力且为未来人承担了一定的责任，但这也不过是当代人对未来人的一份慈善和善意罢了，未来人没有权利要求当代人承担义务，这恰似未来人是一名"乞讨者"，而当代人则是施舍者，乞讨者没有权利要求施舍者承担施舍的义务。具体来说，否认我们对未来后代的责任的类型有："处于无知"型、"受益人失踪"型和"时间坐标"型。所谓的"处于无知"型的论断认为，我们对未来的人们几乎一点也不了解，我们不知道他们是谁，是什么样，他们需要什么，想要什么，他们的兴趣如何。由于我们对未来人知之甚少，几乎无法具体化我们应当尽的义务。"受益人失踪"型的论断则认为，后代人的权利尚未存在，我们也无法把握，因而谈论对未来后代的伦理学义务是毫无意义的，也就是说，因为没有具体的负责任的对象，我们就可以对未来后代的出身不负任何责任。而所谓的"时间坐标"型的观点则认为，由于未来人生活在未来时间，我们现在不应该对那些许多年也不会出现的人负责任。然而，无论是"处于无知"型的观点，还是"受益人失踪"型的看法，抑或"时间坐标"型的论断，它们的共同之处在于错误地将当代人的生命存在与历史和未来完全切割开来,想当然地认为自己是历史的起点,也是历史的终点。因而是彻头彻尾的利己中心主义,持有的是"当代人的利己中心主义"价值立场,而这在道德上是站不住脚的。

然而,虽然这种"当代人的利己中心主义"在道德上是一个需要否定的价值立场,但是在这样的话语背后,给我们提出了一个非常重要且不可回避的问题即代际经济正义的学理前提是什么,或者说代际经济正义何以可能? 如果这个问题不能有效地解决,那么代际经济正义的话语是缺少基础的。的确,这是一个重要的现实问题,也是一个艰深的理论难题。在此,我们试图概要地作出初步的思考和提供应答的思路。

代际经济正义何以可能的问题,必须要导回到对人的生命存在样态的哲学伦理思考。人是具有"合理观念"的理性存在物,它不仅具有对象意识和自我意识,而且具有"合理的"对象意识和自我意识,从而为衡量事物存在的合法性提供了理性的尺度。更重要的还在于,人还具有在这种合理观念基础上的自由自觉的实践能动性,从而不仅能辨别是非,而且能创造性地改变世界,安排自己的生活。人的理性存在是人能够超越静态的时空、超脱狭隘的利己价值观的重要前提,正是人的理智之光为代际经济正义的可能提供了理性的基础,此为其一。其二,人不仅具有合理的理性观念,而且具有重要的道德同情感和审美能力。虽然在一定的社会历史条件下,人们通常具有利己的乃至是自私的表现,然而不可否认的是,释放道德同情感、表现道德同情心以主动和积极发展同社会群体中与他人的友好情谊,建立一种合宜的人际关系,是人们在社会人生中的一个基本方面,也因此在人们的内心深处具有强烈的社会正义感和是非善恶道德观。诚如亚当·斯密在《道德情操论》开篇中指出:"无论人们会认为某人怎样自私,这个人的天赋中总是明显地存在着这样一些本性,这些本性使他关心别人的命运,把别人的幸福看成是自己的事情,虽然他除了看到别人的幸福而感到高兴以外,一无所得。这种本性就是怜悯或同情,就是当我们看到或逼真地想象到他人的不幸遭遇时所产生的感情。"[1]斯密在此指出的这种人的存在本性,的确是人具有的一些内在潜质,但这种本性或潜质的实现又需要客观的社会外在环境。因此,我们在谈到人的这种道德情感和道德同情心成为代际经济正义的道德根据和道德力量的时候,一定

---

① [英]亚当·斯密:《道德情操论》,商务印书馆 1997 年版,第 5 页。

要注意到其实现的外在社会环境。我们今天在此呼吁代际经济正义本身也是在营建有利于实现这种道德同情心和审美能力的社会环境,因为社会的进步和历史的进展不是对它们进行简单的外在描述和提供机械的证明,也不全然是揭示其荒谬就大功告成,而是对社会和历史的未来预见,以及现实呐喊的话语本身包含创造历史的功能和意义。我们在今天对代际经济正义的呐喊本身就具有促进代际经济正义的作用。所以,代际经济正义的可能性,在根本上有赖于人作为具有合理性观念的道德存在物的事实,正是人的理性而道德的存在能力方能构成代际经济正义可能的根本依据。也由于人的这种"类意识"使得人把他人当做与自己一样的生命存在成为可能。人的理性智慧和道德能力把人作为一个整体的生命存在体,从而把每个人视为具有同等的生命价值和人格尊严,具有平等的生命存在和发展的权利。因此,代际经济正义不是建立在一种利己的或功利主义的正义论基础上,毋宁说它是一种作为公平的正义,是一种由每个人的生命具有同等价值和人格尊严之前提推导出来的每个人都具有平等的生存和发展权利的正义诉求。在这样的基础上,我们进一步展开代际经济正义的价值立场和旨趣所在。

从人类道德角度来讲,"作为人,我们都是平等的。我们作为个人是平等的,在人性上也是平等的。一个人,在人性和个性上都不可能超过他人或低于他人。我们认为,人,(而不是物)所具有的尊严是没有程度差别的。世间人人平等,是指他们作为人的尊严上的平等"①。由于人类生命具有同等的价值和尊严,前代人、当代人和未来人都具有平等的生存权和发展权,没有哪一代人的生存权和发展权比另一代人具有更强烈的优先性和重要性,所以当代人没有道德理由凭借自己的时间优先性而无视未来人的利益和权利,应当避免纯粹的时间偏爱,这符合理性的要求。正如英国伦理学家西季维克所认为的那样,合理性意味着一种对我们生命的所有阶段的不偏不倚的关心。某种事情发生得或迟或早这种仅仅存在于时间上的差别,自身并不构成对它应给予或多或少的重视的合理根据。不应仅仅因为一种较小的目前利益在时间位置上较近,就宁可要它而不要一种较大的长远利益。② 所以,从理性的眼光来看,当代人从利己中心主义出发,凭借自己在时间上的优先性,乘机大肆占有

① [美]艾德勒:《六大观念》,生活·读书·新知三联书店1998年版,第200页。
② 参见[美]罗尔斯:《正议论》,中国社会科学出版社1988年版,第294页。

和消费地球上的物质财富和生态资源,而无视未来人的生存机会和发展权利,这既不合乎理性,又不符合正义要求。因此我们不允许仅仅根据各代的时间先后来区别地对待他们,因为正如罗尔斯所言:"在个人的情形中,纯粹时间偏爱是不合理的:它意味着一个人没有把所有时刻看成是他生命的平等部分。在社会的情形中,纯粹时间偏爱是不正义的:它意味着(在不考虑将来的更为常见的情况里)现在活着的人利用它们在时间上的位置来谋取他们的利益。"①我们应该清楚地意识到,我们每一代人都是人类整体的一部分,是人类整体生命延续的历史环节,每一代人都从前代人手中以信托的方式继承自然遗产和人类文明,其间担当着为未来人的利益而守护这份遗产的义务和责任。惟其如此,我们每一代人才能从前人手中继承人类文明遗产而得以享受,也因此人类才能得以不断发展和绵延不绝。如此可见,代际经济正义的价值诉求,就是要超越当代人的"本代利己中心主义"的价值立场,以广阔的人类整体视阈和深厚的历史眼光,确立起未来人的生命价值和生存发展权利。由于未来人在当代的缺场,他们不能现实地为自己争取应有的权利,而当代人则处于现实的在场,他们有能力维护自己的现实利益和发展要求。所以,在代际经济正义的权利义务关系中,核心和重点在于如何确立和维护未来人的经济利益问题,而这只能通过当代人作为他们的代言人而实现。总而言之,公平地对待未来人类的经济权益是代际经济正义的核心和价值旨趣所在,也是今天我们呼吁代际经济正义的根本目的,其中更包含着对当代人肆虐生态环境的严肃警告。

三、代际经济正义如何可能

代际经济正义问题作为一个紧迫且无法回避的现实难题,已然成为事实。面对这样一个攸关人类未来前景的重大问题,富有理智思想的人类是不会就地认命的。于是,我们就会思考应对的方法,寻找解决的方案。代际经济正义从表层上看,表达的是代与代之间的经济利益生产和分配活动,但是其根源却在于代内的经济问题,其中包括人与人之间的经济利益之分配关系,也包括人与自然之间的物质能量交换关系,从而代际经济正义问题表现为立体复杂的错综关系。基于代际经济正义问题的这种复杂性质,我们以为代际经济正义如何可

---

① [美]罗尔斯:《正议论》,中国社会科学出版社 1988 年版,第 295 页。

能的问题,或者说实现代际经济正义的根本出路,在于走可持续发展道路,因为可持续发展理念内涵着横向的代内公平价值关切和纵向的代际正义诉求。

人类的经济发展乃至社会发展与环境问题是不可分割的,人类狭隘的经济价值观和单维的经济增长道路,损害和恶化了经济发展得以可能的自然生态资源,且危及当代人类正常的生产和生活,同时也威胁到未来人的生存和发展。可持续发展理念正是出于应对上述问题而提出的时代理念,旨在人类有能力保障发展的持续性,即保证当代人之满足的需要,又不危及满足未来人的需要。所以可持续发展被界定为:既满足当代人的需要,又不对后代人满足其需要的能力构成危害的发展。其中包含的基本主张有:人类基本需求和欲望的满足是发展的主要目标;一个充满贫困和不平等的世界乃是生态危机和其他社会危机的主要因素;抽象的经济增长本身是不够的,因为高度的生产率和普遍贫困可以共存,而且会危害环境,因此要求社会从两方面满足人民需要,一是提高生产潜力,二是确保每人都有平等的机会。因此,在可持续发展范畴中,体现着对每一个人类生命体(包括对未来人)基本生存权和发展权的捍卫,由此引发出对自然生态价值的关心和照料。因此,概括起来,可持续发展范畴包含三方面的内涵:一是“公平性”内涵。追求公平价值是可持续发展概念内涵的重要方面,其中包括代内公平、代际公平和环境权公平。代内公平要求满足全体人民的基本需求,给全体人民提供获取较好生活的机会,给世界以公平的分配和公平的发展权,并把消除贫困作为可持续发展进程中特别优先的问题来考虑;代际公平要求当代人不能为了自己的发展和需求而损害未来人需求和发展的自然环境基础。环境公平,就是要为人类的世世代代提供公平的环境权利,公平分配有限的自然资源。二是“持续性”内涵。追求人类的经济社会的可持续性是可持续发展的重要内容,它要求人类的经济发展和社会发展要考虑和顾及到自然环境的承受力,不能超载运行。三是“共同性”内涵。可持续发展不是停留于一时一地的发展理念,而是立足广阔的世界视野和深远的历史眼界,以人类整体和全球发展的总目标为框架,诉求发展的共同性、行动的一致性,以及公平性和持续性的共同性。所以,与可持续发展的公平性、持续性和共同性内涵相一致,可持续发展包含以下基本原则①。

---

①　参见庞正元、丁冬红主编:《当代西方社会发展理论新词典》,吉林人民出版社 2001 年版,第 220—221 页。

公平性原则　可持续发展的公平性原则既强调代内公平,又强调代际公平,前者是指当代人之间对自然资源和社会经济产品具有同等的分享权利,后者是指当代人的发展不能影响后代人的生存和发展。即在空间上,区域和区域之间应具有公平的发展机会;在时间上,当代人和未来人之间具有公平的发展机会。由于同未来人相比,当代人在资源开发利用方面处于主宰地位,可持续发展要求当代人在考虑自己的需求和消费的同时,也要对未来各代人的需求和消费担当起历史责任。

持续性原则　持续性原则要求人类根据生态系统的条件和限制因子,调整自己的生活方式和对资源的需求,包括在生态文明的框架中考虑和进行自身的生产;注重后代生活质量的提高而不是追求人口的数量;在生态系统可以相对保持相对稳定的范围内确定自己的消耗标准,把资源视为财富而不是获得财富的手段。

共同性原则　可持续发展理念从人类只有一个地球的现实出发,寻求我们共同的未来,因此要求人们对可持续发展的价值理念和道德准则具有普遍的认同,打破民族和国家、家族和行业的界限,根据合理性和合目的性的要求对资源的利用进行全面的衡量和协调,进而在国际间和行业间开展广泛合作与统一行动。

和谐性原则　可持续发展提出的根据在于现实社会生活中存在人与人、人与社会、人与自然之间的诸多矛盾和冲突,具有明显的针对性和现实性,因此它所要达到的理想境界是人与人之间、人与自然之间的和谐共生,这就要求每一个人在考虑和安排自己的行动时考虑到自己对他人、后人以及对生态环境的影响,从而建立和谐的人际关系和人地关系。

协调性原则　根据可持续发展的思想理念,良好的生态环境是可持续发展的基础,经济的发展是可持续发展的基础,稳定的人口是可持续发展的要求,科技进步是可持续发展的动力,社会发展是可持续发展的目的,因而经济、环境、人口、社会、科技等诸方面要协调发展。

如此可见,从总体上来说,可持续发展内涵代际经济正义的基本精神,代际经济正义的实现需要走可持续发展道路。结合可持续发展的基本原则和代际经济正义的内在要求,我们认为,代际经济正义的实践和实现,需要从以下方面加以思考。

1. 代际经济正义得以可能的必要前件

代内经济正义得到切实维护是代际经济正义得以可能的必要前件。从我们对代际经济正义的内涵阐释及其价值核心和旨趣的论述中,可以看出,代际经济公平问题产生的原因在于代内,其根源在于当代社会经济的不公。由于当代人类社会生产生活中社会公平的普遍缺失、社会利益失衡以及对生态价值的漠视,导致了社会的贫富悬殊、利益冲突和环境恶化等重大的社会问题,而正是这些当代社会问题触发了现代人对自身存在方式和未来人类命运的哲学关切。所以,从根本上来说,代际经济正义问题产生于代内经济不公、贫富悬殊和生态失衡,解决代际经济正义问题还须从代内经济正义入手。在此,首先要特别引起重视的问题是如何减少和消除贫困的问题,因为贫穷本身污染环境,以不同方式制造出新的环境压力,因而构成了生态系统恶化的主要原因。诚如世界环境委员会所指出:"那些贫困饥饿的人们为了生存,往往破坏他们附近的环境:他们砍伐森林,他们在草原上过度放牧,他们过度使用贫瘠的土地,越来越多的人拥入已很拥挤的城市。这些变化的累积性影响是如此深远,以致使贫困成为一个全球性的重大灾难。"①因此实现代际经济正义的着力点应该放在当代社会经济公平的实现上,切实减少贫困现象,因为"现在更为急迫的课题是由于各国间以及国内社会间现在存在的经济不平等产生的。今天,在一个就连本国国民的贫穷都不能关照的社会里,如何期待它对未来世代予以关照呢?"②

据此可见,只要当代社会不能建构公平的经济分配关系,那么实现代际经济正义就难免落入空话,因为当代生存在落后国家的广大民众和在发达国家中处于社会底层的人们,由于贫困不得已而破坏自己可利用的贫乏的资源,如此一来后果的就是生态环境的进一步恶化。《世界文化与发展委员会报告》指出:"我们要保护子孙后代的利益,就不能忽视穷人的利益。所谓'人的发展',要求所有的人——不论国籍、阶级、性别、种族、社区或时代——他们的权利和要求都要得到尊重。贫穷不是可持续发展的目标,如果未来贫困人口增加,所谓可持续发展就失去了意义。所以,我们要对贫困人口和子孙后代的

① 世界环境与发展委员会:《我们共同的未来》,吉林人民出版社1997年版,第33页。
② [美]魏伊丝:《公平地对待未来人类:国际法、共同遗产与世代间衡平》,法律出版社2000年版,第29页。

利益给予同等程度的关注。"①在此我们可以清楚地看到,通过切实维护代内的经济社会公平来减少贫困,是实现代际经济正义的基础和前提,代际经济正义内在地要求代内的经济公平和社会正义。就代内经济公平而言,主要包括发达国家和发展中国家之间的经济公平以及国家内部的社会经济公平问题。就前者而言,由于自工业革命以来,发达国家以不能持久的生产和消费方式过度消耗世界的自然资源,对全球环境造成损害,在其中发展中国家受害更为严重,所以发达国家对全球环境的退化负有主要责任。"鉴于发达国家对环境恶化负有主要责任,并考虑到他们拥有较雄厚的资金和技术能力,他们必须率先采取行动保护全球环境,并帮助发展中国家解决其面临的问题"②。所以,代际经济正义要求在开发利用地球过程中得到好处的富国与社会,承担贫困的国家和社会在保护环境这种资源之际所负担的费用,帮助他们获得经济上的好处,保护他们不因环境质量恶化而受到不利影响。作为地球遗产的受益者,现代所有的成员对遗产具有公平获取的权利,从而也使未来的人具有公平获取地球遗产的权利。而就后者来说,代际经济正义要求各国政府在本国范围内通过财政和行政等措施,降低社会贫富差距,切实维护社会公平正义,保障每一个人的生存权和发展权,构建起和谐的人际和人地关系,构筑代际经济正义得以可能的现实基础。相反,若我们的社会还是一如既往地存在分配不公、利益失衡和贫富悬殊,那么在资本原则的控制下,贫困在多数人一方的聚积和财富在少数人一方堆积的社会状况将得不到任何改观,结果大多数人为了生存将不得不以破坏生态资源为生。失去公平的社会发展不仅导致越来越多的人贫困化,同时又使环境恶化。因此,若"没有一个包括造成世界贫困和国际不平等的因素的更为广阔的观点,处理环境问题是徒劳的"③。显而易见,当代社会经济不公必然危及和削弱代际经济正义的价值及其实现。今天我们诉求代际经济正义,不仅是对未来人生存权和发展权以及地球生态资源的大力捍卫,其中也包含对当代经济公平和社会公正的价值呼吁,因为没有当代人的经济社会公平和环境正义,代际经济正义只不过是美丽的愿望,也仅仅

---

① 联合国科教文组织,世界文化与发展委员会:《文化的多样性与人类全面发展——世界文化与发展委员会报告》,广东人民出版社2006年版,第153页。

② 万以诚、万岍选编:《新文明的路标——人类绿色运动史上的经典文献》,吉林人民出版社2000年版,第20页。

③ 世界环境与发展委员会:《我们共同的未来》,吉林人民出版社1997年版,第4页。

是愿望!

2. 代际经济正义得以可能的重要环节

动态确定代际间合理的"储存率"是代际经济正义得以可能的重要环节。代际经济正义的一个重要方面,就是关涉如何确立一个合理的社会财富和自然资源的储存原则,即确定代际之间有关公正的恰当的"储存率"。代际经济正义所蕴涵的代际经济平等和代际经济合作的价值理念旨在保证每一代人都能享有基本的生存与发展的条件。所以罗尔斯指出,"每一代不仅必须保持文化和文明的成果,完整地维持已建立的正义制度,而且也必须在每一代的时间里,储存适当数量的实际资金积累。这种储存可能采取各种不同的形式,包括从对机器和其他生产资料的纯投资到学习和教育方面的投资",但是要有一个恰当的储存值,从而确立我们的投资量的大小和社会最低受惠值①。为此,罗尔斯提出了"正义的储存原则"(Just Savings Principle)。罗尔斯认为,虽然我们不可能对应当有多高的储存率制定出精确的标准,但当人们贫困因而储存比较困难的时候,就应当要求一种较低的储存率,而在一个较富裕的社会里,人们就可以合理地期望一种较高的储存率。"当一个合理的储存率保持下去时,每一代(可能除了第一代)都可以获得好处。一旦积累的过程开始并继续下去,它就对所有后继的世代都有好处。每一代都把公平地相等于正义储存原则所规定的实际资金的一份东西转留给下一代。这种等价物是对从前面的世代所得到的东西的回报,它使后代在一个较正义的社会中享受较好的生活"②,所以正义的储存原则可以被视为是代际之间的一种相互理解,以便各自自觉承担起实现和维持正义社会所需的负担和义务。代际间的经济正义无非是一种在社会的全部历史过程中公正对待所有世代人的经济利益的方式,所以它并不要求前代仅仅为了使后代生活得更富裕而无原则地储存,也不主张当代人以时间的优先性而无视后代人的经济利益,而是主张对人类生命的所有阶段的经济利益的不偏不倚的关注和衡平。对此,美国学者魏伊丝提出了代际间经济正义的三个原则:其一,是"保护选择"的原则,即在发展经济过程中,各世代要保护自然和文化遗产的多样性,不要对后代人解决自身问题

---

① 参见[美]罗尔斯:《正义论》,中国社会科学出版社 1988 年版,第 286 页。
② [美]罗尔斯:《正义论》,中国社会科学出版社 1988 年版,第 289 页。

和满足自身价值观造成不适当的限制,因为未来世代有权享有同其以前时代相当的多样性;其二,是"保护质量"的原则,即要求各世代维持地球的质量,从而使地球质量留传给未来世代时状态不比其从前代继承时有所下降,因为未来世代有权享有与前世代所享受的相当的地球质量;其三,是"保护获取"的原则,即各时代的每个成员都有权公平地获取其从前代继承的遗产,并应当保护后代人的这种获取权。①

事实上,储存率就是本代人所应消耗的社会经济物质财富数量与本代人应为后代人积累社会经济物质财富的数量之间的比例关系。由于社会的经济物质财富和自然环境资源是人类赖以生存和发展的前提和基础,因此无论是当代人还是未来人,这是其生活的必需品。而人类作为一个物种,当代人和未来人具有共同拥有地球的自然和文化环境的权利,每一代人作为其中的一个历史环节都应具有平等的生存权和发展权,同时也必须承担相应的责任和义务。每一代人与后代人之间确立恰当的代际经济储存率便是其中的重要义务。然而,由于未来人的现实缺场,代际储存率的多少实际上就现实地落在了现实在场的当代人身上。问题在于,由于每一代人具体的生存环境和所遭遇的社会历史条件的差异,人们事实上无法硬性规定出一个具体的储存率。在这种情形下,我们只能提出动态的符合当时社会状况的恰当的储存率。当然,这里所谓"动态的",并不意味着在代际经济储存率上的随心所欲,而是对当代人在储存率方面的辩证要求。但是,其中明显地包含着对两种极端立场的拒斥:一种是"顾前不顾后"的当代人利己中心主义,从而"今朝有酒今朝醉",留给后人很少很差的经济社会环境;另一种是"顾后不顾前"的"当代苦行僧主义"。这两种立场都是违背了可持续发展的立场,不符合代际公平的基本原则。但是,当前重要的问题在于前者而不是后者。所以,实现代际经济正义,需要当代人减少过多的资源消耗和财富浪费,确立恰当的代际储存率。

3. 代际经济正义得以可能的重要步骤

大力倡导环境正义理念是代际经济正义得以可能的重要步骤。代际经济正义问题,关涉的既是一个经济问题、社会问题,也是一个生态环境问题,或者

---

① 参见[美]魏伊丝:《公平地对待未来人类:国际法、共同遗产与世代间衡平》,法律出版社 2000 年版,第41—42 页。

说二者本身就是一个问题的两个方面,因为经济发展问题和环境问题是不可分割的,许多粗陋的经济增长损害了它们所立足的自然资源,而环境恶化又破坏经济增长和社会发展。之所以出现这种恶性的无限循环,与人们的环境意识和生态正义观念的稀少和自觉相关。今天,虽然人们的环境意识有所增强,但是在利益驱使和外在监督不力的情况下,环境正义的价值理念和行为自觉与严重的环境恶化相比,仍然是十分薄弱的。我们知道,观念是人们行动的先导,自觉的环境意识和行为自觉需要环境正义理念内化于心,所以需要对环境正义的概念进行必要的阐释。所谓环境正义或环境公正（Environmental justice）,包含两层意思:一是指所有人都应拥有平等地享受清洁环境而不遭受不利环境伤害的权利;二是指环境享用的权利与环境保护的责任、义务的统一。根据不同的标准,对环境正义还可以作进一步的划分。首先,从性质上来看,环境正义可以分为:程序意义上的环境正义、地理意义上的环境正义和社会意义上的环境正义。程序意义上的环境正义主要是用来指各种规章制度和评估标准应当是普遍适用的,每个人在涉及自己社区的事务时,都应当拥有知情权和参与权,程序意义上的环境正义之核心在于强调同等待遇;地理意义上的环境正义主要用来指容纳废物的社区应从产生废物的社区得到补偿,它强调社区付出与获得的对称;社会意义上的环境正义主要是指不同种族、民族、群体承受的环境风险比例相当,它强调在整个社会中保障个人或群体应得之权益的重要性。其次,从时空角度来看,环境正义又可分为代内环境正义、代际环境正义和人地正义。代内环境正义是指不同地域、不同人群之间的环境正义;代际环境正义是指当代人与后代人之间的环境正义;人地正义是指人类与大自然应该保持的一种公正关系,具体而言就是要求人类有意识地控制自己的行为,合理地控制利用和改造自然界的程度,维护生态系统的完整稳定,保持生物多样性。① 环境正义概念自 1982 年提出以来,逐渐获得了人们的关注,而在 1991 年美国有色人种环境领导人华盛顿峰会提出"环境正义 17 项原则"以后得到了迅速而广泛的传播,而在提出的"环境正义 17 项原则"中包括如下一些基本内容:肯定地球母亲的神圣性、生态和谐以及所有物种之间的相互依赖性,肯定他们有免于遭受生态毁灭的权利;基于对人类与其他生物赖以生存的地球的可持续性的考虑,以伦理的、平衡的、负责的态度来使用土地及

---

① 参见朱贻庭:《伦理学大辞典》,上海辞书出版社 2002 年版,第 161 页。

可再生资源；呼吁普遍保障人们免受核试验中测试、提取、制造和处理有害或危险废弃物而产生的威胁，免受核试验对于人们享有清洁的空气、土地、水及食物之基本权利的威胁；强调所有的工人都享有在安全、健康的环境中工作，而不必被迫在不安全的生活环境与失业之间作出选择的权利，同时强调那些在家工作的人也有免于环境危害的权利；保护处于"环境不公正"境遇的受害者有得到所受伤害的全部补偿、赔款以及接受优质的医疗服务的权利；认定政府的"环境不公正"行为违反国际法，违反联合国人权宣言，违反联合国种族屠杀会议精神；主张我们需要制定生态政策来净化和重建我们的城市与乡村，使其与大自然保持平衡，我们要尊重所有社区的文化完整性，并为其提供公平使用所有资源的途径；基于我们的经验，基于对我们多样性文化实景的珍重，环境正义呼吁对当代人和未来人类实施旨在强调社会问题和环境问题的教育；要求我们每个人以消耗尽量少的地球资源和制造尽量少的废物为原则来作出各自的消费选择，要求我们为了我们这一代人及后代子孙，自觉地挑战和改变我们的生活方式，以确保自然界的和谐，等等。①

从环境正义的概念阐释及其所内蕴的基本精神和价值要求中，我们可以深切地感受到环境正义所包含的对他者生命存在价值的肯定立场，它毫不含糊地承认人类生命所具有的平等尊严和人格价值，从而把他人看做和自己一样具有人的价值和存在的合法性；它坚定地捍卫自然生态的内在价值，从而承认自然界自身的存在合法性，从而强烈地透射出建构和谐的人与人、人与自然合理关系的价值光芒。人类关于自身存在的现实思想以及未来的价值理想并非是空疏的意识；相反，深刻切中生命本质和时代核心的人类思想，乃是人类改造世界和获得自我解放行动的深刻动力，思想的闪电一旦切中时弊并深入人心，那么一个美好而可能世界的地平线就会在人类的前方升起。所以，从这个意义上说，代际经济正义的实现非常有赖于环境正义的价值理念和哲学思想广泛而持久地深入人心，从而化为自觉的行动。

4. 代际经济正义得以可能的根本通道

超越资本主义生产方式和消费模式是代际经济正义得以可能的根本通

---

① 参见曾建平：《环境正义——发展中国家环境伦理问题探究》，山东人民出版社2007年版，第11—12页。

道。代际经济正义的伦理话语,客观上来说,是对当代人身居其中的自然环境恶化的自觉意识,因而它本质上是关于当代人自身的问题,是当代人对生态环境的肆意破坏所导致的时代难题的反思。如果深入到对生态恶化根本原因的内在分析,那么我们可以指认的是当代人生存方式的某种颠倒性质,即生命的资本存在形式或者说是市场存在形式。人们在拼命追逐资本,生命已被低贱地抛给了市场,并成为高效的消费机器。当代影响巨大的资本主义生产方式和消费模式成为现代人天命般的存在方式,并成为现代人无法自拔的存在之瘾,使人丧失了对可能生命存在样式的任何领悟,从而对真实世界和真实生命的麻木不仁。这种工业资本主义的生产方式和消费模式以无比巨大的诱惑力抵挡着对生命的任何价值牵引和提升,它彻底颠覆了人类几千年来所信奉的某些价值原则和信仰惯例,以物质主义代替所有的道德信仰和生命追求,而世界则正在被这种生产方式和消费方式所消耗和破坏。正是当代的资本主义生产方式和消费主义的消费方式,成为当代环境问题的难以承受之重,成为当代生态恶化的深层原因。资本主义本身所具有的资本欲望驱动力及其无限流动性,形成了对生态破坏的制度性力量。当今时代崇拜利润的盲目性更加强化了资本主义的官僚体制。所以我们面临着极为严酷的选择:"要么摒弃阻碍把自然与社会和谐发展作为建立更公正社会秩序的最基本目标的一切行为,要么面对自然后果,即迅速失控的生态与社会危机及其对人类和众多其他与我们共存物种所造成的无可挽回的毁灭性后果。"①无疑,我们的选择只能是前者。为了保护地球生态环境,为了我们和我们的子孙后代,当代人必须彻底摒弃资本主义的生产方式和消费主义的价值取向,确立科学合理的生产方式和消费方式。

可持续的生产方式和消费方式是当代人在推进代际经济正义时应当确立的生存方式。虽然人们对究竟如何确定可持续生产和可持续消费的标准存在不尽一致的分歧,但是强调生产和消费的"可持续性"乃是它们倡导的价值主张。事实上,可持续生产和可持续消费具有丰富的内涵:从生态视野来看,可持续生产和可持续消费主张人类在进行自身的生产消费活动中,必须遵循自然生态存在的内在规律,保持或延长资源的生产实用性和资源基础的完整性,

① [美]约翰·贝拉米·福斯特:《生态危机与资本主义》,上海译文出版社2006年版,第17页。

从而永续为人类所利用,不能因过度耗竭环境资源而影响后代人的生存和发展权;从社会道德立场来看,可持续生产和可持续消费主张社会的生产和消费活动是一种具有理性的人的活动,因而在人类自身的社会生产和消费活动中,要顾及社会的道德基础和理性秩序,从而尊重他人的生命存在价值,关怀社会的弱势群体,构建和谐的社会人际关系;从哲学的原则高度来看,可持续生产和可持续消费主张人类的生产和消费活动的终极价值乃在于对人类自由本质的拓展,促进人类的幸福和解放。正是可持续生产和可持续消费所秉持的如此价值维度和伦理担当,成为我们极力倡导的当代人应确立的全新价值理念和行动原则,其构成了代际经济正义得以可能的重要环节。当然,超越资本主义生产方式和消费模式,开辟可持续的发展道路,这是一个现实的历史运动过程,在这里既需要现实的实践运动,也需要思想上的观念革命。虽然我们无法立刻拿出一劳永逸的超越资本的现实措施,但是追求经济民主,减少经济贫困和不平等,确立经济的生命视角,是我们超越资本主义生产方式和消费模式的思考方向,也是走可持续发展道路的努力方向。

总而言之,从前文我们对代际经济正义概念及其价值立场等内容的阐释中,我们可以清楚地看到代际经济正义所内涵的丰富意蕴和所倡导的价值主张,其中既包含对当代人类贫困问题的极度关注,也有对未来人类生存和发展权的价值关怀,同时也充满对生态环境的伦理守护。因此,面对由于普遍存在的贫困、生态环境问题不断恶化而导致的紧张的人地关系和人际关系,研究和探索代际经济正义问题,无疑具有重要的理论意义和现实价值。

其一,有助于构建完整的正义理论体系,提高正义理论对现实生活的解释力和牵引力。以往在研究社会经济正义问题时,一方面,更多是局限在"横向"的平面视野中,缺乏"纵向"的历史关联的研究,从而显得平面和静止。而且更重要的是在解决社会的现实的经济正义问题过程中,由于缺乏纵向的审视平台,使得人们在解决问题时的思考大多停留于社会的横向层面,从而在解决问题时缺少历史的眼光。另一方面,侧重于对社会层面人际关系的正义研究,缺少对人地关系的正义研究,从而把生态环境问题自觉或不自觉地排除在正义论研究的视野之外。事实上,在经济正义问题中,不仅代内正义和代际正义是紧密勾连在一起的,而且代内正义、代际正义与环境正义也是彼此紧密相关的,或者说是同一问题的不同侧面而已。这就是说,代际经济正义问题和环境正义问题解决好了,就能有效而恰当地解决代内经济正义问题。同样,代内经济正义问题的解决,有利于创造丰富的社会财富和良好的生态环境以及合理的经济、政治、社会、文化环境,从而为解决代际经济正义和环境正义问题筑起了良好的平台。把代际经济正义问题纳入到正义论的研究中,不仅弥补了以往人们对正义论研究的不足,而且更重的在于通过对代际经济正义的研究,有助于提升正义论思想对现实问题的解释力和牵引力,从而有效地实现社会正义。

　　其二,有助于我们树立代际经济正义理念,促进代际经济正义运动的展开。设计并建立一个正义的社会经济制度或经济体制,与正义的社会善理念是分不开的,选择一种经济制度或经济规则实际上是选择一种经济方式乃至一种生活方式。人的存在不是动物似的消极地适应环境,他具有自我反思的能力,并在这种反思和检审自己的行为及周围社会环境的基础上,创造出更符合人性的制度规范原则,因而他是一种开放式的存在。人是一个特殊的立法者,其任务就是发现和塑造自己的本质。今天之所以探究代际经济正义问题,实质上就是人对当下的自身经济生活的反思,旨在推动一个更合理的代际经济正义原则的确立,并要求人们的自觉。通过对代际经济正义问题的探索和研究,呼吁代际经济正义的价值理念和思想主张,从而使之逐渐进入人们的视野和思想,最终深入人心,使得代际经济正义由思想而行动,由个别行动而形成蓬勃的社会运动,现实地促进代际经济正义的现实化。

　　其三,有助于当代人确立未来视野,构建美好的未来世界。人类的历史是一个连续的流动过程,今天是昨天的延续,明天是今天的延伸,人类今天的观念和行为将直接地影响到未来的社会生活和未来人的命运,故而目前的一些行为和观念确实具有未来的意义,现在的贡献中实际上包含着对未来的贡献。这说明,展望未来对于当下的存在具有十分重大的建设性意义,“一旦意识到这种事实,我们就会发现,为保护百年或千年之后的地球的行动提供资金,无疑具有合理性和价值”①。希望与挑战并存,人们可以同心协力建设一个更加繁荣、更加正义和安全的未来,我们也相信一个立足于保持和改善地球资源的经济发展的新时代可以来到,其间人们将处于一个更加公正的社会。但是,为了实现建设美好正义的人类未来之目标,我们必须要清醒地意识到自己所面临的问题并找出原因,从而找到正确的出路。今天,我们诉诸代际经济正义的

---

　　① ［美］格里芬:《后现代精神》,中央编译出版社1998年版,第25页。

思想方案和行动努力,正是为此作出的一份思想努力。

其四,有助于当代人深刻反思自己的生存方式,建构富有意义的诗意居所。的确,代际经济正义的价值关怀是面向未来、面向大自然的,但迫使人们作出这份思考和关怀的动力却在于当代人的现实苦难和生存危机。由此看来,代际经济正义问题的提出,其面对的难题以及其所要诉求的价值理想都与当代人所处的困境相关,从而在对代际经济正义问题的思考和应答中,当代人无时无刻都要回到对自身生存方式和价值观的哲学检审和理性反思。如此看来,虽然思考的是未来人的生存和发展权,思考的是自然生态的存在合法性,但是在对这些问题的深入思考中,其实思考的还是当代人自身的问题,从而不得不对导致现状的行为方式和价值观进行深入的批判和思考。在这样的批判和思考中,我们会发现自己存在的问题,发现问题的核心及其困境,从而在思考中重建我们的存在理念和生存方式,并最终开拓和构建出一种合乎自然理性、合乎人类目的性的存在理念和存在方式,营建起一个人地和谐、人际和美的诗意居所。

第七章

经济正义：实践面临的难题

在前面的章节中，我们对经济正义的范畴以及经济正义的内容和主题等方面做了理论上的阐述和规定，但是仅仅停留于对经济正义的理论阐述是不够的，因为经济活动是具体而生动的社会过程，因此要使经济正义成为现实的力量和价值原则，起到规范、约束并牵引人们经济生活的重要作用，就要直面现实的经济事实和经济难题，发挥经济正义的价值牵引和规范作用，并在实践中思考如何使经济正义贯穿于经济生活的始终。正如在前文中已论述的那样，经济正义的旨趣在于通过对人类经济生活的正义规范和要求，从而将经济统摄于人的自由全面发展之目的，使经济活动作为人的自由本质之确证的重要环节，而不是把经济视为人的存在之目的，看做人生的意义之度量标准。为此，经济正义不仅要求在理论上给予合理的阐述和规定，更要求在实际经济活动中的不懈贯穿和动态推进，从而引导人们确立正确的经济价值观和经济发展观，在经济活动中时刻注入正义的价值关怀，在发展经济的同时不偏离于人的自由全面发展的根本方向和正义的价值指针。经济生活是流动的，这本身要求经济正义的实现要在经济实践中加以动态把握和不断推进，努力在经济发展和正义价值原则的互动中实现人的自由全面发展。然而，在践履经济正义的现实经济生活中，经常面临着经济正义与经济自由、经济正义与差别原则、经济正义与"效率—公平"以及经济正义与福利主义等关系如何动态平衡的实践难题。

一、经济正义与经济自由

自由,是一个充满情感且富有战斗力的字眼,因为追求自由是人的天性,获得自由是人类一切活动的最高目的。一部充满浩荡激昂、血腥风雨的波澜壮阔的人类历史实质上是一曲人类不息追求自由的战歌。只要人类尚存,只要生命不息,追求自由的人类豪情必将依旧,因为自由乃是人的本质力量的体现。

正义作为调节人之社会利益关系的价值原则和规范人们行为的理想要求,无疑与自由紧密相关联。一方面,正义作为人类行为的价值原则,构成了对自由的某种界标和限定;另一方面,人类诉求正义,无非是为人类拓展自由的空间,所以自由是正义的本质内容,也是正义追求的价值目标。今天我们探究经济生活中的正义问题,对经济生活世界展开正义之思,无非就是通过对人们的经济交往和经济行为以及经济目的的正义规范和牵引,诉求人的自由本质。

1. 何谓经济自由

经济自由,即经济生活领域中的自由,是人类自由的基本方面和重要内容,也是人类追求自由存在本质活动在经济生活中的表现和诉求。经济自由主要指人们在经济活动中的自由,同时指人们在一定社会经济关系中所享有的自由和平等的权利,如劳动就业的权力、经济交往中平等的人格主体权利等。从理念上来看,经济自由来源于社会意义上的自由。洛克曾说过,生命、财产和自由是人不能放弃和不可剥夺的权利。但是,正如马克思所说的那样,"自由是可以做和可以从事任何不损害他人的事情的权利。每个人能够不损害他人而进行活动的界限是由法律规定的,正像两块田地之间的界限是由界桩确定的一样"①。自由不仅受法律的限制,还要受到人们的道德、伦理、习俗等诸多社会规范的约束。因此,自由对个人来说是一种选择的权力,其程度可以由选择的范围和程度来加以衡量。这说明人的自由都是具体的、历史的、相对的,脱离一定社会的、抽象的、绝对的、超历史的自由对人而言是不存在的,

---

① 《马克思恩格斯文集》第 1 卷,人民出版社 2009 年版,第 40 页。

而且人类自由的广度和深度的拓展是一个逐步而历史的过程。

经济生活是人类生活的最基本的也是最重要的部分,经济自由也因此自然构成了人类最基本的自由方面。当然,经济自由的全面实现,有赖于社会化的人、联合起来的生产者,将合理地调节人与自然、人与社会、人与人之间的经济社会关系,以便从自然束缚和社会束缚中解放出来。经济自由作为对人们在经济活动中的自主性和平等的经济主体的充分肯定,极大地促进了人们的生产积极性和创造性,有力地推动了经济效率的提高和社会财富的增长,从而为人类自由的实现提供了丰富的物质基础。经济自由不仅是人类自由的基本组成部分,而且通过对政治活动的影响,成为政治自由的重要手段。所以,诺贝尔经济学奖获得者、美国经济学家弗里德曼曾指出:"经济安排在促进自由社会方面起着双重的作用。一方面,经济安排中的自由本身在广泛的意义上可以被理解是自由的一个组成部分,所以经济自由本身是一个目的。另一方面,经济自由也是达到政治自由的一个不可缺少的手段。"①显然,经济自由本身以及它所牵连的事物构成整个自由的一个极端重要组成部分。因此,从这样的角度看,经济自由与经济正义具有内在的关联性:一方面,由于经济正义的核心在于通过对人类经济生活世界中对人们基本经济活动的价值牵引和原则规范,实现经济效率和社会正义的有机统一,从而解放人的潜能,实现人类的自由本质。而经济自由本身以及其通过对社会政治自由的影响,根本上促进了人类的自由,所以经济自由是经济正义的题中要义。另一方面,虽然经济生活是社会生活的重要基础和组成部分,但是经济生活并不能囊括和替代丰富的社会生活,从而作为经济生活领域的自由要求和经济活动,经济自由也是不能替代社会自由,经济自由并不等于社会自由和人的全面自由,因此,经济正义是经济自由的价值旨趣。

但是,对于经济自由的界限及其程度,无论在理论上还是在实践层面上,都存在着某种程度的困境,最突出地表现在市场与政府如何在经济生活中确立适度的功能和定位。极端的立场表现为市场原教旨主义和高度集中的中央计划指令经济。市场原教旨主义从极端的个人主义立场出发,以个人的权利至上为原则,提倡个人经济活动及其发展的完全自由,大力鼓吹市场逻辑,主张在经济生活乃至社会生活中贯彻市场原则,认为国家不能干预个人的社会

---

① [美]米尔顿·弗里德曼:《资本主义与自由》,商务印书馆 1986 年版,第 3 页。

经济生活,而只能是维持市场秩序的最弱意义的"守夜人",任何超越这种限度的政府行为都将是对个人权力的侵犯,从而不能容忍。只要社会遵循了市场的原则,那么无论结果如何,社会都应被视为是正义和公平的,而且天真的信仰市场逻辑将会带给人类一个富足、公平和幸福的社会生活。相反,高度集中的中央计划经济则以集体主义或者说是以全社会利益为名,依靠国家的强制力要求个人的经济活动完全服从国家和政府的计划和安排,从而个人的经济主体性被消解,个人在经济活动的自主性、积极性和创造性受到极大的压制和压抑,从而深度地影响到整个经济发展和社会发展的动力及其物质基础,使整个社会处于疲软的状态,使得社会存在的合法性基础受到质疑和挑战。如此可见,无论是市场原教旨主义还是中央集权计划经济,都没有较好地处理好经济自由的限度和程度问题,从而带来灾难性的后果。需要我们对此作出深刻的反思和理论检讨。在此,我们主要对彻底的经济自由主义作出哲学的批判性分析。

2. 经济自由主义批判

经济自由是市场经济的内在要求,也是经济正义的题中之意。但是,经济自由并不等于经济自由主义,经济自由主义也不能确保经济正义的真理。

在历史上,经济自由主义这一概念是作为资本主义自由经济的一种理论要求而由资产阶级古典经济学家提出来的,其主要内容包括自由竞争、自由经营、市场调节、自由贸易等,反对国家对经济生活的干预,主张国家在经济领域中采取"自由放任"政策。经济自由主义实质上是资产阶级要求打破封建专制对资本主义经济强力束缚的观念表达,目的是要为资本主义经济的自由发展和资本家的经济活动开拓自由的空间,从而摆脱封建专制的束缚和统治。后来,随着资本主义生产方式的确立和占统治地位,经济自由主义的含义有所扩充,但是经济自由主义的本质仍然是从私有制出发,强调个人对财产的权利,要求自由的企业制度以及经济个人主义,主张自由竞争、自由经营、自由贸易、市场调节等经济思想和经济政策,反对国家对经济的干预,认为国家只能是市场经济的"守夜人",等等。经济自由主义的思想源头可以追溯到法国重农学派的主要代表魁奈等人关于"自然秩序"的学说。但是对经济自由主义较为系统的理论阐述是由英国古典经济学的伟大代表和近代经济学的奠基人亚当·斯密完成的。斯密从"经济人"假设出发,认为人生来是自私的动物,具有一生永不满足的欲望,私利和欲望构成了其经济活动的原初动力,而且认为个人在经济生活中都会按照合理性原则行事,即个人不仅追求个人利益,而且追求利益最大化。同时认为个人有能力根据市场的变化作出有利于自身利益的判断和行为,实现效用的最大化,声称"经济人"在追求个人利益最大化的自由经济活动中会卓有成效地促进社会的公共利益。对此,斯密有自己经典的论述:每个人"由于他管理产业的方式目的在于使其生产物的价值能达到最大限度,他所盘算的也只是他自己的利益。在这场合,像在其他许多场合一样,他受着一只看不见的手的指导,去尽力达到一个并非他本意想要达到的目的。也并不因为事非出于本意,就对社会有害。他追求自己的利益,往往使他能比在真正出于本意的情况下更有效地促进社会的利益"①。经济自由主义正是从"经济人"理论前提出发,推崇自由市场经济,主张全部社会经济生活都由市场的供给和需求来自发调节,无须国家和政府的计划和干预,国家的经济职能仅在于充当市场的"守夜人"。基于这种理解,经济自由主义认为一个国家最好的经济政策是不要干预私人的经济活动,采取自由放任态度;认为经济的发展和繁荣绝非政府所能及的,只能靠"经济人"的自由竞争才能达到最佳经济效率,因而政府决不该介入经济活动。虽然经济自由主义不是一个固定的、封闭的理论和政策,它不断地发展着,甚至有不同的流派,但是强调经济生活中的个人主义原则,崇尚自由市场经济,反对政府对私人经济生活的干预,而且确信自由的市场机制和自由经济竞争能调节和解决社会经济问题,通过经济自由能够达到经济的公正和社会的公平,从而能促进经济的繁荣、社会的进步和人类的幸福生活,并认为经济自由是实现经济正义的根本途径,从而鼓吹自由主义的经济正义观,这些都是经济自由主义具有的共同特征。不仅如此,经济自由主义在推崇市场机制和主张私有制以及宣扬经济自由的同时,反对国家干预,反对公有制,反对计划经济,甚而反对社会主义的经济制度,视之为"通往奴役之路"。

对于经济自由主义的基本主张及其逻辑演绎,我们要辩证地分析和批判地对待。随着我国社会主义市场经济体制的逐步深入和发展,改革开放也不断扩大,与世界的联系和交流日趋广泛,使得我们在理论上与国际理论界的交

---

① [英]亚当·斯密:《国民财富的性质和原因的研究》(下卷),商务印书馆1974年版,第27页。

流也日趋迅速,国外的许多理论和思潮也快速地涌入中国,并深刻地影响人们的思想观念和行为方式。与此同时,随着改革的不断深入和发展,许多深层次的社会经济问题逐渐暴露出来,面对诸多与百姓息息相关而又复杂艰深的社会问题,我们在情感上都有一种把这些问题尽快解决的急切心里。在某种程度上,今天许多人提出"经济自由"和倡导经济自由主义,更多的无疑是出于追求经济效率,尽快发展社会主义经济的愿望。但是在良好的愿望和急切的心理背后,却缺少一份理性的冷静和对中国现实的清醒把握,似乎我们照搬经济自由主义的思想和政策主张,中国的社会主义市场经济就能健康发展,就能实现中国社会的进步和人民的幸福。据笔者了解,当前国内理论学术界对经济自由主义存在以下几种态度和观点:其一,是全面肯定并极力鼓吹。极少数人极力美化和鼓吹经济自由主义的理论观点和政策主张,并企图以此来影响青年人和政府决策,虽然持这种观点的人并不多,但是并不能说这种观点就没有影响力,事实上这种观点对青年人有相当的蛊惑力并在青年学生中具有相应的市场;其二,全面否定并坚决抵制。这部分人不赞成经济自由主义的理论观点和政策主张,并对国内传播经济自由主义思潮持拒斥和抵制态度,坚决反对借鉴自由主义的主张和政策;其三,只管引进和介绍,不作评判。这部分人只管把经济自由主义的学术理论介绍到国内,至于对经济自由主义本身政治性和意识形态的性质较少考虑,也缺少对经济自由主义作出自己的研究;其四,采取扬弃的态度。这是一批较为严谨的学者,他们既注重对经济自由主义的批判,又对之采取"拿来主义"的吸收态度,并力图结合中国实际,对经济自由主义中的合理成分加以科学的借鉴,以推进社会主义市场经济的理论研究和促进我国市场经济实践的不断发展。无疑,最后一种态度是我们的应有选择。

事实上,经济自由主义所倡导的个人主义理念、自由市场竞争、私有财产神圣不可侵犯的价值和主张,在历史上对于反对旧有的封建经济关系,摧毁封建的专制政治制度,以确立资本主义的生产方式和资产阶级的统治起到了巨大的理论先导作用,为资本主义经济的发展作出了极大的贡献,有力地促进了资本主义社会生产力的发展,推动了历史的进步。即使在今天,经济自由主义虽然是作为表现资本主义市场经济的理论形态和政策主张,其中也不乏科学的成分和值得借鉴的内容,例如关于市场是有效配置资源的机制的观点,关于尊重人权和人的自由的观点,关于私人财产不可侵犯的观点等,都可作为建设社会主义市场经济可借鉴的思想资源。事实上,经济自由对于资源的有效配置和社会经济福利的增加是具有至关重要的意义,故而我们不能对之一概否定,要给予正确的看待。但是,同样不可否认的是,经济自由主义自身的哲学基础和理论前提及其逻辑演绎存在着不可克服的缺陷,使得其整个理论和主张具有明显的天真和虚假性,因此有必要对之进行批判性的剖析,从而有助于我们深刻认识和全面把握经济自由主义。

概要地说,个人主义哲学是经济自由主义的哲学基础;"经济人"假设是经济自由主义的理论出发点;"市场万能"论是经济自由主义的理论前设;社会是"原子个人"的简单加总之主张是经济自由主义的先验逻辑。正是从上述的抽象理论和先验逻辑出发,造成了经济自由主义自身无法克服的"四重天真"。

其一,经济自由主义存在着将"现实的人"等同于"理性人"的天真。经济自由主义将人的本质抽象为无声的、单子式的、孤立的、可以离开社会的存在,并认为在理性的指引下从事着一切经济活动,因此主张个人至上,反对国家对经济生活的干预,迷信经济自由主义必将带来全社会的经济繁荣和人们的幸福生活。这里最关本质的问题是如何理解人。的确,理性是人类所特有的本质属性,但理性不是人的全部,人类也经常受到非理性和邪恶的激发。同样,理性并不总是支配着正确的行为,因为攻击、仇恨、偏见、自私、贪婪、恐惧和教条主义也是人类的动机。所以,美国的道德哲学家约翰·凯克斯在其著作《反对自由主义》一书中批评自由主义时指出,"自由主义的一个根本缺陷是它对邪恶和缺德的天真",它"无视这样的事实,即自私、贪婪、恶意、嫉妒、好斗、偏见、冷酷、猜疑以及懒惰这些恶德就如同美德一样激发着人们"[1]。这说明,"经济人"的理性并不能概括所有人类的行为动机,因而理性不是人的全部。经济自由主义理论的根本缺陷在于将假定"当做不变规律、永恒原理、观念范畴的经济关系先于生动活跃的人而存在;再假定这些规律、这些原理、这些范畴自古以来就睡在'无人身的人类理性'的怀抱里"[2]。如此一来,人的现实的、感性的、无限丰富性的存在就被归结为停滞不动的、僵硬的"无人身的理性",企图以不变的抽象范畴来规定流动不居的现实经济生活,实质上仍

---

① [美]约翰·凯克斯:《反对自由主义》,江苏人民出版社2003年版,第268—269页。

② 《马克思恩格斯文集》第1卷,人民出版社2009年版,第608页。

然没有摆脱理智形而上学"本质主义"的窠臼。显然,这样的理论致思路向必将导致理论远离现实的后果。无疑,以这样的理论指导经济实践必然带来意想不到的损害乃至严重的挫折。所以,理性经济人的假设和经济自由主义一开始就受到人们的批评和反对。唯物史观认为,人并不是抽象的、一成不变的存在,而是有生命的、现实的、感性的、对象性的存在物,是在历史性的存在中不断生成的存在物,而且一开始就是这样的存在物。所以,虽然"可以根据意识、宗教或随便别的什么来区别人和动物",但是"一当人开始生产自己的生活资料的时候……人本身就开始把自己和动物区别开来"。① 这就是说人类是在现实的生产活动中确证自己的属人本质,并在生产实践中不断展开人的本质的无限丰富性,至于理性、意识等无非是现实的社会生活在观念上的反射和回声,因而"不是意识决定生活,而是生活决定意识"②。理性人的假设颠倒了生活与观念的本质关系,因而具有不可克服的认识误区和理论缺陷。

其二,经济自由主义存在着将国家与个人及其关系孤立化和抽象化的天真。经济自由主义从极端的个人主义立场出发,把社会的人的存在归结为原子式的、互不关联的个体,并以此作为其理论的前提,认为社会是由这些孤立的原子式的个人简单地相加而成,因而个人是社会的基础,国家无非是依附于个人而存在,由此出发主张国家不能干预个人经济生活,国家的角色只能是扮演私人资本的警察和资本主义自由市场经济的"守夜人",要求把一切的经济活动都交给市场来自由安排,并宣称资本主义自由市场经济是唯一的最有效的资源配置模式,从而为资本主义私有制辩护,为资本家的利益辩护。同时,由于宣扬个人主义,往往忽视了财富的社会因素和资源保护,造成社会财富分配不公和社会矛盾的激化。而事实上,现实的个人之间、个人与国家之间存在十分丰富的社会内容,社会也不是原子式的个人的简单相加,国家的存在依据也不是简单地建立在抽象的个人之上。在现实的社会生活中,没有脱离社会的、孤立的个人。所以唯物史观认为,人是社会中的、关系中的人,离开了社会关系中的人是不存在的,因为"人的本质不是单个人所固有的抽象物,在其现实性上,它是一切社会关系的总和"③。同样,社会也是现实的人的社会,离开

---

① 《马克思恩格斯文集》第1卷,人民出版社2009年版,第519页。
② 《马克思恩格斯文集》第1卷,人民出版社2009年版,第525页。
③ 《马克思恩格斯文集》第1卷,人民出版社2009年版,第505页。

了人的存在的自然界对人来说是"无"，离开了现实的人的社会也是难以想象的。故而社会的本质不是一种同个人相对立的抽象的一般的力量，而是每一个现实的人的本质，是他自己的活动、生活、享受。所以，个人和社会并不是两种抽象对立的东西，而是彼此勾连在一起的。人意味着社会，社会就意味着人，除此之外，关于离开社会的人和离开人的社会都只能是谎言。在国家的本质问题上，也是如此。国家的存在及其地位具有其历史和现实的根基，而不是像经济自由主义所想象的那样，像一枚可以随意摆动的棋子。唯物史观认为，国家不是从来就有的，它是经济的发展导致社会分离为阶级的时候才成为必要的，所以国家绝不是从外部强加给社会的一种力量，国家的存在无非表明：社会陷入了不可解决的自我矛盾，社会分裂为不可调和的对立面而又无力摆脱这些对立面。所以国家旨在缓和这种冲突，缓解这种对立，把冲突和对立保持在"秩序"的范围以内，保证社会的有效运行。所以，马克思在《论犹太人的问题》一文中认为，在市民社会中，人是通过国家的中介摆脱某种限制而得到一定的权力，国家是人和人的自由之间的中介物，国家的存在是以私有财产、社会等级、文化程度、职业差别的存在为前提的，并以此发挥自身的作用、表现自己的本质，只有在这些差别存在的条件下，它才能存在。"只有当现实的个人把抽象的公民复归于自身，并且作为个人，在自己的经验生活、自己的个体劳动、自己的个体关系中间，成为类存在物的时候"①，人类的解放才能完成，只有到了那时国家才由于其存在基础的丧失而消亡。

其三，经济自由主义存在着自由的经济竞争必将自然带来全社会的进步和幸福的天真。经济自由主义之所以崇尚个人主义，推崇自由市场竞争，是因为它从"市场万能"出发，迷信自由的市场经济一定将人们带到幸福和进步的未来，所以反对国家对经济生活的干预和调控，认为国家对自由经济的干预必然导致极权主义。事实上，理性"经济人"的自由市场竞争并没有像经济自由主义所希望的那样带来全社会的幸福，因为在自由放任的竞争条件下，追逐利润是经济的唯一目的，资本家为了利润不顾一切，已经变得非理性了。正如马克思所指出的，资本一来到世间，全身都沾满着血和肮脏的东西，而且为了高额利润可以不顾人间的一切道德，可以践踏社会的法律，甚至可以剥夺人的生命。资本主义的自由经济竞争导致了社会贫富极端分化，社会矛盾不断加剧，

---

① 《马克思恩格斯文集》第1卷，人民出版社2009年版，第46页。

社会日益分化为占有绝对财富的少数资本家和极端贫困的人数众多的无产者,经济危机连续不断,工人阶级为了生存不得不起来进行革命。如此看来,经济自由主义非但没有把人们带到幸福和繁荣的国度,却造成了大批患瘰疬病的、积劳成疾的和患肺痨病的贫民。19世纪30—40年代的工人运动、20世纪30年代的世界经济危机以及两次世界大战,以无可辩驳的事实粉碎了关于经济的自由竞争必将人类带到自由、幸福和和谐的未来的天真。即使在今天,情况仍没有多大的改观。由于利益的驱使和贪婪的欲望,理性地追逐个人利益意味着个人会权衡在市场交换中个人的边际利益和边际成本,然后竭力实现个人纯利润的最大化。由于存在着外部性因素,所有的社会成本并没有全部反映在有关市场交易的参与者的个人成本或利润中,故而对个人利益的理性追求并不会使社会效益最大化。这说明经济自由主义关于自由经济条件下依靠市场这只"看不见的手",来实现理性"经济人"所谓的整个社会的进步、幸福的乐观主义假说乃是一种不切实际的天真。当今全球面临的生态危机、贫困问题、恐怖主义等一系列存在之焦虑和不安,根本无法仅仅依靠自由市场经济就可以防止和解决的。所以,美国学者理查德·布隆克指出:"自由市场这看不见的手,尽管它有不可怀疑的力量,但是它仍不足以确保许多牵涉人类幸福以及能让人们对人类进步抱乐观的社会目标的实现。因此,如果我们想保护环境,减少贫困和失业,避免恶性竞争的后果,那么自由市场就很有必要由强有力的道德框架、社会凝聚力和有理性的政府干预来支撑。"①这不能不说是一种深刻的洞见!

其四,经济自由主义存在着将资本原则主导下的"经济自由"等同于人的自由的天真。历史地看,由于资本主义极大地促进了社会生产力的发展,形成了广泛的商品市场和商品交往,造成了广泛的资本和人员流动,人们可以自由买卖劳动力,自由交换商品。这使得相对于"人的依赖性"为基础的前资本主义社会而言,资本主义社会使人们摆脱了直接的人身依赖束缚,因而具有明显的自由,也具有历史的进步性。也正是从形式上看人们之间可以自由地从事商品生产和商品交换,资产阶级鼓吹资本主义社会是"自由"的世界,因而资本主义社会是"永恒"的社会,并认为资本主义社会中的人们实现了真正的自

---

① [美]查理德·布隆克:《质疑自由市场经济》,江苏人民出版社2001年版,第5页,"前言"。

由,宣扬历史因此而"终结"。但是,当我们透过资本主义社会的表象深入到其本质时,我们可以发现在资本主义社会,资本原则主导着社会生活的方方面面,资本成为自由的代名词,谁拥有资本谁就拥有自由,这就是资本主义的自由本质。因此就其实质来说,在资本主义社会中表面上的"经济自由"背后却掩盖着极度的不自由和不公平,"经济自由"也不等于人的自由,甚至资本主义的"经济自由"是以工人阶级自由的丧失为前提的。所以马克思在《关于自由贸易问题的演说》中曾深刻指出,不要受资产阶级鼓吹的自由这个抽象的字眼的蒙蔽! 的确,工人在资本主义社会具有自由人的身份,但是工人自由得一无所有,他没有任何生产资料,无法实现自己生存所必需的东西,其自由仅仅在于能够把自己的劳动力当做自己的商品来支配。因此在资本主义社会,自由的实质仅仅是资本家的自由,是资本压榨劳动者的自由。马克思主义认为,生产者只有占有生产资料之后才能获得真正的自由,所以无产阶级的任务就是要使生产资料摆脱资本的属性,从而"人终于成为自己的社会结合的主人,从而也就成为自然界的主人,成为自身的主人——自由的人"①。如此可见,经济自由主义所宣扬的资本主义的"经济自由"等同于人的自由,存在着逻辑上的欺骗性和理论上的虚假性。

如此可见,自由的市场机制无法确保人们普遍的社会福利,在市场效率与分配的公平之间存在严重的分离,自由的市场价格机制无法确保公共利益,"看不见的手"也不能保证个体在追逐财产、社会地位等个人利益时能同时保证社会福利事业总体的进步,甚至由于个人利益至上、唯利益为本,出现诸如道德缺失、信用危机、不顾法律、侵害公共利益等邪恶的盛行。这表明经济自由主义自身存在着难以克服的困境,即经济自由主义旨在通过个体经济行为的自由以促进社会经济的繁荣和人类的幸福,而实际的情况是由于个体经济行为的不受约束导致社会邪恶盛行。要避免社会邪恶较少盛行,只有通过对个体自主经济行为进行必要的限制才是可能的。同时,由于经济自由主义过分夸大个人利益追求、经济进步和社会幸福的必然联系,导致自私的个人主义盛行,严重削弱了人们长期以来所形成的社会道德基础,淡漠了人类社会得以存在和维持的道德理念。经济自由主义唯"经济自由"至上,走到了自由的反面,破坏了真正的社会自由和个人自由的基础。因此,经济自由主义自其产生

① 《马克思恩格斯文集》第3卷,人民出版社2009年版,第566页。

起,就遭到了来自德国历史学派、社会主义学派,以及当代的凯恩斯主义、社群主义等多方面的批判。因此,在现实的经济实践中,如何恰当地处理好经济自由和经济正义的关系,从而在经济自由和经济正义的内在张力中展开社会主义市场经济的建设,无疑是一个艰深的课题,需要我们的谨慎和自觉。

3. 经济正义与经济自由

为了超越经济自由主义片面极端的视阈,需要人类以全新的经济理念审视市场经济,以救济处于岌岌可危的经济生活实属迫在眉睫。市场经济不仅需要自由竞争,更要诉诸于经济正义,由此一个批判性的对话将不可避免地展开。

首先需要说明的是,我们所倡导的经济正义范畴不是先验的价值预设,不是从外部抽象地规定经济生活的价值标准,而是从生存论的根基处所展开的关于经济生活世界的意义思考。它从人的存在本质和人的生命意义的维度,考量人类经济活动的存在依据、合理性及其限度,关心人类的物质生存状况,注重人的全面发展和人性的充分完善,指向一个充满社会凝聚力和道德约束的经济生活世界,以成就一个"自由人的联合体"。约言之,经济自由主义并不能囊括经济生活的全部内容,它不具有唯一的真理性,更不能成就人之存在的全面自由本质;相反,经济自由主义唯独在经济正义的定义话语和框架中才具有其存在的合法性和存在根基,也只有在经济正义的匡正中人类的经济自由才能实现自身,并因此成为人类自由的有机组成部分。

从经济自由的内涵规定、经济正义与~~经济自~~由的内在关联以及对经济自由主义的批判性分析中,我们较为清楚地看到,在经济自由和经济正义之间存在错综复杂的关系。一方面,经济自由作为人类自由的基本组成部分和实现人类自由的重要基础,本身构成了经济正义的题中要义,也是经济正义诉求的内在要求之一,从而二者之间具有内在的关联性。但是,经济自由仅仅是人类自由的组成部分,而不是人类自由本身,因此经济自由尽管本身十分重要,但从人类的终极价值而言,它并不就是目的本身。因此,经济自由并不等于经济正义,经济自由的实现也不意味着经济正义的实现。另一方面,诚如我们对经济自由主义所批判的那样,当经济自由无限度地以自身的至上立场为价值视阈和方法论前提,那么就会因过度地追求经济生活中的自由而陷入经济自由主义的泥潭,从而以市场原则为圭臬、以资本逻辑为旨趣,无视或漠视由此造成的社会后果和道德责任,并将这一切理所当然地视为是社会正义所必须付出的成本,从根本上损伤到人类的生命尊严和社会的道德秩序,因而与我们所追求的经济正义价值旨趣相去甚远乃至背道而驰。显然,关于经济正义与经济自由面临的难题不是抽象的理论问题,而是重要的实践问题,并只有在实践过程中通过经济自由和经济正义的视界融合来动态地促成二者的平衡,达到经济正义与经济自由的内在统一。

要使经济自由活动本身成为经济正义的内在价值和实现经济正义的有效基础,那么在经济活动中,除了市场的资源配置的基础性作用以外,还需要政府必要的有效干预调控和伦理道德的价值支撑及行为规范。因为从较为抽象并具有终极价值的层面而言,无论是市场机制、还是政府干预或者说道德匡扶,它们本身都不是最终目的,而仅仅是为了实现人的自由价值所具有的手段意义。所以,从经济正义的价值视阈观之,无论是市场的自主运行,还是政府干预本身,自身并不能成为经济正义与否的自足根据,而只有当市场的运行、政府的干预和道德的规范有助于社会经济秩序的良序运行,社会经济效率因此而得到不断提高,并且社会的财富得以公平分配,从而有效地促进了社会的进步和人类的幸福,提升了人的生命尊严和存在的自由价值,那么我们说这样的市场经济安排、政府对经济的干预以及道德对经济生活的支撑乃是符合经济正义的宗旨。因此,在如此这般的经济哲学视界范围内,经济正义的实现,需要经济活动中的经济自由、适度的政府干预和道德规范的有机统一。这也意味着,经济自由是经济正义的必要条件而非充分条件,而且经济自由也不是绝对的自由,它必须是在社会的政治和法律规范内展开自己的活动。经济自由不仅是政治法律规范下的自由,同时也是社会习惯和社会道德规范下的自由。当经济活动不仅符合市场的自由运行机制从而获得效率,同时也遵守社会的法律制度和道德规范从而符合人类社会的理性秩序,经济活动方能成为既有效率又富有公平价值的活动,也惟其如此,经济自由和经济正义才能根本而内在地统一起来。否则,任何过度强调经济的自主性或者对经济活动自主性的压制,将不仅损害经济效率,而且最终损害到社会的自由价值,从而违背经济正义的价值追求。

二、经济正义与“差别原则”

从理论上讲,正如正义的要求是同等情况予以同等对待,经济正义也应该坚持经济生活中平等的正义原则,通过起点公平和过程公平来实现经济正义。但是或由于历史的原因,或由于社会的因素,同等情况同等对待的形式上的经济平等无法确保实质的经济正义,即无法抵达具有可行能力的自由的经济生活。于是提出了经济生活中的"差别原则",即社会和经济的不平等安排应该有利于社会之最不利成员的最大利益,并以此作为形式平等的经济正义原则的补充。于是,差别原则是否具有正义性,就不仅成了亟待说明的理论问题,更成为经济正义实践中的焦点和难题。

1. "差别原则"及其要义

"差别原则"是罗尔斯"作为公平的正义"理论中的一个重要概念,是其两大正义原则中第二个大原则中的一个子原则。因此,要理解"差别原则"及其要义,需要进入到罗尔斯的两大正义原则乃至罗尔斯整个正义理论背景中加以把握。罗尔斯在其《正义论》一书中提出了两大正义原则,这两个原则的首次陈述如下:

第一个原则:每个人对与其他人所拥有的最广泛的基本自由体系相容的类似的自由体系都应有一种平等的权利。

第二个原则:社会的和经济的不平等应这样安排,使它们(1)被合理地期望适合于每一个人的利益;并且(2)依系于地位和职务向所有人开放。[①]

后来,罗尔斯在其《作为公平的正义:正义新论》中对正义的两大原则做了如下新的表述:

(1)每一个人对于一种平等的基本自由之完全适当体制(scheme)都拥有相同的不可剥夺的权利,而这种体制与适于所有人的同样自由体制是相容的;

(2)社会和经济的不平等应该满足两个条件:第一,它们所从属的公职和职位应该在公平的机会平等条件下对所有人开放;第二,它们应该有利于社会之最不利成员的最大利益(差别原则)。[②]

事实上,在罗尔斯的上述两大正义原则中包含着三个基本的原则,第一原则我们通常称之为"平等自由原则",它主要应对的是社会基本结构中关于公民的政治权利部分,主张平等地分配社会的基本权利和义务;第二原则主要应

---

① 参见[美]罗尔斯:《正义论》,中国社会科学出版社1988年版,第60—61页。
② 参见[美]罗尔斯:《作为公平的正义》,上海三联书店2002年版,第70页。

对的是社会和经济利益的分配问题,其中又包含着两个子原则:其一是在社会经济利益的分配中要求机会公平,即"机会公平原则",其二是若社会经济利益无法做到平等,那么这种制度安排要尽可能地有利于社会中处于最不利成员的利益,即差别原则。而在这些原则中,根据罗尔斯的说法,第一原则优先于第二原则,第二原则中的"机会公平原则"又优先于"差别原则"。为便于深入理解罗尔斯的"差别原则"及其价值意蕴,我们需要对"差别原则"提出的存在背景或者说其应对的问题做进一步的分析。

罗尔斯在其"作为公平的正义"理论中明确指出,所谓差别原则,指的是社会和经济的不平等安排应该有利于社会之最不利成员的最大利益。[1] "差别原则"要求,财富和收入方面的差别无论有多么大,人们无论多么情愿工作以在产品中为自己挣得更大的份额,现存的不平等必须确实有效地有利于最不利者的利益,否则这种不平等是不被允许的。而且,"差别原则"强调,为了最大限度地提高最不利者的期望(按照收入和财富来计算),它不需要时代持续的经济增长。[2] 因此差别原则的真义在于:我们应该通过观察在每种体制下最不利者的状况改善了多少来比较各种合作体制,然后选择这种体制,即在它下面比在任何其他的体制下最不利者都变得更好。[3] 也就是说,即使社会财富和经济收入的分配无法做到平等,但这种不平等的分配,其结果也要有利于每一个人,尤其是最不利者的利益。

总的来说,"差别原则"是从属于"自由平等原则"的,是在满足了平等自由原则和机会公平原则的前提下,社会和经济的不平等应该有利于社会中最少受惠者的最大利益,从而也是为实现自由平等原则而作出的某种补充。事实上,"差别原则"的提出与当代资本主义社会中的政治、经济和文化领域的断裂紧密相关,与资本主义社会中自由与平等之间的矛盾不断凸显的存在现实有关。对于资本主义社会的这种内在矛盾性质,丹尼尔·贝尔曾在其著作《资本主义文化矛盾》一书给予了指证,他认为在当代资本主义社会中,经济、政治和文化三个领域各自拥有相互矛盾的轴心原则,即掌管经济的是效益原则,决定政治运转的是平等原则,而引导文化的是自我实现的原则。由于这三

---

① 参见[美]罗尔斯:《作为公平的正义》,上海三联书店2002年版,第70页。

② 参见[美]罗尔斯:《作为公平的正义》,上海三联书店2002年版,第102—103页。

③ 参见[美]罗尔斯:《作为公平的正义》,上海三联书店2002年版,第95页。

个领域的轴心原则各异甚至处于尖锐的冲突中,人的丰富性被挤压乃至成为碎片。相对而言,在当代资本主义社会中,经济活动成为社会的中心任务,从而存在经济原则渗透社会方方面面的趋势,甚至影响到对公民政治权利的威胁,从而存在金钱这个潜在的暴君侵犯社会基本权利的现象。因此,虽然美国的资本主义社会公开宣布所有公民在政治权利上的一律平等,但是由于其经济是建立在市场的效益原则基础上,从而由于经济收入的不平等导致不平等的政治权利。"平等权利和不平等收入的混合结果,造成了民主的政治原则和资本主义经济原则之间的紧张关系。有些大获市场奖励的人,用金钱来牟取额外的权利帮助,而这些权利本应是平等分配的。对这些人来说,他们提前起跑使得机会不均等了。对那些在市场上受到惩罚的人来说,其后果是一定程度的被剥夺,这与人类尊严和相互尊重的民主价值观相冲突"①。的确,按照历史唯物主义的基本观点,经济生活是社会生活的基础,政治是经济的集中反映,现实中的具体的政治权利和生活能力在根本上是奠定于现实的经济基础和物质条件,因此若在经济上处于贫困状态和囊中羞涩,那么作为人的基本的存在价值和尊严显然会受到极大地伤害,所以离开经济条件和物质基础而抽象地宣告"政治权利的一律平等",犹如乌托邦梦呓。因此,从经济基础和民主政治权利的深层关系来看,差别原则的提出实际上是为了维护人的基本的生命尊严和存在价值,从而为逐步实现平等的政治权利创造现实的社会基础。

从"差别原则"的价值取向上来看,它是力求对人类基本的生存价值的最低保障,以及在此基础上寻求人类平等的生活道路。虽然差别原则不是简单的等同于补偿原则,也不是直接地去抹平所有人的差别,但是它包含着温和的平等主义价值立场。之所以如此,是因为在罗尔斯看来,我们不能接受"偶然性"对人类生存和生活前景的天然规定,以天然禀赋和社会偶然性来"命定"人们的生活,这在道德上而言是任性和专断的。对此罗尔斯指出,"资源的最初分配就总是受到自然和社会偶然因素的强烈影响。比方说,现存的收入和财富分配方式就是自然的资质(自然禀赋,即自然的才干和能力)的先前分配累积的结果,这些自然禀赋或得到发展,或不能实现,它们的运用受到社会环境以及诸如好运和厄运这类偶然因素的有利或不利的影响。我们可直觉到,

---

① [美]阿瑟·奥肯《平等与效率》,华夏出版社1999年版,第1页。

自然的自由体系最明显的不正义之处就是它允许分配的份额受到这些从道德观点看是非常任性专横的因素的不恰当影响"。① 罗尔斯之所以提出如此主张,源于现实中存在的不平等现象并力图缩小社会贫富之间的差距,实现分配正义,从而实现自由平等的社会生活,其中的确包含着对社会弱势群体的道德关切。

2. "差别原则"遭遇的诘难

罗尔斯在其"作为公平的正义"理论中所提出的"平等自由原则"、"机会公平原则"和"差别原则"中,对于前二者人们并没有引起太多的争议,而对于后者即"差别原则"则有不少质疑,甚至是较为激烈的批判。这种质疑和批判既来自"右"的极端自由主义的阵营,也来自"左"的激进平等主义的立场。

罗尔斯的"差别原则",首先遭到了来自当代美国道德哲学家诺齐克的质疑和批判。诺齐克在其著作《无政府、国家与乌托邦》一书中从"自由权利至上"的立场出发,提出"持有的正义论"来诘难罗尔斯的"差别原则"内涵的平等主义价值取向。

首先,诺齐克认为,"差别原则"不具有正义的真理性,"差别原则"与分配中的经济正义不仅不具有一致性,而且"差别原则"违反了分配中的经济正义的内在要求和价值取向。为什么这样说呢? 诺齐克认为,既然每个人的幸福都依赖于一种社会合作体系,既然人们的利益划分必须能够使得每个人自愿加入到合作体系中来,那么在产生社会合作的收益方面,参与社会合作的各方的状态是对称的,即才智较高者是通过与才智较低者的合作得益的,同时,才智较低者也是通过与才智较高者的合作得益的,因而二者的地位是平等的。但是,诺齐克认为差别原则并没有在才智较高者和才智较低者之间保持中立的态度,"差别原则"只是提出了哪些才智较低者的人们愿意合作的条件,所以他直截了当地指出,差别原则"将把评价社会制度的问题还原为最不幸的受压迫者如何发展的问题"②,而这种还原并没有合理的前提和缺乏令人信服的论证,因而"差别原则"不具有正义的根据。

其次,诺齐克对罗尔斯把自然资质看作集体共同资产的观点提出了质疑

---

① 〔美〕罗尔斯:《正义论》,中国社会科学出版社 1988 年版,第 72—73 页。
② 〔美〕诺齐克:《无政府、国家与乌托邦》,中国社会科学出版社 1991 年版,第 195 页。

并加以驳斥。针对罗尔斯提出的所有人都对自然资质的总体具有某种权利或权利要求,因而把自然才能的分配看做是一种"集体的资产"的主张,诺齐克认为,不管人们的自然资质从道德观点看是否是任意的,人们对其自然资质是有特权的,对来自其自然资质的东西也是有权利的,因为我们找不到任何有说服力的论据来帮助证实由于天赋差别产生的持有差别应当被排除或尽量缩小,况且在一个自由的社会里,人们的才能不仅仅有利于自己,同时也有利于他人,如果因为付出较大的能力或努力而使一些人得益较多,也并不意味着别人就一定有所损失。所以,诺齐克认为差别原则不具有合理性和正义的根据,并提出一系列的质问:正是这种抽取甚至更多的利益给别人,将证明把人们的自然资质作为一种共同资源是正当的吗? 如果人们的资质和才能不能被套上为他人服务的车套,要做些什么事情来消除这些额外的资质和才能吗? 是不是要禁止人们利用自己的资质和才能来为自己或为他选中的别人牟利呢?①

最后,诺齐克从"权力至上"出发,提出"持有正义理论"以对抗罗尔斯经济分配中的"差别原则"。诺齐克从自由优先,权力至上的理论前提出发,认为罗尔斯的"差别原则"造成了对个人权利和利益的侵犯,因为它在分配人们的财富和收入的时候,没有注意到分配的东西之来源和历史,而只是简单地根据从注重结果平等的视阈出发,对财富和收入进行集中统一的分配,这无异于是剥夺一部分人的财富给另一些人,而这种剥夺是没有道理的,违背了经济正义的原则。在诺齐克看来,罗尔斯的"差别原则"是一种非历史的"模式化目的原则",结果必然是模式化的分配,而由此导致的结果必然造成对个人权利的侵犯和私人生活的强权干预,因而会造成人的自由权利的灾难。诺齐克认为,在今天的世界上,几乎所有的财富和物品都是有主的了,所以衡量财富和收入分配是否具有正义的性质,是否合乎正义的价值原则,不是看当下的某种需要和目的,而是要看其来历。所以诺齐克提出了自己的分配正义原则,即"持有的获取原则"、"持有的转让原则"和"持有的矫正原则"。正如他所说的那样,分配正义的权力理论是历史的,分配是否正义依赖于它是如何演变而来的,持有正义的理论的一般纲要是:"如果一个人按获取和转让的正义原则,或者按矫正不正义的原则(这两种不正义是由前两个原则确认的)对其持有是有权利的,那么,他的持有就是正义的。如果每个人的持有都是正义的,

---

① 参见[美]诺齐克:《无政府、国家与乌托邦》,人民出版社 1991 年版,第 228—232 页。

那么持有的总体(分配)就是正义的。"①所以,诺齐克认为,现实中存在的财富和收入差别是一种应得,因而是不可被剥夺或侵犯,由此主张国家功能不可扩大到分配领域,并提出了"最弱意义的国家"理论。

综观罗尔斯和诺齐克围绕"差别原则"是否具有经济正义性质所展开的论述和论争,我们可以发现,对于"差别原则",罗尔斯和诺齐克分别代表了不同的立场。罗尔斯在承认平等自由优先和机会公平优先的前提下,主张社会制度的财富分配方式尽可能有利于社会上处境最差、处于社会上最不利者的利益,之所以要如此是因为在他看来,由于人的自然天赋和社会偶然性因素的存在,使得形式上的经济平等并不能确保事实上的经济平等,又由于经济是社会生活的基础,是人们的政治权利和人身自由得以实现的根本前提,所以作为分配社会财富和经济收入的社会合作体系有义务通过体制的作用使得社会上最不利者的处境逐渐改善,尽量削弱和排除由自然方面的偶然因素和社会历史的任意因素对于人们生活前景的影响,以及由此造成的事实上的社会不平等。所以,罗尔斯是基于事实上的平等诉求,即为了事实上的平等必需打破形式上的平等,从而主张经济分配中的差别原则,并认为这种差别原则是正义原则所允许的,差别原则同时也反映了正义原则的价值取向,因而差别原则和经济正义是相一致的。这里我们要特别注意,差别原则并不是要求平均主义,不是要把所有的社会财富集中起来以后平均分配,而是在申明保障一切人的平等自由和机会平等的前提下,主张任何不平等的分配要符合一切人的利益,尤其是要符合最少受惠者的最大利益。

但是,正如罗尔斯自己所说的那样,他的正义论是以一种假设的和思辨设计"原初状态"作为理论前提和讨论背景的,并从中抽象和演绎出"作为公平的正义"理论。正因如此,诺齐克指出罗尔斯的正义理论缺少历史原则,其差别原则是一种模式化的目的原则,因而缺少正义的根据。诺齐克的批评无疑是有道理的。而诺齐克自称其"持有正义论"具有历史的原则,因而具有更多的合理性和经济正义性。但是,笔者看来,诺齐克的"持有正义论"虽然在理论上能够自圆其说,但是只要我们一旦触及历史、回到现实的经济生活就会发现,这是不切实际的。因为我们知道,对于历史上的信息的不完全,使得我们

①　参见[美]诺齐克:《无政府、国家与乌托邦》,中国社会科学出版社1991年版,第159页。

根本无法判断人们的持有、转让是否符合正义的原则,因而根本谈不上矫正的
问题。诚如美国学者 H. 哈士曼指出:诺齐克从资格角度对正义的探讨是有缺
陷的,因为他从回顾角度诉诸所有制的那些初始条件,在并不侵犯任何一个人
的权利的情况下,我们是无力着手勾画这些当初的所有物和此后出现的交易
之形成的轮廓,所以不能以某种孤立的方式来看待所有制,而且诺齐克诉诸资
格的观点并不能具体证明目前的分配究竟是不是正义的,也不能证明人们将
来究竟应当怎样进行分配。如果人们进行交易所依据的习惯或者法律是不道
德的,那么,在评价这些法律的过程中,我们就必需引进各种模式,因为历史已
经使我们看到,资格这个概念恰恰是随着道德价值观的评价过程而转变的。①
因此,就某种程度而言,通过对现实的经济活动的制度约束和对经济结果的制
度调控,平衡人们的经济利益分配,从而促进人的经济可行能力,反而具有更
多的现实性。

虽然罗尔斯和诺齐克对经济分配中的"差别原则"具有不同的立场乃至
对立的看法,但是他们对人的基本自由的捍卫却是根本一致的,在对"差别原
则"的激烈交锋背后,实际上是共同指向了对人的基本自由权力的捍卫。罗
尔斯主张通过制度和国家的功能对社会上的最不利者给予一定的倾斜和照
顾,从而提出了其正义的"差别原则",而诺齐克则考虑国家对经济领域的干
预会侵害到个人的权利和自由,从而采取了彻底经济自由主义的立场。但是,
人的自由和权利是一种历史的、具体的,而不是一种抽象的存在。在具体的社
会生活中,人们的政治权利、自尊、现实的自由与人们的经济基础、经济地位、
财富状况紧密相连,而且经济基础根本上制约着人们的社会生活、政治生活和
精神生活,所以离开经济基础和经济生活抽象地谈论人的自由权利和平等要
求,是没有实质意义的。诺齐克抽象地捍卫权力至上,实际上主张的是经济自
由主义,为现实的自由竞争导致的经济差别的合理性作辩护,而其结果只能是
贫富分化的社会现实。形式上的经济公正导致了事实上的人们经济自由的丧
失,由此必然地影响到人们的自由权利。罗尔斯虽然注意到了人们实现自由
权利的经济基础,但由于其理论前提和逻辑演绎存在抽象性,显得缺少足够的
说服力,这是招致批评的重要原因之一。

罗尔斯的"差别原则"不仅遭到了诸如诺齐克等来自极端自由主义立场

① 参见[美]哈士曼:《全球正义——日益扩展的行动范围》,《世界哲学》2004 年第 2 期。

的批评,也来自某些持激进平等主义立场的人的直接反对和质疑。持激进平等主义立场的思想家们往往从马克思主义思想中获取批判的精神气质和思想立场,以此为自己的价值立场和思想基础,展开对自由主义的批判。例如加拿大著名哲学家 K. 尼尔森在《激进平等的正义》一文中,提出了"激进平等的正义的四大观念",它们分别是:

"1. 社会正义整体上应该理解为,要求每个人,不论应得与否,都应受到平等尊重的对待;每个人,不论应得与否,都拥有对于有助于其自尊的社会条件提出要求的权利;

2. 社会正义整体上应被理解为,要求每个人被这样对待,即尽我们所能地接近于做到使每个人都平等地被满足,及平等地分担为实现我们共同认定的目标而必须承受的困苦。

3. 社会正义整体上应被理解为,每位社会成员所有方面的利益与负担的完全平等。

4. 社会正义整体上应被理解为社会制度的建构,这种制度使每个人都能在与同样行事的其他人最大限度地保持相容中满足他/她的真正需要。"①

在此基础上,尼尔森提出了两条所谓的激进平等的正义原则:"(1)每个人对于所有人都受到类似对待相容的最广泛的平等的基本自由和平等的机会(包括有意义的工作、自我决定及政治与经济参与的平等的机会)的整个体系,都应有一种平等的权利(这一原则表达了对于获得或维护平等的道德自主和平等的自尊的承诺);(2)在为共同体的社会(共同体)价值作出预留,留出维持正常社会生产能力所需的资本,兼顾有差别的、非人为操纵的需要与偏好,及适当估量个人的正当权利之后,收入和财富(公共积累)应这样分派,即:使每个人都有平等分享的权利。为增进人类良善生活所需的必要负担也要平等地分摊,当然,这种分摊要受到能力差别与境况(这里所指的是不同的自然环境等诸如此类而不是阶级地位等)不同的限制。"②

尼尔森正是从上述激进平等的正义观念和正义原则出发,质疑和批判罗尔斯的差别原则,认为差别原则虽然试图减少不平等,但还是允许存在社会与经济的不平等,并将之视为是正义的。尼尔森则认为,不平等是不应该有的,

---

① 袁久红:《正义与历史实践》,东南大学出版社 2002 年版,第 295—296 页。
② 袁久红:《正义与历史实践》,东南大学出版社 2002 年版,第 296—297 页。

更不应将不平等视为是正义的。而罗尔斯则满足于平等的自由,允许社会与经济中不平等的存在,致使那些处于社会不利处境的人们的自由必然受到威胁和限制,无法根本实现平等,从而"差别原则"与平等自由原则之间存在矛盾和冲突。总的来看,激进平等主义往往从"完全平等"的立场出发,对罗尔斯的"差别原则"的不够彻底性而不满,从而提出更为激进的平等主义的要求。激进平等主义正义论立场当然具有其明显的价值,它要求从根本上彻底地实现人们的自由和平等,从而对不公平的现实具有重要的理论触及力量和现实的批判力量,也为人们提供美好的希望,从而为人们提供为之奋斗的动力。但是,正如历史有其内在的逻辑一样,社会的发展和制度的安排,都深刻地依赖于社会的生产方式及其物质条件,这是历史唯物主义的基本观点。事实上,正如我们在前面对经济自由主义所评述的那样,或基于完全的自由市场竞争,或基于完全追求财富的结果平等主义,都与当前我们所谓的经济正义本质相去甚远,因为由于人们的起点不一样,使得形式上平等的完全自由市场竞争必然导致"霍布斯丛林",而一味地追求经济分配的平均主义势必缺少经济发展的动力保障,从而不能确保经济正义和人类的自由。

3. 经济正义与"差别原则"

那么,差别原则是否与经济正义具有一致性,或者说差别原则与经济正义的关系如何,这是我们要进一步思考的问题。但是,我们必须先行意识到的是,二者之间不是简单的机械的关系,不是简单的否定或肯定的关系,而是需要从历史唯物主义的原则高度,从历史的具体的动态的层面加以分析和把握。

罗尔斯认为,在"平等自由原则"优先的前提下,"差别原则"与经济正义原则是相容的。对此罗尔斯做了如下的论证:

首先,由于正义或不正义只是制度处理事实的方式,因此人的天生的自然才能的分配和社会环境的偶然因素并不具有正义与否的判定功能。既然如此,那么经济正义的标准不应当到人的天赋资质和社会的偶然因素中去寻找,而应当到社会制度对社会财富和经济收入的分配中去寻找。罗尔斯指出,"自然资质的分配无所谓正义不正义,人降生于社会的某一特殊地位也说不上不正义,这些只是自然的事实。正义或不正义是制度处理这些事实的方式。贵族制等阶级社会不正义,是因为他们使出身这类偶然因素成为判断是否属于多少是封闭的和有特权的社会阶层的标准。这类社会的基本结构体现了自然中发现的各种人性因素。但是人们没有任何必要听命于偶然因素的任意支配"，因为"社会体系并不是超越人类控制的不可改变的体制，而是人类活动的一种类型"。①

其次，人作为目的王国之成员，享有不可剥夺的自由和尊严（这也就是正义的第一原则即自由原则），而人的自尊和自由的基础却又依赖于社会经济基础，但是由于自然的和社会的偶然因素使得很多社会成员被逼到自由和自尊的边缘，形式的经济平等不能确保实质的人的可行的经济能力和人的自由权利，因为"权利决不能超出社会的经济结构以及由经济结构制约的社会的文化发展"②。从而严重地威胁到人之为人的自由与尊严。罗尔斯认为，每个人都应有平等的权利分享基本利益以实现其自尊，因此社会有必要实施经济分配中的差别原则，确保做人的基本的自由和尊严。在他看来，依据天赋和社会的偶然因素来进行社会财富和经济收入的分配，这从道德的立场来看是任意的。"由于出身和天赋的不平等是不应得的，这些不平等就多少应给予某种补偿"，因为没有一个人应得他在自然天赋的分配中所占的优势，正如没有一个人应得他在社会中的最初有利出发点一样——这是我们所考虑的判断中的一个确定之点。但他所说的差别原则并不等于补偿原则，差别原则并不要求社会去努力抹平一切障碍，只是要求对不应得的不平等给予必要的补偿，以达到补偿原则的某种目的，所以"差别原则实际上代表这样一种安排：即把自然才能的分配看做一种共同的资产，一种共享的分配的利益"③。这样一来，差别原则使得任何人都不会因为他在自然资质的分配中的偶然地位或者社会中的最初地位得益或受损。

最后，社会是一种合作关系，社会利益是社会合作的结果，而差别原则有利于社会合作的持续，因而差别原则具有存在的合理性。罗尔斯认为，社会是由一些人组成的联合体，由于社会合作，一方面存在着人们之间的利益的一致性，即社会合作使所有人可能过一种比他们仅靠单独努力生存所过的生活更好的生活。也就是说，由于每个人的福利都依靠着一个社会合作体系，因此没有人可以离开社会合作而拥有一个满意的生活。另一方面，社会合作又具有

①　[美]罗尔斯：《正义论》，中国社会科学出版社1988年版，第102—103页。
②　《马克思恩格斯文集》第3卷，人民出版社2009年版，第435页。
③　[美]罗尔斯：《作为公平的正义》，上海三联书店2002年版，第101—104页。

一种利益冲突的典型特征,所以我们又只能在这一合作体系的条件是合理的情况下要求每一个人的自愿合作。而罗尔斯的差别原则表达了一种互惠的观念和互利的原则,也是他为了社会的良好合作和有效运行而做出的努力。罗尔斯正是从上述的论证出发指出:"差别原则要求,财富和收入方面的差别无论有多么大,人们无论多么情愿工作以在产品中为自己挣得更大的份额,现存的不平等必须确实有效地有利于最不利者的利益。否则这种不平等是不被允许的。"①罗尔斯指证,经济分配中的差别原则,由于既从属于保证平等的基本自由的原则,也从属于公平的机会平等原则,因而差别原则与经济正义是相容的,二者具有一致性。这为差别原则提供了合法性根据,从而论证了差别原则的正义性。罗尔斯的正义论表达的是"作为公平的正义",因而他所主张的正义具有温和平等主义的性质,目的是达到一种事实上的平等。因此,为了达到事实上的平等,对先天不利者采用"差别原则",这是正义所允许的。

笔者以为,由于经济基础与人们的现实自由的可行能力密切相关,所以从我们诉求的以实质自由为指向的经济正义追求来说,关于差别原则与经济正义的关系问题,不在于差别原则与经济正义是一致还是相斥的问题,而在于差别原则在经济安排中如何动态把握。也就是说,由于历史和现实的原因,由于自然的和社会的因素,由于社会的确存在大量弱势群体,从提高人的自由可行能力的立场出发,我们认为通过制度安排对社会上最不利者和弱势群体实行差别原则是必需的,只是如何设计制度安排的问题。这符合我们倡导的经济正义的价值原则。之所以如是说,是基于如下的考虑。

首先,从现实的生活界面来看。或由于历史社会的原因,或由于自然天赋的差别,或由于地区和区域间的差别,也由于现实的生产力状况,使得现实的人与人、地区与地区之间的经济差别客观存在,甚至有巨大的收入差距,这有可能导致社会上的少数人占有社会财富的绝大部分,而绝大多数人却仅拥有较少的社会财富。社会财富的占有极为不平衡,使得社会上的绝大多数人的生活受到极大影响,由此影响到人们的机会平等、政治感情、价值判断,并引发出人心失衡、政治危机和社会不稳定的因素,严重地危及人们正常生活的展开。在这种情况下,如果不采取适度的差别原则,任其自由发展,那么谁来为社会底层人的福利呐喊?如何保证弱势群体的基本利益?而社会一旦无视贫

---

① ［美］罗尔斯:《作为公平的正义》,上海三联书店 2002 年版,第 103 页。

困人群的现实经济利益,那么一部分人或由于基本的生活无法保障而采取暴力的手段,或由于情感上的无法接受而采取极端的手段引起社会的动荡,这样一来社会必然要付出巨大的代价。

其次,社会是一个有机的共同体,客观上要求适度的差别原则。唯物史观认为,社会是在一定物质生产的基础上形成的相互联系的人类生活共同体,但它不是单个人的简单和机械相加,而是由现实的人联合起来的有机体,是人们交互作用的产物。但社会一旦形成以后,各种因素就会彼此交错、相互作用,尤其是在分工越来越精细、现代化程度日益提高的今天,人们的生存越来越依赖于社会,人们之间的彼此依赖程度愈益增强和加深,一个国家,乃至整个世界的人们的生活和命运都由于生产和交往的全球化而紧密连在一起,这使得人们的生存和生活系在共同的链条上,一旦某一个环节出了问题,就必然牵涉到诸多方面,引起一系列的社会震荡。我们看到的全球性的经济危机、恐怖活动和生态问题,都无疑说明了今天的人们比任何时候都需要共同的合作,以应对来自自然和社会的诸多问题,确保我们共同的生存根基。因此,如果不是仅仅限于理论上的抽象论争,那么经济分配中实施适度的差别原则,不仅不损害到人们的现实可行的自由权利,而且有利于拓展人们的自由空间。

最后,无论是自由优先,还是平等先行,但二者在现实生活中是内在关联的。的确,在理论的范围之内我们可以抽象的谈论自由优先,或者平等先行,但是现实的自由、平等与人们的经济状况密切关联,这是不言而喻的事实。没有经济上的物质基础,没有经济利益上的平等,而奢谈政治领域的自由平等无异于是雾里看花、水中捞月,实际上是一种虚幻罢了。这就是说,政治上的自由平等是与经济基础密切相连的,对此马克思做了深刻的分析并指出,"生产者只有在占有生产资料时才能自由"[1]。在谈到政治权力和经济基础的关系时,恩格斯也同样指出,在历史上的大多数国家中,公民的政治权利是按照财产状况分级规定的,虽然资产阶级消灭了国内各个现存等级之间一切旧的差别,取消了一切依靠专横而取得的特权和豁免权,但是资产阶级则用金钱的特权代替以往的一切个人特权和世袭的特权,资产阶级社会"在法律上的平等"是在富人和穷人不平等的前提下的平等,实际上把不平等叫做平等。[2] 所以,

---

[1] 《马克思恩格斯文集》第 4 卷,人民出版社 2009 年版,第 515 页。
[2] 参见《马克思恩格斯全集》第 2 卷,人民出版社 1957 年版,第 647—648 页。

仅仅抽象地谈论自由或平等却不顾现实的经济基础,是不可能获得真正的自由和平等的。当然,无条件地追求经济上的结果均等主义,也是对自由和平等的践踏。因此,要实现人们可欲可行的自由目标(包括政治自由、经济自由),那么引入适当的差别原则是必要的。

总之,依据现实的人们的经济收入状况,通过经济制度的因素采取适度的差别原则是合乎经济正义的价值原则,尤其是在建设和完善社会主义市场经济的今天,差别原则具有其重要的现实意义,而且差别原则的合理重建日益显得紧迫。显然,我们不是要回到平均主义的旧的经济利益分配模式,但也不是要追求唯经济效率至上的"见物不见人"的经济方式。应该以如何提升现实的人的可行能力,"即一个人所拥有的、享受自己有理由珍视的那种生活的实质自由"①,作为我们经济发展的价值要求,如果经济分配中的差别原则有利于提升人们的可行能力,那么它是符合经济正义精神的,反之则是与经济正义不相容的。在这里,对于差别原则是否具有正义的性质判断,我们只能给予如上的提示和基本立场,至于如何设计和建立具体的经济政策和制度措施,还是要根据一个国家的生产方式、经济状况以及历史文化等综合因素的分析和考察,方能行之有效。

事实上,在资本主义私有制的前提下,自由的市场竞争必然导致垄断的产生,随之而来的是财富在资本家一方的积聚和贫困在工人阶级一方的积累,由此导致的是劳工矛盾激化,资本主义经济危机不断,正是在这种情况下,资本主义国家纷纷采取了福利主义的经济政策,建立福利国家,以缓和劳资矛盾,缓解经济危机,从而在一定程度上促进了资本主义经济的发展,也提高了工人的物质生活水平。福利主义的思想实际上就是主张通过对资本主义市场经济进行必要的国家干预,以保证社会财富的适度分配和充分就业。这主要在三个方面努力减少市场力量发生作用的范围,即保证个人和家庭的最低收入,而不管他们财产的市场价值如何;使个人和家庭能够应付"社会意外事件"(如生病、年老和失业),以降低不安全感的程度;保证在一定范围内的社会服务以所有公民所能得到的最好服务为目标,不管他们的社会地位和阶层如何。②如此可见,通过国家的制度设计和政策主张,采取适当的财政政策进行社会财

---

① [印]阿马蒂亚·森:《以自由看待发展》,中国人民大学出版社 2002 年版,第 85 页。

② 参见朱贻庭:《伦理学大辞典》,上海辞书出版社 2002 年版,第 136 页。

富的再分配,是有利于提高广大民众的实质可行的经济能力,从而对于增加人们的社会福利,提高自由的程度无疑是有重要意义的,因而也符合我们倡导的经济正义的原则和价值主张。但是,这里要注意的是,不要把差别原则和福利主义等同于平均主义,否则又回到了平均主义的经济分配主张。由于平均主义的经济分配模式无视社会经济财富需要人们的艰苦劳动,结果是瓦解了经济发展的动力保障,以丧失经济效率为代价,这与我们倡导的经济正义内涵是相违背的,因为没有经济效率的保障,经济正义所诉求的人的自由发展是不可能实现的。所以,如何既做到经济自由以确保经济效率,又采取必要的差别原则促进人类经济福利和社会福利,这是需要进一步思考并加以动态把握的现实课题。

三、经济正义与“公平和效率”

在前面的章节中,我们从经济制度(规则)、经济活动以及横向平面的世界经济领域范围和垂直纵向的代际间的经济利益分配等方面阐述了经济正义的焦点主题和内容规定。但是,对于这些内容,我们也可以在某种意义上把它们纳入到关于“公平与效率”的命题中加以讨论。事实上,公平与效率问题是一个人类文化中带有终极意义的基本命题,因而表现为亘古常新的不衰话题。一方面,它作为人类的理想价值追求目标,根植于人类的心灵,同时人们又以这一超越性价值目标审视、关照和批判现实社会生活,激励人们为效率而公平的社会生活而努力。经济正义究其根本而言,追求的是在社会生活中经济制度的效率与公平、经济活动的效率与公平、经济交往的效率与公平相统一而成就丰富的物质文明和平等的人格尊严,从而实现人的自由全面发展,确证生命的本质力量和意义。这也意味着追求经济效率与社会公平乃是对人的存在本质的诉求之体现。从人之存在本质的层面而言,经济效率与社会公平是一枚硬币的两面,都是为了满足人的存在需要和展露生命本质的必要前提,是人的全面解放和实现自由的重要基础,因而两者不是外在的并列或平面关系,而是内在地统一于人的需要和自由存在本质中。但是,人们在对效率与公平的讨论和研究中,存在诸多误区和混乱,使得对该问题的讨论歧见迭出、莫衷一是,导致了看似繁荣的讨论背后少有取得根本性的进展。之所以出现如此这般的歧见和论争,出了问题本身的复杂性原因之外,与人们对“公平”和“效率”范畴的混用、误用也紧密相关。因此,首先需要对"公平"和"效率"范畴做必要的澄清和规定。

1. 何谓公平 何谓效率

何谓公平(Fairness)？这不是一个简单的疑问句,从而不能简单地应答和打发。事实上,人们关于诸如公平、平等、正义等概念的不加区分的应用乃是导致"公平和效率"问题一团糟的重要缘由之一。因此,尽管"公平"、"平等"和"正义"范畴之间存在彼此的关联,但有必要对它们之间的差别作出某种程度的区分。首先来看"公平"范畴。它并非是纯经济学的概念,同时也是伦理学和社会学范畴,是一个重要的价值判断概念。在笔者看来,所谓"公平"就是从"公认的"某种尺度(如贡献、能力、需要、劳动等)"平等地"对待其对象,从而含有从公正的角度和立场出发去平等地对待每一个与之相关的对象,在对待两个或两个以上的对象时要一视同仁、不偏不倚,强调的是"同等情况予以同等对待,不同情况予以不等对待"的等比例的形式平等原则。因此,其总的原则是等利害交换,它的根本原则是权利与义务相等、权利与贡献相一致。如此看来,公平并不等于平等(平均或均等)。所谓"平等"(Equality),顾名思义就是既"平"又"等",表达的是社会成员在一定的社会生活中享有均等权利和均等义务的社会价值理念和原则,它强调的是"人人有份"和等量的要求。而"正义"(Justice)虽然包含着某些"平等"和"公平"的含义,但是它更多的是从人类的终极价值层面对社会事务和人们的行为所作出的价值评判,其志趣关注的乃是人的生命尊严和存在的意义,是对人类自由存在本质和生命尊严的本质捍卫。如此可见,公平既不等同于平等,也与正义有差别,当然公平和平等、正义也有"重叠"的部分。对此我们要有使用的自觉。

根据我们对公平的如上理解为前提,那么仅就公平问题本身而言,它在本质上是一个形式平等的问题,从而公平在不同的语境或不同的领域表现出不同的内容和形式,如经济公平或社会公平。由于经济公平和社会公平中的公平之前提和尺度的根本差异,从而经济公平不等于社会公平,二者之间有统一的一面,也有矛盾的一面,而且评判标准也不尽一致。通常来说,经济公平往往以市场的等价交换原则作为其评判的尺度,并以市场效率来衡量它的合理性问题。而社会公平虽然在有时候与经济公平具有一致性,但是就总体和根本而言,它是立足于人的基本的生命权和发展权作为根本的尺度来衡量社会的制度设计和人们的行为，因此它是高于经济公平的价值视阈和市场立场的。也就是说，社会公平需要经济公平，但经济公平并不等于或者就一定能实现社会公平。一句话，经济公平是社会公平的必要条件。

进而言之，社会公平问题就是人与人之间的利益关系合理与否的问题，在其本质上，社会公平属于生产关系和上层建筑的范畴。在社会主义社会，社会越公平，每个人的贡献与其所得便越一致，每个人的劳动积极性和创造性就越高，从而创造的社会效率就越高。反之，社会越不公平，人们的劳动积极性就会降低，整个社会的效率也会下降。所以，无论是经济公平还是社会公平，在现实生活中不是一个抽象的范畴，而是一个具体而又客观的现实存在。在生存论的境域中，不仅经济公平影响着经济效率和社会效率，而且社会公平问题也实际地关联着经济效率和社会效率。的确，在理论上我们可以把公平分为经济公平和社会公平来加以研究，虽然这样的研究不无道理，但如果陷于抽象的理论层面而不切实地深入社会生活，那么这种研究本身所具有的理论缺陷难以克服现实的实际问题。譬如，在谈到经济公平时，往往从孤立的经济角度出发，认为有了经济效率就是公平的，从而出现了只顾一时一地的部分人的经济效率，不管由此带来的诸多社会负担和负面效应；或者孤立地从分配的角度谈论公平问题，主张"分配均等就是公平"，至于经济效率得以可能的前提条件和综合因素就避而不谈，从而严重地影响到人们的生产积极性和创造性，甚至关涉政治稳定和社会安宁。这实际上仍然是一种线性思维模式作用的结果，从而对效率公平问题的认识存在诸多混乱，而在现实中必然导致很多经济问题和社会矛盾。

效率是人所特有的存在属性的体现，也是人类社会存在和发展的基础。然而，何谓"效率"（Efficeny）？这同样是一个极为复杂的问题。在通常意义上，效率被当做一个经济学的范畴，指的是资源的有效使用与有效配置。意大利经济学家帕累托对经济学的效率作出了具有经典性的定义表述：对于某种经济的资源配置，如果不存在其他可行的配置，使该经济中的所有个人至少和他们在初始情况一样好，而且至少有一个人的情况比初始时更好，那么这个资源配置便是优越的，也是最有效的。但是这个定义仅限于是指资源的"帕累托最优"配置，即不能使每个人的情况都比初始情况好，而且它所采用的是一种静态抽象的分析方法，在实际的操作中具有明显的困难。正因如此，罗尔斯认为，仅仅效率原则本身不可能成为一种正义原则，效率原则本身也不能选择一种有效率的对特殊产品的分配方式,因为"存在着许多效率的结构。例如,那种一个人得到全部产品的分配也是有效率的,因为没有别的可使某人得益而不使其他人受损的再分配办法。这个占有全部产品的人决不能失去什么。但我们当然不能接受这种不平等分配的效率所可能暗示的东西,即以为一切分配都是有效率的"①。布坎南也在同样的意义上指出,"一种多数人一无所有而少数人却无所不有的状态,事实上也可以是帕累托佳态,因为改善不幸的多数人的条件可能要降低优越的少数人的条件"②。毋庸置疑,正如经济活动是人的基础活动一样,经济效率是人的活动效率的关键,但是经济效率指的是资源的配置效率,与社会效率是有区别的。效率就根本而言,乃是人的活动的属性之体现,它表达的是人的活动实现其目的之程度,因而社会存在着不同的效率衡量标准。经济效率作为经济活动的某种重要目的,既有经济层面的,也有社会层面的,它的实现和展开离不开人的价值目的性、社会关系、制度安排以及人们的道德文化因素的综合作用,因此经济效率不仅与空间平面上的社会效率密切相连,而且与时间纵向方面的长期效率、短期效率紧密相关。这意味着效率不是简单的投入与产出的理论抽象就能界定的,它的实现和展开需要广阔的社会背景因素,它本身也包含着价值和意义的向度。因此,在生存论的境域中,效率必然地关涉诸如社会关系、人的积极性、意义旨归等诸问题。如此看来,经济效率是经济的题中之意,但它不仅仅是经济的,毋宁说经济效率是"人"的和社会的,它不可离开社会诸因素而孤立地存在。相反,经济效率不过是人的存在属性的体现。因此,效率并非是抽象的术语,它必然在生存论的境域中与社会的诸多因素以及人生的价值和意义等问题历史而现实的相遇,从这个意义上说,效率关联着公平、目的性等价值维度和人文关怀,效率本身体现为对人的生命本质力量的确证和人的自由自觉的存在特性的展露。

从上面的论述中我们可以看出,效率具有经济效率和社会效率之分。经济效率更多的是从比较狭窄的经济领域来探讨经济的投入和产出之间的比率,其中投入的是生产物品和劳动力,产出的是有形的商品和无形的服务,它只注重经济生产规程中的投入和产出的比率而不管经济的"外部性问题"。而社会效率乃是超出经济的投入和产出之间的比率范围,而是从更为宏观和

---

① [美]罗尔斯:《正义论》,中国社会科学出版社 1988 年版,第 69 页。
② [美]布坎南:《伦理学、效率与市场》,中国社会科学出版社 1991 年版,第 16 页。

深远的社会利益考虑社会的任何投入和产出的比率,它不仅要考虑到经济的效率大小问题,还要考虑到经济的"外部性问题"尤其是"负外部性问题",从而超越了经济效率的简单而狭隘的视野,具有更为立体的社会效率视野和社会价值考量。因而一般而言,社会效率应当比经济效率具有根本性和优先性,也即经济效率相对于社会效率而言乃是手段性,它自身不是自足的终极价值。因此,在经济效率和社会效率之间也存在错综的关系。在通常情况下,没有经济效率就一定会损伤到社会效率,但是有了经济效率也未必一定就能提升社会效率。所以,经济效率和社会效率之间存在着对立统一的复杂关系,对此我们要有理解自觉。只有在对经济公平和社会公平、经济效率和社会效率的概念内涵及其复杂关系有清楚的界定和理解自觉基础上,我们才能较为清楚的阐释"公平和效率"的辩证关系。

2. "剪不断、理还乱"的"公平与效率"之争

诚如人们对"公平"、"效率"的诸多纷争一样,对"公平与效率"的命题更是充满了"剪不断、理还乱"的诉讼和争论。综观国内外理论界和学术界对效率与公平问题的论争,主要有以下代表性的观点。

首先,看看西方学者对"公平与效率"问题的看法。西方学者关于效率与公平问题的研究理论不少,但最具影响、极有代表性的理论包括:

其一,是"效率与公平替代论"。所谓"替代论",就是指在效率与公平之间不存在一致性,是以效率与公平的尖锐对立为理论前提的,认为二者之间是"此消彼长"的关系,当二者处于矛盾之时,或效率压倒公平,或公平压倒效率,"熊掌和鱼不可兼得"。其著名代表是美国学者阿瑟·奥肯的"替代论"和美国经济学家西蒙·库兹涅茨的"倒 u 理论"。奥肯在其著作《平等与效率》中认为,如果平等和效率双方都有价值,而且其中一方对另一方没有绝对的优先权,那么在它们冲突的方面,就应该达成妥协。这时,为了效率就要牺牲某些平等,并且为了平等就要牺牲某些效率。[①] 这就是说,由于平等和效率是两种对立的价值体系,以致两者经常处于"此长彼消,此消彼长"的状态。而西蒙·库兹涅茨的"倒 u 理论"则认为,各国在经济发展的早期,收入分配的差距不大,收入不平等程度较低,但经济发展水平也较低,增长速度较慢。随着

---

① 　参见[美]阿瑟·奥肯:《平等与效率》,华夏出版社 1999 年版,第 86 页。

经济发展进入中期，由于市场作用，人们之间的贫富差距就会增大，但这是属于合理而正常的。也就是说随着现代化进程，必然出现两极分化，只有到了后工业时期，经济发展进入高水平阶段，人们的收入差别才会自然地接近平均。这意味着效率与公平是不可超越的"命定"，人是无能为力的。

其二，是"效率优先论"。所谓"效率优先论"，就是指在效率与公平之间进行价值选择时，以效率作为根本性的价值。这种观点的理论前提在于，在效率价值与公平价值之间效率价值具有根本性和优先性，并把公平价值的存在合法性奠基在效率价值基础上，认为公平的实现有赖于效率价值。从这样的理论前提出发，认为一旦效率和公平出现矛盾时，确立效率对公平的优先性和根本性。事实上，经济自由主义就是更多的持有这样的价值立场，其代表人物包括哈耶克、诺齐克、弗里德曼等。经济自由主义认为，自由的市场竞争是获得效率的最好手段，自由意味着效率。所以它往往从市场优先、效率优先出发，确立效率对公平的优先性。如弗里德曼就指出："一个社会把平等——即所谓结果均等——放在自由之上，其结果是既得不到平等，也得不到自由。使用强力来到达平等将毁掉自由，而这种本来用于良好目的的强力，最终将落到那些用它来增进自身利益的人们的手中。另一方面，一个把自由放在首位的国家，最终作为可喜的副产品，将得到更大的自由和更大的平等。"①

其三，是"公平优先论"。这种观点是站在"效率优先论"的对立面，认为在效率和公平之间公平的价值高于效率的价值，因而在二者出现矛盾时，应该以公平作为根本的价值，确立公平价值对效率价值的优先性。但是，这种理论在确立公平的尺度时往往以"平等"作为其基础，即能否平等地分配社会基本善作为公平与否的尺度，它往往从人具有平等的价值这种终极立场出发，强调均等的价值要求。事实上，在现实的社会生活中，"公平（平等）优先论"是对"效率优先论"的反动而出现的，因为"效率优先论"最终会导致不少社会成员的贫困和生存危机，从而以"矫枉须过正"的方式展开对效率优先性的反动和矫正。然而，无论是"替代论"、"效率优先论"还是"公平优先论"，它们都是以效率与公平价值相分离为理论前提的。

国内学界和学者对"公平与效率"问题的讨论由来已久，直到今天仍在争

---

① ［美］米尔顿弗里德曼、罗斯弗里德曼：《自由选择》，商务印书馆 1999 年版，第 151—152 页。

议之中。回顾新中国成立以来人们对效率与公平问题的讨论,历史地经历了以下主要的观点。

其一,"公平优先"论。自新中国成立始,以毛泽东同志为首的中国共产党人,为了实现劳苦大众世代渴求的公平社会,进行了不懈的努力。在对公平与效率问题上,当时的指导思想是公平分配优先,并在均中求富。也就是说在社会经济发展的指导思想中,"公平优先论"占主导地位,公平凌驾于效率之上,以致在"大跃进"运动失败之后,对现实经济中的分配问题,倾向于越来越平均主义。虽然这种带有严重平均主义倾向的"公平优先"论在当时具有其历史的合理性,但它为中国以后的经济建设和社会发展留下了沉重的历史包袱,其局限性日益凸显。"公平优先"论战略实施的现实后果是人们在长时期内停留在低水平上的平均分配,以道德主义为基础,忽视人们对物质利益需求的满足,严重阻碍了人们的劳动积极性、主动性和创造性,导致经济发展严重衰退和停滞不前。

其二,"效率优先"论。计划经济、平均主义使我国经济发展步履维艰,为打破这种局面,十一届三中全会以后,我国实行了改革开放的政策,实行了以市场、效率为主导的价值取向,并提出了"效率优先"的主张。一方面对过去的平均主义公平观进行解构,另一方面为发展市场经济提供理论支持。"效率优先"论认为,市场经济的主要功能在于通过市场机制合理配置资源,从而获取最大效率。因此,发展市场经济必然要效率优先,公平问题必需以经济效率为前提和基础。按照当时一句流行的说法就是——"过去我们为了公平而牺牲效率,现在我们宁愿牺牲公平也要求得效率。"事实上,从历史的眼光看,"效率优先"论无疑是对"公平优先"论的一种反驳,问题在于任何事情都不能偏执,正如古人所言"过犹不及"。"效率优先"论的局限也是显而易见的,如果仅强调效率而忽视对社会公平的关注,那么不公平的现象就会成为经济发展的制约因素,从而缺乏效率的环境保障。"效率优先"论的不当之处在于认为只要经济效率上去了,社会公平问题自然就会迎刃而解,实质上就是用经济效率吞并社会公平。之所以如此,乃是从抽象的形而上学的眼光看待效率与公平的结果。

其三,"效率优先,兼顾公平"论。所谓的"效率优先,兼顾公平",通常被解释为:在经济生活中,要把增加效率,提高生产力水平放在优先地位,同时要注意到收入分配的协调,不要造成贫富悬殊,不要使个人之间的收入分配差距、财产分配差距过大,不要使地区之间收入分配差距过大。"效率优先,兼顾公平"论是对"效率优先"论的修补和完善。事实上由于经济效率不可能保证社会公平,从而具有失去效率的危险,因而补充了"兼顾公平",这旨在希望人们在关注效率的同时,仍重视公平问题。"效率优先,兼顾公平"论就某种程度而言,是对"公平优先"论和"效率优先"论的综合。但是,这一理论仍是建立在这样的认识前提,即公平与效率二者不可兼得,所以要"先效率,后公平",公平仅仅被视为对效率的补充。其实,这种主张也存在不可克服的漏洞,很容易为人们以效率的名义而扼杀公平的行为找到理论的借口。

其四,"效率与公平并重"论。这种观点认为,效率与公平具有同等的价值,且二者之间存在互激效应:一方面,社会的经济发展,表现为效益的提高,而要提高效益就必须讲求效率。随着社会生产力的发展,经济效率的提高,社会为人们提供的财富就不断增加和丰富,从而就根本上为实现公平创造了物质基础。认为离开效率谈公平,公平就会失去现实的物质基础而陷于空想。另一方面认为,任何经济发展都是具体的、历史的,经济效率的提高都是在一定的历史阶段和特定的社会制度及体制下实现的,都离不开一定社会的公平原则。所以,只有做到效率与公平并重,才能促进社会的和谐发展,既保证了效率的提高,又促进了公平的实现,从而使得二者形成互动的良性循环。显而易见,"效率与公平并重"论,把效率与公平放在同等的地位,并倡导二者的良性互动关系,这无疑是对前面理论的进步和深化。然而,这一理论仍将效率与公平看做是两个分离的因素,二者的统一性仍没有足够的保证和稳固的基础,从而在实际工作中,为效率与公平的相分离提供可乘之机。

总而言之,在探讨"公平与效率"问题时,必须先行地确定讨论的范围和概念的界限,如在"公平与效率"中至少还存在以下关系:经济公平与经济效率、经济公平与社会效率、社会公平与经济效率、社会公平与社会效率等关系。而在这些关系中既有相容的一面,也有矛盾的一面,是既对立又统一的关系。正因为如此,我们不能简单地把这些具体的关系大而化之地放到"公平与效率"的名义下讨论,否则正如我们看到的那样"剪不断,理还乱"。

3. 经济正义与"公平和效率"

综观国内外学者对效率与公平的理论和观点,尽管他们对效率与公平问题的认识不尽一致,有的概要一些,有的精致一些,有的平面一些,有的深入一些,但这些理论却共同分享了一个形而上学的认识论前提,即认为效率与公平是分离的,或把效率与公平视为对立的两种价值因素,从而看做是"鱼和熊掌不可兼得",此长彼消,有了公平则无效率,而有了效率就必须牺牲公平;或将效率与公平视为即使不是对立的,也是两种不相关联的价值因素,从而效率是一回事,公平又是一回事;进一步,即使认为效率与公平是可以统一的,但这种统一仍停留于外在的黏合,而没有揭示出内在统一的基础,使得二者处于貌合神离的游离状态。之所以出现如此的理论主张和认识缺陷,根本的原因在于人们的视界出了问题,即在对效率与公平问题的研究中把效率与公平视为两种孤立的价值因素,从而一直停留在外在地如何使二者统一起来的思维局限,因而无论说法如何严密,表述如何精致,但根本上而言仍未逃脱对效率与公平所作的知识论之理解。因此,问题的关键之处在于,应从生存论的根基处对效率与公平做新的领悟和审视。其次,出现对效率与公平问题的认识混乱,与人们对"效率"、"公平"概念的理解混乱以及人们在不同层次上使用这两个概念有关,因此有必要对它们加以澄清。当然,这也与公平、效率问题及其关系在现实社会中的复杂性和错综性有关。

事实上,效率与公平在实际生活中并不是两个孤立的问题,而是一而二,二而一的存在;不是非此即彼,而是亦此亦彼的胶着。那么人们为什么会出现对效率与公问题的种种误识呢? 除了对效率与公平问题做了知识论立场的理解外,一个根本的原因于对"公平"的错误理解,即把"公平"作"平均"、"均等"之意的理解,从而把公平与效率置于完全对立的境地。其实,诚如我们在前文所述,"平均"、"均等"并不等于"公平",如果不管前提条件,一切都采取平均主义、均等至上的分配原则,那么这非但没有达到公平,而恰恰是对公平的践踏,从而根本上阻碍了效率。另外,存在着对"效率"的相对主义之理解,认为效率就是个体行为的属性,似乎只要个人的效率,不管别人的效率;只要现实的短期效率,而不管长远的社会效率;只管经济效率,不问社会效益等,根本上忽视了社会生活不是由孤立的原子个人的简单组合,也不是所谓的经济生活、政治生活、文化生活的简单拼凑。事实上,人类的社会生活是无法分割的一个整体,是在彼此勾连的社会关系中存在和展开的,个人无法脱离社会关系,经济效率根本不可能离开人们的目的性追求和价值判断而发生。离开了人的目的性和价值维度,经济效率是无法定义的。所以仅仅囿于经济的角度求解效率的真理无疑是不得要领,因为经济效率必然地关涉到社会公平和人类正义的价值追求。同时,在对效率与公平问题的讨论中之所以出现混乱,与人们在对"效率"、"公平"的不同层次意义的使用有关,如有的是在经济效率与经济公平的层次上使用"效率与公平"的命题,有的是在经济效率与社会公平的意义上使用"效率与公平"的命题。之所以出现这种混乱,本质上仍然是对效率与公平做抽象理解的结果。

从根本上来说,经济本身不是我们的目的,经济效率也不能推导出人生的意义。社会效率与经济效率虽然密切相连,但社会效率不能换算成经济效率,社会成本也并不总是经济成本所能衡量的,因为社会成本中诸多政治成本、文化成本、道德成本、环境成本根本无法用经济成本所能替代,这些问题也不是仅仅靠经济效率就可以解决的。金钱并不能购买权利和权力,然而要保障这一点必需有法律和制度来保护,所以阿瑟·奥肯指出,社会要"拒绝把自身变成一架支付一定量钱币便可换取一切东西的巨型售货机"①。如果把效率仅仅当作经济效率,并把这样的效率当做经济的唯一追求目的,而不管经济效率的价值维度和正义原则,必然会误导人们的经济活动,从而深刻地影响到人们的经济观念和社会生活,根本上威胁到人的存在根基。因为事实上我们发现,在现实生活中,所谓的"高经济效率"和低下的社会效益乃至混乱的经济秩序并存,社会财富的极大丰富与贫困潦倒相随而居,被称为"成功者"的人喂养猫狗的食物甚至胜过了被称为"失败者"哺育他们后代的食物,而这在人类社会中究竟有多大的意义? 对于以经济利益或经济效益为经济生活的唯一目标乃至社会的全部意义,而无视人类基本的价值原则和生命尊严的社会现象,我们要应该提出这样的发问:为什么要经济? 为谁而经济? 为什么要有效率? 为谁而有效率? 经济学家萨缪尔森曾说过,人并不能仅仅靠效率而活着。所以面对经济效率和人的存在目的之间相背离的现实时,我们要建构全新的经济价值理念,即经济应当是人的目标的仆人,而不是人的目标的主人。人的这些目标包括生存资料的供给、尊重和友谊以及自由,经济只是实现人的这些目标的手段,它本身并不能够成人生存的目的,所以对经济的评价应当根据它在完成这些目标方面所起的作用来作出。② 因此,我们需要开启"效率与公平"的生存论视阈,呼唤全新的经济正义精神,建立新的经济发展观,开拓新的经

---

① [美]阿瑟·奥肯:《平等与效率》,华夏出版社 1999 年版,第 12 页。
② 参见[美]威尔伯、詹姆森:《经济学的贫困》,北京经济学院出版社 1993 年版,第 1 页。

济发展道模式。

从生存论的视阈出发探究"效率与公平"的命题，使我们能够超越从狭隘的经济领域观察效率问题提供了可能，把经济活动置于人的存在意义中加以审视，从而使经济带有"属人"的感性光辉。这里就牵涉如何看待人的存在本性的问题。英国哲学家斯蒂文森指出："人是什么？无疑这是所有问题中最重要的一个问题。因为其与众多的问题都取决于我们对人性的见解。"①这说明人性问题具有至关重大的意义。尽管人们对人性问题众说纷纭，歧见迭出，但我们可以从人的存在本性中达至对人性问题的趋近求解。马克思曾说过，需要乃人之本性。然而人的需要不是凝固不变的，它具有无限的丰富性和全面性，正是人对自身需要的不断追求和满足中，人成就了自身。人的这种对自身需要的不断满足的存在方式呈现为人是一种"顶天立地"的存在物，所谓"立地"，指人作为一种生命物种而存在，它具有动物所具有的各种生理需要和物欲，并受各种自然因素和社会条件的束缚和限制；所谓"顶天"，指人乃是一种超自然生命的存在物，他不简单的是一种满足生命的存在，还追求生活的意义和存在的价值，从而对人的生命、人的社会和人类历史带有形而上的意义追思，总是在有限中追求无限，在现实中超拔而趋近理想。人的这种超越性的存在本性使得人创生了自己，从而人成其为人。对此马克斯·韦伯写道："如果没有反复地在人间追求不可能的东西，那么，可能的东西也实现不了。这是一句至理名言，全部历史的经验证明了它的正确性。"②总而言之，人的这种"顶天立地"的存在方式使得经济不可以离开人的本性而建立自身的合法性。经济发展远远超出了满足人类经济需要这一简单的道德要求，它必须"为一切人的发展和人的全面发展"立自己的根据。

从生存论的角度对效率与公平问题进行哲学的思考，并不是否定对效率与公平的理论研究，而是对该问题要做进一步追问。其实这是马克思所创立的唯物史观的基本要求。按照历史唯物主义的基本原理，对效率与公平问题要采取具体的、历史的态度，从人们的社会生活中去把握。效率与公平问题归根结底是人与人、人与自然、人与社会之间的需要和利益关系问题，由此展开对人的自由自觉的存在本性的关注和成就。马克思和恩格斯一生致力于唯物史

① ［英］莱斯利·史蒂文森：《人性七论》，国际文化出版公司1988年版，第3页。
② ［德］马克斯·韦伯：《学术生涯与政治生涯》，国际文化出版公司1985年版，第107页。

观的研究,旨在实现人的需要,实现社会公平,促进人的全面发展。易言之,效率与公平问题乃是人们如何有效地创造丰富的物质文明和精神文明并满足人的多重需要,以更好地展示人的自由本质。从生存论的根基处探讨效率与公平问题,无疑具有重大的理论价值和现实意义。就理论价值而言,它有利于我们对效率与公平问题作出全新的透视,从而对该问题的进一步深入研究,突破原有的认识框架提供了原则高度,为我们采取切实有效的措施提供了理论支持。就现实意义来说,有助于我们在实际工作中驳斥和阻止以"效率与公平不可兼得"、"效率与公平彼此对立"为由,作出以经济效率的名义忽视社会公平,或以公平的借口阻碍效率的有悖于社会主义现代化建设宗旨的危害行为。

实现经济效率与社会公平的统一是经济正义的内在要求,也是经济正义的题中要义。"效率与公平"是经济正义探究的主题内容,在现实的社会经济生活中需要加以动态平衡,从而实现经济发展、社会进步和促进人的自由全面发展。因此,一方面,从经济效率和经济正义的内在关系来看,实现经济正义需要高度的生产力和经济效率,因为只有高度发达的社会生产力和经济效率,我们才能为实现自由解放和人类幸福提供丰富的物质基础,因为"追求幸福的欲望只有极微小的一部分可以靠观念上的权利来满足,绝大部分却要靠物质的手段来实现"。[①] 但是,经济效率本身并不能自发地成就经济正义和实现人的自由和解放,而且经济生活若没有社会道德和公平正义价值的守护,它本身的运行和效率也不能长期确保。如此可见,没有经济效率就没法实现经济正义,而有了经济效率也不能确保经济正义。另一方面,从社会公平和经济正义关系来看,如果没有社会公平的价值守护,经济正义价值的实现肯定是要落空的。但是,若抽象地固守社会公平而不注重经济效率和社会效率,就只能是低水平的抽象的社会公平,也不能成就我们所要诉求的经济正义。总而言之,实现经济效率和经济公平、经济效率和社会公平、社会效率和社会公平的内在统一,从而实现每个人的自由而全面发展,乃是经济正义的根本旨趣。

四、经济正义与福利主义

在前面的论述中,我们已经指证了经济自由主义所鼓吹的在私有制基础

---

① 《马克思恩格斯文集》第4卷,人民出版社2009年版,第293页。

上的自由市场竞争,并不能确保人类的幸福和社会的进步。事实上,在资本主义私有制的前提下,资本主义的自由竞争必然导致垄断,随之而来的是财富在资本家一方的巨大积聚和贫困在工人阶级一方的无限积累,财富和收入的极端分化导致了工人阶级在生存边缘挣扎。求生是人的本能,工人阶级为了生存,就不得不起来与资本家进行斗争。于是,工人阶级运动彼此起伏,劳资矛盾加剧,社会冲突激化,严重影响了资本主义的经济发展和社会稳定。在这种情况下,如何克服资本主义的经济危机,缓和劳资矛盾以有序进行资本主义生产,就现实地摆在资产阶级的眼前。正是在这种情况下,资产阶级经济学家为了解决资本主义的经济危机和克服社会矛盾,以挽救资本主义的总危机,就在传统的自由放任的经济思想和经济政策的基础上发展了福利主义的经济思想和政策主张。为了清楚地认识经济正义与福利主义的关系,我们首先要对福利主义进行必要的考察。

1. 福利主义及其哲学基础

经济学作为担负改善人类生活为己任的一门科学,其福利思想早已有之。人们对福利的命题也早已触及,如斯密的"看不见的手"理论认为在自由市场竞争的机制下,对个人利益的追求必将自然实现个人和社会经济福利的最大化,巴师夏在其著作《经济和谐论》中认为不受约束的自由贸易制度会使个人利益和社会利益完全协调,孟德威尔在《蜜蜂的寓言》中"私恶即公德"的理论等,都已经涉及了福利的命题和思想。但是福利主义作为一种系统的理论和学说并构成西方基本经济理论的组成部分,是从庇古开始的。1920年庇古的《福利经济学》一书的出版,标志着福利主义的产生,庇古也因而被称为"福利经济学之父"。虽然福利经济学有新旧之分,但没有本质的区别。总的来说,福利主义是以边沁的功利主义作为自己的哲学基础,以"边际效用论"作为自己的理论前提和逻辑起点,以帕累托最佳等作为重要的分析工具而建立起来的经济理论和经济政策,旨在追求个人福利和社会福利的最大化,以期实现社会的幸福和安定。为了深刻把握福利主义的全貌,我们需要先行地揭示其哲学基础和理论前提以及理论构造。

功利主义是福利主义的哲学基础。所谓功利主义,概要地说,是指以实际功效或利益作为道德标准的伦理学说和哲学主张。功利主义的思想古已有之,其思想渊源可以追溯到古希腊时期德谟克利特和伊壁鸠鲁的"快乐论"思想,但是作为一种系统的理论学说和哲学主张,则于 18 世纪末 19 世纪初由英国的边沁和约翰·穆勒完成的。功利主义哲学思想是庇古的福利经济学的理论基础。功利主义从抽象的人性论出发,认为人是一种追求快乐与避免痛苦的动物,因而快乐和痛苦是人类行为的唯一动机,快乐和痛苦成为决定人们应该如何行为的标准,因为"自然把人类置于两个至上的主人——'苦'与'乐'——的统治之下。只有它们两个才能够指出我们应该做些什么,以及决定我们将要怎样做。在它们的宝座上紧紧系着的,一边是是非的标准,一边是因果的链环"①。同时,功利主义从快乐主义原则出发,把快乐和痛苦作为人之行为善恶的道德评判标准,认为一个行为是否合乎道德、是否符合正义原则,主要看这个行为是否带来好的结果,即能否给人带来快乐和幸福。如果一个行为能给人带来快乐,那就是善的、道德的,因而是正义的,否则就是违背道德和正义的原则。正如边沁所说的那样,"功利原则指的是:当我们对任何一种行为予以赞成或不赞成的时候,我们是看该行为是增多了还是减少了当事者的幸福;换句话说,就是看该行为增进或者违反当事者的幸福为准"②。在快乐主义的基础上,边沁和穆勒提出了功利主义的原则,即最大多数人的最大利益。在个人利益与社会利益的关系上,功利主义把个人利益看做是社会利益的基础,社会利益是个人利益的总和,并认为达到"最大多数人的最大利益"乃是道德活动的唯一目的。质言之,功利主义是以行为的目的和效果衡量行为价值的一种哲学伦理学说,它以能否促进全体当事人的普遍福利作为衡量行为是否道德的唯一标准,而不管行为的动机和行为本身如何。功利主义作为商业资本主义社会发展的理论表达,对于人们追求自身的利益给予了理论上的肯定和鼓励,深刻地促进了资本主义经济的发展。

"边际效用论"是福利主义的理论前提。自 19 世纪 70 年代初开始的 20 多年间,西方经济学发生了一场所谓的"边际革命",其主要特征在于把主观的心理因素和边际量的分析引入到经济学的研究中,并强调这种研究方法在经济学研究中的决定性意义。所谓革命,无非是指经济学研究从强调生产、供给和成本转向强调消费、需求和效用,从而用边际效用学说来重新认识和分析价值问题。边际效用论是直接针对古典学派的劳动价值论和生产费用论而提

① 周辅成编:《西方伦理学名著选辑》(下),商务印书馆 1987 年版,第 210 页。
② 周辅成编:《西方伦理学名著选辑》(下),商务印书馆 1987 年版,第 212 页。

出的。古典的劳动价值论认为劳动是商品价值的唯一来源，并将商品的价值归结为客观的要素，边际效用论则不满足于这种解释，从主观的和需求的角度来重新解释商品的价值和价格，以此代替古典劳动价值论和生产费用论。所谓边际效用，是指最后增加的一单位商品或劳务所具有的效用。边际效用论认为，人的欲望及其满足是一切经济活动和经济分析的出发点，在满足欲望过程中人们会发现：人的欲望会随着欲望的不断满足而递减，从而用来满足欲望的物品的效用也会递减，此所谓效用递减规律；在资源有限而欲望众多的情况下，要实现欲望或效用的最大化，必须使各种欲望最后被满足的程度大体相等，此所谓边际效用相等规律。由此进一步，边际效用价值论主张效用是价值的源泉，稀缺性是价值的条件。这就是说，一种物品越稀缺，边际效用越大，因而价值就越大。由于边际效用论把物品的价值来源归于物品的效用，而物品的效用又被归结为是物品与人的主观感觉的关系，因而价值纯粹被规定为一种主观的现象。边际效用论的引入，从主观方面和需求的角度来分析经济行为和经济现象，无疑是拓展了经济学的研究范围和视野，从而丰富和发展了经济学的内容。但是边际效用论建立在主观主义的特性使得其必然陷于相对主义和怀疑论的泥淖，从而缺少现实的客观性和可操作性。其实新福利经济学以"序数效用论"来代替旧福利经济学的"基数效用论"正说明了这个问题，即使新福利经济学的"序数效用论"仍无法克服"效用论"的主观相对性所导致的混乱。

　　"帕累托最佳"是福利主义的理论分析工具。"帕累托最佳"又称帕累托效率，最先由意大利经济学家和社会学家帕累托于1906年出版的《政治经济学原理》一书中提出的福利经济学命题，是一种用于衡量经济和社会运行状况的效率标准。帕累托最佳是根据"帕累托改善"来定义的，"帕累托改善"是指在一个相对完整的系统中改善一部分成员的处境而不会导致任何其他成员的处境变坏。所以帕累托最佳是指这样一种状态：已经没有任何方法重新组织生产和分配来增进每个人的满足状态。这意味着社会经济福利处于若不牺牲其他人的经济福利就无法增进，任何改善一个人的境况之行为都会损害到其他人的福利。但是，"帕累托最佳"概念仅仅是从效率的角度来比较不同的经济和社会运行状况，并不涉及公平问题。而且，"帕累托最佳"没有顾及人们的初始财产占有情况，因而陷于理论上的抽象而不具有现实的规范性。事实上，"帕累托最佳"回避了人们之间的效用比较和人们之间收入分配问题。

所以罗尔斯正确地指出,仅仅效率原则本身不可能成为一种正义原则,效率原则本身也不能选择一种有效率的对特殊产品的分配方式,因为"存在着许多效率的结构。例如,那种一个人得到全部产品的分配也是有效率的,因为没有别的可使某人得益而不使其他人受损的再分配办法。这个占有全部产品的人绝不能失去什么。但我们当然不能接受这种不平等分配的效率所可能暗示的东西,即以为一切分配都是有效率的"①。应该说,罗尔斯的这一批评对"帕累托最佳"是切中要害的。

正是从上述的哲学基础和理论前提出发,福利主义以个人和社会的福利之大小、是否公平等作为分析视角,对市场经济体系的运行加以评价并力求规范,从而采取有效措施以克服市场的缺陷和不足,试图达到实现社会经济福利最大化的目的。因此,福利主义建立了自己较为系统的理论体系,提出了相应的内容和政策主张。福利主义在历史上先后经历了旧福利经济学和新福利经济学阶段,旧福利经济学以庇古为代表,而新福利经济学则以勒纳、卡尔多、希克斯、萨谬尔森等人为代表。庇古认为福利是主体对物品享受或满足时的一种心理反应,因而把福利分为广义的福利即"社会福利"和狭义的福利即"经济福利"。由于社会福利涉及诸如"自由"、"友谊"等内容而难以计算,因而不属于经济学研究的内容;而把社会福利中可以用货币计算的那部分即经济福利,作为经济学所研究的内容。同时,把国民收入规定为可以用货币衡量的那部分客观收入,实际上是把经济福利和国民收入等同起来。在此基础上,旧福利经济学以边际效用价值论为根据,提出了两个基本命题:(1)国民收入总量越大,社会经济福利越大;(2)国民收入分配愈均等,社会经济福利越大。这意味着经济福利在根本上取决于国民收入的数量和国民收入在社会成员之间的分配状况。因此旧福利经济学认为若要增加经济福利,在生产方面要大力增加国民收入,这又关键在于资源的有效配置,在分配方面要消除国民收入的不均等情况,从而达到所谓的"最大多数人的最大利益"的价值原则。

新福利经济学是在批判和修正旧福利经济理论的基础上形成和发展起来的。他们认为由于效用是一种主观的感受,而且每个人由于存在不同的偏好,因而物品的效用既不能相加,又不能进行具体的计算,也就是说,边际效用不仅不能衡量,而且个人间的效用也无法比较,所以效用不能由基数词表示其大

---

① [美]罗尔斯:《正义论》,中国社会科学出版社 1988 年版,第 69 页。

小,而只能依序数词来表示其水平的高低。于是新福利经济学以"序数效用论"代替了作为旧福利经济学理论前提的"基数效用论",反对旧福利中的经济学中收入均等分配的福利命题,从而反对将高收入阶层的货币收入转移到低收入阶层的政策主张,并提出了三个基本的命题:(1)个人是他本人的福利的最好判断者;(2)社会的福利状况取决于组成社会的所有个人的福利状况;(3)如果至少一个人的境况好起来,而没有一个人的境况坏下去,那么整个社会的境况就算好起来。同时,新福利经济学还提出了"补偿原则"和"社会福利函数论"。"补偿原则"即如果任何改变使一些人的福利增加而使另一些人的福利减少,那么只要增加的福利超过减少的福利,就可以认为这种改变增加了社会福利。"社会福利函数论"主要代表是伯格森和萨谬尔森,他们强调福利经济学应该注重对价值判断和收入分配的研究,认为"帕累托最佳"状态并不是唯一的,真正的最佳状态除了考虑交换的最优条件和生产的最优条件外,还必须以福利在个人之间的合理分配为前提和基础,因为经济效率只是社会福利最大化的必要条件,而合理分配才是最大福利的充分条件。由于"社会福利函数论"把社会福利函数看做是社会成员经济福利的加总函数,主张要根据经济变动引起的社会福利函数的变化,去判断和衡量社会经济福利的增进程度。

2. 福利主义的内在紧张

以上我们概要的阐述了福利主义哲学基础及其基本观点和主张,从中我们可以发现,福利主义作为克服 20 世纪英国社会现实经济矛盾和阶级矛盾的理论表达和政策主张,从社会和个人经济福利的角度来对市场经济的运行机制加以社会道德的价值评价,并提出相应的政策主张,力求对市场经济的机制做出规范性的要求,拓展了经济学的研究范围和理论视野,而且当代的许多经济理论研究都与福利主义理论密切相关,因而具有长远的理论意义。就现实的层面而言,福利主义的社会保障政策之实施,极大地刺激了工人的生产热情和劳动积极性,而且通过福利政策,促进消费需求,增加就业岗位,这一切对于缓和当代资本主义社会的阶级矛盾、缓解资本主义经济危机,促进经济发展,具有一定的作用。但同样必须指出的是,由于福利主义的哲学基础和理论前提存在着诸多理论缺陷,譬如,"效果论"的片面主张使得功利主义忽视了行为的动机和手段,从而无法确保行为后果的道德性和行为的效用最大化;效用的无法精确计算和衡量使得"最大多数人的最大利益"陷于理论抽象的层面而不具有现实性,而且还会导致以最大多数人利益之名,谋少数人利益,破坏社会经济的公正;由于效用的比较缺少客观的依据,可能会出现多数人以公正的名义对少数人施行暴政,从而无法保证少数人特别是弱者的正当利益。因此,福利主义在其理论演绎中充满着形而上学的气息,整个福利主义理论也由此存在无法克服的内在紧张。

首先,福利主义的哲学功利主义基础使得其具有明显的"结果主义"之片面性。经济福利主义由于以边沁的功利主义作为自己的哲学基础,使得整个理论的致思取向和价值选择都是功利主义的,即对所有的经济行为、经济活动和经济政策的评价都是基于功利的标准。换句话说,一个人的经济行为、一个国家经济政策以及人们之间的经济交往的合理性和道德性都取决于该行为、该政策能否带来社会的最大的经济效用。如果一个人的经济行为带来了最大的社会经济福利,那么该经济行为就是合乎理性和道德性,因而是正义的;相反,就是违背经济正义的。正是由于经济福利主义唯经济福利至上的价值选择标准,使其陷入了"结果主义"的泥淖,从而具有无法克服的现实片面性。这片面性主要表现在,无视经济行为的动机和经济活动过程的道德性、正义性。这就不可避免地在现实的经济生活和经济交往中,出现为了达到自己的一私之利而不择手段的恶行,必然会导致经济秩序的混乱,影响到人们正常的经济生活,甚至以经济福利主义之名隐藏邪恶的行为动机乃至实施经济暴力,从而严重危及人们的经济生活乃至正常的社会生活。因为事实上人们的行为动机和行为效果是彼此紧密相连的,动机是效果的行动指南,效果是动机的行动体现。人类的实践活动都具有明显的目的性,因而受一定动机的支配,但是如果没有同客观实际相符合的正确认识和动机,就无法有效地达到目的。相反,只有正确的认识和动机而不努力去实践,也无法获得良好的社会效益。这也就是说,行为的效果正当性并不能确保行为动机和行为过程的正义性,同样,行为动机的正义性也无法担保其结果的价值合理性。所以,要确保行为的合理性和价值性,必须考察行为的动机和效果是否一致。正因为如此,在实际的社会经济生活中,我们要努力做到动机与效果的辩证统一,判断任何事情既要强调动机,又要注重效果。

其次,经济福利主义倡导的以"社会总福利"为标准的经济价值原则会导致多数人对少数人的暴政。经济福利主义从功利主义的逻辑出发,把社会福利看做是个人福利的加总，并简单地认为个人福利和社会福利是一致的，所以把是否有利于增加社会福利的总量作为评价人们的经济行为和政府政策是否合理、是否具有经济正义性的根本依据。由此逻辑出发，结果导致了新福利主义所谓的"补偿原则"，即如果任何改变使一些人的福利增加而使另一些人的福利减少，那么只要增加的福利超过减少的福利，就可以认为这种改变增加了社会福利。这就是说，牺牲一些人的利益如果能换来其他一些人的更多利益，由于这符合福利主义的原则，因而被赋予合乎经济道德和正义价值的理由。但是，这一逻辑在现实的层面上却会带来可怕的后果，那就是多数人对少数人的暴政。由于利益具有满足人的需要本性，因而追逐利益是人类行为的重要动力，又因为人的需求是没有极限的，因而如果没有适当的规则限制人们获取利益的行为，那么可能会导致为了贪欲而不惜损害人类基本价值原则的恶行。一旦人的贪欲被赋予合理的形式，就会招致可怕的后果。经济福利主义内涵的以社会经济福利总量为标准的价值原则，将不可避免地导致以社会福利的美丽借口，从"少数服从多数的原则"实施多数人对少数人的暴政。在这种理论意识形态掩护下，根本无法确保少数人的应有权利和自由，严重损害到少数人的利益，而这与福利主义的初衷是相去甚远，乃至背道而驰的。正因如此，罗尔斯坚决认为，我们不能根据处在某一地位的人们的较大利益超过了处在另一地位的人们的损失额而证明收入或权利方面的差别是正义的，因为对人的自由侵犯很少能通过这种方式来抵消的。①

再次，以效用论为前提的理论演绎使得经济福利主义缺少现实性。边际效用价值论是经济福利主义的理论前提，虽然新福利经济学以"序数效用论"取代了旧福利经济学的"基数效用论"，但不管是"基数效用论"，还是"序数效用论"，都是主观效用论。由于效用在福利主义那里被规定为主体的一种主观感受和心理评价，因而整个福利主义具有明显的主观主义特性。因为人的心理感受纯粹是主观的东西而无法计算，又由于人的不同偏好使得效用根本不能在主体间进行比较，由此导致的是效用问题上的相对主义。既然是"公说公有理，婆说婆有理"，那么最后的结果就会导致强权真理观，或者是少数有权人对多数人的利益的侵犯，或者多数人对少数人的剥夺，但是无论采取哪种方式，都以牺牲弱势群体的利益为代价。那么，谁来关心弱势群体的利益，

① 参见［美］罗尔斯：《正义论》，中国社会科学出版社1988年版，第65页。

谁为社会底层人员的福利呐喊。这与福利主义的宗旨也是不相容的。这意味着经济福利主义可能不仅不会给人们带来经济平等，反而会导致"反公平"的极端立场。可见以效用论为理论前提的经济福利主义理论自身存在内部的紧张。正因如此，经济福利主义的现实性受到明显的折扣，体现了其更多地具有理论形而上学的空疏性质。

最后，福利主义面临"福利国家危机"的理论和现实的双重挑战。经济福利主义从功利主义的立场和边际效用理论出发所实施的福利政策，在经历了一定的时间阶段以后，暴露出其明显的弊端，陷入了发展的困境。这主要表现在："从摇篮到坟墓"全方位的社会保障客观上导致了普遍性的消极怠工，培养了人们的惰性和不思进取的不良习惯，严重削弱了人们的生产积极性和市场竞争力，生产效率明显受到制约，经济发展动力不足，从而影响到社会的发展和进步；不断强化的国家干预影响到正常的市场运作机制和市场效率，而且过度的税收成为资本难以承受的沉重和负担，从而抑制了资本投资的动力，使得福利国家的功能越来越受到削弱，因为"与其说福利国家是提供各种收入、服务等福利措施——它们作为公民权利的体现——的独立和自主的源泉，不如说它本身就高度依赖于经济的繁荣和持续的利润"①。因而人们惊呼"福利国家的危机"，并受到来自多方面的不同程度的批评和质疑。新自由主义认为，与其说福利国家有效地调和了市场社会所产生的冲突，不如说它实际上加剧了冲突，而且还阻碍了社会和平和进步的力量（即市场力量）正确有效地发挥其作用。② 而来自"左派"的观点则认为，福利国家乃是无效力的和无效率的，是压制性的，况且还使工人阶级对社会政治现实的理解处于虚假状态。而且随着经济发展出现长时间的滞胀现象，直接影响到人们的生活水平，随之而来的是人们对福利政策的抱怨，使得福利国家陷入困境之中。所以福利国家试图采取福利政策以解决资本主义的经济危机、阶级矛盾和贫富分化的根本目的仍然没有实现，福利国家仍将面临诸多现实经济问题。正是福利国家存在的上述经济问题和社会矛盾，到 20 世纪 70 年代初，随着石油危机的爆发和经济陷入滞胀局面，人们开始怀疑福利国家政策，从而作为缓解资本主义社会内部矛盾的解决方案的福利主义主张及其政策，成为人们怀疑的目标和批判

---

① ［德］克劳斯·奥菲：《福利国家的矛盾》，吉林人民出版社 2006 年版，第 4 页。
② 参见［德］克劳斯·奥菲：《福利国家的矛盾》，吉林人民出版社 2006 年版，第 3 页。

的对象,而对于福利国家及其未来所抱有的毋庸置疑的信心也逐渐削弱。

3. 经济正义与福利主义

如何评价经济正义与福利主义的关系,这的确是一个复杂的难题。正如我们在上文阐述的那样,从理论层面来看,经济福利主义的根本缺陷在于它以所谓的"社会经济福利最大化"原则而实施的"均等"分配,无法从根本上克服经济发展的动力机制问题,所以它虽然也强调增加经济福利总量,但难免因为不切实际而落空。而"边际效用价值论"的理论前提使得经济福利主义陷入主观主义的泥淖,没有现实可行性,从而无法为现实的经济生活提供正义的价值基础。结果可能是追求经济公平初衷不仅没有实现,反而以丧失经济效率和经济公正为代价,从而影响到经济正义的价值追求,因为经济正义的原则高度是以拓展人的"实质自由"为根本诉求的,一切经济活动的出发点和归宿都是基于人的自由和全面发展的价值目标。事实上,经济正义与福利主义关系正像公平与效率的关系一样,是一个辩证而动态的关系,对此我们首先要确立马克思主义辩证方法论视野。

我们必须明确的是,福利不等同于福利主义,从而追求福利不等于追求福利主义,这里有一个"度"的问题,不能将二者混淆。"福利"是一个使用较为广泛的词汇,从较为抽象的意义上而言,福利可以被描述为能够让人类生活幸福的条件,它既包括物质的要素,也包括精神的要素。一般来说,福利可分为个人福利和社会福利。个人福利是指一个人所获得的幸福和满足,这种满足既包括物质上的,也包括精神上的。而社会福利则指一个社会成员的个人福利之总和。在社会福利中,能够为货币衡量的那部分社会福利,通常叫做经济福利。由于福利与人的生存和发展紧密相关,因此追求个人的福利和全社会的福利历来是人类社会发展的动力和价值追求,从而福利问题成为社会学、政治学、经济学、伦理学、哲学乃至宗教学等社会科学的关注焦点。诚如福利经济学创始人庇古所言,在很大程度上,影响人们经济福利的因素包含两方面,一是国民收入的大小,二是国民收入在社会成员中的分配状况,并认为在不减少国民收入的前提下,使穷人在国民收入分配中占有的绝对份额增加,那么会增加一个社会的经济福利。如此可见,福利问题切实地关联到社会的经济效率和分配公平问题。正因如此,一个社会的福利主张和福利政策,既要考虑到社会财富的生产,也要考虑到社会的财富分配,二者不可偏废。若只考虑社会的财富总量之增长,而忽视这些财富在社会成员之间的公平分配,那么很可能出现财富在社会一极的积聚,而贫困则在另一极的积累,使得社会处于巨大的贫富悬殊和尖锐的人际对立,从而影响到个人和社会的福利。相反,若一个社会不考虑财富的生产过程,而是要求均等地分享社会的物质财富,那么在历史地所达到的现有生产力和生产关系所统一的生产方式中,这种分配方式必然严重地损伤到社会财富生产的动力机制,从而整个社会财富总量将不断减少和萎缩,最终会损害人们的社会福利。在这个意义上,以福利至上、无视社会财富的生产过程,极端追求福利均等的福利主义必然遭遇的困境是显而易见的。因此,人们追求福利是必然的,也是必需的,更是应该的,政府也必须采取切实措施保障社会的基本福利需求,从而维护社会的稳定和生活秩序井然。但是,在多大程度上保障社会福利,这必须考虑到自身的生产方式情况,需要"度"的辩证意识和现实考量。

如此可见,社会福利和经济正义的关系乃是历史和具体的,因而是辩证的。就一般而言,追求和增加社会福利是经济正义的内在要义,社会福利的增加和丰富也有助于一个正义社会的实现。但是正如上所述,社会经济福利的生产和社会物质财富的创造,需要人力、财力和物力的大量投入,它需要足够的和不竭的动力源,因此,若在一个财富和经济福利相对匮乏的社会情况下追求过度的福利主义政策主张和均等分配原则,必然损害到创造福利的动力机制,这是历史和现实证明了的事实。当然,若一个社会的福利没有得到较为公平的分配,出现多劳少获、少劳多获乃至劳而不获、不劳而获的分配机制,那么社会福利的最大化无疑是一句空话,必将引起人们的不满和动乱。同样,在现代社会,若一个社会缺少起码的社会福利保障,那么也由于对公平价值的损害而阻碍社会经济效率的提高和社会福利的增长。可见,追求过度福利均等的福利主义与忽视最低社会保障的福利政策一样,都与我们倡导的经济正义格格不入。

经济正义的展开是一个现实历史的过程,也是一个艰难的过程。这种艰难不仅来自于理论的创新,更来自于现实社会生产力水平的制约和生产方式的限制。经济正义从根本上来说,涉及到如何在效率中求公平,又如何以公平促效率,从而在人类基本的经济活动中不断展露人的生命潜能,并不断提高人们的福利需求,满足人的本质需要,从而实现和丰富人的自由自觉的存在本质,成就人的自由和崇高,使人达至真、善、美的生命极至。所以,阿马蒂亚·

森才说,"实质性个人自由至关重要。根据这一观点,一个社会成功与否,主要应根据该社会成员所享有的实质性自由来评价"①。我们正是基于相同的视阈来定义经济正义的,即以自由看待人们的经济行为、经济生活和经济发展,经济正义的终极旨归是人的实质的现实的自由。因此,一种福利主张和政策在何种程度上与经济正义相一致,主要的衡量标准就是看其在现实的生产方式基础上多大程度地提升现实的人之现实自由能力的增长。在这里没有抽象的教条,剩下的只有辩证法。

---

① [印]阿马蒂亚·森:《以自由看待发展》,中国人民大学出版社2002年版,第13页。

第八章

经济正义：和谐社会的价值支撑和思想守护

一、和谐社会概述

自党的十六大第一次明确提出社会和谐问题以来，关于和谐社会的理论探讨及其现实建构问题就一直为社会各界所关注，而且这一问题的重要性日益被强调，并在党的十六届六中全会通过了《中共中央关于构建社会主义和谐社会若干重大问题的决定》，提出了"社会和谐是中国特色社会主义的本质属性，是国家富强、民族振兴、人民幸福的重要保证"的全新论断，从而把构建社会主义和谐社会提高到重大的战略任务加以认识和贯彻，并在实践中展开了积极的构建行动。为深入阐释社会主义和谐社会的深刻内蕴，揭示社会主义和谐社会的历史意义，以及在实践中更好地建设社会主义和谐社会，需要我们对"和谐社会"范畴以及历史上关于和谐社会的思想和论述进行必要的考察。

要深入地揭示社会主义和谐社会的内在价值，需要以对"和谐社会一般"的理解为前提，而对"和谐社会"内涵的一般规定，则以对"和谐"、"社会"的界定为基础。

1. 何谓"和谐"

关于"和谐"一词及其思想内涵，古今中外诸多典籍和不少思想家有很多论述。"和"在中国古代最早是以动词的形式出现的，以之来表示协调和均衡不同的人与事之间的关系,如《尚书·尧典》有"百姓昭明,协和万邦"之说。同时,"和"字在古代中国还具有描述事物存在状态的形容词功能,以之来表示"顺其道而行之",不过分的意思,如《广韵》:"和,顺也,谐也,不坚不柔也";又《新书·道术》:"刚柔得适谓之和,反和为乖。"而据《国语·郑语》里的记载,在周幽王八年郑桓公与太史史伯谈论"兴衰之故"和"生死之道"时,首次提出了"和"的概念。史伯道:"虞幕能听协风,以成乐万物生者也。夏禹能当平水土,以品处庶类者也。商契能和合五教,以保于百姓者也。周弃能播殖百谷蔬,以衣食民者也。"而《说文解字》对"和"与"谐"是这样解释的:"和,相应也",而"谐"乃指"配合得当"之意。因此,在中国古代人们对和谐的论述和理解中,"和谐"主要指差异中寻求统一,在多样中求解协调,从而诉求事物之间均衡适度的存在样式。

在古代西方,思想家们也对"和谐"做了极为丰富的阐释。在古希腊,人们用和谐来解释天体运动规律和灵魂机制。古希腊毕达哥拉派创始人毕达哥拉斯第一个明确地把"和谐"作为哲学的根本范畴,并结合"数的学说"提出了"和谐说"。毕达哥拉斯认为,万物皆数,数为万物之原型,数是万物的始基或本原,数的原则统治着宇宙万物及其现象,"万物的本原是一。从一产生出二,二是从属于一的不定的质料,一则是原因。从完满的一与不定的二中产生出各种数目;从数产生出感觉所及的一切形体,产生出四种元素:水、火、土、气。这四种元素以各种不同的方式相互转化,于是创造出有生命的、精神的、球形的世界"。[1] 毕达哥拉斯学派关于数的理论又是与和谐说联系在一起的,他们通过对音乐节奏的研究发现,和谐的音乐是由长短高低轻重不同的音调按一定的数量比例所组成的,从而认为音乐的和谐是由数的比例所决定的,而且认为日、月、地、行星彼此间距离也存在数的比例关系,在运行中发出不同的音调,构成整个宇宙的和谐。正如数构成了世界的本体,万物之间皆存在着和谐,和谐无所不在,因而和谐乃是"宇宙秩序",并认为"和谐是最美的"。

古希腊的另一位哲学家赫拉克利特则从"相反者相成"的辩证法角度,深刻论述了"和谐"的内涵。他认为事物都是对立面的统一,不是用相同的东西制造和谐,而是在对立的东西中产生和谐。正如将雄雌相配,而不是将雌配

---

① 北京大学哲学系外国哲学史教研室:《西方哲学原著选读》(上),商务印书馆1981年版,第20页。

雌、将雄配雄,联合相反的东西造成协调;又如,音乐混合各种不同的高低音和长短音,造成一支和谐的曲调,而不是单音和单调造就和谐的曲调。所以,"结合物是既完整又不完整,既协调又不协调,既和谐又不和谐的,从一切产生出一,从一产生出一切","相反的东西结合在一起,不同的音调造成最美的和谐"。① 在这里,赫拉克利特对"和谐"的核心理解就是在对立中求统一、在差异中寻一致。和谐以事物的对立和差异的存在为前提,甚至在某种意义上我们可以引申为没有对立也就无所谓和谐,没有差异也就谈不上和谐。但是,与赫拉克利特强调和谐是对立面的统一的主张不同,毕达哥拉斯更多的是强调和谐的绝对性,甚而认为"美德乃是一种和谐,正如健康、全善和神一样。所以一切都是和谐的"②。

古希腊的理念论哲学家柏拉图则从个人灵魂和国家组织的角度论述了和谐的内涵。他认为人的灵魂由三部分组成,即理性、意志和情感。这三部分具有不同的功能和地位:理性居于统帅地位,负责对其余两部分的指挥,意志则要服从于理性并协助理性控制情欲,情欲则要服从理性的引导。当三者各司其职、各就其位,处于融洽状态时,那么个人就处于和谐状态。同样,柏拉图认为,国家是个人的放大,正像人的灵魂有三个部分一样,一个国家也相应地分为三个等级,即统治阶级、武士阶级和劳动者阶级,它们也具有不同的职能:统治者由具有智慧的哲学家组成,他们的职能是管理国家,它们的美德是"智慧";武士阶级的职能是防御敌人,保卫国家,他们的美德是"勇敢";而劳动者的职能是生产社会物质财富,它们的美德是"节制"。当社会的这三个组成部分各自履行自己的职能,那么国家就处于和谐状态。

当然,在古代思想家那里,对于和谐的论述远不止以上所述。但是,透过他们对和谐的有关论述,我们可以看到,一般地说来,和谐起于差异的对立,是杂多的统一,是不协调因素的协调。和谐不仅是整齐一律和平衡对称,更重要的还在于从差异中求协调,在不齐中求整齐。和谐不仅是对自然事物存在和人类社会生存状态的一种揭示,也是对事物和社会存在理想状态的诉求。因

① 北京大学哲学系外国哲学史教研室:《西方哲学原著选读》(上),商务印书馆1981年版,第23—24页。

② 北京大学哲学系外国哲学史教研室:《古希腊罗马哲学》,商务印书馆1961年版,第36页。

此，无论是对事物对立存在状态一面的揭示，还是强调事物和谐的一面，都不过是对特定社会生活的直观描述或理想诉求。对此，我们可以借助马克思主义唯物辩证法的基本观点做进一步的分析。马克思主义唯物辩证法是关于自然界、人类社会和人类思维存在和发展状态的科学理论，它深刻地揭示了事物存在和发展的规律。而"和谐"作为一个唯物辩证法的关系范畴，本质上是对事物之间的关系及其存在状态的一种描述和表征。唯物辩证法认为，矛盾即对立统一，是事物存在和发展的根本动力，事事有矛盾，时时有矛盾。矛盾既有同一性的一面，也有斗争性的一面，同一性和斗争性构成了矛盾的基本属性，且二者之间存在辩证的关系。从哲学上讲，和谐包含着矛盾双方的相互联系、相互依存的思想，强调平衡、协调、合作，体现包容万物、兼收并蓄的精神内涵。但是，和谐并不否认矛盾的存在，也不意味着矛盾双方的无条件的绝对统一；相反，和谐是以事物的差异性存在为前提和条件的，其本质在于差异中的协调，多样中的统一。因此，在对和谐的认识问题上，我们必须反对否认差异性的绝对和谐，也反对将差异无条件地归并于绝对划一的倾向。

2. 何谓"社会"

"社会"一词不可谓不熟悉，但是当我们认真追问究竟什么是"社会"时，问题就不像想象的那般简单明了，甚至许多社会学著作只是泛泛地说"社会学是关于社会关系和社会行为及其规律的科学"等，而对于社会是什么，则没有作出明确而深入地规定，而且人们对社会的理解也是不尽一致的，强调的侧重点也是有所差别的。在通常意义上，所谓社会，一是指由一定的经济基础和上层建筑构成的整体，因而社会也称社会形态；二是泛指由于共同物质条件而相互联系起来的人群。《辞海》对"社会"的解释有二：一是指以一定的物质生产活动为基础而相互联系的人类生活共同体。人是社会的主体，劳动是人类社会存在和发展的前提，物质资料的生产是社会存在的基本条件，生产关系是社会的经济基础，社会基本矛盾是推动社会发展的根本动力；二是指旧时乡村学塾逢春、秋祀社之日或其他节日举行的集会。[①] 然而，人们在理解和揭示社会关系及其本质时，又具有不同的侧重点。譬如，古希腊哲学家亚里士多德认为，人是政治动物，社会正是导源于人的这种合群和政治本性，从而人类形成

---

① 参见《辞海》，上海辞书出版社 2002 年版，第 1474 页。

共同体,因此社会是由集团而不是由个人组成的一个有分化的结构;托马斯·霍布斯从社会契约论的角度把社会看做是一个通过契约联系起来的结构;历史哲学家维柯认为社会是一种社会制度与人的关系的动态结构,它是人们行为的产物。事实上,对于社会的本质是什么? 其发展动力何在? 社会发展的目的为何? 对于这些问题,历史上有诸多的阐述。但是直到马克思主义产生以前,人们对于社会的解释都存在着明显的形而上学性质和唯心主义的阐释立场,都没能揭示出社会的本质。

从思想史的角度来看,人们对于社会的理解,大致有以下几种解释路径。其一,是神学社会历史观。这种社会历史观往往把社会的来历和本质以及其发展动力归结为某种神秘的超自然的力量,用神的意志和神秘的力量来解释和回答人类社会及其现象,从而根本上否定了社会存在的客观性维度,也从根本上否定了人类的主体性,从而陷入宿命论的社会历史观。其二,是唯心主义的社会历史观。这种历史观往往把社会的本源和本质以及社会的发展动力奠基于人的主观意识和精神活动。的确,人是社会的主体,社会活动之展开有赖于一定意识的指导,社会的存在和发展离不开人的自觉的意识活动。但问题在于唯心主义的社会历史观把社会历史中的这种意识现象和意识作用夸大成为社会历史的前提和基础,而没有进一步追问意识得以生发的感性生活世界和客观的物质生活基础。对此,旧唯物主义也犯了同样的错。所以,恩格斯正确地指出,主观唯心主义和旧唯物主义在社会历史观上"不彻底的地方并不在于承认精神的动力,而在于不从这些动力进一步追溯到它的动因"①。其三,是自然主义的社会历史观。这种社会历史观把社会的本质和核心归结为自然条件,从地理环境解释社会的实质,从人的自然属性来规定人的本质。这种社会历史观正确地看到了社会和自然的密切关联,看到了自然环境对于人类社会存在和发展的物质前提条件,看到了自然环境对于人类社会的制约和影响。但是,其错误在于把自然环境和人类社会同质化,把人类社会简单地还原为自然环境,把人与动物简单地相等同,夸大了社会与自然的同一性,抹杀了二者的本质区别,因而具有明显的片面性。对于这种片面性,恩格斯曾指出,自然主义的社会历史观是片面的,"它认为只是自然界作用于人,只是自然条件到处决定人的历史发展,它忘记了人也反作用于自然界,改变自然界,

---

① 《马克思恩格斯文集》第 4 卷,人民出版社 2009 年版,第 303 页。

为自己创造新的生存条件。"①当然,之所以出现把人类社会神秘化、精神化或自然化,与人们的生产力发展水平和认识能力以及剥削阶级的意识形态有关,它们的共同点在于不理解社会的实践本质,不理解实践及其在社会生活中的基础地位和作用。

在人类思想史上,马克思主义第一次正确地揭示了人类社会的本质,即全部社会生活在本质上是实践的。马克思主义之所以把社会生活的本质归结为实践的,是因为:首先,实践是社会关系的生发地。马克思恩格斯指出,一切人类生存的第一个前提,也就是一切历史的第一个前提是:"人们为了能够'创造历史',必须能够生活。但是为了生活,首先就需要吃喝住穿以及其他一些东西。因此第一个历史活动就是生产满足这些需要的资料,即生产物质生活本身。"②人类正是通过生产实践活动来实现自身与自然的物质交换活动,来满足自身的生存和发展需求。而生产意味着发生双重的联系,即人不仅与自然发生联系,而且必然发生人与人之间的联系,因为"为了进行生产,人们相互之间便发生一定的联系和关系;只有在这些社会联系和社会关系的范围内,才会有他们对自然界的影响,才会有生产"③。其次,实践构成了社会生活的基本领域。社会生活的基本领域包括物质生活领域、政治生活领域和精神生活领域,而这些生活领域都是建立在社会实践的基础上的。人类的生产实践活动及其展开实质上就是人们的物质生活本身及其展开过程,而社会的物质生产及其方式在根本上制约整个社会生活、政治生活和精神生活的过程。再次,社会生活和人们的社会关系随着实践的变化而变化。社会发展及其流变的根本动力乃是生产实践活动,也就是说要把社会"当作实践去理解"。所以,马克思指出:"社会——不管其形式如何——是什么呢？是人们交互活动的产物。"④而且人们的社会关系"是随着物质生产资料、生产力的变化和发展而变化和改变的。生产关系总和起来就构成所谓社会关系,构成所谓社会,并且是构成一个处于一定历史发展阶段上的社会,具有独特的特征的社会"⑤。马克思主义在"社会的实践本质"理解之基础上,进一步揭示了社会作为一个

① 《马克思恩格斯文集》第9卷,人民出版社2009年版,第483—484页。
② 《马克思恩格斯文集》第1卷,人民出版社2009年版,第531页。
③ 《马克思恩格斯文集》第1卷,人民出版社2009年版,第724页。
④ 《马克思恩格斯选集》第4卷,人民出版社1995年版,第532页。
⑤ 《马克思恩格斯文集》第1卷,人民出版社2009年版,第724页。

有机体的存在性质。马克思主义认为,社会是在实践基础上形成的一切社会关系的总和,其中既包括生产力、经济基础(生产关系)和上层建筑等领域,也包括诸如家庭、氏族、阶级、民族等人们的共同体,这些诸多因素相互作用、相互协调,从而使社会处于不断运动变化中,正如马克思所说的那样,"现在的社会不是坚实的结晶体,而是一个能够变化并且经常处于变化过程中的有机体"①。总而言之,社会不是抽象的实体,而是在实践基础上形成的充满人与人、人与社会以及人与自然等诸多关系的有机集合体,是一个动态的开放的多维的关系存在体。

3. 何谓"和谐社会"

"和谐社会"从非常概要的意义上说,实际上表达的是社会的一种存在状态,即和谐的社会关系状态。当然,由于每个时代所处的社会历史条件和面临的社会难题不一样,人们对和谐社会的表述和追求就有不同的看法,从而形成对和谐社会及其理想状态的不同见解。在中国西汉时期,《礼记·礼运》中就有对和谐社会状态的描述,譬如其中描绘到"天下为家"的"小康"社会、"天下为公"的"大同"社会。《礼记·礼运》:"今大道既隐,天下为家,各亲其亲,各子其子,货力为己。大人世及以为礼,城郭沟池以为固,礼仪以为纪,以正君臣,以笃父子,以睦兄弟,以和夫妇,以设制度,以立田里,以贤勇知,以功为己。故谋用是作,而兵由是起。禹、汤、文、武、成王、周公,由此其选也。此六君子者,未有不谨于礼者也,以著其义,以考其信,著有过,刑仁讲让,示民有常。有不如此者,在势者去,众以为殃。是谓'小康'。"如此可见,人们描述和追求的"小康"社会是一种生活宽裕、家庭和睦、社会有序并且充满礼仪的安定和睦的社会状态。相对于"小康"社会而言,"大同社会"是更为高级、更为理想的和谐社会。大同社会是一个诚信、仁爱、友善、和睦、平等、安宁、和谐的社会,是一个没有欺诈、没有战争、没有阴谋的社会。对此,《礼记·礼运》做了这般描述:"大道之行,天下为公。选贤与能,讲信修睦,故人不独亲其亲,不独子其子。使老有所终,壮有所用,幼有所长,矜寡、孤独、废疾者,皆有所养。男有分,女有归。货,恶其弃于地也,不必藏于己。力,恶其不出于身也,不必为己。是故谋闭而不兴,盗窃乱贼而不作,故外户不闭,是谓大同。"当然,在中国古

---

① 《马克思恩格斯文集》第 5 卷,人民出版社 2009 年版,第 10 页。

代,人们对和谐社会的描述和理解还有很多,如孟子的"老吾老以及人之老,幼吾幼以及人之幼"的和谐社会图景,墨子的"兼相爱"的"爱无差等"的和谐社会设计,以及近代著名思想家康有为在《大同书》描述的"人人相亲,人人平等,天下为公"的理想社会,等等。

在西方思想史上,思想家们对和谐社会也提出诸多富有启示的见解和看法。柏拉图《理想国》中就包含着富有深意的和谐社会思想,它主要蕴涵在有关对正义的论述中。柏拉图通过整合苏格拉底的贤人政治主张和毕达哥拉斯的和谐思想,并把这些思想和主张运用到政治实践中,认为一个和谐的社会是一个正义的社会和正义的国家。具体来说,就是一个国家的各个组成部分各司其职、各尽本分、各得其所,譬如,哲学家治理国家、武士守卫国家、劳动者进行生产,当这三个部分各自执行自己的职责而不互相干扰和僭越的时候,便是有了国家正义,从而形成一个彼此紧密相关而由内在协调一致的和谐社会。亚里士多德则立足中庸的原则,认为一个合理和谐的社会应该是中等阶级占统治地位的国家。他认为,在任何社会国家中,总有三种成分,其中一个阶级十分富有,一个阶级十分贫穷,而另一个阶级则居于中间。而"既然已经认为居中适度是最好的,所以很显然,拥有适度的财产是最好的;因为,在那种生活状况中,人们最容易遵循合理的原则。而那在美貌、体力、家世或财富各方面大大胜于他人的人,或者反之,那非常贫穷或孱弱或不体面的人,就觉得很难遵循合理的原则"①,因为那些过度富裕体面的人容易变成狂暴的大罪犯,而那些过度贫困和非常不体面的人则容易变成无赖和下贱的流氓,只有中等阶级最不会逃避治国工作,也不会对它抱有过分的野心,所以和谐的社会应该是一个中等阶级占统治地位的社会。

在空想社会主义者那里,对和谐社会则有许多深刻而具体的描述和设想。随着资本主义生产方式的逐渐确立和不断扩展,西欧社会处于由工场手工业向机器大工业的急剧转型时期,原有的生产秩序、经营秩序以及生活秩序被瓦解,社会处于一种失序混乱的状态,社会表现出极为不和谐,其中突出的表现在社会上富有的人不择手段地掠夺穷人,社会贫富两极分化,阶级矛盾日益尖锐。对此,恩格斯一针见血地指出:"新的工业能够获得重要意义,只是因为

---

①　北京大学哲学系外国哲学史教研室:《西方哲学原著选读》,商务印书馆 1981 年版,第 157 页。

它把工具变成了机器,把作坊变成了工厂,从而把中间阶级中的劳动者变成了工人无产者,把以前的大商人变成了厂主;它排挤了小的中间阶级,并把居民的一切差别化为工人和资本家的对立。"①针对这种社会现实,空想社会主义者对资本主义社会展开了尖锐的批判,认为资本主义社会是一个充满暴力、欺骗和贪婪的社会,在此基础上设想理想的和谐社会。总的来说,空想社会主义者认为,和谐社会应该是一个协作生产、管理有序、制度和谐、财富丰富、权利平等、劳动愉快、福利保障的社会,如傅立叶设计的"和谐制度"、欧文的"协和公社"、魏特林的"和谐、自由和共有共享的制度"等,都包含着上述基本的价值诉求。当然,在现当代社会,也有许多思想家提出了关于和谐社会的思想,在此我们不再多作分析。通过我们对和谐社会思想所作的考察可以发现,和谐社会思想皆包含着人们对自由、幸福、平等的生活之追求。

总的来说,和谐社会一般可以被理解为社会系统内部诸要素之间相互协调、相互融洽的社会状态,从而能够形成一个全体人民各尽其能、各得其所而又和谐相处的社会。当然,对于和谐社会也可以从不同角度加以阐释,譬如可以从宏观的角度、中观的角度、微观的角度加以分析,可以从人与人、人与社会以及人与自然的角度分析,可以从社会结构和功能层次方面加以分析,等等。但是,无论是在古代还是在现代、也无论是在中国还是在国外,人们关于和谐社会的思想都不过是对生活于其中的时代和社会矛盾和社会难题的自觉理论意识和超越要求,因此在这个意义上任何关于和谐社会的思想都是具体的、历史的。所以,在接下来的内容中,我们要展开讨论的"和谐社会"实际上是指当代中国的社会主义和谐社会,其内涵是:民主法治、公平正义、诚信友爱、充满活力、安定有序、人与自然和谐相处的社会。其中,民主法治,就是社会主义民主得到充分发扬,依法治国基本方略得到切实落实,各方面积极因素得到广泛调动;公平正义,就是社会各方面的利益关系得到妥善协调,人民内部矛盾和其他社会矛盾得到正确处理,社会公平和正义得到切实维护和实现;诚信友爱,就是全社会互帮互助、诚实守信,全体人民平等友爱、融洽相处;充满活力,就是能够使一切有利于社会进步的创造愿望得到尊重,创造活动得到支持,创造才能得到发挥,创造成果得到肯定;安定有序,就是社会组织机制健全,社会管理完善,社会秩序良好,人民群众安居乐业,社会保持安定团结;人与自然和

① 《马克思恩格斯文集》第1卷,人民出版社2009年版,第402页。

谐相处,就是生产发展,生活富裕,生态良好。总之,社会和谐是中国特色社会主义的本质属性,是国家富强、民族振兴、人民幸福的重要保证。

二、构建社会主义和谐社会的现实情势、理论谱系和哲学基础

1. 构建社会主义和谐社会的现实情势

历史唯物主义认为,社会存在决定社会意识,社会意识是对社会存在的反射和回声,任何理论诉求都不过是现实存在的呼声和时代难题的观念表达,因为"意识[das Bewuβtsein]在任何时候都只能是被意识到了的存在[das bewuβteSein],而人们的存在就是他们的现实生活过程"①。因此,提出构建社会主义和谐社会的理论主张和战略部署并非空穴来风,也不像抽象的理论家所谓的那样是想象的主体想象出来的。所以,要深入理解社会主义和谐社会的深刻内涵及其价值旨趣,就必须深入到社会主义和谐社会理论主张得以生发的现实根据和生活基础。具体而言,提出构建和谐社会的现实背景包括如下几个方面:

其一,构建社会主义和谐社会是我国改革发展进入"关键时期"的现实要求。

任何理论都是实践的产物。我们之所以提出构建社会主义和谐社会,这是由中国的国情民生所决定的,特别是与我国改革发展进入关键时期具有紧密关系。当前,我国正处于从传统的农业社会向现代工业社会、从计划经济体制向社会主义市场经济转变的关键时期,社会主义市场经济体制初步建立,但完善社会主义市场经济体制的任务十分艰巨;经济结构发生重大变化,城乡之间、地区之间、产业之间以及不同群体之间的收入差距逐渐拉大,从而为经济社会发展提出了重大挑战;社会结构发生深刻变动,社会多元化主体正在形成,社会利益分化和矛盾不断突出,各种社会矛盾日益凸显;由于社会多元化,不同利益主体的形成,使得人们的思想观念也随之出现多元化。这些因素成为我国当前社会发展中面临的突出问题,社会风险不断增大。在这样一个关键时期,如果我们能够正确地把握社会问题和应对挑战,那么我们的事业就会

---

① 《马克思恩格斯文集》第1卷,人民出版社2009年版,第525页。

有质的进步和飞跃,相反我们的社会发展则可能会陷于停滞乃至倒退和混乱。正是基于这种现实状况,党的十六届六中全会《决定》明确指出:"我国已进入改革发展的关键时期,经济体制深刻变革,社会结构深刻变动,利益格局深刻调整,思想观念深刻变化。这种空前的社会变革,给我国发展进步带来巨大活力,也必然带来这样那样的矛盾和问题。我们党要带领人民抓住机遇、应对挑战,把中国特色社会主义伟大事业推向前进,必须坚持以经济建设为中心,把构建社会主义和谐社会摆在更加突出的地位。"[1]《决定》还进一步对我国当前存在的影响社会和谐的矛盾和存在的问题做了清楚的说明,这些矛盾和问题主要是:城乡、区域、经济社会发展不平衡,人口资源环境压力加大;就业、社会保障、收入分配、教育、医疗、住房、安全生产、社会治安等方面关系群众切身利益的问题比较突出;体制机制尚不完善,民主法制还不健全;一些社会成员诚信缺失、道德失范,一些领导干部的素质、能力和作风与新形势新任务的要求还不适应;一些领域的腐败现象仍然比较严重;敌对势力的渗透破坏活动危及国家安全和社会稳定。

事实上,伴随我国社会结构变动迅速,各种利益关系更显复杂,很多经济社会问题和矛盾也逐渐显现。这在客观上要求我们必须采取有力的解决措施和实践方案去化解社会矛盾和突出的社会问题,使社会的改革和发展能够较好地向前推进,促进经济社会的全面发展。正是从我国经济社会发展步入关键时期这一现实出发,党中央审时度势,提出了构建和谐社会的重大战略任务。其目的在于消除经济社会发展中存在的各种不协调和不平衡因素,避免社会的动荡,并顺利步入"黄金发展时期"。

其二,提出构建社会主义和谐社会是贯彻落实科学发展观和全面建设小康社会的逻辑延伸。

提出构建和谐社会的战略任务和理论主张,在根本上是为了消除当前我国经济社会发展过程中突出的社会矛盾和问题,因而在某种意义上它是贯彻落实科学发展观和全面建设小康社会的实践要求。所以,十六届六中全会《决定》指出:构建社会主义和谐社会,是我们党全面贯彻落实科学发展观,从中国特色社会主义事业总体布局和全面建设小康社会全局出发提出的重大战略任务。

---

[1] 《十六大以来重要文献选编》(下),中央文献出版社 2008 年版,第 699 页。

发展观是人们对社会发展问题的根本观点和总的看法,其中包括对什么是发展、如何发展、为谁发展以及如何评价发展等基本问题的理论回答和实践要求。不同的发展理念和发展观必然形成不同的发展模式和发展道路,从而形成不同的发展前景和发展命运。因此,发展观在根本上关涉一个国家的前途和命运,从而关联到每个人的生存和发展前景。以人为本,全面、协调、可持续的科学发展观,是我们党继承和发展马克思主义的发展理论,立足社会主义初级阶段基本国情,总结新中国成立以来我国经济社会发展的教训,汲取国外社会发展的经验,顺乎世界发展潮流和适应我国现代化建设需要而提出的重大战略部署。科学发展观,第一要义是发展,核心是以人为本,基本要求是全面协调可持续,根本方法是统筹兼顾。科学发展观与和谐社会具有内在的一致性。一方面,科学发展观与和谐社会包含着共同的价值志趣,那就是二者都包含着通过构建和谐的人与人、人与社会、人与自然的方式来促进社会的进步和人类的幸福。另一方面,科学发展观本身要求构建和谐的社会关系,只有不断构建社会主义和谐社会,才能保证科学发展观的真正落实以及其目标的真正实现。而和谐社会的构建则需要科学发展观的指导,只有树立和落实科学发展观,坚持发展的观点,坚持以人为本,全面协调和可持续的发展,才能真正有效地构建社会主义和谐社会。

首先,科学发展观提出发展是第一要务,那么这里牵涉发展的动力和发展主体以及如何发展等问题。根据历史唯物主义的基本观点,人民群众是历史发展的主体力量,发展要依靠广大的人民群众,通过激发广大人民群众的积极性和创造性实现社会的良好发展。这就需要形成平衡的社会利益分配机制和平等的人际关系,需要建立起民主法制、公平正义、诚信友爱和充满活力的社会存在关系,而这本身就是构建社会主义和谐社会的重要内容。

其次,科学发展观的核心是以人为本。这就是说,发展的目的是为了人,人是发展的根本目的。但是这里所说的人不是抽象的人,也不是极少数的达官贵人,而是广大的人民群众。这意味着始终要把最广大人民的根本利益作为党和国家一切工作的出发点和落脚点,实现好、维护好、发展好最广大人民的根本利益,不断满足人民群众日益增长的物质文化需要,做到发展为了人民,发展依靠人民,发展成果由人民共享,促进人的全面发展和社会的全面进步。为了实现这样的发展目的和价值目标,就需要我们主动地正视矛盾,积极化解社会矛盾,最大限度地增加和谐因素,最大限度地减少不和谐因素,这一切都要求构建社会主义和谐社会。

再次,全面协调可持续是科学发展观的基本要求。这就要求从中国特色社会主义事业的总体布局出发,全面推进经济建设、政治建设、文化建设、社会建设,促进生产关系与生产力、上层建筑与经济基础相协调,促进社会各方面和各个环节的相协调。坚持生产发展、生活富裕、生态良好的文明发展道路,建设资源节约型、环境友好型社会,实现速度与效益相统一、经济发展与人口资源环境相协调,实现经济社会可持续发展。这就需要建立起经济、政治、文化与社会之间的和谐关系,因此,全面协调可持续发展的要求需要通过构建社会主义和谐社会来实现,其本身也构成了构建和谐社会的题中要义。

最后,科学发展观提出统筹兼顾的根本方法。这就是要求我们正确认识和处理中国特色社会主义事业中的重大关系,其中包括统筹城乡协调发展、区域发展、经济社会发展、人与自然和谐发展、国内发展和对外开放、局部利益和整体利益、当前利益和长远利益,构建起区域之间、城乡之间、经济社会之间、国际国内之间以及人与自然之间的和谐关系。而这一切,本身就是构建社会主义和谐社会的重要内容。总而言之,和谐社会和科学发展观二者之间具有本质的内在关联,构建社会主义和谐社会是贯彻和落实科学发展观的重要战略部署,是科学发展观在当代中国的生动实践。所以党的十七大报告指出:深入贯彻落实科学发展观,要求我们积极构建社会主义和谐社会。没有科学发展就没有社会和谐,没有社会和谐也难以实现科学发展。

另外,构建和谐社会也是全面建设小康社会的实践要求。全面建设小康社会,即"全面建设惠及十几亿人口的更高水平的小康社会,使经济更加发展、民主更加健全、科教更加进步、文化更加繁荣、社会更加和谐、人民生活更加殷实",它是我们党在十六大提出的 21 世纪前 20 年中国社会的发展目标,是在胜利实现了现代化建设"三步走"战略的第一步、第二步目标的基础上提出的,是实现现代化建设第三步战略目标必经的承上启下的发展阶段。经过这个阶段的努力建设,再继续奋斗几十年,到 21 世纪中叶基本实现现代化,把我国建设成为一个富强、民主、文明和谐的社会主义国家。所以,全面建设小康社会目标的提出,具有重大的理论意义,它的实践和实现对于建设和发展中国特色社会主义具有重要的现实价值和深远的历史意义。如此可见,构建社会主义和谐社会与全面建设小康社会是有机统一的。一方面,全面建设小康社会就是要建设更加和谐的社会,使社会更加和谐,形成全体人民各尽其能、各得其所、和谐相处的局面,因此构建社会主义和谐社会是全面建设小康社会的重要内容和组成部分。通过全面建设小康社会,为构建社会主义和谐社会提供坚实的基础。另一方面,通过构建社会主义和谐社会,营造社会民主法制、公平正义、诚信友爱、充满活力、安定有序、人与自然和谐的良好氛围,正确协调好社会各方面的利益,最大限度地激发广大民众的主动性积极性和创造性,为全面建设小康社会提供良好的社会环境。总之,提出构建社会主义和谐社会,是全面建设小康社会的内在要求和现实考量。

其三,提出构建社会主义和谐社会,是党巩固自身执政基础和实现执政任务的内在诉求。

我们党成为执政党,乃是历史的选择、人民的选择。自党执政以来,团结带领全国各族人民,战胜各种风险和挑战,把四分五裂、贫穷落后的旧中国建设成为人民生活总体上达到小康水平、正在蓬勃发展的新中国,取得了举世瞩目的成就,国际地位和国际影响力得到不断提升,而且正以充满生机和活力地带领中国人民建设一个富强民主文明和谐的社会主义现代化国家。但是,这仅仅是问题的一个方面,我们还必须清楚而自觉地意识到,世界上任何一个政党的执政地位及其合法性基础都不是一劳永逸的,而是要随着社会历史的深刻变化而作出相应的执政策略,不断巩固自身的执政基础,实现自身的执政任务,才能处于不败之地,并得到不断发展。历史和现实中多少执政党的衰败和消亡的重要原因之一,就是它忽略了自身执政基础的非一劳永逸性。20世纪末发生的东欧剧变、苏联解体的历史事件深刻地告诉我们,共产党要巩固和确保自己的政权,就必须有效地整合社会利益,维护社会的有序运行。面对执政环境的深刻变化,我们党提出构建社会主义和谐社会,正是自觉地意识到了上述的执政真理和执政经验而自觉作出的重大战略部署。对此,在党的十六届四中全会通过的《中共中央关于加强党的执政能力建设的决定》中明确指出:形成全体人民各尽其能、各得其所而又和谐相处的社会,是巩固党执政的社会基础、实现党执政的历史任务的必然要求。要适应我国社会的深刻变化,把和谐社会建设摆在重要位置,注重激发社会活力,促进社会公平和正义,增强全社会的法律意识和诚信意识,维护社会安定团结。

中国共产党是以工人阶级和广大人民群众作为自己执政的社会基础。然而,随着改革开放和社会主义建设实践的不断展开和进一步深入,我国社会生产力不断提高,同时也带来了社会经济结构的深刻变化,社会利益分配格局也发生了相应的变化,社会也较多地遇到和面临着诸多矛盾和问题。事实上,从具体而现实的层面来看,当前我国社会中的确存在不少复杂的矛盾,包括区域发展不平衡、城乡差别、贫富悬殊扩大、人地危机以及官僚作风、社会腐败等问题综合交织在一起,进一步加剧了人民内部矛盾,激起了人们的不满情绪,加大了社会风险。与此同时,我们的社会政策和社会保障则处于相对脆弱的格局。在这种情况下,如果我们党不采取切实有效的政策措施,不能及时处理人民内部矛盾和消除人们普遍存在的不满情绪,那么诸多人民内部矛盾和人们的不满情绪就会聚集膨胀,最终会形成巨大的社会负面力量,瓦解社会的秩序基础,从而影响到社会生活的有序展开。而一旦到了这样的地步,我们党的执政基础会因为遭到极大的削弱而面临丧失政权的危险。正是基于对执政规律的自觉认识和对当前我们面临的执政难题的深切体悟,使得党站在新的历史发展阶段提出了构建社会主义和谐社会的伟大战略任务。其目的在于通过构建社会主义和谐社会,一如既往地担负起中国共产党立党为公、执政为民的服务宗旨,实现好、维护好、发展好最广大人民的根本利益,协调好各社会阶层之间的利益关系,解决人民群众反映强烈的突出问题和困难,营造良好的社会关系,从而尽最大能力消除社会矛盾,提升人民生活水平,竭力获取广泛民众的支持和认同,增强社会凝聚力,稳步构筑公平合理的社会结构,进一步巩固和扩大我们党执政的社会基础。

其四,提出构建社会主义和谐社会是我们党应对来自国际风险挑战的现实考虑。

当今时代,国际局势复杂多变。一方面,和平与发展仍是时代的主题,各国在集中发展自己的经济过程中不断全球化,在相互不断扩大交往的过程中积极寻求世界和平的因素和力量。但是在另一方面,世界多极化和经济全球化的发展趋势在曲折中展开,科技进步和综合国力的角逐紧密联系在一起,各种思想文化相互激荡,各种矛盾错综复杂,影响世界和平稳定的各种因素依然广泛存在,特别是霸权主义和强权政治依然徘徊在世界的上空。同时,国际上敌对势力对我国实施的西化、分化战略图谋并没有改变,世界仍然很不安宁。在这种情况下,我们在政治、经济、科技、文化、军事等各方面面临严峻的考验和压力。要有效地应对这些考验和压力,应对可能来临的风险和挑战,我们必须把自己的事情办妥,把国内的事情安排好,凝聚全国人民的力量和智慧,把我国建设成为一个富强民主文明和谐的社会主义国家。只有这样,我们才能有效地应对和化解来自国际社会的任何风险和挑战,才能实现中华民族的伟大复兴,否则在国际风险面前我们会不攻自垮。在这里,我们可以清楚地看到,构建和谐社会与应对国际风险之间的内在关联。

2. 构建社会主义和谐社会的马克思主义理论谱系

历史唯物主义认为,社会存在决定社会意识,同时,社会意识的发展具有历史继承性。任何时代的社会思想的形成都与以前时代的思想材料有着密切的关系,必须以前人所积累的思想材料为前提。对此,恩格斯曾指出:"每一个时代的哲学作为分工的一个特定的领域,都具有由它的先驱传给它而它便由此出发的特定的思想材料作为前提。"[①]也就说,社会主义和谐社会理论的提出除了上述的当代中国的社会现实要求以外,还需要为其提供先进的思想材料,因为单纯的经济社会现实并不能自发地产生社会主义和谐社会的理论。社会主义和谐社会理论还必须从前人的思想材料出发、经过批判地继承和系统地综合方才可能。正因为如此,需要我们深入思想的历史,对社会主义和谐社会的理论谱系进行必要的梳理和回顾。

自提出社会主义和谐社会的理论主张以来,学术界、理论界和社会各界对和谐社会的理论给予十分关注,其中包括对社会主义和谐社会思想的理论渊源问题的探讨。人们从古希腊的柏拉图《理想国》到当代罗尔斯《正义论》,从古代中国的"大同社会"到孙中山的"三民主义"等,以此来说明构建社会主义和谐社会理论的必要性、现实性以及其合理性。我们以为,虽然这样的学理分析和合理性论证就一般意义来说并没有错,但感觉过于宽泛,从而消解了社会主义和谐社会理论的性质及其针对性。因此笔者以为,对社会主义和谐社会思想的理论追溯,置放到马克思主义的思想史背景较为妥当。这样一来,我们对社会主义和谐社会的理论谱系之梳理和回顾,就从马克思主义的理论背景下加以开始。为此,需要回到马克思主义思想史。

对于马克思主义(或科学社会主义)的产生,我们可以从经济、政治、社会和思想等方面进行逐一分析和阐释,但这不是我们要在这里展开的主要工作,我们在此仅指出马克思主义的"问题域"或"总问题"乃是资本主义生产方式或者说是在资本原则主导下的"现代人的异化生存"及其"历史命运"。随着

---

① 《马克思恩格斯选集》第4卷,人民出版社1995年版,第703—704页。

资本主义在欧洲的确立巩固并迅速发展,资本主义的基本矛盾充分暴露,资产阶级和无产阶级的斗争日趋尖锐,现代人在文明社会的生存全面异化,时代面临着人的解放的总问题。所以,马克思对资本主义生产方式下的工人阶级的极端异化的生存状况有很多深刻的论述,认为在资本主义文明社会,工人降低为最下贱的商品,而具有讽刺意味的是,工人成为最下贱的东西乃是因为它生产了太多的商品。在《1844 年经济学哲学手稿》中写道:"工人生产的财富越多,他的生产的影响和规模越大,他就越贫穷。工人创造的商品越多,他就越变成廉价的商品。物的世界的增值同人的世界的贬值成正比。"①在资本主义社会条件下,无产阶级只有首先是作为工人,其次是作为肉体的主体,才能够生存,然而"劳动为富人生产了奇迹般的东西,但是为工人生产了赤贫。劳动生产了宫殿,但是给工人生产了棚舍。劳动生产了美,但是使工人变成畸形。所以"他在自己的劳动中不是肯定自己,而是否定自己,不是感到幸福,而是感到不幸,不是自由地发挥自己的体力和智力,而是使自己的肉体受折磨、精神遭摧残"②,并且随着资本主义的发展,整个社会日益分裂为两大敌对的阵营、分裂为两大直接对立阶级即资产阶级和无产阶级,阶级矛盾日趋尖锐。与此同时,"资产阶级的生产关系和交换关系,资产阶级的所有制关系,这个曾经仿佛用法术创造了如此庞大的生产资料和交换手段的现代资产阶级社会,现在像一个魔法师一样不能再支配自己用法术呼唤出来的魔鬼了"③,使整个资产阶级社会陷入混乱和极度肮脏,从而使社会回到了野蛮的状态。正是基于这样的生存状态和历史境遇,马克思、恩格斯批判地继承了人类思想史上最优秀的理论成果,投入火热的社会实践,通过艰苦的理论创造,创立唯物史观和剩余价值理论,在此基础上,创立了马克思主义。如此可见,马克思主义是对处于资本主义生产方式下遭受贫困和奴役的无产阶级的理论意识,是对资本主义社会极度肮脏、混乱、冲突和失衡的社会现实之深刻揭示和要求超越的理论表达,同时对如何超越这一旧社会并建设新世界做了科学的说明,使社会主义从空想变成科学。因此,马克思主义本质地内含和谐社会的价值立场和行动要求,集中体现在实现一个"每个人自由而全面发展"的"自由人联合

---

① 《马克思恩格斯文集》第 1 卷,人民出版社 2009 年版,第 156 页。
② 《马克思恩格斯文集》第 1 卷,人民出版社 2009 年版,第 159 页。
③ 《马克思恩格斯文集》第 2 卷,人民出版社 2009 年版,第 37 页。

体"。在那里,"由社会全体成员组成的共同联合体来共同地和有计划地利用生产力;把生产发展到能够满足所有人的需要的规模;结束牺牲一些人的利益来满足另一些人的需要的状况;彻底消灭阶级和阶级对立;通过消除旧的分工,通过产业教育、变换工种、所有人共同享受大家创造出来的福利,通过城乡的融合,使社会全体成员的才能得到全面发展"①,而且这一价值立场和行动要求在后来的马克思主义继承者那里得到不断的演绎和展开。因此,我们可以说社会主义和谐社会理论源自马克思主义对资本主义现实苦难的批判和对共产主义社会的基本理解。

列宁批判地继承了马克思主义的基本立场、基本观点和方法,把马克思主义与俄国的实际生活创造性的结合起来,把马克思主义提高到列宁主义的阶段,其志趣仍在于,如何在一个"既苦于资本主义的发展又苦于资本主义不发展"的落后和贫困的俄国建设一个和谐的新国家。为此在帝国主义发展最薄弱的环节俄国发动了伟大的十月革命,在世界上建立第一个社会主义国家,建立了苏维埃政权,使社会主义从理论变成了现实。但是苏维埃社会主义是建立在生产力落后、物质财富薄弱的基础上,与马克思恩格斯所设想的社会主义有巨大的差别。鉴于苏维埃社会主义的现实情况,列宁从实际出发,提出了新经济政策,并从经济、政治、文化、教育等方面对社会主义实践不断探索,开启了社会主义改革的先河,极大地促进了经济的发展和社会的进步,不断消除社会贫困和剥削,逐步实现社会和谐。

十月革命一声炮响,给中国送来了马克思列宁主义。中国共产党以马克思主义为指导,创造性地实现了新民主主义革命、社会主义革命的胜利,取得了社会主义建设和改革的巨大成功,从而使社会主义的中国不断走向和谐。1956 年我们成功实现了社会主义改造,进入了建设社会主义时期,在此过程中如何充分调动全民的积极性和创造性,建设一个富强、民主、文明、和谐的社会,是摆在党和国家面前的一项重大任务。为此,毛泽东同志先后发表了《论十大关系》和《关于正确处理人民内部矛盾》。在《论十大关系》中第一次提出了调动一切积极因素的方针,其中集中阐述要正确处理:重工业、轻工业和农业的关系(以发展重工业为重点,适当发展轻工业和农业);沿海工业和内地工业的关系(强调发展内地工业);经济建设和国防建

---

① 《马克思恩格斯文集》第 1 卷,人民出版社 2009 年版,第 689 页。

设的关系;国家、生产单位和劳动者个人的关系(统筹安排全国各阶层和兼顾国家、集体、个人三者利益);中央和地方的关系(强调扩大地方权力、调动地方积极性);大型企业和中小企业的关系;积累和消费的关系;汉族和少数民族的关系;自力更生和学习外国的关系等。毛泽东同志认为,这十种关系都是矛盾,我们的任务就是通过正确处理这些矛盾,调动一切积极因素,从而把我国建设成一个强大的社会主义国家。而在《正确处理人民内部矛盾》中,系统提出了社会主义基本矛盾的理论,创立了两类不同性质矛盾的学说,提出要学会用民主的办法解决人民内部矛盾,譬如,在政治生活中实行"团结—批评—团结"的方法,在经济生活中采取"统筹兼顾、适当安排"的原则,在科学、艺术领域实行"百花齐放、百家争鸣"的方针,在与民主党派的关系上实行"长期共存、互相监督"的政策,等等。毛泽东同志关于社会主义社会建设的上述思想,由于党在指导思想上犯了"左"倾错误而没能够完全付诸实现,但是对于今天提出构建社会主义和谐社会,仍然具有发生学的重要理论意义。

十一届三中全会以后,以邓小平同志为核心的第二代中央领导集体果断地实现了"以阶级斗争为纲"到"以经济建设为中心"的转变,并结合社会主义初级阶段的基本特征,系统地提出并阐明了"什么是社会主义、怎样建设社会主义"等一系列重要问题,在这些阐述中包含着诸多社会主义和谐社会的思想资源。其中最突出地表现在邓小平提出的社会主义"本质论"中。在谈到社会主义的本质时,邓小平同志明确指出:"社会主义的本质,是解放生产力,发展生产力,消灭剥削,消除两极分化,最终到达共同富裕。"[①]在这段论述里面,至少包含着如下内容:一是落后不是社会主义,更不是社会主义和谐社会;二是剥削盛行、两极分化不是社会主义,更不是社会主义和谐社会;三是社会主义和谐社会的建设是一个过程,而不是一蹴而就。换言之,社会主义和谐社会意味着在生产力方面拥有发达的生产力水平和丰富的社会物质基础,在生产关系方面保持着社会利益适度平衡、人际关系适度和谐的社会状态。因此,建设社会主义和谐社会要大力发展社会生产力,以发展为建构和谐社会的基础。同时要在生产关系方面通过社会利益的适度分配确保社会在"秩序"范围内运行,否则社会冲突和社会动荡就难以克服,根本无法构建社会主义和谐

---

① 《邓小平文选》第三卷,人民出版社1993年版,第373页。

社会。对此邓小平曾直接而深刻地指出:"社会主义不是少数人富起来、大多数人穷,不是那个样子。社会主义最大的优越性就是共同富裕,这是体现社会主义本质的一个东西。如果搞两极分化,情况就不同了,民族矛盾、区域间矛盾、阶级矛盾都会发展,相应地中央和地方的矛盾也会发展,就可能出乱子。"[①]如此可见,邓小平同志围绕"什么是社会主义、怎样建设社会主义"而展开的一系列思考和论述中,包含着丰富的关于社会主义和谐社会的建设思想,这些思想自然地构成了社会主义和谐社会理论的思想元素。

以江泽民同志为核心的党的第三代中央领导集体,深刻汲取了苏东剧变的历史经验和教训,围绕"建设一个什么样的执政党、怎样建设这样的党"这个重大课题进行了深入的思考和探索,形成了"三个代表"重要思想,确立了"立党为公、执政为民"的执政理念;强调正确处理改革、稳定和发展的关系;提出社会主义事业是物质文明、政治文明和精神文明的协调发展;确定了全面建设小康社会的建设蓝图,其中包含着"社会更加和谐"的要求;实施了可持续发展、西部大开发等一系列和谐发展的战略。这一切直接构成了社会主义和谐社会的思想来源,同时也成为了构建社会主义和谐社会的指导思想。

十六大以后,以胡锦涛同志为总书记的党中央领导集体,以邓小平理论和"三个代表"重要思想为指导,结合当代中国的实践,在党的十六届三中全会上提出了科学发展观,强调要坚持以人为本,树立全面、协调、可持续发展,促进经济社会和人的全面发展。通过统筹兼顾实现和谐利益关系,并确定了统筹城乡发展、统筹区域发展、统筹经济社会发展、统筹人与自然和谐发展、统筹国内发展和对外开放的指导原则。这些直接构成了社会主义和谐社会的基本要求。事实上,构建社会主义和谐社会是贯彻落实科学发展观的内在要求和逻辑延伸。因此,科学发展观成为了构建和谐社会的指导原则。

概而言之,社会主义和谐社会具有深厚的马克思主义理论渊源和理论继承关系,它是基于对现实社会难题的理论思考和实践应对而生成和发展的。因此,在这个意义上,社会主义和谐社会的理论建构及其实践活动是开放的,是面向时代和问题的社会历史过程。

---

① 《邓小平文选》第三卷,人民出版社 1993 年版,第 364 页。

3. 构建社会主义和谐社会的马克思主义哲学基础

任何一种理论学说和政策主张的背后,都有相应的哲学基础和方法论根据。构建社会主义和谐社会的提出,除了现实的根据、思想的渊源以外,其中也蕴涵着哲学立场和方法论前提。马克思主义的辩证唯物主义、唯物辩证法、唯物辩证的认识论和历史唯物主义都可以被视为是社会主义和谐社会的哲学基础和方法论根据。但是,笔者以为从较为切近的角度而言,历史唯物主义乃是社会主义和谐社会理论和实践最本质的哲学基础,而其中最为主要的内容包括以下方面:

其一,社会存在和社会意识的辩证关系原理是构建社会主义和谐社会的哲学前提。"社会存在"和"社会意识"是历史唯物主义最基本的一对范畴。所谓社会存在,是指社会生活的物质方面,即不依人们的社会意识为转移的社会物质生活过程,具体包括:人们的物质生产赖以进行的自然地理环境、人口因素和物质生活资料的生产方式。其中,生产方式是社会存在的本质内容,是决定社会制度的性质和社会形态更替的因素。而社会意识是指人们社会精神生活过程的总和,是对社会存在的反映。一切社会意识都是人类在改造自然和改造社会的实践中产生和发展的。社会存在和社会意识的关系问题是社会历史观的基本问题,对此思想家们有不同的看法和观点,在马克思主义产生以前,对于社会历史观的基本问题都没能作出科学的解释和说明,马克思主义则科学地解答了社会存在和社会意识的关系问题,从而为我们深入分析社会历史提供了科学的方法论。

马克思主义认为,社会存在和社会意识是对立统一的关系。一方面,社会存在决定社会意识,社会意识是对社会存在的反映。对此,经典作家曾多有论述和具体说明。马克思、恩格斯在《德意志意识形态》中指出,人们是自己思想、观念和意识的生产者,这些思想观念是人们进行生产活动的产物,因此意识在任何时候都只能是被意识到了的存在,而人们的存在就是他们的现实生活过程,这就是说,"不是意识决定生活,而是生活决定意识"[1]。同时,在其根本上意识没有独立的历史,而是随着社会生活的变化发展而变化发展。这正如马克思在《共产党宣言》中指出的那样,"人们的观念、观点和概念,一句话,人们的意识,随着人们的生活条件、人们的社会关系、人们的社会存在的改变

---

[1] 《马克思恩格斯文集》第 1 卷,人民出版社 2009 年版,第 525 页。

而改变,这难道需要经过深思才能了解吗?""思想的历史除了证明精神生产随着物质生产的改造而改造,还证明什么呢?"①对于社会存在决定社会意识这一历史唯物主义基本原理,马克思在《〈政治经济学批判〉序言》中做了经典的表述:"人们在自己生活的社会生产中发生一定的、必然的、不以他们的意志为转移的关系,即同他们的物质生产力的一定发展阶段相适合的生产关系。这些生产关系的总和构成社会的经济结构,即有法律的和政治的上层建筑竖立其上并有一定的社会意识形式与之相适应的现实基础。物质生活的生产方式制约着整个社会生活、政治生活和精神生活的过程。不是人们的意识决定人们的存在;相反,是人们的社会存在决定人们的意识。"②

另一方面,社会意识具有相对的独立性,对社会存在具有能动的反作用。虽然社会意识在其根本性上是社会生活的理论反射和观念表达,但是社会意识一旦产生以后,它就具有自己的相对独立性。社会意识相对独立性最突出的表现在其对社会存在所具有的能动的反作用,这种反作用的功能具体表现为它反映社会存在、维护或批判社会现实、调控社会中人们的思想和行为、创造性的生活内容和形式等,马克思主义高度重视社会意识对社会存在所具有的这种强大的能动作用。马克思曾指出:"批判的武器当然不能代替武器的批判,物质力量只能用物质力量来摧毁;但是理论一经掌握群众,也会变成物质力量。"③这就意味着社会意识对于社会存在而言,并不是处于简单的消极被动状态,而是对社会生活具有积极的现实牵引力和触动力,所以恩格斯指出:"物质生存方式虽然是始因,但是这并不排斥思想领域也反过来对这些物质生存方式起作用。"④恩格斯还批判了在社会存在和社会意识关系理解方面存在的机械论倾向,指出:"思想家们的一个愚蠢观念。这就是:因为我们否认在历史中起作用的各种意识形态领域有独立的历史发展,所以我们也否认它们对历史有任何影响。这是由于通常把原因和结果非辩证地看做僵硬对立的两极,完全忘记了相互作用。这些先生常常几乎是故意地忘记,一种历史因素一旦被其他的、归根到底是经济的原因造成了,它也就起作用,就能够对它

---

① 《马克思恩格斯文集》第2卷,人民出版社2009年版,第51页。
② 《马克思恩格斯文集》第2卷,人民出版社2009年版,第591页。
③ 《马克思恩格斯文集》第1卷,人民出版社2009年版,第11页。
④ 《马克思恩格斯选集》第4卷,人民出版社1995年版,第691页。

的环境,甚至对产生它的原因发生反作用。"①换言之,虽然"政治、法、哲学、宗教、文学、艺术等等的发展是以经济发展为基础的。但是,它们又都互相作用并对经济基础发生作用。并非只有经济状况才是原因,才是积极的,其余一切都不过是消极的结果"②。

上述可见,社会存在和社会意识的关系是辩证的,二者的辩证关系原理深刻地揭示了社会历史发展的辩证整体性,从而为我们深入历史和把握社会提供了科学的方法论,也因此构成了我们构建社会主义和谐社会的理论根据。根据社会存在和社会意识的辩证关系原理,分析今天我们提出构建社会主义和谐社会的理论主张和实践要求,就会给我们提供了一个科学的理论视野和现实的实践方法论原则。一方面,提出构建社会主义和谐社会是现实中国所处的存在境遇的理论表达,它提示并托出当代中国所面临的种种矛盾和挑战,要求人们正视这些问题和矛盾,并把这些矛盾和存在困境以理论形态表达出来,引起人的自觉意识。与此同时,通过对这些现实矛盾和问题的理论思考和观念整合,统一人们的思想和行动,自觉应对时代问题的挑战、化解社会生活中的矛盾和冲突,使社会在"秩序"范围内展开,降低社会运行成本,提高社会效益,促进人们的身心和谐和生活质量,提升人们的幸福指数和自由存在本质。因此,在构建社会主义和谐社会的命题中,内蕴着社会存在决定社会意识的历史唯物主义原理,从而其构成了构建社会主义和谐社会的哲学根据和方法论前提。

其二,社会有机体理论是构建社会主义和谐社会切实的哲学基础。"社会有机体"是马克思创立的历史唯物主义的一个重要范畴,而关于社会有机体的理论则构成了历史唯物主义的重要内容和组成部分。从较为概括的意义上说,社会有机体是唯物史观用来表述社会诸要素有机统一的综合概念,其着重点在于揭示社会是一种动态的、整体的、彼此内在关联的系统,这种"有机性"既表现在构成机体内部诸要素之间在横向上的相互作用、相互影响,也表现在作为整体的社会系统在纵向性上的继承和演进过程。马克思关于社会是一种有机体的思想,是立足"实践唯物主义"的全新视阈,并在批判国民经济学家和蒲鲁东形而上学观点的基础上确立起来的。针对蒲鲁东根据抽象的形

---

① 《马克思恩格斯文集》第 2 卷,人民出版社 2009 年版,第 50 页。
② 《马克思恩格斯选集》第 4 卷,人民出版社 1995 年版,第 732 页。

而上学思辨哲学建构经济学体系的做法,马克思批评道:"谁用政治经济学的范畴构筑某种意识形态体系的大厦,谁就是把社会体系的各个环节割裂开来,就是把社会的各个环节变成同等数量的依次出现的单个社会。其实,单凭运动、顺序和时间的唯一逻辑公式怎能向我们说明一切关系在其中同时存在而又互相依存的社会机体呢?"①而针对资产经济学家们为了维护资产阶级的利益而无批判地论证所谓资本主义社会是天然合理性和具有永恒性的谬论时,马克思则尖锐地指出:"现在的社会不是坚实的结晶体,而是一个能够变化并且经常处于变化过程中的有机体。"②事实上,马克思的社会有机体思想在1859年《〈政治经济学批判〉序言》就已经得到了具体的表述:人们在自己生活的社会生产中发生一定的、必然的、不以他们的意志为转移的关系,即同他们的物质生产力的一定发展阶段相适合的生产关系。这些生产关系的总和构成社会的经济结构,即有法律的和政治的上层建筑竖立其上并有一定的社会意识形式与之相适应的现实基础。物质生活的生产方式制约着整个社会生活、政治生活和精神生活的过程。不是人们的意识决定人们的存在;相反,是人们的社会存在决定人们的意识。社会的物质生产力发展到一定阶段,便同它们一直在其中运动的现存生产关系或财产关系(这只是生产关系的法律用语)发生矛盾。于是这些关系便由生产力的发展形式变成生产力的桎梏。那时社会革命的时代就到来了。随着经济基础的变更,全部庞大的上层建筑也或慢或快地发生变革。③

从马克思对社会有机体的如上所述可以看出,社会有机体范畴是一个涵盖了全部社会生活及其过程的总体性概念,它包含着丰富的内涵。首先,实践是社会有机体的基点。马克思曾以"全部生活在本质上是实践的"的论述加以说明社会,认为只有从生活实践的基础上方能真正揭示社会的本质和理解社会是一个有机体的含义。之所以作出这样的论断,是因为实践是社会生活及其展开的坚实基础和根本方式。在实践的基础上,形成了社会的物质生产关系、社会交往关系和思想意识关系及其交互作用过程。因此,实践不仅成为社会关系形成的基础,而且实践活动本身成为社会生活的基本领域,同时它构

① 《马克思恩格斯文集》第1卷,人民出版社2009年版,第603页。
② 《马克思恩格斯文集》第5卷,人民出版社2009年版,第10页。
③ 参见《马克思恩格斯文集》第2卷,人民出版社2009年版,第592页。

成了社会发展的动力所在。正因为实践以浓缩的形式包含着全部社会关系及其展开过程,它构成了社会有机体的发源地,从而实践的观点成为我们把握社会有机体的基本原则。其次,社会有机体是一个诸要素交互作用的整体系统。社会有机体包含着丰富的构成要素,它由物质生产领域、政治生活领域、精神生产领域等构成,其中包含着生产力与生产关系、经济基础和上层建筑的矛盾及其运动过程,这些诸要素之间彼此作用、相互制约、互为前提、互为中介,从而形成一个动态的开放的整体系统。最后,社会有机体本身也是一个能动和发展的过程。社会有机体不仅在其内部要素之间是相互作用、相互影响的运动过程,而且由于它奠基于社会实践,因此它本身是一个能动性的具有自我控制性能的开放系统,从而随着社会实践的发展而不断演进。

唯物史观关于社会有机体的理论,切实地成为我们构建社会主义和谐社会的哲学基础。我们之所以提出要"按照民主法治、公平正义、诚信友爱、充满活力、安定有序、人与自然和谐相处的总要求"来构建社会主义和谐社会,其中涉及人与人、人与社会、人与自我以及人与自然的诸多层面,这就是充分考虑到社会是一个复杂的有机体,考虑到社会诸构成要素之间的相互作用性质。事实上,任何一个社会有机体要获得稳定有序的发展,必须以其结构功能处于耦合状态为前提。所谓耦合状态,就是组成社会有机体的各个结构彼此所发挥的功能成为对方存在和发展所需要的条件。譬如,一个有序的社会,其经济结构发挥出的功能成为政治结构存在、巩固和发展所需要的条件,其政治结构的功能也成为经济结构存在和发展的条件,而文化则同经济及政治之间的功能也成为相互依存关系。否则,若一个社会有机体的诸结构之间的功能不能耦合或耦合不佳,那么就会导致社会总体结构的不稳定乃至动荡,从而使社会面临瓦解的危险。正是在这样的意义上,丹尼·贝尔在《资本主义文化矛盾》中揭示资本主义社会内部经济领域、政治领域和文化领域之间不耦合乃至反耦合的存在状态,认为资本主义社会在经济、政治和文化三个领域各自拥有相互矛盾和冲突的轴心原则:"掌管经济的是效益[efficiency]原则,决定政治运转的是平等[equanlity]原则,而引导文化的是自我实现(或自我满足)[self-realization or self-gratification]原则"①,由此导致了资本主义社会的断裂、

① 参见[美]丹尼·贝尔:《资本主义文化矛盾》,生活·读书·新知三联书店1989年版,"初版序言"。

矛盾和冲突。如此可见,为了要保持一个社会的整体稳定与和谐有序,就必须使其亚结构或者说是社会诸要素和领域之间形成相对和谐与稳定,当某种结构或诸结构之间发生某种变裂和冲突时,就需要及时调节诸结构及其关系,阻止破坏性的作用,保持社会有机体的稳定和有序。因此,依靠社会有机体的自我控制保持和实现社会的动态平衡,是社会有机体理论的内在要义。我们今天提出构建社会主义和谐社会,就是为了确保我们社会的有序和稳定,从而不断推动社会的进步和发展。

其三,科学共产主义是构建社会主义和谐社会的价值论根据。科学共产主义是马克思和恩格斯立足资本主义社会深刻的异化现实,立足工人无产阶级的立场且通过自己艰辛的理论铸造和坚毅的革命实践而开创,并为其后继者们不断发展的革命事业。它不仅是一种富有真理性的科学思想、一种和谐的社会制度方案,而且是一种现实的历史运动,因而是集思想、制度和运动为一体的现实存在及其展开过程,它承载着"每个人自由而全面发展"的价值理想和人类解放的价值表达。

资本主义的深刻异化及其超越之努力是科学共产主义生发的现实根据。随着资本主义生产关系战胜封建生产关系,资产阶级推翻了封建地主阶级,进而资本主义生产方式的确立、巩固和扩展,资本及其原则成为整个世界为之旋转的轴心,一切存在者都要在资本面前确立自己存在的合法性根据。因此,资本成为文明时代一切事物得以存在的根据,也是一切不存在事物不存在的根据。结果是,异化成为文明社会最显著的特征和标识,成为现时代人的命运。对于人之异化存在状况,马克思有诸多论述,他认为在资本原则统治下,"劳动的现实化竟如此表现为非现实化,以致工人非现实化到饿死的地步。对象化竟如此表现为对象的丧失,以致工人被剥夺了最必要的对象——不仅是生活的必要对象,而且是劳动的必要对象。甚至连劳动本身也成为工人只有通过最大的努力和极不规则的间歇才能加以占有的对象。对对象的占有竟如此表现为异化,以致工人生产的对象越多,他能够占有的对象就越少,而且越受自己的产品即资本的统治"①。不仅工人如此,而且资本家也是没能摆脱资本强制的命运,因为在马克思看来,资本家作为资本的人格化体现,虽然赢得了人的外观,但本质上也是为资本所驱使和统治的。对此他指出:"有产阶级和

① 《马克思恩格斯文集》第1卷,人民出版社2009年版,第157页。

无产阶级同样表现了人的自我异化。但是,有产阶级在这种自我异化中感到幸福,感到自己被确证,它认为异化是它自己的力量所在,并在异化中获得人的生存的外观。而无产阶级在异化中则感到自己是被消灭的,并在其中看到自己的无力和非人的生存的现实。"①与此紧密联系在一起的是,在资本主义社会中,阶级对立简单化了,整个社会日益分裂为两大敌对的阵营,分裂为两大相互直接对立的阶级即资产阶级和无产阶级,而这在根本上是由私有制世界所导致的。正是在这个意义上,马克思和恩格斯在《共产党宣言》中指出:"共产党人可以把自己的理论概括为一句话:消灭私有制。"②正是出于对资本主义社会存在的社会冲突、阶级对立和异化存在状况的自觉意识和努力担当,使得马克思提出了扬弃资本主义的道路,即共产主义的现实历史运动方案。马克思认为,共产主义不是现实应当与之相适应的理想,而是那种消灭现存状况的现实的运动,并通过这种现实的社会运动,摆脱迫使个人奴隶般地服从分工的情形,使社会化的人将合理地调节他们之间以及他们和自然之间的关系,从而建构起一个"代替那存在着阶级和阶级对立的资产阶级旧社会的"自由联合体,实现每个人的自由而全面发展,因为"它是人和自然界之间、人和人之间的矛盾的真正解决,是存在和本质、对象化和自我确证、自由和必然、个体和类之间的斗争的真正解决"③。当然,共产主义的实现不是奠基于浪漫的"乌托邦"情怀,而是要建立在巨大的社会生产力所造就的丰富的社会物质财富基础上,以及与生产力发展相适应的社会生产关系和人民群众精神境界的提高基础上。在这种情况下,"人终于成为自己的社会结合的主人,从而也就成为自然界的主人,成为自身的主人——自由的人"④。如此可见,科学社会主义在根本上是关于无产阶级和全人类的解放学说,彰显了历史唯物主义"以人为本"的价值立场和根本原则。

科学社会主义内蕴的"以人为本"的价值指向是今天我们构建社会主义和谐社会的价值论根据。科学社会主义的理论主张和现实运动是源于资本主义社会关系处于尖锐对立的异化现实,在这种状况下,人的自由存在本质遭遇

---

① 《马克思恩格斯文集》第1卷,人民出版社2009年版,第261页。
② 《马克思恩格斯文集》第2卷,人民出版社2009年版,第45页。
③ 《马克思恩格斯文集》第1卷,人民出版社2009年版,第185页。
④ 《马克思恩格斯文集》第9卷,人民出版社2009年版,第398页。

了极大的扭曲。而共产主义就是要超越这种非人化的现实存在状况,高扬"以人为本"的价值理想,实现人的全面进步和解放。通常人们所谓的"以人为本",是相对于"以物为本"、"以官为本"而言的。相对于"以物为本","以人为本"体现了人的主体地位,确立起人对物的价值优先性;相对于"以官为本","以人为本"表达的是以最广大人民的根本利益为本。但是,"以人为本"还内涵着追求人的全面发展的价值意蕴。科学共产主义就是基于历史唯物主义的基本立场,以实现社会的全面和谐与促进人的自由全面发展为其核心价值和根本指向的。党的十六届六中全会通过的《中共中央关于构建社会主义和谐社会若干重大问题的决定》指出:构建社会主义和谐社会,必须坚持以人为本。始终把最广大人民的根本利益作为党和国家一切工作的出发点和落脚点,实现好、维护好、发展好最广大人民的根本利益,不断满足人民日益增长的物质文化需要,做到发展为了人民、发展依靠人民、发展成果由人民共享,促进人的全面发展。今天,我们之所以提出要构建社会主义和谐社会,无论从理论主张、现实实践还是从价值追求来看,都与共产主义具有内在的一致性。从理论方面看,和谐社会的理论主张是对科学社会主义理论的继承和创造;从现实层面看,构建社会主义和谐社会的实践也历史地成为世界社会主义运动的有机环节;从价值追求层面看,社会主义和谐社会所内涵的民主法制、公平正义、诚信友爱、充满活力、安定有序、人与自然和谐相处等,都是科学共产主义所内涵的价值要素。因此,历史唯物主义关于以人为本的群众史观以及科学共产主义所内涵的实现社会物质财富的极大丰富、人的精神境界的巨大提高、人的自由而全面发展的价值追求以及无产阶级的根本立场,成为今天我们构建社会主义和谐社会的价值论根据和思想原则。

三、经济正义:和谐社会的价值支撑和思想守护

1."韦伯命题"的启示:经济发展与思想守护紧密相关

在阐述经济与文化的关联之前,有必要对"文化"一词的含义做个说明,因为"文化"一词在不同的学科和不同的背景中的含义是有差异的。由于本文中我们关心的是文化如何影响经济行为和经济发展,所以我们是从纯主观的角度来描述文化的含义,即指一个社会中的价值观、态度、信念、取向以及人们普遍持有的见解。相应的,经济文化是指那些对个人、单位及其他机构的经

济活动有影响的信念、态度和价值观。那么,在经济发展中文化因素有没有作用、有什么样的作用? 对此,重提"韦伯命题"有助于我们对此问题的思考。

马克斯·韦伯(1864—1920)是当代西方著名的社会学家,他在《新教伦理与资本主义精神》一书中通过对 16 世纪西欧宗教改革以来所发生的社会变化的考察,提出了一个基本的观点,即新教伦理促进西方资本主义经济发展和资本主义文明的产生。他在该书中认为,近代资本主义文明最初之所以发生在西欧,乃是因为加尔文教的入世禁欲主义及其造成的经济理性主义为西欧资本主义文明的产生提供了伦理动因和精神基础。韦伯所说的新教伦理,包含多方面的内容,大致包括:(1)"天职"观念,即每个人尽力完成自己在世俗生活中的种种职责和使命,这是上帝的要求,从而成为"天职"。因此,尘世活动或劳动成为一种神圣的使命和义务,在世俗事务中获得成功也因此成为增加上帝荣誉的方式和手段。无疑,这种"天职"观念为资本主义的经济发展和社会进步提供了强有力的精神动力和伦理支持。(2)预定论,即认为每一个人的存在都是为了上帝的荣耀和最高权威,一个人的事业成功被上帝预定为选民的外在标志,因此人要成为上帝的选民就要必须努力工作。(3)入世的禁欲主义,即倡导勤劳节俭,反对奢侈怠惰,强调严格的生活和工作纪律,合理消费和合理牟利,从而使教徒以一种神圣的道德使命感和兢兢业业的工作态度从事世俗的经济活动,履行自己的天职。正因为如此,韦伯认为新教伦理催生了资本主义精神,有力地推动了资本主义经济的迅速发展,从而把新教伦理视为是西方资本主义经济发展和文明产生的价值支撑和精神力量。

韦伯的分析从一个方面给我们指证了文化和价值因素对人们的经济行为和社会发展的重要影响,从而为我们认识经济与文化的关系提供了一个新的视角。所以韦伯指出:"我们的当务之急就是要寻找并从发生学上说明西方理性主义的独特性,并在这个基础上找寻并说明近代西方形态的独特性。在试图作出这种说明时必须首先考虑经济状况,因为我们承认经济因素具有根本的重要性。但是与此同时,与此相反的关联作用也不可不加考虑。因为,虽然经济理性主义的发展部分地依赖理性的技术和理性的法律,但与此同时,采取某些类型的实际的理性行为却要取决于人的能力和气质。如果这些理性行为的类型受到精神障碍的妨害,那么,理性的经济行为的发展势必会遭到严重的、内在的阻滞。各种神秘的和宗教的力量,以及以它们为基础的关于责任伦理观念,在以往一直都对行为发生着至关重要的和决定性的影响。"①由于我们在此不是专门讨论新教伦理如何转化为资本主义精神并如何推动资本主义经济的发展,所以在此提出一个讨论问题的视角就可以了。对于韦伯用文化因素的新教伦理来分析资本主义经济发展的思路,固然对于全面认识资本主义经济的发展及其动力问题,对于我们考察经济发展与文化支持的关系问题无疑具有启示作用。但是同样必须指出的是,资本主义文明的产生和发展并非仅仅可以用作为文化因素的新教伦理来说明的,对此我们要加以自觉,否则会有落入观念决定经济发展的主观主义之危险。

对于经济与文化的关系作如何理解? 二者的地位和作用如何? 我们还是要以科学的唯物史观加以审视。在经济和文化的关系问题上,唯物史观的基本主张是:经济基础决定上层建筑,上层建筑对经济基础具有反作用。这是我们认识经济与文化关系的基本出发点。这是我们首先要说明的。而对于经济与文化关系的讨论也是在坚持这一基本立场前提下进行的。经济因素虽然对文化具有决定作用,但是并不意味着文化观念对社会经济发展没有作用力。事实并非如此。当我们说经济对文化具有决定作用时,指的是文化观念从根本意义上源于社会经济生活。但是文化观念一旦产生以后,具有其相对的独立性,并深刻地影响到人们的价值观和行为方式,从而对经济生活乃至社会生活产生重大的作用。所以,恩格斯在《致瓦·博尔吉乌斯》中指出,虽然"政治、法、哲学、宗教、文学、艺术等等的发展是以经济发展为基础的。但是,它们又都互相作用并对经济基础发生作用。并非只有经济状况才是原因,才是积极的,其余一切都不过是消极的结果"②。也正是从文化观念对现实社会经济具有重要作用的角度,马克思指出:"批判的武器当然不能代替武器的批判,物质力量只能用物质力量来摧毁;但是理论一经掌握群众,也会变成物质力量。"③美国哈佛大学教授亨廷顿在分析加纳和韩国的经济发展历史时认为,虽然在20世纪60年代两国经济水平相当,但在30年以后,即在20世纪90年代韩国成为一个经济巨人,经济名列世界第14位,而加纳却没有发生这样

① [德]韦伯:《新教伦理与资本主义精神》,生活·读书·新知三联书店1987年版,第15—16页。
② 《马克思恩格斯选集》第4卷,人民出版社1995年版,第732页。
③ 《马克思恩格斯文集》第1卷,人民出版社2009年版,第11页。

的变化,它的人均国民生产总值仅相当于韩国的1/14,其中固然有多种因素,但在他看来文化是一个极重要的因素。① 在同样的意义上,美国精神分析学者弗罗姆在其著作《逃避自由》一书中指出:"从社会、经济变革中产生出来并由宗教理论强化了的新性格结构,反过来又成了推进社会、经济发展的重要因素。根植于这一性格结构中的人的一些特性,例如,强迫自己去工作、喜爱节俭、甘愿使自己的生命成为达到别人权利目的之工具、苦行主义和强制性的责任感,已成为资本主义社会的创造性力量,没有这些力量,现代的经济和社会发展简直是不可想象的。根植于性格结构中的人的这些特性,实际上是人的能量的发泄的具体形式。借助于这些形式,人的能量基本成了社会过程中的一种创造性的力量。"②

概而言之,文化因素对经济活动有着重要的影响,已成为越来越多的人们的共识。我们认为,经济和文化作为人所特有的存在属性,在现实的社会生活中统一于人的具体的存在方式中,即人既是经济的动物,又是文化的动物,从而使得经济与文化相互勾连在一起,彼此渗透、相互影响。也就是说,任何经济活动或经济现象背后,都渗透某种文化因素和文化观念,而这种文化对经济发展或具有促进意义或阻碍作用,而且有时文化的作用是极大的。由于经济活动不可能在离开特定社会关系、离开一定活动主体而在真空中进行,所以没有文化的经济和没有经济的文化同样是不可想象的。经济文化虽然是经济生活的反映,但一旦一定的经济文化产生出来,就会必然地以这样那样的方式影响和制约着社会的经济生活及其经济发展。之所以如此,乃因为社会经济活动是由人进行的,即经济活动是行为主体人依据一定的观念、借助一定的手段而进行的人与自然、人与人之间的物质能量信息的交换活动,从而满足自身需要的过程。所以,一定的经济文化、经济价值观一旦为人们所接受和信奉,就成为人们认识经济现象、指导经济生活和经济行为的尺度,从而深刻地影响到社会的经济发展。它往往通过以下的方式影响社会的经济生活:

首先,文化通过对现实的人之价值观的渗透来影响人们的经济行为。我

---

① 参见[美]亨廷顿、哈里森主编:《文化的重要作用——价值观如何影响人类进步》,新华出版社2002年版,"前言"。

② [美]弗罗姆:《逃避自由》,工人出版社1987年版,第138—139页。

们知道,人是一种观念性的存在物,也就是说人的行为受其思想和价值观的支配,这意味着要改变人们的行为方式,首先要改变人们的思维方式和价值观念,在人们的价值观未出现重大的转折前,其行为方式要进行较大的改变是不可能的。在经济生活中,为了能使人们从事符合正义原则的经济活动和经济交往,首先要使经济行为主体必须确立关于经济正义的价值观念。通过对经济行为主体进行有关经济正义价值观念的教育和引导,使其内化为行为主体的价值理念和行为规范,从而激励其经济行为。这种激励行为既包括对经济行为主体的正向的驱动作用,又包括对经济生活中的负面价值的抵制功能,从而促进经济的发展和社会的进步。

其次,文化对经济活动具有导向意义。人是一种目的性的存在物,人们的行为总是有一定的目的性。诚如恩格斯所指出的那样,"在社会历史领域内进行活动的,是具有意识的、经过思虑或凭激情行动的、追求某种目的的人;任何事情的发生都不是没有自觉的意图,没有预期的目的的"①。同样,人们的经济活动是在一定的目的指导下的活动过程,而这种目的性往往来源于人们的经济观。就某种意义来说,有什么样的经济观、有什么样的经济价值追求,就有什么样的经济目的以及由此牵引下的经济行为和经济组织过程。有了明确的经济价值观、经济发展观,那么人们就有明确的经济活动的方向以及与此相适应的经济方式。质言之,没有相应的经济文化的引导,人们的经济活动就会变得盲目而混乱。没有正确的经济价值观和正确的经济发展观的指导,有效的经济发展和社会的全面进步是不可能的。同样,没有经济正义的价值观念的确立和牵引,经济行为的正义性、经济发展的合目的性和合理性就无法担保。

最后,文化对经济的影响还可以通过对经济制度和经济规则的价值支持而体现出来。经济制度或经济规则是经济生活得以正常展开的前提,也是评判经济行为是否合理的尺度和标准。在现实的经济生活中,制度和规则成为最具体而现实的规范,它直接影响到人们的经济利益和经济义务之分配,因而经济制度和规则是否具有合理性和正义性就直接关系到人们的切身经济利益。经济制度和规则背后往往是经济价值观念在支配,有什么样的经济文化就会有什么样的经济制度和规则,经济制度和经济规则无非是经济文化的物

---

① 《马克思恩格斯文集》第 4 卷,人民出版社 2009 年版,第 302 页。

质载体和外在表现。因此,经济制度和规则要成为现实的力量或者发挥出效率,必须要合乎经济的规律性和人的发展的目的性。而经济文化通常包含着对经济制度和规则进行肯定或否定的价值评判,从而促进经济制度和规则的完善和发展。

总之,"韦伯命题"所揭示的关于文化伦理价值与经济社会发展的内在关联,为我们提供了重要的启示和思考方向。今天,我们正在积极开展建设社会主义和谐社会的伟大实践,然而要取得这场实践的伟大胜利,的确需要与之相适应的价值支撑和文化守护。在这个意义上,社会主义和谐社会的构建,需要经济正义的价值支撑和伦理守护,而经济正义也内在地构成了社会主义和谐社会的题中要义,二者形成了辩证统一的有机关系。

2. 经济正义:社会主义和谐社会的价值支撑

提出构建社会主义和谐社会既是现实情势的客观要求,也是我们党在新的历史阶段上主动加强执政能力建设的主观自觉。在党的十六届四中全会上,通过了《中共中央关于加强党的执政能力建设的决定》,提出要坚持最广泛最充分地调动一切积极因素,不断提高构建社会主义和谐社会的能力,旨在形成全体人民各尽其能、各得其所而又和谐相处的社会,并以此来巩固党执政的社会基础、实现党执政的历史任务。为此,需要我们在全社会大力倡导和全面贯彻尊重劳动、尊重知识、尊重人才、尊重创造的方针,大力提倡团结互助、扶贫济困的良好风尚,形成平等友爱、融洽和谐的人际关系,从而不断增强全社会的创造活力;坚持把最广大人民的根本利益作为一切工作的出发点和落脚点,高度重视和维护人民群众最现实、最关心、最直接的利益,妥善协调各方面的利益关系,正确处理人民内部矛盾,自觉维护安定团结。同时要加强社会建设和管理,健全工作机制,维护社会稳定。2005 年 2 月,胡锦涛同志在省部级主要领导干部提高构建社会主义和谐社会能力专题研讨班上的讲话,对构建社会主义和谐社会做了进一步系统的论述。"讲话"对构建社会主义和谐社会的国际国内背景、有利的条件和面临的挑战以及如何构建等方面作出了深刻的分析和具体的部署。在"讲话"中,明确提出了我们所要建设的社会主义和谐社会应该是"民主法制、公平正义、诚信友爱、充满活力、安定有序、人与自然和谐相处的社会"。在此基础上,党的十六届六中全会通过了《中共中央关于构建社会主义和谐社会若干重大问题的决定》,提出了"社会和谐是中国特色社会主义的本质属性,是国家富强、民族振兴、人民幸福的重要保证",在共建共享中构建和谐社会。

概而言之,构建社会主义和谐社会就是要形成一个"民主法治、公平正义、诚信友爱、充满活力、安定有序、人与自然和谐相处的社会"。下面分别做简要阐述。

民主法治　所谓"民主法治",就是社会主义民主得到充分发扬,依法治国基本方略得到切实落实,各方面积极因素得到广泛调动。为深入理解民主法制对于社会和谐的意义,对"民主"和"法制"范畴做一个简要的阐述。从词义上而言,"民主"(Democracy)的基本含义是"人民的权力"、"人民的政权"或"人民进行统治"。因此,通常所谓的民主就是指,以多数人的意志为政权的基础,承认全体公民自由、平等的统治形式和国家形态。在现代社会,民主具有广泛的内涵,常用以表示具有平等、自由性质和特征的状态、现象,如民主政治、民主管理、民主权利、政治民主、经济民主、社会民主等,但是"人民当家做主"是民主的核心含义。社会主义民主政治的本质和核心是人民当家做主,国家的一切权力属于人民。对此我国宪法做了明确规定:"中华人民共和国是以工人阶级领导的、以工农联盟为基础的人民民主专政的社会主义国家","中华人民共和国的一切权力属于人民"。正是在这个意义上,我们说人民民主是社会主义的生命,没有民主就没有社会主义,就没有社会主义和谐社会。而所谓"法治",乃是一种历史地形成的民主政体或民主政治理想,与"人治"相对应,其一般的含义是:以"人民民主"或"人民主权"为核心;宪法具有至高无上的地位;法律面前人人平等;人民的个人平等自由权利得到充分尊重与保护;政府国家置于监督之下并严格在宪法法律规定的范围内活动。因此,法治要求国家的一切活动要严格依法办事,做到有法可依,有法必依,执法必严,违法必究。因此,构建社会主义和谐社会,必须切实落实依法治国的基本方略,建设社会主义法治国家,进一步加强和改进立法工作,发展社会主义民主政治、保障公民权利、规范社会建设和管理,形成依法治国的良好局面。

公平正义　所谓"公平正义",就是社会各方面的利益关系得到妥善协调,人民内部矛盾和其他社会矛盾得到正确处理,社会公平和正义得到切实维护和实现。公平和正义是社会生活的基本价值,是社会文明进步的重要标尺。公平(Fairness),在不同的学科中具有不同的侧重点,但是一般而言,公平内含从公正合理的角度平等地善待每一个与之相关的对象的意义,也就是我们平常所说的等比例平等。以此为标准,那么在个人与个人交往关系中,公平就意味着它们之间的对等互利和礼尚往来;在社会与个人之间,公平就意味着个人劳动创造的社会效益与社会提供给个人的物质精神财富回报的平衡合理。尽管公平总是不可避免的地与利益的分配紧密相关,但是它也包含着人们在主观的行为动机和行为方式的正当合理性要求。而正义(Justice),主要是对政治、经济、法律和道德等领域中的是非、善恶的一种道德认识和价值评价,在伦理学意义上,作为道德范畴的正义通常被用来指符合一定社会道德规范的行为和处理人际利益分配关系的原则,即"一视同仁"和"得当所得"。然而,从哲学的深度层面上看,正义还内涵着对人类生命的形而上考量和追寻生命的存在根据,在此基础上具体化为对一定社会制度和社会行为的正当性审视。因此,公平正义不仅涉及人们在物质生活世界中如何科学地设计社会制度的安排、如何合理地分配各种利益以及如何以合宜的方式展开人们之间的交往,而且也关涉对人类生命存在根据和存在尊严的深刻思想。鉴于公平正义牵涉人类生活的诸多价值层面,公平正义历来被看做是人类社会不可或缺的存在基础和价值维度,只不过在不同的社会历史时期,公平正义所承载的具体内容并不等同。社会主义无论是作为一种学说、一种制度,还是一种社会形态,其目的就是要超越资本主义社会虚假的公平和抽象的正义,实现现实的公平和实质的正义。尽管我国的社会主义国家脱胎于半殖民地半封建的国家,而且现在正处于社会主义初级阶段,但是公平和正义依然是我们的社会基本价值。所以,胡锦涛同志指出:"维护和实现社会公平和正义,涉及最广大人民的根本利益,是我们党坚持立党为公、执政为民的必然要求,也是我国社会主义制度的本质要求。只有切实维护和实现社会公平和正义,人们的心情才能舒畅,各方面的社会关系才能协调,人们的积极性、主动性、创造性才能充分发挥出来。"[①]当然,我们也要清楚地认识到,公平正义的实现以及公平正义本身都会随着历史的变化而变化,需要我们结合当代中国的发展阶段和现实基础来实现社会公平和正义。

诚信友爱 所谓"诚信友爱",就是全社会互帮互助、诚实守信,全体人民

---

① 胡锦涛:《在省部级主要领导干部提高构建社会主义和谐社会能力专题研讨班上的讲话》,人民出版社 2005 年版,第 21 页。

平等友爱、融洽相处。诚信(Integrity)，即诚实守信，是人们在社会交往关系中行为主体应当遵循的一条基本道德规范。"诚实"意味着人们在交往过程中真实无妄地提供相关信息，以供人们作出合乎理性的决策和行动，而"守信"意味着在交往过程中承担自己作出的承诺，履行自己订立的契约。诚实和守信是紧密相连的，没有诚实，就很难有守信，因为通过隐瞒信息甚至采取欺骗手段订立的契约，是不可能有约束力的，更不要说人们自觉履行。同样，不愿履行自己作出的契约和承诺，本身就意味着不诚实。在现代社会中，随着社会的市场化，交往的普遍化，诚信成为一个社会健康运转的道德基础和行为尺度，否则社会的运行成本就会加大，从而根本上损伤到社会的效益和人们的幸福指数。而友爱(Fraternity)，顾名思义，就是友和爱的双重含义。古希腊哲学家亚里士多德认为，友爱是维护社会群体的组合和家庭的聚合的高尚而有用的德目，也是调节社会和家庭中人与人关系的行为准则。所以，要构建一个和谐的社会人际关系，必须在人与人之间讲诚信、讲友爱，诚信是维系社会有序的基础，而友爱是维系社会和谐的关键。只有营造诚信友爱的社会氛围，我们的社会不仅有条不紊，而且才能充满温馨和幸福的感觉。

充满活力　所谓"充满活力"，就是能够使一切有利于社会进步的创造得到尊重，创造活动得到支持，创造才能得到发挥，创造成果得到肯定。创新是一个民族进步的灵魂，是一个国家兴旺发达的不竭动力。一个丧失了创新能力、失去了创造性的民族和国家意味着在世界舞台上靠边站，就处于被动甚至挨打的命运。因此，如何提升自己民族和国家的创造力，使得自己的社会充满活力便成了现代国家十分关注的课题。唯物史观认为，人民是历史的主体，因此要建设一个富有充满活力的社会主义和谐社会，首要的就是广泛而充分地调动和激发全体人民的开拓精神和创新能力。为此，最根本的就是要全面贯彻尊重劳动、尊重知识、尊重人才、尊重创造的方针，并形成与此相适应的社会制度设计和体制机制安排。改革开放以来的历史实践经验充分说明，广大人民群众的创造精神和劳动积极性是一个国家进步和发展的基础和前提，在这个意义上，改革开放的过程就是一个调动和激发广大民众创造力的过程。但是我们也必须注意到，广大民众的创造积极性与人们的利益获得紧密相关。马克思曾指出，利益乃人之本性，思想和行为一旦离开了利益，就很难以对其获得切实的把握。所以，要形成一个充满活力的社会主义和谐社会，我们不仅要充分调动人们创造社会财富的能动性和创造性，而且更要切实关注对社会利益尤其是物质经济利益的分配。为此,我们要坚持把最广大人民的根本利益作为制定政策和开展工作的出发点,高度重视和维护人民群众最现实、最关心、最直接的利益,坚决纠正各种损害群众利益的行为。在这里,我们就可以切实地看到经济正义对构建和谐社会的重要性以及二者的内在勾连。

安定有序 所谓"安定有序"就是社会组织机制健全,社会管理完善,社会秩序良好,人民群众安居乐业,社会保持安定团结。因此,安定有序是人们正常社会生活的基础,也是确保社会发展的前提。若一个社会处于混乱和无序的状态,那么就会直接地损害到人们的社会生产和生活幸福。社会安定,应包括社会发展稳定、人际关系和睦以及人们的心里能保持较为平和的状态。因此,在我国社会正处于急剧转型的期间,要保持社会安定,就必须正确地处理改革、发展和稳定的关系,从而使人与人、群体与群体、社会阶层与社会阶层以及人与社会之间形成一个互惠互利、和而不同的存在状态,真正做到人们之间在权利和义务、人格和尊严上的平等。为此,我们要注重建设合理的社会结构,努力形成一个"橄榄型"的社会;健全社会管理机制,确保民意的舒畅表达和民疾得到及时关心;营建宽松和谐的社会氛围,培育健康成熟的社会心理。而社会有序,就是社会行为和社会发展要做到有章可循,具体表现在社会的经济生活、政治生活、精神生活和社会生活等各个方面要有章法,并依据章法展开社会生活和社会交往,不能越章行事。有序是社会主义民主的题中要义,也是社会主义依法治国的基本要求。通过有序的社会章法,使得人们能够各尽其能、各得其所,从而形成一个和谐相处的社会关系。如此可见,安定有序就是社会要有公平合理的制度秩序,并依照合理的制度和秩序展开人们的社会生活,在其中人们收获全身心的和谐和幸福。

人与自然和谐相处 所谓"人与自然和谐相处"就是生产发展,生活富裕,生态良好。自然是孕育人类的母亲,是人类生存和发展的重要基础,而且自然本身乃是人的本质力量得以对象化和确证的保障。因此,一方面,人类的生存和发展、自由和进步皆不能离开自然而实现;另一方面,自然在本质上是有限的存在体,是一个脆弱的系统。正是自然的有限性以及人类对自然的紧密依赖性,使得人与自然的关系便成了自人类产生以来不变的重大课题。自近代以来,随着生产力的不断提高,又由于资本主义生产体制在全球范围内的逐渐确立、巩固并不断扩展,使得人类对自然的征服和宰制日益泛滥,从而制造了人与自然紧张的矛盾和冲突,生态危机日趋加剧,人类的自然生态根基日益受到损伤,从而根本上危及人类的基本生存。事实上,我国也面临着严重的生态危机,空气污染、水资源短缺、沙漠化蔓延、森林面积减少、生物多样性遭到破坏等,这一切在根本上影响到我国经济社会发展、人们生活的质量和幸福指数,而且由于生态恶化导致资源短缺会导致人们对资源的争夺,从而引起社会矛盾和冲突,影响到人们正常社会生活的展开。正是鉴于这样的原因,我们可以说,没有人与自然的和谐相处,就没有社会的和谐。因此,建构和谐的人与自然关系,便现实地成为我们面临的重大现实课题和紧迫的任务。

总而言之,建设社会主义和谐社会,就是要建设一个民主法治、公平正义、诚信友爱、充满活力、安定有序、人与自然和谐相处的社会。要建设这样一个社会,当然需要方方面面的努力工作,包括创造丰富的物质财富、提供强有力的制度保障和精神支持。而本著作主要是从经济正义与社会主义和谐社会的内在关联尤其是经济正义对和谐社会构建提供价值支撑和思想基础方面来探讨的。事实上,在前面的章节和内容中,我们从经济制度正义与和谐社会的构建、经济活动正义与和谐社会的构建、代际经济正义与和谐社会的构建以及全球经济正义与和谐世界的构建等方面做了探讨和阐述。在此,我们是从较为概括的意义上重申上述主题,并对之加以概括性的阐述。对于经济正义与社会主义和谐社会的这种本质关系,以及经济正义何以能成为构建社会主义和谐社会的价值支撑和伦理守护的问题,我们可以从经济正义与社会主义和谐社会的具体关联中加以分析。

从"民主法治"与经济正义的关系来看,二者之间具有密切的价值关联。诚如我们在前文所述,民主的核心乃是人民当家做主,人民利益至上是民主的真谛,而法治最根本的目的也在于对人民利益和尊严的守护,这与经济正义的核心价值和根本立场别无二致。民主法治意味着按照经济正义的立场守护经济生活,经济正义意味着要求按照民主法制的原则展开经济生活。

从"公平正义"与经济正义的关系来看,二者的紧密关联显而易见。公平正义包含着经济正义,而经济正义本身也是公平正义的具体体现和展开。

从"诚信友爱"与经济正义的关系来看,二者的关系也是密切相关的。诚信友爱,意味着在社会生活的所有领域都必须为人诚实、做事守信,人们之间要彼此信任和友好。在今天,随着商品经济的不断发展,市场社会的不断扩大,经济生活成为社会生活的重心,从而对经济生活诚信要求越来越高,对经济交往的规范越来越重要,正是在这里,经济正义的价值和意义得到了充分的凸显。

从"充满活力"与经济正义的关系来看,经济正义乃是促进社会充满活力的动力和基础。要确保社会充满活力,实质上就是要能够最大限度地激发全体民众的创造性和积极性,而要激发广大民众的创造性和积极性,除了进行思想教育等以外,最主要的就是要确保他们的利益尤其是物质利益,这就要做到分配正义,使得人们得当所得,做到财富分配方面公平合理。相反,若采取平均主义或者自由主义的经济政策,那么我们的社会要么是一个平均的贫困社会,要么是贫富悬殊的社会,无论是哪一种,都不是社会主义,更不是社会主义和谐社会。

从"安定有序"与经济正义的关系来看,经济正义也是社会安定有序的前提基础和价值守护。一个社会要安定有序,必须做到社会财富的分配要公平,社会公心要守护社会事务。经济正义作为对经济生活的价值审视,从而对人的生命尊严的执著捍卫,其中就内涵对安定有序的社会生活的支撑和守护。

从"人与自然和谐相处"与经济正义的关系来看,也是水乳交融的。经济正义立足于"自然是人的无机的身体"的马克思主义观点,对自然的存在价值给予了充分的捍卫,从而内涵人与自然和谐相处的世界观和价值立场,要求在经济生活的展开过程中批判和超越抽象的资本自然观,实现人与自然之间和谐相处。

概而言之,经济正义与社会主义和谐社会具有内在勾连的性质,和谐社会的构建需要经济正义的现实守护和价值支撑,经济正义成为当代中国建设和谐社会不可或缺的价值维度和思想资源。对于经济正义与和谐社会的内在价值关联,除了从前面章节中关于经济制度正义与和谐社会、经济活动正义与和谐社会、代际经济正义与和谐社会、全球经济正义与和谐社会方面,以及从经济正义与民主法治、经济正义与公平正义、经济正义与诚信友爱、经济正义与充满活力、经济正义与安定有序以及经济正义和人与自然和谐相处关系加以把握和阐述以外,我们还可以换一个角度加以把握和理解,即我们可以把社会主义和谐社会的六个具体方面的内涵概括为人与社会和谐、人与人和谐、人与自我和谐以及人与自然和谐的"四重和谐关系",从而对经济正义与和谐社会的内在价值关联和伦理关系,可以换一个角度加以阐释。

首先,人与社会的和谐离不开经济正义价值的支撑。人与社会的和谐是社会和谐的重要指标,也是社会和谐的重要内容。当然,在理解人与社会的关系时,我们首先应当避免把社会关系当做抽象的东西而与人对立起来,因为"正像社会本身生产作为人的人一样,社会也是由人生产的"①,社会和个人并不代表两个事物,而只不过是表示同一事物的个体方面和集体方面而已,社会无论其形式如何,是人们交互活动的产物,是人们生产关系的总和。因此,人是社会的人,社会是人的社会,离开社会的人和离开人的社会同样是无法想象的。但是我们认识到,社会并不是单个人的简单堆积,而是具有内在的有机性质和辩证运动性。因此,在现实的社会生活中,人们并不能随心所欲,而是要受到社会客观条件的种种约束与限制,甚至在特定的情况下二者之间会发生尖锐的对峙和激烈的冲突。在这种情况下,社会的运行成本就会提高,社会的秩序就会受到威胁,从而影响到人们的正常生活和幸福感受。而人与社会的矛盾和冲突,最核心的莫过于二者之间在利益关系方面的矛盾和冲突,这些矛盾和冲突的引发与利益的分配具有紧密相关。因此,要实现人与社会的和谐,关键在于要处理好人与社会之间的利益关系,其中特别要处理好经济利益关系。而要实现人与社会之间利益关系的和谐,当然离不开经济正义的价值审视和伦理介入。如此可见,经济正义现实地构成了实现人与社会和谐的重要伦理支撑。

其次,人与人的和谐需要经济正义价值的守护。社会和谐在本质上是人与人的和谐,因为人是社会关系的主体。当然,人并不是抽象的存在实体,而是关系中的人。所以正如马克思所言,人的本质并不是单个人所固有的抽象物,在其现实性上,人的本质乃是社会关系的总和。所以,生活于社会中的现实的人必须随时随地要处理好人与人的关系,形成和谐的人际关系。和谐的人际关系,既包括个体与个体之间的和谐,也包括个体与群体、群体与群体之间的和谐。而人际关系的轴心是利益关系,因此人与人之间的和谐最根本的在于人们之间在利益方面的平衡与和谐,而物质经济利益的平衡与和谐是和谐人际关系得以形成的基础和前提。若一个社会在利益分配问题上不能多劳多得,而是劳而少获甚至不劳而获,那么无论在现实的社会关系上,还是在人们的心理方面都会出现对这个社会人际关系的失望和愤怒,而这些失望和愤怒积累到了一定的程度就会引发社会的动荡和人际的冲突。因此,如何在社会利益分配问题上做到公平正义,便成为实现和谐人际关系的关键。而分配正义作为对社会利益分配关系的正义要求和价值守护,现实地成为和谐人际

---

① 《马克思恩格斯文集》第 1 卷,人民出版社 2009 年版,第 187 页。

关系的伦理基础。

再次,人与自身的和谐需要经济正义价值的关照。人与自身的和谐是社会和谐的重要维度,也是社会和谐的晴雨表。人与自身的和谐标示着人们在社会生活中能够对生命尊严和人格价值的自觉与担当,从而在生命的展开过程中保持一种身与心、灵与肉的平衡和谐。对于人自身的和谐问题,哲学家柏拉图在《理想国》中曾有过精彩的论述,他认为个体生命的和谐乃在于人的理智、激情和欲望的友好相处、互不干涉,其中激情和欲望服从理智的领导和牵引而不反叛,从而能够使自身井然有序,对自己友善,自己主宰自己。这样就达到了个人正义,这样的人也就成了正义的个人。精神是人的象征,人不仅需要面包,更需要阳光和真理,和谐的心灵和愉悦的精神生活对人而言是不可或缺的生命存在维度。但是这一切都需要以人们基本生存问题的解决为前提。很难想象,一个连基本的生存问题都没能解决的人,如何能获得身心平衡?然而,即使是一个解决了基本生存问题的社会,若缺少对社会事务的正义价值关照,也很难以使人保持身心的和谐。在此,需要经济正义的价值关照,这种观照既包含着对个体生存的价值捍卫,也包括对社会公心的正义守护。

最后,人与自然的和谐需要经济正义价值的牵引。人与自然和谐是社会和谐的重要内容和组成部分,人与自然的关系在本质上是人类自身的关系,因为人是自然的一部分,而自然是"属人"的自然。对此,马克思曾给予充分的指证:"自然界,就它自身不是人的身体而言,是人的无机的身体。人靠自然界生活。这就是说,自然界是人为了不致死亡而必须与之处于持续不断的交互作用过程的、人的身体。所谓人的肉体生活和精神生活同自然界相联系,不外是说自然界同自身相联系,因为人是自然界的一部分。"[1]因此,实现人与自然的和谐,首先要对自然抱有敬重和感恩的态度,绝不能像征服者统治异族人那样统治自然,而应该时刻怀想我们的身驱存在于自然中,从而像呵护自己有机的身体一样呵护自然,与自然唇齿相依、冷暖与共。为此,我们在与自然界进行物质能量的交换活动中,自觉维护生态的存在价值,在经济生产活中,自觉抵制生产主义的资本逻辑,秉持经济正义的价值理念,在经济正义价值的牵引下实现人与自然和谐相居。

---

① 《马克思恩格斯文集》第1卷,人民出版社2009年版,第161页。

3. 经济正义："历史地"守护社会主义和谐社会的构建

以唯物史观为指导，坚持历史唯物主义的原则立场、基本观点和方法，是笔者在课题研究中自始至终坚守和力求自觉的。正因为如此，笔者特别强调"历史地"看待社会生活及其意识形态，从而自觉立足历史唯物主义之"历史性"视阈。事实上，唯物史观之所以能够被创制并且具有经久不衰的历史生命力和实践穿透力，在于它是对社会生活之实践本质的哲学揭示，以及对理论之合法性的时空性限定。所以，唯物史观的理论优越性在于它坚持理论、历史、社会存在的时间性、空间性、具体性和针对性，从而消解了思想史上长期盘绕并禁锢人们思想的理论形而上学、神学形而上学以及各式各样的形式主义和教条主义，瓦解了关于社会历史和社会生活的种种永恒的意识形态神话，展开了对人类历史和社会生活的历史性道说，对人类历史和社会生活做了"是其所是"地揭示，从而呈现社会历史之真理，使人们在真理的道路上走向自由。

正是基于历史唯物主义的历史性视域和实践性特质，在探讨诸如"经济正义"、"社会主义和谐社会"等重大理论课题和现实问题时，必须坚持历史唯物主义的基本原则，摒弃形而上学的抽象立场和浪漫主义的乌托邦情怀，立足现时代中国的国情、民情，环视当代世情，寻求切中当代中国问题的思想方案和实践措施，切实地确立经济正义的基本原则，切实地构建社会主义和谐社会。然而，我们必须看到，在当前构建社会主义和谐社会的伟大战略实践中，无论在思想上还是在实践中，对社会主义和谐社会存在诸多误解。其中最为突出地表现在对社会主义和谐社会的形而上学立场和浪漫主义的态度。在对社会主义和谐社会持形而上学立场的人们看来，和谐社会是一个没有矛盾没有冲突的社会，是"人间天堂"，他们从理论教条出发，对社会生活中存在的矛盾不能作出科学的认识，从而不容许现实生活中存在一点点矛盾，结果导致对现实生活百般不满，最后演变为对现实的失望和厌世情绪乃至对社会的对抗。同时，持形而上学立场的人们还无视中国构建社会主义和谐社会的现实基础，从古今中外有关和谐社会的抽象理论出发，一厢情愿地勾画构建社会主义和谐社会的理论图景和现实途径，导致形式主义和教条主义，成为我们构建社会主义和谐社会的思想阻碍和实践阻力。与此相反，持浪漫主义立场的人们，认为今天我们构建社会主义和谐社会，是因为今天的中国已经是百般矛盾集一身，积重难返，并把这些矛盾的出现简单地归罪于诸如市场经济等改革开放政策,因此要构建社会主义和谐社会就要回到计划经济时代"人人有份"的"和谐时代",这对今天构建社会主义和谐社会具有不可低估的负面影响。但是,无论是形而上学的立场,还是浪漫主义的立场,最致命的也是二者本质一致的地方在于,从根本上背离了历史唯物主义,以静止、主观和教条的观点看待社会生活和人类历史,因而最终是要被生活和实践所抛弃的。

历史地构建社会主义和谐社会,首先要科学把握我国社会发展的历史方位,正确认识我国社会发展的生产力水平和生产关系状况。从较为概括和根本的意义上而言,虽然经过改革开放30多年,我国的物质文明、政治文明、精神文明、党的建设和社会建设取得了巨大进步,综合国力大幅度提高,人民生活显著改善,社会政治长期保持稳定。但是我国仍然处于并将长期处于社会主义初级阶段,人民日益增长的物质文化需要同落后的社会生产之间的矛盾仍然是我国社会的主要矛盾,统筹兼顾各方面利益任务艰巨而繁重。这就是说,我国当前的生产力水平较低,相对于人民群众的需要,社会的物质财富基础仍然较薄弱,并由此存在人们之间的利益关系矛盾重重。正因为如此,我们要构建社会主义和谐社会,必须从生产力和生产关系、经济基础和上层建筑以及二者的矛盾关系出发,历史而现实地构建和谐社会。在这个意义上,构建社会主义和谐社会,首先要大力发展社会生产力,坚持以经济建设为中心,大力发展现代科技,创造出丰富的社会物质财富,全面促进社会的进步和实现科学发展。换言之,科学发展与社会和谐是辩证统一的,没有科学发展,没有丰富的社会物质财富为基础,社会和谐是难以实现的,因为在一个贫穷的社会,一切丑恶的东西必将死灰复燃。因此,通过科学发展来解决和处理各种社会矛盾,通过增加社会物质财富、不断满足人民群众日益增长的物质文化需要,来为构建和谐社会创造坚实的物质基础。其次要改善生产关系,正确处理生产关系中存在的各种矛盾,为社会主义和谐社会的构建提供和谐的关系场域。在我国现代化过程中,在生产关系方面存在各种错综复杂的矛盾乃至尖锐冲突,突出地表现在经济生活中人与人之间的利益分配不公,在政治生活中公民和政府之间的权利义务关系不平衡,在精神生活中充斥虚无感以及在人地关系上存在深刻的生态危机等,这些矛盾和失衡成为构建社会主义和谐社会所面临的攻克对象。为此,在构建社会主义和谐社会的过程中,除了通过大力发展社会生产力,创造出丰富的社会物质财富和不断改善人民生活水平,还要通过发展和保障社会公平正义、民主法制建设、建设先进文化和正确处理人与自然的关系,来不断促进社会和谐。为此,胡锦涛同志在"在省部级主要领导干部提高构建社会主义和谐社会能力专题研讨班上的讲话"中指出,为了促进社会主义和谐社会建设,要重点做好以下几方面的工作:切实保持经济持续快速协调健康发展;切实发展社会主义民主;切实落实依法治国的基本方略;切实加强思想道德建设;切实维护和实现社会公平正义;切实增强全社会的创造活力;切实加强社会建设和管理;切实处理好新形势下的人民内部矛盾;切实加强生态环境建设和治理工作;切实做好保持社会稳定工作。而十六届六中全会通过的《中共中央关于构建社会主义和谐社会若干重大问题的决定》对构建社会主义和谐社会的重要性和紧迫性做了进一步的阐述,指出"社会和谐是中国特色社会主义的本质属性,是国家富强、民族振兴、人民幸福的重要保证"、要"最大限度地增加和谐因素,最大限度地减少不和谐因素,不断促进社会和谐",并提出了构建社会主义和谐社会的基本原则。

坚持以人为本原则,即始终把最广大人民的根本利益作为党和国家一切工作的出发点和落脚点,实现好、维护好、发展好最广大人民的根本利益,不断满足人民群众日益增长的物质文化需要,努力做到发展为了人民、发展依靠人民、发展成果由人民共享,积极促进人的全面发展。

坚持科学发展原则,就是要切实抓好发展这个执政兴国的第一要务,统筹城乡、区域、经济社会、人与自然和谐发展,以及统筹国内发展和对外开放,努力转变增长方式,提高发展质量,积极实现经济社会全面协调可持续发展。

坚持改革开放原则,即坚持社会主义市场经济的改革方向,适应社会发展要求,推进经济体制、政治体制、文化体制、社会体制改革和创新,进一步扩大对外开放,建立健全充满活力、富有效率、更加开放的体制机制。

坚持民主法制原则,即要不断加强社会主义民主政治建设,发展社会主义民主,实施依法治国基本方略,建设社会主义法治国家,逐步形成社会公平保障体系,促进社会公平正义。

坚持改革发展稳定相统一原则,即要把改革的力度、发展的速度和社会可承受程度统一起来,维护社会安定团结,以改革促进和谐、以发展巩固和谐、以稳定保障和谐,确保人民安居乐业、社会安定有序、国家长治久安。

坚持党领导下的共建原则,即要坚持科学执政、民主执政、依法执政,发挥党的领导核心作用,维护人民群众的主体地位,团结一切可以团结的力量,调动一切可以调动的积极因素,形成和谐社会共建共享的生动局面。

如此可见,要现实地构建社会主义和谐社会,并不能从关于和谐社会的抽象理论出发,更不能从浪漫的感性主义出发,也不能仅仅从美好愿望出发,否则难免使构建和谐社会陷于不切实际而失败。在这里,历史唯物主义的基本立场具有本质重要性的方法论意义,因而我们既要"历史地"提出构建社会主义和谐社会的理论基础,更要"历史地"提出构建社会主义和谐社会的实践方案,并历史地在现实社会实践的基础上展开构建活动。

同样,经济正义,作为构建社会主义和谐社会之思想资源和伦理基础,也要历史地守护构建社会主义和谐社会,积极推动人类的解放和现实个人的自由。一方面,作为构建社会主义和谐社会的伦理之维,经济正义的基本原则和现实内容要随着和谐社会的构建进程及其面临的问题而顺势变化,从而体现出其现实性和针对性,因而经济正义对于和谐社会的守护是历史的过程。另一方面,经济正义作为对经济生活世界的正义追问和理性反思,乃是现实经济生活难题的观念回声和价值诉求,因而其在本质上是根植于鲜活的现实经济生活世界。根据历史唯物主义的基本观点,社会存在决定社会意识,社会意识随着生活实践的运动变化发展而发展。社会意识对于社会存在的能动反作用,有赖于其能深入生活的根基,揭示存在的真理。因此,经济正义无论在其形式上表现出多么不同的理论形态,也不管其在价值层面上具有多么的抽象性,一旦我们深入到其存在论的基础,那么具有现实穿透力的、对生活具有强大牵引力的经济正义理念和原则必定是具体的、历史的。正是基于这种深刻的哲学存在论视阈,我们反对在经济正义问题上所持有的形而上学立场,它将经济正义抽象为概念的"木乃伊",天真地把经济正义的概念和范畴当做现实的经济正义,并以此天真地构建关于生活世界的真理,从而在实践中不可避免地落入教条主义的陷阱而深受其害。我们也反对在经济正义问题上所抱有的浪漫主义主张,它把当下的经济生活世界看做是一无是处的一团漆黑,持末世论的生存态度,从而要求回归田园牧歌般的逍遥存在状态。殊不知,历史上从未有过无矛盾冲突的乌托邦社会,所谓的"田园牧歌"也不过是对当下社会存在不满的虚幻的意识形态之迷雾而已。这种立场必然导致人们逃避现实,回避矛盾,于事无补。另外,我们也反对在经济正义问题上持有的均贫富的平均主义立场,这种观点粗浅看来具有一定的真理性,也具有较强的蛊惑性,从而得到人们的情感认同,但是只要我们深入分析就会发现,其在本质上依然是非辩证的形而上学观点。根据历史唯物主义的观点,生产力是推动社会发展的根本力量,是社会物质财富的基础,没有生产力的进步和发展,社会依然被贫困所包围,而在极端贫困的社会中,一切丑恶的东西必将四处弥漫。在这种情况下,人类基本的生存得不到保障,社会将固步自封。因此,均贫富的平均主义经济正义观,它无视社会物质财富的动力源泉,只是抽象地要求财富的平均分配,最终导致大家的贫困,必然导致全社会的恶和非正义。同样,我们也反对在经济问题上所持有的市场原教旨主义,它把生命的价值和尊严简单而抽象地简约为物、规定为交换价值、换算成资本。当然,上述立场在历史的某一阶段或社会的某一时期曾经有过局部的真理性。但是,立足当代中国的大地上,上述关于经济正义的主张和价值立场需要警惕,从而创制出符合当代中国实际和发展状况的具有中国特色的社会主义经济正义价值理念和实践方案,历史地实践经济正义。

在当代中国,历史而现实地实践经济正义,最根本的就是贯彻落实以人为本的科学发展观。究其原因,在于贯彻落实科学发展观是经济正义的内在要求,同时也是经济正义价值理念和实践在当代中国的最好体现。在前面的章节内容中,我们较为清楚的论述和指出,在始源性意义上"经济"乃是人的生命存在的独特方式,经济活动是人的基本的存在方式,也是人类社会和人类历史得以展开的现实基础。所以,对经济的正义审视实际上是对人类自身存在方式特别是经济方式的审视,因而也是对当代人自身存在方式的自觉反思和理性考量,从而追问这种存在方式的合理性及其限度。所以,在经济哲学视野中的经济正义,不仅仅是从经济学(增加国民财富的科学)范围内考察经济效率,更是从哲学(追问存在意义)的原则高度追问经济的合理性和合目的性。因此,经济效率并不是经济正义的主词,经济正义的内蕴在于经济活动和经济方式对人的本质力量的确证和丰富。这也意味着经济效率并不是人类努力的最高理想,而仅仅是实现人的福利、满足人的需要和抱负的工具。倘若追求更高的经济效率与这些目标相冲突,倘若追求经济效率导致群众性的屠杀甚至核战争,倘若这种追求破坏了千百万人民的生理和精神上的健康,倘若这样做危及人民居住的环境,那么追求经济效率就必须受到限制,微观经济的合理性应当完全隶属于宏观社会的最优化。① 由于经济活动既包括人与人之间的社

---

① 参见[比利时]厄内斯特·曼德尔:《权力与货币》,中央编译出版社 2002 年版,第 272 页。

会交往,又涉及人与自然之间的物质能量交换,故而经济正义的价值指向在于以人的自由全面发展看待经济方式和经济生活,从而要求在经济生活中正确看待人与人、人与自然之间的存在关联,并以平等、秩序和共生的价值原则规导人们的经济行为,以求人与人之间的社会关系和谐、人与自然之间的生态平衡,从而营筑美好的人类家园。而这一切,构成了我们党提出的"科学发展观"所内涵的基本的价值原则。

科学发展观的提出,具有深刻的理论基础和现实背景。它是对党的三代中央领导集体关于发展的重要思想的继承和发展,是马克思主义关于发展的世界观和方法论的集中体现,是我国经济社会发展的重要指导方针,是发展中国特色社会主义必须坚持和贯彻的重大战略思想。同时,它是立足我国社会主义初级阶段基本国情,总结我国发展实践,借鉴国外发展经验,适应新的发展要求提出来的。具体来说,在新世纪新阶段,我国发展呈现出一系列新的阶段性特征,对于这些特征,党的十七大报告给予了高度的概括,主要表现为:虽然经济实力显著提高,但生产力水平总体上还不高,自主创新能力还不强,结构性矛盾和粗放型增长方式尚未根本改变;虽然社会主义市场经济体制初步建立,但影响发展的体制机制障碍依然存在,改革攻坚面临的深层次矛盾和问题凸显;虽然人民生活总体上达到小康水平,但收入分配差距、贫困人口和统筹兼顾各方利益问题依然突出,城乡、区域以及经济和社会协调发展、统筹国内外发展任务艰巨;虽然社会活力显著增强,但社会结构、社会组织形式、社会利益格局发生深刻变化,社会建设和管理面临诸多挑战,等等。这些情况表明,我们在生产力和生产关系、经济基础和上层建筑社会基本矛盾方面存在的问题不少。所以,我们在新世纪新阶段针对发展过程中出现的新问题和新特征,需要经济正义的价值关照和哲学反思,需要科学的发展价值理念和发展战略,需要科学发展观的理论指引和价值牵引。

科学发展观的第一要义是"发展"。之所以要把发展作为科学发展观的第一要义,是因为从逻辑上来看,没有发展,就谈不上科学或不科学发展,所以发展是前提、是基础。而从实践的角度而言,没有发展作为基础,没有坚强的物质基础作为前提,没有丰富的社会物质财富,就没有社会存在的经济基础和物质条件,从而就谈不上其他的一切。从现实中国的具体语境来看,发展对于我国全面建设小康社会、加快推进社会主义现代化具有决定性和根本性的意义。因此,我们要把发展作为当代中国的首要任务,始终如一地坚持以经济建设为中心,聚精会神搞建设,一心一意谋发展,不断解放和发展当代中国的生产力,把握发展规律、创新发展理念、转变发展方式、破解发展难题,通过发展解决发展中的难题,为发展中国特色社会主义创造丰富的经济和物质基础。如此可见,科学发展观所内涵的发展要义,与经济正义所蕴涵的经济效率价值具有本质的一致性,经济的效率维度和价值要求,乃是经济正义和科学发展观共有的内在价值诉求。

科学发展观的核心是"以人为本"。把以人为本作为科学发展观的核心,这是我们党全心全意为人民服务的根本宗旨在具体发展战略和发展实践上的生动体现,也是克服和超越传统发展观"见物不见人"的片面性价值缺陷的生动体现。"以人为本"意味着把人的价值、人的尊严、人的发展、人的自由作为人的根本,就是要把提升人的价值和尊严、促进人的自由作为经济发展的根本,作为社会的核心价值,就是要把人民的利益作为一切工作的出发点和落脚点,发展的所有问题都是围绕人的发展为轴心和根本,不断满足人民群众的多方面需求和促进人的自由全面发展,否则发展就失去了意义和价值。这是社会主义的内在要求和价值指向,也是科学发展观的核心所在。因此,科学发展观立足唯物史观的基本立场和原则高度,生动体现了发展为了人民、发展依靠人民、发展成果由人民共享的群众史观,从而把实现好、维护好、发展好最广大人民的根本利益作为党和国家一切工作的出发点和落脚点,现实地促进人的全面发展和自由存在本质。而这一切价值主张和价值旨趣,也正是经济正义所倡导和所诉求的核心理念和价值原则,从而深刻地反映出科学发展观与经济正义的共同价值立场和价值追求。

科学发展观的基本要求是"全面协调可持续"。在发展问题上坚持全面协调可持续,就是要按照中国特色社会主义事业总体布局,全面推进经济建设、政治建设、文化建设、社会建设,促进现代化建设各个环节、各个方面的协调,促进生产关系和生产力、上层建筑和经济基础的相协调。坚持生产发展、生活富裕、生态良好的文明社会发展道路,建设资源节约型、环境友好型社会,实现速度和结构质量效益相统一、经济发展与人口资源环境相协调,使人民在良好生态环境中生产生活,实现经济社会永续发展。具体来说,所谓"全面发展",实质上就是强调发展的全面性,它着眼于经济、社会、政治、文化、生态等各个领域,实现物质文明、政治文明、精神文明、制度文明和生态文明的全面发展,从整体上推进社会的进步和繁荣。所谓"协调发展",即要致力于解决经济社会发展中出现的地域、城乡、不同社会阶层和社会群体等之间差距较大的问题，必须坚持城乡协调发展，坚持区域协调发展，坚持经济社会协调发展，坚持人与自然协调发展，坚持国内发展和对外开放的协调，各方面要相互促进、良性互动，从而实现整个社会的协调发展和共同进步。而所谓"可持续发展"，即注重发展过程中对生态环境的保护和自觉，强调人与自然之间的和谐发展，实现发展的可持续性，为此要处理好经济建设、人口增长与资源利用、生态环境保护的关系，以推动整个社会走上生产发展、生活富裕、生态良好的文明发展道路，既考虑到当前发展的需要和当代人的基本需求，又要为未来的发展和子孙后代着想。可持续发展本质上就是要求在发展过程中注意人与自然、人与人之间的和谐发展，确证他者的尊严。因此，科学发展观所内涵的"全面协调可持续"的发展要求，反映了当代最新的发展理念，它本质地构成了经济正义追求的发展要求。

科学发展观的根本方法是"统筹兼顾"。所谓"统筹兼顾"，就是要正确认识和妥善处理中国特色社会主义事业中的重大关系，统筹城乡发展、区域发展、经济社会发展、人与自然和谐发展、国内发展和对外开放，统筹中央和地方关系，统筹个人利益和集体利益、局部利益和整体利益、当前利益和长远利益，充分调动各方面的积极性。统筹国内国际两个大局，树立世界眼光，加强战略思维，善于从国际形势发展变化中把握发展机遇、应对风险挑战，营造良好国际环境。同时抓住牵动全局的主要工作、事关群众利益突出的问题，着力推进、重点突破，不断优化人与人、人与社会、人与自然的存在关系，使得人们的生存和发展建立在和谐的关系基础上。事实上，经济正义的价值理念以及在经济正义的现实实践中，都内在地包含统筹兼顾的方法论要求。

总之，科学发展观与经济正义的理念具有内在的价值一致性，经济正义以对人类自由本质的正义关怀为出发点，要求作为人类基本存在方式和存在基础的经济活动必须注重对人的自由本质的提升，并以此作为经济存在的合法性依据；强调社会的基本经济制度必须承载正义的价值原则，合理划分社会经济的基本利益和负担，并要求人们在经济活动中遵守正义的价值原则，平等对待他人的基本经济权利和经济需求，进行公平交往，展开有序的社会经济生活，促进人的发展。又由于经济活动是建立在人与自然的物质能量信息的交往基础上，人类的经济活动必然与自然发生联系，因此如何看待和处理人与自然的关系便构成了经济正义的主题之一。从生存论的视阈出发，经济正义指证人与自然的始源性的脐带关联,从而对之加以人文的关照,实现人与自然的内在统一,最终实现人与自然、人与人、人与社会的和谐发展,充分展露人的丰富的自由存在本性。而这一切,也正是科学发展观所要诉求的价值内容。所以,树立和落实科学的发展观,树立"以人为本"价值理念,促进经济社会和人的全面进步,实现人的自由全面发展,是当代经济正义的价值追求,更是构建社会主义和谐社会的现实要求,我们要在贯彻落实科学发展观的当代中国实践中,历史地实践经济正义的价值理念和价值原则,也在经济正义的当代演绎中,历史地承载起守护建设社会主义和谐社会的伟大历史任务,从而在实践中历史地成就社会主义和谐社会的伟大事业。

主要参考文献

马克思主义经典文献

1. 《马克思恩格斯选集》(1—4)卷,人民出版社 1995 年版。

2. 《马克思恩格斯文集》(1—10 卷),人民出版社 2009 年版。

3. 马克思、恩格斯:《德意志意识形态》,人民出版社 1961 年版。

4. 马克思:《1844 年经济学哲学手稿》,人民出版社 2000 年版。

5. 马克思:《哥达纲领批判》,人民出版社 1997 年版。

6. 《列宁选集》(1—4)卷,人民出版社 1995 年版。

7. 《毛泽东文集》第七卷,人民出版社 1999 年版。

8. 《邓小平文选》第三卷,人民出版社 1993 年版。

9. 《江泽民文选》第一卷,人民出版社 2006 年版。

10. 胡锦涛:《高举中国特色社会主义伟大旗帜,为夺取全面建设小康社会新胜利而奋斗》,人民出版社 2007 年版。

11. 胡锦涛:《在省部级主要领导干部提高构建社会主义和谐社会能力专题研讨班上的讲话》,人民出版社 2005 年版。

12. 《中共中央关于完善社会主义市场经济体制若干问题的决定》,人民出版社 2003 年版。

13. 《中共中央关于构建社会主义和谐社会若干重大问题的决定》,人民出版社 2006 年版。

14. 《中共中央关于加强党的执政能力建设的决定》,人民出版社 2004 年版。

中文文献

1. 余源培主编:《马克思主义哲学的理论与历史》,复旦大学出版社 2000 年版。

2. 余源培、荆忠:《寻找新的学苑》,上海社会科学院出版社 2001 年版。

3. 吴晓明:《思入时代的深入》,北京师范大学出版社 2006 年版。

4. 俞吾金:《重新理解马克思》,北京师范大学出版社 1995 年版。

5. 张汝伦:《历史与实践》,上海人民出版社 1995 年版。

6. 孙承叔、王东:《对〈资本论〉历史观的沉思》,学林出版社 1988 年版。

7. 张雄、陈章良主编:《经济哲学——经济理念与市场智慧》,云南人民出版社 2000 年版。

8. 张雄:《经济哲学》,云南人民出版社 2002 年版。

9. 郑永奎:《经济正义论》,吉林教育出版社 2000 年版。

10. 刘敬鲁:《经济哲学导论》,中国人民大学出版社 2003 年版。

11. 杨国荣:《伦理与存在》,上海人民出版社 2001 年版。

12. 万俊人:《道德之维:现代经济伦理导论》,广东人民出版社 2000 年版。

13. 高清海:《人就是"人"》,辽宁人民出版社 2001 年版。

14. 胡海波:《正义的追寻》,东北师范大学出版社 1997 年版。

15. 许宝强、汪晖:《发展的幻想》,中央编译出版社 2001 年版。

16. 许宝强、渠敬东:《反市场的资本主义》,中央编译出版社 2001 年版。

17. 许纪霖:《全球正义与文明对话》,江苏人民出版社 2004 年版。

18. 高兆明:《制度公正论》,上海译文出版社 2001 年版。

19. 吴忠民:《社会公正论》,山东人民出版社 2004 年版。

20. 王进:《现代经济哲学》,中国青年出版社 1993 年版。

21. 吕世伦、文正邦:《法哲学论》,中国人民大学出版社 1999 年版。

22. 徐崇温:《全球问题和"人类困境"》,辽宁人民出版社 1986 年版。

23. 章海山:《西方伦理思想史》,辽宁人民出版社 1984 年版。

24. 陈学明等:《马尔库塞、弗洛姆论消费主义》,云南人民出版社 1998 年版。

25. 慈继伟:《正义的两面》,生活·读书·新知三联出版社 2001 年版。

26. 晏智杰:《西方市场经济理论史》,商务印书馆 1999 年版。

27. 胡代光、周安军:《当代国外学者论市场经济》,商务印书馆 1996 年版。

28. 贺麟:《文化与人生》,商务印书馆 1988 年版。

29. 汤玉奇:《社会公正论》,中共中央党校出版社 1990 年版。

30. 程立显:《伦理学与社会公正》,北京大学出版社 2002 年版。

31. 王海明:《公正 平等 人道》,北京大学出版社 2000 年版。

32. 何建华:《经济正义论》,上海人民出版社 2004 年版。

33. 周辅成:《西方伦理学名著选辑》上卷,商务印书馆 1964 年版。

34. 周辅成:《西方伦理学名著选辑》下卷,商务印书馆 1987 年版。

35. 巫宝山:《欧洲中世纪经济思想资料选辑》,商务印书馆 1998 年版。

36. 厉以宁:《经济学的伦理问题》,生活·读书·新知三联书店 1995 年版。

37. 张宏良、金瑞德编:《改变人类命运的八大宣言》,中国社会出版社 1996 年版。

38. 万以诚、万岍选编:《新文明的路标——人类绿色运动史上的经典文献》,吉林人民出版社 2000 年版。

39. 唐凯麟、陈科华:《中国古代经济伦理思想史》,人民出版社 2004 年版。

40. 袁久红:《正义与历史实践》,东南大学出版社 2002 年版。

41. 张世鹏、殷叙彝编译:《全球化时代的资本主义》,中央编译局 1998 年版。

42. 王列、杨雪冬编译:《全球化与世界》,中央编译出版社 1998 年版。

43. 北京大学哲学系:《西方哲学原著选读》(上),商务印书馆 1981 年版。

44. 北京大学哲学系:《西方哲学原著选读》(下),商务印书馆 1982 年版。

45. 北京大学哲学系:《古希腊罗马哲学》,商务印书馆 1961 年版。

46. 冯契主编:《哲学大辞典》(修订本),上海辞书出版社 2001 年版。

47. 朱贻庭主编:《伦理学大辞典》,上海辞书出版社 2002 年版。

翻译著作

1. [古希腊]柏拉图:《理想国》,商务印书馆 1986 年版。

2. [古希腊]亚里士多德:《雅典政制》,商务印书馆 1959 年版。

3. [古希腊]亚里士多德:《尼各马科伦理学》,中国社会科学出版社 1999 年版。

4. [古希腊]亚里士多德:《政治学》,商务印书馆 1965 年版。

5. [古希腊]色诺芬:《经济论雅典的收入》,商务印书馆 1961 年版。

6. [古希腊]赫西俄德:《工作与时日神谱》,北京商务印书馆 1991 年版。

7. [英]休谟:《人性论》,商务印书馆 1980 年版。

8. ［英］休谟:《道德原则研究》,商务印书馆 2001 年版。

9. ［英］亚当·斯密:《道德情操论》,商务印书馆 1997 年版。

10. ［英］亚当·斯密:《国民财富的性质和原因的研究》(下),商务印书馆
    1974 年版。

11. ［荷兰］斯宾诺莎:《伦理学》,商务印书馆 1983 年版。

12. ［德］康德:《历史理性批判文集》,商务印书馆 1990 年版。

13. ［德］康德:《法的形而上学原理》,商务印书馆 1991 年版。

14. ［德］黑格尔:《法哲学原理》,商务印书馆 1961 年版。

15. ［法］卢梭:《社会契约论》,商务印书馆 1980 年版。

16. ［英］葛德文:《政治正义论》,商务印书馆 1980 年版。

17. ［法］皮埃尔·勒鲁:《论平等》,商务印书馆 1988 年版。

18. ［英］霍布斯:《利维坦》,商务印书馆 1985 年版。

19. ［法］拉法格:《思想起源论》,生活·读书·新知三联书店 1963 年版。

20. ［美］罗尔斯:《正义论》,中国社会科学出版社 1988 年版。

21. ［美］罗尔斯:《作为公平的正义》,上海三联书店 2002 年版。

22. ［美］诺齐克:《无政府、国家与乌托邦》,中国社会科学出版社 1991 年版。

23. ［英］哈耶克:《法律、立法与自由》(第 1、2 卷),中国大百科全书出版社
    2000 年版。

24. ［英］哈耶克:《通往奴役之路》,中国社会科学出版社 1997 年版。

25. ［美］麦金太尔:《谁之正义? 何种合理性?》,当代中国出版社 1996 年版。

26. ［美］麦金太尔:《德性之后》,中国社会科学出版社 1995 年版。

27. ［英］布莱恩·巴利:《社会正义论》,江苏人民出版社 2007 年版。

28. ［英］布莱恩·巴里:《正义诸理论》,吉林人民出版社 2004 年版。

29. ［英］伦纳德·霍布豪斯:《社会正义要素》,吉林人民出版社 2006 年版。

30. ［美］丹尼尔·贝尔:《社群主义及其批评者》,生活·读书·新知三联书店
    2002 年版。

31. ［美］莫蒂默·阿德勒:《西方名著中的伟大智慧》,海南出版社 2002 年版。

32. ［美］艾德勒:《六大观念》,生活·读书·新知三联书店 1998 年版。

33. ［美］博登海默:《法理学——法律哲学与法律方法》,中国政法大学出版社
    1999 年版。

34. ［法］托克维尔:《论美国的民主》,商务印书馆 1988 年版。

35. [美]德沃金:《至上的美德》,江苏人民出版社 2003 年版。

36. [美]迈克尔·J. 桑德尔:《自由主义与正义的局限》,译林出版社 2001 年版。

37. [美]熊彼特:《经济分析史》第 1 卷,商务印书馆 1991 年版。

38. [德]彼得·科斯洛夫斯基:《资本主义的伦理学》,中国社会科学出版社 1996 年版。

39. [多国]迪德里齐等:《全球资本主义的终结:新的历史蓝图》,人民文学出版社 2001 年版。

40. [俄]别尔加耶夫:《论人的使命》,学林出版社 2000 年版。

41. [德]卡西尔:《人论》,上海译文出版社 1985 年版。

42. [美]赫舍尔:《人是谁》,贵州人民出版社 1994 年版。

43. [美]阿伦特:《人的条件》,上海人民出版社 1999 年版。

44. [瑞士]汉斯·昆:《世界伦理构想》,生活··读书·新知三联出版社 2002 年版。

45. [德]雅斯贝斯:《时代精神的状况》,上海译文出版社 1997 年版。

46. [印]阿马蒂亚·森:《以自由看待发展》,中国人民大学出版社 2002 年版。

47. [印]阿马蒂亚·森:《伦理学与经济学》,商务印书馆 2000 年版。

48. [美]斯皮格尔:《经济思想的成长》(上),中国社会科学出版社 1999 年版。

49. [加]保罗·谢弗:《经济革命还是文化复兴》,社会科学文献出版社 2006 年版。

50. [美]阿瑟·奥肯:《平等与效率》,华夏出版社 1999 年版。

51. [美]丹尼尔·贝尔:《资本主义文化矛盾》,生活·读书·新知三联书店 1989 年版。

52. [英]卡尔·波兰尼:《大转型:我们时代的政治与经济起源》,浙江人民出版社 2007 年版。

53. [美]道格拉斯·诺思、罗伯斯·托马斯:《西方世界的兴起》,华夏出版社 1999 年版。

54. [美]查尔斯·霍顿·库利:《人类本性与社会秩序》,华夏出版社 1989 年版。

55. [美]弗朗西斯·福山:《信任——社会美德与创造经济繁荣》,海南出版社 2001 年版。

56. [美]弗朗西斯·福山:《大分裂——人类本性与社会秩序的重建》,中国社会科学出版社 2002 年版。

57. [日]尾关周二:《共生的理想》,中央编译出版社 1996 年版。

58. [日]岩佐茂:《环境的思想》,中央编译出版社 2006 年版。

59. [意]奥尔利欧·佩奇:《世界的未来——关于未来问题一百页》,中国对外翻译出版公司 1985 年版。

60. [美]乔治·吉尔德:《财富和贫困》,上海译文出版社 1985 年版。

61. [德]柯武刚、史漫飞:《制度经济学:社会秩序与公共政策》,商务印书馆 2000 年版。

62. [美]R.科斯:《财产权利与制度变迁》,上海三联书店 1991 年版。

63. [美]康芒斯:《制度经济学》(上),商务印书馆 1962 年版。

64. [美]凡勃伦:《有闲阶级论》,商务印书馆 1983 年版。

65. [美]诺思:《经济史中的结构与变迁》,上海三联书店、上海人民出版社 1994 年版。

66. [美]道格拉斯·C.诺思:《制度、制度变迁与经济绩效》,上海三联书店 1994 年版。

67. [美]保罗·R.格雷戈里、罗伯特·C.斯徒尔特:《比较经济制度学》,知识出版社 1988 年版。

68. [美]阿兰·C.格鲁奇:《比较经济制度》,中国社会科学出版社 1985 年版。

69. [日]青目昌彦:《比较制度分析》,上海远东出版社 2001 年版。

70. [美]丹尼尔·W.布罗姆利:《经济利益与经济制度——公共政策的理论基础》,上海三联书店、上海人民出版社 1996 年版。

71. [美]奥斯特罗姆等编:《制度分析与发展的反思》,商务印书馆 1992 年版。

72. [英]波普:《猜想与反驳——科学知识的增长》,上海译文出版社 1986 年版。

73. [美]马斯洛:《人性能达的境界》,云南人民出版社 1987 年版。

74. [德]马克·A.卢兹:《经济学的人本化——溯源与发展》,西南财经大学出版社 2003 年版。

75. [瑞士]布伦诺·S.弗雷、阿洛伊斯·斯塔特勒:《幸福与经济学:经济和制度对人类福祉的影响》,北京大学出版社 2006 年版。

76. [美]布坎南:《自由、市场与国家》,北京经济学院出版社 1988 年版。

77. ［德］兰德曼：《哲学人类学》，上海译文出版社 1988 年版。

78. ［英］汤因比、［日］池田大作：《展望 21 世纪——汤因比与池田大作对话录》，国际文化出版公司 1985 年版。

79. ［美］布坎南：《伦理学、效率与市场》，中国社会科学出版社 1991 年版。

80. ［美］布坎南：《财产与自由》，中国社会科学出版社 2002 年版。

81. ［美］米尔顿·弗里德曼：《资本主义与自由》，商务印书馆 1986 年版。

82. ［美］迈克尔·E.罗洛夫：《人际传播社会交换论》，上海译文出版社 1997 年版。

83. ［德］赫尔曼·海因里希·戈森：《人类交换规律与人类行为准则的发展》，商务印书馆 1997 年版。

84. ［英］威廉·汤普逊：《最能促进人类幸福财富分配原理的研究》，商务印书馆 1986 年版。

85. ［德］彼得·科斯洛夫斯基：《伦理经济学原理》，中国社会科学出版社 1997 年版。

86. ［美］范伯格：《自由、权利和社会正义》，贵州人民出版社 1998 年版。

87. ［美］斯科特：《农民的道义经济学——东南亚的反叛与生存》，译林出版社 2001 年版。

88. ［法］让·波德里亚：《消费社会》，南京大学出版社 2001 年版。

89. ［美］马尔库塞：《单向度的人》，上海译文出版社 1989 年版。

90. ［美］弗罗姆：《占有或存在》，国际文化出版公司 1989 年版。

91. ［美］莱斯特·瑟罗：《经济探险》，上海远东出版社 1999 年版。

92. 世界环境与发展委员会：《我们共同的未来》，吉林人民出版社 1997 年版。

93. ［美］蕾切尔·卡逊：《寂静的春天》，吉林人民出版社 1997 年版。

94. ［美］丹尼斯·米都斯：《增长的极限》，吉林人民出版社 1997 年版。

95. ［美］艾伦·杜宁：《多少算够》，吉林人民出版社 1997 年版。

96. ［美］芭芭拉·沃德、勒内·杜博斯：《只有一个地球》，吉林人民出版社 1997 年版。

97. ［美］魏伊丝：《公平地对待未来人类——国际法、共同遗产与世代间衡平》，法律出版社 2000 年版。

98. ［英］舒马赫：《小的是美好的》，译林出版社 2007 年版。

99. ［英］简·阿特·斯图尔特：《解析全球化》，吉林人民出版社 2003 年版。

100. ［美］雅克・布道:《建构世界共同体》,江苏教育出版社 2006 年版。

101. ［美］哈佛燕京学社:《全球化与文明对话》,江苏教育出版社 2004 年版。

102. ［美］彼得・辛格:《一个世界——全球伦理》,东方出版社 2005 年版。

103. ［美］威廉・格雷德:《资本主义全球化的疯狂逻辑》,社会科学文献出版社 2003 年版。

104. ［美］大卫・施韦卡特:《超越资本主义》,社会科学文献出版社 2006 年版。

105. ［英］梅扎罗斯:《超越资本》,中国人民大学出版社 2003 年版。

106. ［美］戴维・施韦卡特:《反对资本主义》,中国人民大学出版社 2002 年版。

107. ［美］约翰・伊斯比斯特:《靠不住的诺言:贫穷和第三世界发展的背离》,广东人民出版社 2006 年版。

108. ［美］约瑟夫・E. 斯蒂格里茨:《全球化及其不满》,机械工业出版社 2004 年版。

109. ［美］梅萨罗维克、［德］佩斯特尔:《人类处于转折点》,生活・读书・新知三联书店 1987 年版。

110. ［巴西］何塞・卢岑贝格:《自然不可改良》,生活・读书・新知三联书店 1999 年版。

111. ［美］约翰・贝拉米・福斯特:《生态危机与资本主义》,上海译文出版社 2006 年版。

112. ［加］威廉・莱斯:《自然的控制》,重庆出版社 1996 年版。

113. ［美］宾克莱:《理想的冲突》,商务印书馆 1988 年版。

114. ［美］格里芬:《后现代精神》,中央编译出版社 1998 年版。

115. ［美］约翰・凯克斯:《反对自由主义》,江苏人民出版社 2003 年版。

116. ［美］查理德・布隆克:《质疑自由市场经济》,江苏人民出版社 2001 年版。

117. ［美］保罗・库尔兹:《21 世纪的人道主义》,东方出版社 1998 年版。

118. ［美］加尔布雷思:《好社会——人道的记事本》,译林出版社 2000 年版。

119. ［英］安东尼・吉登斯:《现代性的后果》,译林出版社 2000 年版。

120. ［德］马克斯・韦伯:《学术生涯与政治生涯》,国际文化出版公司 1988 年版。

121. [德]马克斯·韦伯:《新教伦理与资本主义精神》,生活·读书·新知三联书店 1987 年版。

122. [德]马克斯·韦伯:《经济与社会》(上卷),商务印书馆 1997 年版。

123. [美]亨廷顿、哈里森主编:《文化的重要作用——价值观如何影响人类进步》,新华出版社 2002 年版。

124. [美]斯科特·塞诺:《捆绑的世界——生活在全球化时代》,广东人民出版社 2006 年版。

125. [德]施密特:《全球化与道德重建》,社会科学文献出版社 2001 年版。

126. [美]丹尼尔·贝尔:《后工业社会的来临》,新华出版社 1997 年版。

127. [比利时]厄内斯特·曼德尔:《权力与货币》,中央编译出版社 2002 年版。

128. [法]阿尔贝·雅卡尔:《我控诉霸道的经济》,广西师范大学出版社 2001 年版。

129. [英]戴维·米勒:《社会正义原则》,江苏人民出版社 2001 年版。

130. [法]佩鲁:《新发展观》,华夏出版社 1987 年版。

131. [美]迈克尔·沃尔泽:《正义诸领域:为多元主义与平等一辩》,译林出版社 2002 年版。

132. [美]查尔斯·K.威尔伯、肯尼思·P.詹姆森:《经济学的贫困》,北京经济学院出版社 1993 年版。

133. [德]克劳斯·奥菲:《福利国家的矛盾》,吉林人民出版社 2006 年版。

134. [美]弗罗姆:《逃避自由》,工人出版社 1987 年版。

135. [美]萨谬尔森、诺德豪森:《经济学》(第 16 版),华夏出版社 1999 年版。

136. [美]巴里·克拉克:《政治经济学》,经济科学出版社 2001 年版。

137. [德]乔治·恩德勒等主编:《经济伦理学大辞典》,上海人民出版社 2001 年版。

后　记

本书是笔者在 2004 年 5 月完成的博士学位论文《经济正义:经济生活世界的意义追问》基础上修改而成的著作,也是笔者 2005 年 5 月获得立项的国家社科基金一般项目"经济正义与和谐社会的构建"(05BZX013)之最终成果。所以,书名定为《经济生活世界的意义追问——经济正义与和谐社会的构建》。

本书从开始写作到最后出版,整整经历了十年时间。蓦然回首,时光飞逝如电。2001 年我在复旦大学获得马克思主义哲学专业的哲学硕士学位后,为复旦大学以及哲学系浓厚的学术环境和激荡的思想氛围所深深吸引,于是继续跟随余源培先生攻读马克思主义哲学专业的博士学位,主攻经济哲学。2001 年 9 月入学以后,我一直在考虑博士论文的选题问题。经过近一个学期的学习和思考,至 2001 年年底便确定以"经济正义"作为博士论文的选题,并得到了导师自始至终的鼓励、支持和帮助。

经济正义问题之所以进入笔者的视野并最终成为博士论文的研究主题,最深层的原因在于我在自己的生命经验中累积起来的对有关社会经济生活、社会公平正义等问题的感性生命意识,它不可抑制地促使我去思考问题的答案。我出生在云南边远的少数民族山区,虽说那里的条件极为艰苦,但儿时的我像任何充满天真童趣的孩子一样,体会不到父辈们生活的艰辛。生活在山里,与大山为伍,以星光为伴,聆听林间的鸟语,生命一片纯净。后来,我渐渐长大,走出山寨到山外求学,到县城念高中、到省城念大学、到上海读研究生。而当我从大都市的上海、途经省城昆明,再到县城,回到乡镇,最后步行到村口时,感觉一路走来,时空交错,天上人间。这一切使我在短时间内,强烈地感受到不同时空境遇中人的生命存在样式和生命诉求的巨大差异。而在我求学期间，家乡的山水也在不知不觉地发生了变化：村边那口清澈的泉水没了，山寨中高大的榕树逐渐消失了，曾经的满山梨花也不见了往日的繁华，大山墨绿的着装也逐渐裂开一道道口子且不情愿地裸露着身躯。这一切的一切，引发我对人与人、人与自然之间相关问题的思索，并进一步促使我对社会的经济发展、公平正义、生态伦理等问题的思考。而在博士生期间开设的"经济哲学专题研究"课程中有关对经济哲学及其相关理论课题和现实问题的讨论所引发的更为自觉的思考，促使我以经济正义问题作为博士论文的研究课题。

经济正义问题在今天得到了社会的普遍关注，国内学术界关于经济正义的话语也逐渐增多起来，这令人欣慰！然而，在写作博士论文时，由于相关研究成果尚不多，资料相对较少，使我在论文写作中遇到了远比想象的困难。在写作期间，常常强迫自己一天写作 9 个小时，上午、下午、晚上各 3 个小时，经常是写了又删，晚上躺在床上则思考第二天写作的思路和内容。回想起来，那是一段艰苦而难忘的时光。论文最后顺利完成，并得到了评审专家和论文答辩专家的较高评价，被评为优秀博士论文。后来，又被评为"复旦大学 2004 届优秀博士学位论文"，并由学校推荐参加全国优秀博士学位论文的评选。尽管博士论文得到较好评价，但在论文答辩时答辩委员会提出的"希望能进一步加强对于经济正义的实现途径及其中国化研究"的话语，却一直铭记于心。于是，2005 年我以"经济正义与和谐社会的构建"为题申请国家社科基金一般项目并获得立项。因此，近几年来我便专注于对这一课题的研究。于是，便有了读者面前的这本书。

人生是一个与他者不断相遇的生命过程。一路走来，要铭记和感谢的人很多。

感谢我的父母。父母不仅给了我生命，抚育我成长，更重要的是以他们特有的淳朴、善良和生命的坚韧，为我直观地诠释了生命的意义，成为我生命前行的精神支撑。我自小离开山寨求学，与父母聚少离多，工作以后，情况复如此，没能在他们身边好好照料。每每想到这些，心中难以释怀！然而，父母却始终给予我最大的理解和支持，令我无言以对！我衷心祝愿父母身体健康，生活幸福！

感谢我的导师余源培先生。在我的求学道路上，我有幸能走进复旦大学哲学系，并庆幸遇到了余老师。导师学问广博深厚，为人性情潇洒。而他以深切的人文关怀、深厚的学术底蕴深入社会现实求解社会难题的学术精神和学术良知,给我留下深刻印象,成为我努力的目标。在复旦的求学过程中,导师给予了无微不至的关心。在论文的选题、写作、修改、定稿等一系列环节中,始终得到导师的有力支持和帮助。毕业以后,在工作和生活中,导师一如既往地关心、鼓励和帮助我。在此,向导师表示我深深的敬意和感谢! 同时,真诚感谢师母冯月华女士,每当我们到家里的时候,您热情的咖啡、甜蜜的糖果,一直在无声地温暖着学生们!

感谢马克思主义专业博士论文导师组的金顺尧教授、吴晓明教授、孙承叔教授和王德峰教授。感谢你们在课堂上所贡献的渊博学识和精湛的学术批判精神,尤其是对马克思主义哲学具有当代原则高度的深入解读和深刻诠释,成为论文写作不可缺少的思想动力和灵感来源,而在论文开题、写作和答辩过程中对论文的细致点评和对问题所在的深入提示,对于论文的完成和完善具有特别重要的意义。同时,感谢庄国雄老师、郑召利老师在论文开题和预答辩过程中所提出的宝贵意见!

感谢张雄教授、杨俊一教授、唐志龙教授、任平教授以及匿名评审专家,在论文评阅和答辩过程中你们对论文所给予的深刻评论和富有智慧的见解,对于课题的进一步深化提供了重要的思想关照!

感谢在课题申请过程中匿名的通讯评审专家对笔者申报课题的支持和鼓励,这增强了我从事科学研究的信心和力量;感谢在课题结项过程中匿名评审专家对课题所进行的认真评阅,这将进一步促进笔者对本课题的思考和探索!

感谢人民出版社的杜文丽女士,作为责任编辑,她为本书的出版付出了艰辛的劳动和细致的工作!

2004 年 8 月我到上海师范大学法政学院工作,后到马克思主义学院。在这期间,得到了单位领导和同事的帮助,特别是得到了陈卫平教授、高慧珠教授、周中之教授的关心和帮助,在此表示诚挚的谢意!

本著作的出版,得到了李进校长为负责人的上海市教委重点学科"马克思主义中国化"(J50407)项目的经费资助,同时得到了上海师范大学"马克思主义理论"学术创新团队项目的经费资助,在此向李进校长和校社科处领导表示衷心感谢!

最后,特别感谢我的爱人孙晓红女士,这不仅因为她对全家生活的悉心照料和全身心付出,还因为由于她的充分理解和支持,使我能够在充满不确定性的现代都市社会难得保持着内心的一份安定,集中于自己的本职工作! 感谢女儿毛嘉带给我多彩的生活界面和无尽的生命感动! 同时,感谢远在昆明的岳父岳母一直以来对我们的关心和帮助!

毛 勒 堂

2011 年 2 月 26 日于沪上 中虹汇之苑

责任编辑:杜文丽
版式设计:程凤琴

图书在版编目(CIP)数据

经济生活世界的意义追问:经济正义与和谐社会的构建/毛勒堂 著. -北京:
人民出版社,2011.8
ISBN 978-7-01-010010-4

Ⅰ.①经… Ⅱ.①毛… Ⅲ.①经济哲学-研究 Ⅳ.①F0

中国版本图书馆 CIP 数据核字(2011)第 120126 号

经济生活世界的意义追问

JINGJI SHENGHUO SHIJIE DE YIYI ZHUIWEN

——经济正义与和谐社会的构建

毛勒堂 著

人民大版社 出版发行
(100706 北京朝阳门内大街 166 号)

北京龙之冉印务有限公司印刷 新华书店经销

2011 年 8 月第 1 版 2011 年 8 月北京第 1 次印刷
开本:710 毫米×1000 毫米 1/16 印张:24.5
字数:385 千字 印数:0,001-3,000 册

ISBN 978-7-01-010010-4 定价:46.00 元

邮购地址 100706 北京朝阳门内大街 166 号
人民东方图书销售中心 电话 (010)65250042 65289539